普通高等教育“十一五”
国家级规划教材

新闻传播专业“十四五”规划教材

柯惠新
王锡苓 王 宁 ◎ 编著

传播研究方法

第二版

Communication Research Methods

U0824787

中国传媒大学出版社
·北京·

第二版前言

本教材自2010年2月出版以来，已经过去10年了；到2019年7月为止，本教材共印刷了8次。根据中国传媒大学出版社的再版修订要求，我们对原教材做了以下的修改：

1. 对第一版教材的正文进行了全面细致的检查，对每个章节的内容都做了认真的勘误校正；

2. 对部分章节的内容进行了适当的补充或修改，例如：第一章中，补充了研究生选题举例，增加了处理、分析和解释数据或资料时需要考虑的问题；第二章中，补充了数据表的页脚批注；第三章中，在加权方法部分补充了必要的页脚批注；第四章中，补充了实地观察的新案例；第五章中，增加了复习思考题；第六章中，对某些内容的顺序和表格的格式做了修改；第八章中，对一些数据和公式的表示进行了修改。

3. 对第七章“互联网调查研究方法”的内容重点做了更新和补充，涉及的部分主要有：互联网调查方法的演变；CNNIC中国互联网络发展状况统计；市场研究行业借助其他电子手段的研究方法；北京益派数据有限公司对其在线调查平台和MROC（在线调研社区）的介绍，以及关于在线可访问样本库的用户测量方法和两个应用案例的展示；北京数字100信息技术有限公司对其“在线固定样本库——数字100E社区”和“在线可访问样本库——数字100拼任务App”的介绍等。

有两点需要说明：

1. 本次再版没有涉及近年来出现的大数据和新媒体带来的诸多新技术和新方法，因为已经有相应的课程和教材可以参考了，若再加上这些内容，则可能课程学时不够。

2. 本次再版对第一版所采用的经典案例大多没有进行更新改变，因为原理是一样的，方法是类似的；这样做也是为了方便以往使用本教材的师生能继续使用。

第二版的结构也没有变化，仍然是八章。本次修订由原作者中的柯惠新和王宁完成。

这次再版除了要继续感谢在第一版中给予了热情帮助的各位老师、学生、业界和出版社的朋友之外（名单详见第一版的前言），还要衷心地感谢在第七章修订中给予无私帮助的科学院计算机网络信息中心的王恩海处长、北京数字100信息技术有限公司总裁张彬和产品总经理郑直，特别是北京益派数据有限公司的何建新副总裁、梁圆总监、徐文钰经理的团队；同时非常感谢中国传媒大学出版社的程平老师和李水仙老师及其团队耐心细致的工作以及对本书作者的关心和理解。

由于作者水平有限、时间仓促，书中难免存在缺点和疏漏，恳请广大读者批评指正。

柯惠新

2022年5月2日

目　　录

绪　论

这是一本关于传播研究方法的书，那么什么是“研究方法”？简单来说，研究方法就是研究者用来回答自己关于这个世界的各种研究问题的方法和策略。

首先，社会科学研究是一个系统化的过程，这个过程能够保证研究者得到的不是他自己事先猜想的结论，而是准确的结论。①

其次，社会科学的研究方法是可重复的（replicable），并且得出的结论是可证伪的（falsifiable）。研究方法的这个特点和它的第一个特点是息息相关的，当一个研究采用了系统化的严格的步骤来完成，那么其他研究者采用同样的方法在同样的条件下应该能够重复该研究得到的结论，否则，就要考虑是否是研究过程中出现了某些纰漏。研究结果的可证伪性是科学研究（包括社会科学研究）的一个不可或缺的重要特点，它能够保证学科知识在积累的过程中不断地自我纠正，由此达到对相关研究领域和研究问题更准确的认识。

当然，关于研究者通过何种方法来了解世界，这个问题一直都存在着激烈的争论，这些争论可以追溯到自古希腊就开始了的关于本体论（ontology）、认识论（epistemology）的哲学思考。所谓本体论，探讨的是“真实性”问题，如“现实的形式和本质是什么”“世界到底是什么样子的”“它是如何运作的”等。所谓认识论，探讨的是“知者与被知者的关系”“知者是如何认识被知者的”的问题。具体而言，认识论就是对知识（episteme）的研究（logos），它致力于回答有关知识的基本问题，比如：人类通过何种途径可以了解世界？什么样的了解才能称为是真正的知识？获得知识的方法有哪些？当人们的认识之间存在分歧的时候该如何解决？知识和信念（belief）、知识和观点（opinion）之间有什么本质的不同？

在 Mary John Smith②（1998）关于传播研究方法的综述中，她详细讲述了对传播研究方法产生影响的六种认识论范式，包括理性主义（rationalism）、理性实证主义（rational empiricism）、机械实证主义（mechanistic empiricism）、逻辑实证论（logic positivism）、建构主义（constructivism）和建构现实主义（constructive realism）。

---

① 当然，由于本体论的假设不同，不同的研究范式对于“什么是准确的结论”这个问题也有不同的见解，但对这个问题的详细讨论已经超越了本书的范围。简单来说，实证主义更强调外在于人类意识的客观真实，或者客观存在于研究对象意识中的研究对象自身的意义建构；而构建主义更强调现实的多元性，强调研究者在与研究对象的互动过程中达成一种共识，或者用达默尔的话说“视阈的融合”。可以肯定的是，这两种范式都不致力于对研究者事先成见或者假设的自确认。

② SMITH M J. Contemporary communication research methods［M］. Belmont: Wadsworth, 1988.

理性主义的认识论范式源于古希腊哲学家苏格拉底和柏拉图，这一范式认为，人类创造性思考是解释具有逻辑省思结构的经验世界的最佳办法，知识不能通过向外寻求和经验观察获得，而是存在于内在的省思中。柏拉图的学生亚里士多德在继承理性主义哲学的基础上，系统地发展了理性实证主义。这一范式认为，人类关于经验世界的思考成果要经过实证的检验，现在传播学界很多由理论来指导的研究（theory-guided research）就来源于这个哲学传统。

机械实证主义认为人类世界的运转就像一部机器，有它客观的因果关系，研究者要做的就是通过观察找到这些因果关系，这个观察的过程要尽可能少地受个人思辨活动的影响。而逻辑实证主义和机械实证主义一样，认为存在着不随人的意志而转移的客观世界，强调在对客观世界的观察过程中要尽可能减少研究者的主观思辨的参与。但是，受休谟的怀疑实证主义（skeptical empiricism）的影响，这一认识论范式认为，虽然实证观察能够发现客观世界中共变的关系，但是却不能确定这一共变关系的本质。也就是说，逻辑实证主义者只发现和检验相关关系，而并不致力于发现因果关系。

相对于机械实证主义和逻辑实证主义，建构主义强调“研究者的心智在认识‘世界’的过程中无可避免地扮演着积极的角色”①。建构主义者还认为，由于人们通过赋予观察对象以意义（meaning）来主观构建（subjectively constructed）他/她所身处的世界，因此，研究者的研究对象是意识中的世界（world as perceived）而非外在于人类意识的所谓客观世界。可以说，建构主义也不是实证主义的反面。实际上，正如玛丽·约翰·史密斯（Mary John Smith）在她的综述中指出的那样，建构主义其实在很多方面看来像科学实证主义（scientific empiricism）和人文主义（humanism）互相妥协的产物。它一方面接纳传统科学，另一方面却又承认传播行为本质上是社会建构的（socially constructed）而非外在于人类意志的客观存在。考虑到极端的建构主义由于过于强调研究者个人的主观诠释（interpretation）而可能会不利于学术交流和学科知识的积累，建构现实主义提出了intersubjectivity（相互主观）的概念，即研究者可以就某些现象的诠释、意义和/或操作化达成共识，这样，他们的研究就不再是纯粹主观的研究，而是“相互主观”的研究了。

关于以上介绍的六个范式，我们至少可以从两个维度来看它们相互之间的差别。一个维度是思辨与实证观察，讨论的是在认识世界的过程中，人类的思维活动和实证观察两者之间相对的重要性。另一个维度是主观与客观，讨论的是在观察的过程中，观察者对观察对象的诠释所占据的重要性。② 本书中重点介绍的实证方法，宽泛地说，强调在认识世界的过程中，分析现实生活中可观察到的现象（相对于纯粹理性思辨）的重要性。而研究者在实证观察中根据研究对象和研究问题的特点，既可以使用更为强调研究者主观诠释的定性方法（qualitative methods），也可以使用更为强调客观的定量方法（quantitative methods），或者将两者结合起来：比如通过定性方法先了解研究对象在自身意义建构过程

---

① PEARCE W B, CRONEN V E, HARRIS L M. Methodological considerations in building human communication theory［M］// DANCE F E X. Human communication theory: Comparative essays. New York: Harper & Row, 1982.

② SMITH M J. Contemporary communication researeh methods［M］. Belmont: Wadsworth, 1988.

中使用的概念和语言，然后在这些理解的基础上完成概念的操作化（operationalization）。关于定性方法和定量方法的结合应用，本书还会做更为详细的讨论。

在这里，特别要强调的是，我们在本书中介绍的各种方法，都不是非此即彼的极端状态。实际上，通过不断融合和相互取长补短，研究方法已得到了长足的进步。笔者希望读者在阅读本书的过程中抱有这样一个观念，即我们了解到的这些定量方法、定性方法和混合方法（定量和定性相结合的方法），都建立在一定的本体论和认识论的假设之上，都有各自的优点和局限性，在传播学知识的建构过程中都是不可或缺的。正如波吉塔·霍杰尔（Birgitta Hoijer）在对受众研究的探讨中指出的那样："任何单一的方法都不能完全揭示受众接收媒体信息过程中的动态性和全部的复杂性"[①]，因此研究者在选择某种方法或者某种角度进行研究的时候，"一定要提醒自己这只是其中一个选择而已，并且清楚这种选择背后的假设"。[②]

定量研究与定性研究的比较

定量研究和定性研究的区别需要上升到哲学层面和技术层面去分别比较。在哲学层面上，两者都承认社会科学的本意是求"真"（即事实的因果或相关关系），这一点社会科学与自然科学是相同的。然而，在如何界定经验事实的"真"和如何求"真"的问题上，两者产生了分歧。定量研究认为，在人们的主观世界之外，有一个客观且唯一的真相存在，只要研究者采用类似自然科学的研究方法，通过严格控制经验事实的情境，就可以了解经验事实。一旦人类掌握了这个因果或相关关系，就有可能对同类经验事实进行预测和控制。而定性研究认为不存在这样一个可供人们发现的具有重复性、可供确认的纯粹的客观真相，"真"是人们通过经验与主观建构起来的，所以，真相是多元的而非唯一的，并具有无法分割的整体性。因此，定性研究主张"以长期、第一手观察的形式，从近距离观察社会及文化层面的运作"[③]。

在技术或操作层面上，二者的区分也是十分明显的，不少文献中都有讲述，如卜卫曾概括了五种不同点：（1）研究观点，定量研究强调建立通则，定性研究主张理解，定量研究强调以客观的视角，而定性研究强调以当事人的视角；（2）研究环境，定量研究多在人工控制的环境中进行，而定性研究多在自然环境中进行；（3）研究策略，定量研究以假设演绎为主，定性研究以归纳分析为主；（4）研究类型，定量研究多为非体验式调查或实验法，定性研究为体验式观察或访谈法；（5）研究者与被研究者的关系，定量研究排除这二者间的互动，而定性研究接受二者的互动。为了更加清晰地阐述两者之间的异同，在此，我们将一些较有代表性的观点整理在表 0–1 中，以便大家对二者在哲学层面和技术层面上的差异有更为详尽的了解。

---

①② HOIJER B. Studying viewer's reception of television programmes: theoretical and methodological considerations[J]. European journal of communication. 1990, 5（1）: 29–56.

③ KLAUS B J, NICHOLAS W J. 大众传播研究方法——质化取向[M]. 唐维敏，译 . 台北：五南图书出版公司，1996: 47.

表 0–1　定性研究与定量研究的比较

R. D. Wimmer 等	定性研究	定量研究
所依赖的哲学体系	研究者本人的心智在研究过程中无可避免地扮演着积极的角色；作为人的研究对象不是被动的存在，他们通过主观构建来为自己身处的世界赋予意义。因此，研究对象本身以及研究对象所处的社会情境是有机的整体，研究者不能将这个整体割裂开来分别进行研究。	研究对象是独立于研究者心智之外的客观存在；真实社会情境的个别特点（比如社会赞同 social corroboration）和研究对象的个别特点（比如认知需求 need for cognition）可以被独立地抽象出来。通过对这些特点进行测量或者操纵，研究者可以考察这些个别特点对研究对象的影响，从而理解和预测研究对象在真实社会情境中的认知、动机、感情和行为。
对个体的认识	认为人类个体基本上是互有差别的，不能划分类别	认为人类个体是具有相似性的，并力图对其行为和感觉做出概括的分类
研究目的	对特定情况或事物作特别的解释；试图发掘深度	发现人类行为的一般性规律，对各种环境中的事物作出解释；致力于拓展广度
研究者的角色定位	研究者是资料分析的一部分，积极参与	力求客观，（必要时）脱离资料分析
研究计划或设计	随研究的进行不断发展，可调整和修改	在研究开始以前就已经确定，研究期间不可改变
研究环境	在实地和自然环境中进行，了解事物的正常发展变化，不控制外在变量	运用实验方法进行研究时，要对外在变量进行控制
测量工具	研究者本身，任何人不能代替	独立于研究者之外，他人也可用此工具
理论建构	理论是分析的结果，来自所收集的资料	检验理论的正确性：支持或反对
R. E. Taylor	**定性研究**	**定量研究**
（事物的）意义	中心概念	没有作用或作用有限
对现实的假设	多重而且动态	单一而且稳定
研究的弹性	本质上排除了一步一步的指导	研究方法是被证明并被结构化的
研究逻辑	资料收集先于理论，从个体到一般：归纳	理论先于资料收集，从一般到个别：演绎
主要资料的性质	语言和视觉的：真实、丰富、生动	数字和特定数值：硬性、可证、可信
研究方式	在自然场所与“参与者”一起进行研究	招募研究“对象”，常做控制性的实验
测量工具	研究者本身	研究者用问卷或态度量表
资料分析	依靠人类的领悟力	依靠统计测量、分析和检验
研究结果的推衍性	不声称结果具有推衍性（generalizability）	声称结果具有推衍性（generalizability）
计算	可以计算，但作用不大	可以计算，且作用很大
目的	对潜在的理由和动机求得定性的理解	将数据定量表示，并将结果推广到总体
样本	由无代表性的个案组成的小样本	由有代表性的个案组成的大样本
数据收集	无结构	有结构
数据分析	非统计的方法	统计的方法
研究结果	提供对问题的初步理解	建议最后的行动路线

在实际的科学研究过程中，定量研究和定性研究常常结合起来使用，Creswell J. W. 称之为混合研究①，并总结了定量研究、定性研究和混合研究方法的基本特征（表 0–2）。

① 克雷斯威尔．研究设计与写作指导［M］．崔延强，译．重庆：重庆大学出版社，2007：13.

表 0–2 定量研究、定性研究和混合研究

定量研究	定性研究	混合研究
预设问题 基于问题的工具 行为数据、态度数据、观察数据、普查数据统计分析	呈现方法 开放式问题 访谈资料、观察资料、文献资料、视听资料文本和图像分析	既有预设法又有呈现法 既有开放式问题又有封闭式问题 源于所有可能的多重数据形式 统计和文本分析

实证研究的“科学环”

如上所述，一般而言，定量方法从提出研究假设开始，根据研究假设采用相应的测量工具，收集分析资料，并最后对研究假设进行证实 / 证伪，这是演绎的逻辑方法。而定性的方法是归纳的逻辑方法。笔者认为，在认识世界的过程中，研究者们的探索过程并不是单一直线型的，而是不断循环的，定量方法和定性方法常常需要结合起来使用。王如华莱士的“科学环”所描述的那样，在这一循环中，研究过程可以用五个方面的知识和六套研究方法来概括。如图 0–1 所示，方框表示的五个知识部分分别为:（1）理论;（2）假设;（3）经验观察;（4）经验概括;（5）接受或拒绝假设。椭圆则表示研究中各阶段使用的六套方法:（1）逻辑演绎方法;（2）操作化方法，包括研究设计、概念的具体化和操作化、测量方法、抽样方法和调查方法等;（3）量度、测定与分析方法，指观察的记录、资料的整理、分类、评定、统计及分析的方法;（4）检验假设的方法，如统计检验;（5）逻辑推论方法;（6）形成概念，建立、组织命题的方法。

在图 0–1 中，各个知识部分通过各种方法转换为其他形式，箭头表示知识形式转换的阶段。垂直中心线的右边是理论演绎过程，即把理论应用到现实中，在这一过程中是运用

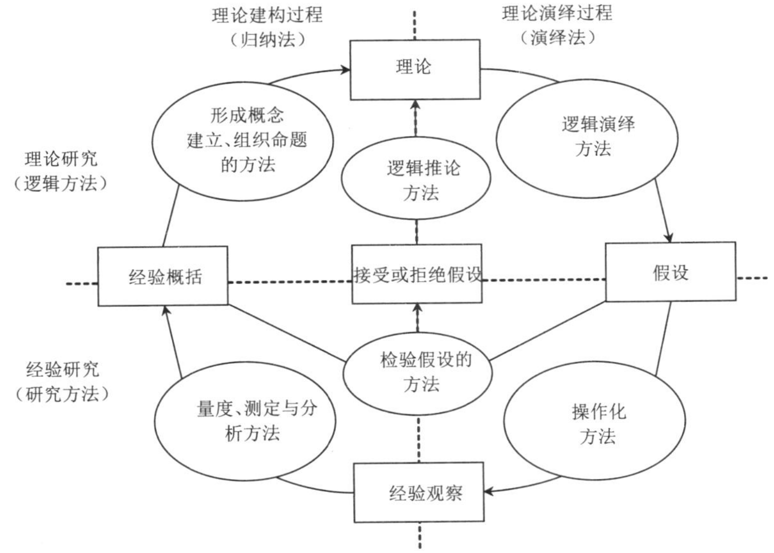

图 0–1 经修正后的华莱士“科学环”

资料来源：本图根据袁方主编的《社会研究方法教程》（北京大学出版社，1997 年 2 月第 1 版）第 93 页的图 4–1 和黄刚的博士论文《整合与互动——论互联网对社会研究方法发展的意义》（2007，中国传媒大学博士论文）中的图 2–1 修改而成。

演绎法；垂直中心线的左边是理论建构的过程，它首先是运用归纳法由经验观察概括出研究结论，然后上升到抽象的概念和理论。而水平中心线的上方属于理论研究，它们处于抽象概括的层次；水平中心线的下方则属于经验研究。

这一模型是对包括传播研究在内的社会研究中各种逻辑过程的概括，它表明了科学研究是从……理论→假设→观察→概括或检验→新的理论……这样一个周而复始、无限循环的过程。它的优点在于没有起点也没有终点，研究工作可以从任何一点开始。实际上，具体的研究只是整个科学研究过程中的一部分，许多研究往往只包括其中的一个或几个阶段。比如，有的研究直接来源于田野调查，之后由感性认识上升到理性认识；而有的研究仅在抽象层次上探讨理论性问题或致力于构造概念和理论体系；还有的研究可能不涉及任何理论问题，仅仅对观察到的现象进行描述或提供一些调查资料和统计数据。但这些研究都在为构筑社会科学研究的大厦增砖添瓦。

学习传播学实证研究方法应注意的问题

自20世纪80年代传播学作为舶来品引入中国内地学界以来，美国实证学派理论与方法始终占据着各种教科书的主要版面。然而，我国实证研究方法课程的教学以及学者运用实证研究方法所进行的课题研究成果似乎并不令人满意，前者主要表现在实证研究方法课程在各高校新闻传播学院（系）的受重视程度不够，实证研究方法及其相关课程开设较少，学生难以掌握；后者主要表现为已有的实证研究论文或专著存在大量不规范和轻率粗浅的现象。如果要探讨出现这些现象的原因，可能要涉及许多复杂的因素。简单地说，其中比较重要的原因有师资力量不足、教学投入不够、统计理论及方法对于新闻传播学学生具有一定的难度等。① 但是，我们看到近年来，越来越多的高校开设了相关的专业或课程，学界在实证研究的学术训练方面也正在进行艰苦的努力，各种方法培训班在高校的暑寒假期出现，一些比较规范的实证研究论文、专著也呈现在读者眼前。在这一背景下，本书将关注的重点放在实证研究及其具体方法上，尽可能地给出关于实证研究方法的详细和系统介绍，为我国传播学实证研究方法的规范性与系统性尽一份绵薄之力。

我们觉得有必要再次强调学习实证研究方法的重要性及需要注意的一些问题，在此，我们特别引用了一些从事这一领域的专家、学者的观点，希望对读者的学习有所启迪。

1. 学习实证研究方法的重要性

黑格尔曾经说过“方法不是外在的形式，而是内容的灵魂。”恩格斯也曾指出“在一切哲学家那里，体系都是暂时的东西，但包含在体系中的真正有价值的方法，却可以长久地启人心智、发人深思”。从这个意义上讲，方法比结论更为重要，因为，通常，结论不免受时代条件的局限，它们可能随着时间的推移而过时——由正确变成错误，或由整体变成局部。但正确的方法却能给人们提出独立探索的合理途径，并且能够反过来检验经验结

---

① 王锡苓，等. 对实证方法课程在我国新闻传播学教育中现状的思考[J]. 国际新闻界，2007（7）：49-52，70.

论本身。戴维·莫里斯也说过："我们常常认为方法是乏味甚至无聊透顶的；在任何专著或文章中，关于方法的部分总是被读者一掠而过，他们更关心结果和现成可用的理论。这是件遗憾的事情，它也许源于我们讲授和讨论方法的方式，我们总是把它看成一种技术或者一套程式，而不是对真理的探求。但实际上，我们使用的语言决定了我们可以怎样与世界交流、可以怎样描述世界。而方法是我们阐述事情的技术根基，并且它不仅仅是技术：它正是研究工作的语言。"①

祝建华认为："实证研究是基础，规范研究是它的结论和应用……做规范性的研究，一定是要建立在实证研究的基础上的，否则的话，所做的规范性研究要么是跟现实完全脱节的，要么是研究所提出的那些对策建议都是错的，都是停留在以前了解的基础上的。"②

传播学实证研究是解决现实传播环境中诸多问题的一个好方法，它有助于人类脚踏实地观察现实传播环境、提出研究问题并寻找解决问题的方法。

2. 学习做实证研究应该注意的一些问题

（1）学习实证研究方法，强调的是理性的精神层面，是理性的框架和思维的方法，而不是仅仅做调查设计和数据分析的具体技术，尽管具体的技术也是十分重要的。

（2）学术研究没有捷径，无法靠灵感，虽然有时灵感会出人意料地出现，但学术研究依靠的只能是知识的积累以及细细搜集、过滤实证观察的笨功夫。学术品位以扎实为上，灵巧次之；缜密为上，宏大次之；清晰准确为上，文采修辞次之。

（3）由于社会科学研究的对象是人以及人的社会关系和社会行为，那么，在一个研究中，研究者既是主体，同时又是客体；既是研究者，同时又是被研究者（自然科学则不同）。为此，研究者要注意避免把自己的经历和感受作为一般结论，不经验证就推广到一般人群并依此来下结论。

（4）收集科学的数据需要科学的收集方法，对科学数据的分析同样需要科学的分析方法。好的数据作为客观、科学证据的前提，并不等于是好的研究。好的数据只是好的研究的必要条件，不是充分条件。

（5）要有意识地避免出现以下现象：不做文献研究，不区分哪些结论是别人的研究成果、哪些是自己得出的结论；靠个人经历、判断、感受（混淆了生活世界和科学世界的判断标准），把"假设"当成结论；研究题目大而空、不具体。

（6）要在前人研究的基础上进行研究，注意研究的继承性和积累性；研究结论要有足够的证据支持；避免只给出常识性的、显而易见的结论，研究的结论应该对人们的认识有所推进，应该在学术上有所贡献。③

---

① DAVID E M. The search for a method—focus groups and the development of mass communication research[J]. Communication and society–facultad de communicación–universidad de navarra, 1998.

② 祝建华在中国传媒大学电视与新闻学院统计研究所（SSI）于 2005 年 11 月 11 日举办的"新疆界"上的讲座内容（为便于理解，本书对祝老师的讲话稍做了改动，但主旨不变）。

③ 以上第（3）（4）（5）和（6）观点引自北京大学人口研究所乔晓春教授在北京大学《社会科学研究方法暑期课程班》（2008）的讲座"社会科学：我们做错了什么？"。

希望通过本书的学习，我们能够尽可能地避免由于惯性思维而导致的继续沿着单纯的政策解读、政策研究、感想心得等思维方式进行研究所带来的弊端。

本书的结构安排

本书共包括八章内容，第一章从科学研究的原理和一般步骤开始，讲述实证研究方法的原理、步骤和程序。这既是实证研究的起始也是终点，正如前文所述“科学环”，提出研究问题或研究假设的目的，是为了通过实证研究的具体方法对研究假设进行证实或证伪，证实或证伪的结论可能又引出下一循环中的研究问题或研究假设。

第二章为测量量表的编制和问卷的设计，这是提出研究问题后，将研究问题或概念衍化为具体变量的过程。实证研究的关键之一是操作变量，在此基础上设计收集数据所需的问卷。在概念操作化的过程中，信度和效度的分析也是十分重要的。

第三章为抽样原理和方法，这是实证研究收集数据的基础。实证研究中的问卷调查研究一般是建立在大样本的基础之上的，如何抽取到能够推断总体的有代表性的样本，就成为实证研究中重要的一环。

第四章为探索性研究的常用方法，这一章介绍文献分析法、二手资料分析、观察法、小组座谈会、深度访谈法、个案研究法和投影技法。以上方法多为定性研究的具体方法，常在研究者不熟悉某一个研究主题或研究结论尚不需要推及总体时使用。

第五章为描述性研究的常用方法，本章主要介绍抽样调查法、观察法及内容分析法。这些是传播学研究中经常采用的方法，用于描述总体的特征及分布。

第六章为因果关系研究的常用方法，实验法是本章的重点内容，主要介绍各种不同的实验设计和分析方法，这些设计对探讨传播现象的因果关系有一定的帮助。

第七章为互联网调查研究方法，近年来互联网发展迅速，引起了学界和业界对网络研究方法的重视。互联网既是一种传播媒介，同时也可用作调查工具。本章重点介绍作为工具使用的网络研究方法，也涉及以互联网为研究对象的调查方法。

第八章为资料的处理、分析和报告的撰写，主要介绍对数据资料的一般处理和展现的方法，对于如何撰写研究报告也提出了一些原则性建议。

各章的内容大都配有一定的应用案例，它们部分选自国内外的经典案例，部分选自本书作者的研究课题，或作者十多年教学过程中学生的习作。此外，各章均配有一定数量的练习和实践题，可供读者进一步思考和实践。

第一章　科学的原理、科学研究的一般步骤

对传播现象进行实证方法的研究，根据的是社会科学研究方法的哲学思想及其操作程序，本章着重探讨科学研究的概念及其一般步骤。

第一节　科学的概念、原理和科学研究

一、科学的概念

根据《韦氏新世界大词典》的定义，所谓科学（science），是指“为确定所研究事物的性质或原则（nature or principle），通过进行观察（observation）、研究（study）和实验（experimentation），所得到的系统化（systematized）的知识”。这一定义说明科学是一种系统的知识，是经由科学研究方法获得的。科学的方法包括观察、调查和实验，其目的是掌握研究对象的性质、研究对象之间的关系和规律。

刘毅夫在其《社会调查与统计学》一书中对科学给出了如下定义：“科学就是有方法的研究得来的有组织的知识。”① 龙冠海认为，“科学是应用客观的态度和正确的方法去探究事实所得到的一套有系统有组织而又能够予以表征的知识。而科学的目的重在求知，即了解宇宙的事物，同时也兼顾到应用，即将所求得的知识作为控制或预测事件的发生以增进人类的福祉。”② 刘福增在为王星拱所著《科学方法论》一书的序中提出：“科学真正的特征是认知的（cognitive）、公共的（public）、抽象的（abstract）和普遍的（general）。” ③

以上对科学的定义包含了一些共同的元素，它们是：系统的知识，遵循一定的规律，采用客观态度和正确的方法，对事物间的相互关系进行研究。也就是说，科学的内涵包括三方面的内容：知识（是什么）、研究目的（是为了什么）、研究方法（是怎样得到的）。

［案例］一个实际应用问题：奥运申办媒介传播效果 ④

问题的提出：关于申办北京 2008 年奥运会，我们可以进行哪些研究？

---

① 陈毅夫 . 社会调查与统计学［M］. 上海：上海书店出版社，1947.

② 龙冠海 . 社会学［M］. 台北：三民书局，1969.

③ 王星拱 . 科学方法论［M］. 台北：水牛出版社，1988.

④ 柯惠新，等 . 媒介与奥运——一个传播效果的实证研究（北京奥申篇）［M］. 北京：中国传媒大学出版社，2004.

例如，我们想知道：

（1）北京市民是否支持北京申办奥运？

（2）北京市民认为申办奥运对我国是利大于弊？还是弊大于利？或者利弊相当？

（3）北京市民认为申办奥运对北京是利大于弊？还是弊大于利？或者利弊相当？

（4）北京市民认为申办奥运对我们个人是利大于弊？还是弊大于利？或者利弊相当？

那么，在这个过程中，

（5）媒介传播在申办过程中能否起到一定的作用？

（6）媒介传播在哪些方面可以起到一定的作用？

（7）如何才能起到应有的作用？

（8）关于媒介的传播效果有哪些基本理论？

（9）这些理论对中国是否适用？

（10）如何测量媒介的传播效果？采用什么方法测量？如何帮助媒介达到理想的传播效果？

［讨论 1］你将如何帮助媒介（可以选择一种）研究奥运申办的媒介传播效果？

［讨论 2］大众媒体研究和新媒体研究中还有哪些基本的研究问题？类似奥运申办的媒介传播效果，试列举一些你认为需要回答的问题，也可以集中谈某一种媒介，如电视或报纸，例如：

听众为什么选择 A 台而不是 B 台？人们最常看报纸的哪一部分内容？什么样的广告最吸引观众？什么样的广告最能说服消费者？广告主如何正确地选择媒体和分配广告时间？新闻传播对人的现代化观念的形成有无效果？等等。

［讨论 3］为回答上述问题，必须选择寻求答案的方法，那么，寻求问题的答案有哪些主要的方法？试举例说明。各种方法适用的领域有哪些？你认为哪些方法适用于大众媒介研究？

柯林杰（F. N. Kerlinger）曾论述过寻求问题答案的四种方法，即坚持己见（method of tenacity）、知觉感知（method of intuition，直觉方法）、权威方法（method of authority）、科学方法（scientific method）。[①] 也许这些方法中的每一种，针对不同的研究者和不同的具体情况，都可能寻求到正确的或合理的答案；但是除了科学方法之外，其他三种方法实际上几乎都是无法在课堂上讲授和学习的。因此，本书的内容也将只涉及科学方法。

二、什么是科学研究

柯林杰认为，科学研究（scientific research）是“对观察到的现象间可能存在的某种联系提出假设（hypothesis），并进行系统的（systematic）、受控的（controlled）、实证性的（empirical）和批判性的（critical）调查研究（investigation）”。[②] 这一定义也概括了科学研究方法的基本要素。传播研究的实证方法遵循的就是这种科学研究的思想及与之相联

①② KERLINGER F N. Behavioral research: A conceptual approach[M]. New York: Holt, Rinehart, and Winston，1979.

系的基本程序。

统辖于社会科学之下的不同门类的学科，有其内在的相同点，即共同的基本假设、共同的逻辑结构、共同的基本语言和共同的基本方法。杨孝濚认为，“在这四者之中，特别突出地把科学从别的学问中甄别出来的就是科学方法”[①]。

下面我们通过一个实际案例来初步讲解科学研究的思维方式。

[案例] 1961年第一次脊髓灰质炎流行病袭击了美国，此后的40年期间导致成千上万的人受害。20世纪50年代，Jonas Salk培育的一种预防疫苗似乎有希望防治这种疾病。但在临床使用之前，需要进行大规模的现场实验。那么，如何进行实验呢？有如下几个方案：

（1）1954年美国公共卫生总署的方案

实验对象：一、二、三年级的儿童

实验范围：从全美各地抽取的一批学区

涉及人数：200万儿童

结果：50万儿童接种了疫苗，100万故意不予接种，50万儿童拒绝接种。

问题：只有父母同意才能接种，处理组和对照组不对等。

如果将父母同意的儿童作为处理组，不同意的作为对照组，可能会引起关于疫苗效果评价的偏性，因为高收入家庭的儿童可能更易遭受脊髓灰质炎的伤害（无抗体），也更有可能同意接种。

（2）小儿麻痹全国基金会（NFIP）的方案

处理组：所有二年级的儿童（须取得父母同意）

对照组：一、三年级的儿童（无须取得父母同意）

问题1：研究可能不利于疫苗（如果二年级儿童的发病率高的话），或有利于疫苗（如果二年级儿童的发病率低）。

问题2：处理组与对照组有不同的家庭背景（不同家庭背景儿童的易感染程度可能不同，可能会引起关于疫苗效果评价的偏性）。

（3）随机对照双盲实验

处理组：在父母同意的一、二、三年级儿童中随机抽取

对照组：在父母同意的一、二、三年级儿童中随机抽取

双盲性原则：实验对象不知道自己所在的组，实验者也不知道哪个组是处理组或控制组。

从表1-1可见，不同的实验设计，结果是很不相同的。

表1-1 随机对照双盲设计与NFIP的实验结果

随机对照双盲实验			NFIP 研究		
	人数	比率		人数	比率
处理组	200, 000	28	处理组	225, 000	25
对照组	200, 000	71	对照组	725, 000	54
不同意	350, 000	46	不同意	125, 000	44

注：比率单位是十万分之一（每十万人中的病例数）

[讨论] NFIP研究中存在什么问题？

可以看到，不同意和同意接受疫苗

① 杨孝濚．传播研究方法总论[M]．台北：三民书局，1996：14.

的总体是有显著的差异的，发病的比率分别是10万分之46和10万分之71。因此，NFIP的研究低估了疫苗的效果。

综上，为了保证可比性，检验疫苗的作用，应将同意接受疫苗的同一总体分成处理组和对照组。NFIP研究中的处理组和对照组不是来自同一个总体，没有可比性。

以上案例是运用实验法进行的，其鲜明的特点是在实验中提出了控制组和实验组（或对照组和处理组）的概念及其操作程序，这意味着该实验研究的结论是在内在合理的逻辑推理和外在严格的实验程序下一步步得出的。这一思维方式可以说是指导社会科学研究的核心。

三、科学研究方法的基本特点

温摩（R. D. Wimmer）与多米尼克（J. R. Dominick）在《大众媒介研究》中阐述了科学方法的五个基本特点，并认为，不具备这些特点的研究方法不能算是科学方法：[①]（1）科学研究是公开的（public）；（2）科学研究是客观的（objective）；（3）科学研究是实证性的（empirical）；（4）科学研究是系统的和累积的（systematic and cumulative）；（5）科学研究是有预测性的（predictive）。

杨孝濚在《传播研究方法总论》中，也给出了科学研究所必须遵循的八个原则：[②]

（1）研究方法必须是客观的。在研究过程中，研究结果不能掺杂研究者的个人喜好，或符合某些人的期望。与研究结果有利害关系的研究者可能会有意无意地影响研究结果，这样的研究显然是不科学的；

（2）研究方法必须是系统的。研究者按照程序化的方法进行研究，不能为取得某一结果而有意操纵研究，随意拣选资料。为了表明研究的科学性，研究者往往要详细说明资料的收集情况；

（3）研究必须是累积的。科学研究必须增加人类已有的知识，同时，科学研究也是建立在人类知识的累积之上的。如果科学研究被割裂开来，那么它便失去了知识上承上启下的联系。

（4）研究不涉及价值争端问题。科学研究的目的不是有关“应该怎样”的价值争端问题，而是揭示所观察现象“是什么”或“为什么”的问题。美国社会学家艾尔·巴比（Earl Babble）指出：“社会科学家随意地混合了他们对周围世界的观察、对事件成因的臆测，以及他们认为事情应该怎样的观点。虽然当代社会科学家还经常做同样的事情，重要的是要认识到社会科学必须探究事情真理和了解其原则。”[③] 探索事物的本质是科学研究的基本目的，而价值判断则超出了科学研究的范畴。

（5）研究必须是公开的。某一具体的研究可能依据某一科学原理进行，但它如果不公

① ROGER D W, JOSEPH R D. 大众媒体研究［M］. 李天任，蓝莘，译. 台北：亚太图书出版社，1995.
② 杨孝濚. 传播研究方法总论［M］. 台北：三民书局，1996：12.
③ 巴比. 社会研究方法［M］. 邱泽奇，译. 北京：华夏出版社，2000：35.

开，完全不接受论辩与反驳的挑战，那它就不是科学研究。

杨孝濚认为，科学的发展通常可以分为两个阶段：第一阶段称为创造阶段（science as an creation），第二阶段为构建阶段（science as an institution）。他指出："当科学家在创造阶段时，它是人类的心智在暗中摸索。……在这个阶段的科学和艺术的创造实在没有基本的不同。古往今来，一切伟大的科学成就，都必须经过这个阶段。然而，科学之所以为科学，不能停留在这个阶段。科学家与艺术家的不同，是必须把他的创造成果纳入一个科学的公众（a scientific public）之既定的规格或轨序里。"① 这里所说的"既定的规格或轨序"，指研究的程序、技术指标或方法。科学研究方法具有公开性，这样才能为其他研究者重复实施、验证结论提供手段。

（6）研究具有抽象性　实证研究以事实为起点，但不是对每一个具体事实的具体解释。以事实为起点，并不意味着同样以事实为终点。以事实为起点，对事实进行总体把握，研究事实，这令实证研究有别于玄学家的向壁虚构。不以事实为终点，意味着从大量事实中抽象出某类事物的共同特质或行为，从而抽象出一般意义的通则。

（7）研究具有普遍性　正因为实证研究具有抽象性，是对事物共同本质的反映，所以它同时能应用于这一类别中的所有具体事物。因此，一条科学定律不仅可以应用于一切已经被观察的一类具体事物，还可以应用于尚未被观察的事物。

（8）实证研究必须以假设为前提　假设建立在资料收集之前，它们决定了研究结果可能是什么。这样一来，当事物的发生确有原因时，便可以拒绝事物是偶然发生的假设。

总之，实证研究方法的研究程序应具有客观性和可重复性，一旦确定之后就不要随意变更，以便为其他学者提供验证的手段；实证研究方法的目标是收集和提供理论假设的科学数据和材料，并通过公开的学术讨论构建关于社会现象的一般理论模式或定理。

传播学实证研究的科学性意味着研究有一套合理而有效的程序或步骤，其中的方法、技术具有稳定性而非擅自变动，以便其他学者重新验证；同时，在研究过程中保持客观的"超然"态度，实事求是地公开研究步骤与研究结论，而不是使资料、数据服务于研究者的主观判断。如果研究结论与研究假设不符，则研究者要么重新检视研究方法、资料收集的客观性或分析的正确与否，要么对研究假设重新审视。无论结论是证实了假设还是否定了假设，如实公布所有结果都是科学研究的基本要求。

四、逻辑推理在科学研究中的作用

在科学研究中，严谨的逻辑推理是十分必要的。那么，什么是逻辑推理呢？逻辑推理在科学研究中的作用如何？逻辑用于有效的推理，与经验和实践无关。科学不仅依靠逻辑上正确有效的推理，还必须以经验和实践为根本，两者不可偏废。②

从归纳和演绎逻辑来看，结论的有效性完全由逻辑的形式决定。即便是不符合客观实际的前提，也能运用逻辑推理出在逻辑上有效的结论。但是，结论的真理性必须经得起实

---

① 杨孝濚．传播研究方法总论［M］．台北：三民书局，1996：12.

② 严辰松．定量型社会科学研究方法［M］．西安：西安交通大学出版社，2000：16.

践的检验。因此，正确的推理加上符合客观实际的前提，才能保证结论的真理性。一般来说，逻辑推理包括两个过程，即归纳和演绎。

归纳推理（inductive reasoning）指从具体现象到一个普遍的原则或概念，或从具体现象到另外一些具体现象的过程。它遵循的是从具体原则出发，逐步推理出结论的原则。而演绎推理（deductive reasoning）则相反，它由普遍的前提或原则出发，推出特殊性（个别）的结论。例如：李某是中国传媒大学的教职工，李某不拥有高学历，结论："中国传媒大学的教职工都拥有高学历"为假，就是一个归纳推理的例子。又例如：中国传媒大学的教职工都拥有高学历，李某是中国传媒大学的教职工，结论："李某拥有高学历"为真，就是一个演绎推理的例子。

一般来说，逻辑推理有四种形式，若用 p 代表前件或前提，即某种普遍的原则、状况或理论，q 代表后件或结论，那么，逻辑推理的四种形式分别是：

（1）真前件必然导致真后件（叫"确认前件式推理"），即，如果承认 p 为真，那么就承认 q 为真。"确认前件式推理"是有效的或正确的逻辑推理。

还是用上面的例子进行说明（以下同）：

前件 p："中国传媒大学的教职工都拥有高学历"

后件 q："李某拥有高学历"

确定前件式的推理过程为：

如果"中国传媒大学的教职工都拥有高学历"为真，那么，李某是中国传媒大学的教职工，因此"李某拥有高学历"一定为真。

（2）假前件不导致假后件，即，如果 p 不为真，那么 q 不一定不为真。而认为假前件必然导致假后件的推理叫作"否定前件式推理"。注意，"否定前件式推理"是无效的或错误的逻辑推理。

否定前件式的推理过程为：

如果"中国传媒大学教职工都拥有高学历"不真，那么，"李某拥有高学历"也不真。

显然，这是一个错误的推理。事实上，假前件不一定导致假后件，即，上述例子中正确的推理应该是：如果"中国传媒大学教职工都拥有高学历"不真，那么，并不能确认"李某拥有高学历"也不真。因为"中国传媒大学教职工都拥有高学历"不真，并不意味着中国传媒大学的所有教职工都没有高学历。

（3）真后件不导致真前件，即，如果 q 为真，那么 p 不一定为真。而认为真后件必然导致真前件的推理叫作"肯定后件式推理"。注意，"肯定后件式推理"是无效的或错误的逻辑推理。

肯定后件式推理的过程为：

如果"李某拥有高学历"为真，那么，"中国传媒大学教职工都拥有高学历"也为真。

显然，这也是一个错误的推理。事实上，真后件不一定导致真前件，即，上述例子中正确的推理应该是：如果"李某拥有高学历"为真，并不能推导出"中国传媒大学教职工都拥有高学历"也为真。因为其中一个职工拥有高学历，并不意味着中国传媒大学的所有教职工都拥有高学历。

（4）假后件必然导致假前件（叫“否定后件式推理”），即，如果q不真，那么p一定不真。“否定后件式推理”是有效的或正确的逻辑推理。

否定后件式推理的过程为：

如果“李某拥有高学历”不真，那么，“中国传媒大学教职工都拥有高学历”则一定不真。

上述四种形式的逻辑推理有些类似于几何证明中的逻辑①：如果原定理成立，则逆否定理必定成立，但是否定理和逆定理却不一定成立。用箭头“→”和“←”分别代表“从前件到后件”和“从后件到前件”推理的方向，则上述类比可以直观表示为：

如果，p成立→q成立：“确认前件式推理”（原定理成立）

那么，p不成立←q不成立（正确推理）：“否定后件式推理”（逆否定理成立）

但是，p不成立→q不成立（错误推理）：“否定前件式推理”（否定理不一定成立）

P成立←q成立（错误推理）：“肯定后件式推理”（逆定理不一定成立）

五、社会科学研究的主要程序或步骤

简单讲，社会科学研究的主要程序或步骤一般包括以下几个方面：

（1）设定研究的主题；（2）查阅相关的理论及以往的研究结果；（3）确定研究问题，提出假设或模型；（4）选择适用的研究方法，设计研究方案；（5）收集数据或资料；（6）处理、分析和解释数据或资料；（7）撰写研究报告，以适当的形式发布研究结果；（8）必要时再次跟踪研究该课题。

本章第三节将详细介绍这些步骤。

第二节　传播学与传播研究

本节中，我们首先讨论传播学是一门什么样的学科，它的研究范围怎样，主要涉及了哪些研究方法。

一、作为社会科学的传播学学科

传播学的起源受社会、政治、经济等宏观环境的影响，是由各学科相互渗透而形成的一门交叉学科。传播学于20世纪20年代发端于美国，不同学科的学者从各自不同的角度，采用不同的方法对他们各自领域的传播现象进行了研究。在这一过程中，不同的研究思想和不同的研究方法形成了传播学不同的学派。如果将人类的研究领域进行大致分类的话，则一般分为研究自然界的物质结构、形态和运动规律的自然科学，探求人的自我认识、自

① 此处是作者的理解，不是严格的定义。考虑到初学者对四种形式的逻辑推理可能觉得难以掌握，因此作者根据自己的学习体会，建议读者可以类比中学几何证明中大家熟知的逻辑，来帮助理解和记忆。

我了解，关于人类精神价值和精神表现的人文学科，和以社会现象为研究对象且研究阐述各种现象及其规律的社会科学。按此划分，传播学应归入社会科学之中。

社会科学研究的是在一定的社会形态和背景下的社会组织、社会生活、社会群体等社会现象，它不能像自然科学那样对研究对象进行绝对的控制和绝对的了解。因此，社会科学是严格意义上的准科学。① 因为社会科学是与社会的政治、政策紧密地联系在一起的，其研究结果是行政部门制定政策最重要的依据，因此它不可能像人文学科那样根据个人的好恶而随心所欲、充满想象。一项政策的制定固然与党派利益有关，但它必须依据专家、学者的数据，即科学的调查和研究发现来进行。因此，社会科学必须借助实证的或者说经验的（empirical）方法，即由人的感官可以感知或觉察的方法，搜集现实社会中一切可能有关的经验数据，以此为基础对社会现象之间的关系进行解释和预测。唯有如此，其研究结论才能不偏离社会真实和社会环境，以此为基础制定的政策才能收到预期的效果。

二、传播学研究的对象和方法

这个问题似乎是显而易见、无须再赘述的，之所以在这里重提这个问题，目的是为了厘清传播学与新闻学之间的联系，同时也是为了在研究方法上能够更加清晰地区分传播学的实证研究方法的界限。

从一般意义上讲，新闻学研究的是新闻传播现象，比较注重新闻业务等与实际的新闻工作相关的规律和操作技术，包括新闻采编、写作等；而传播学研究的主要是包括新闻传播在内的人类传播现象，包括人际传播、群体传播、大众传播以及新媒体传播等。传播学作为一门交叉性学科，涉及政治学、社会学、文化学、社会心理学等多学科的知识。从研究方法而言，新闻学多注重对实践经验的研究，常通过直观考察分析的方法进行，从而解释、说明新闻工作的实践，探寻新闻操作层面的原则和方法，进而指导新闻工作的进一步深入。传播学的实证研究方法为传播学的经验学派所力主，它秉持社会科学的哲学思想和价值观，通常从实际出发，运用调查、实验、观察等实证方法，对人类传播现象进行分析和解释，寻求人类传播现象的一般规律。

上述区分见于许多学者的论述之中，潘忠党关于新闻学与传播学两者之间关系的阐述可为我们提供一个精辟的注解。由于20世纪初美国特有的社会环境和文化传统，致使发端于其时的“新兴传播科学其实是对各系统——物体、生理和社会——控制与协调的科学。它的形成有着战后的大背景，即国家安全体系形成，并占据大学的战后真空，改变其机构、课程和学术视野”②。

在此，我们对传播研究下一个简单的定义，传播学是研究人类信息交流的科学，传播研究指对人类传播行为及其规律的研究，其主要特征就是科学化。正如杨孝溁所总结的：“传播研究是利用行为科学的理论和研究方法，从主观的、纯技术的新闻学研究拓展到客观的、科学的传播学研究……传播学研究必须应用已有的传播理论作为基础，然后发

① 常昌富，李依倩．大众传播学：影响研究范式[M]. 北京：中国社会科学出版社，2000：2.
② 潘忠党．解读凯里·跨文化嫁接·新闻与传播之别[J]. 中国传媒报告，2005，16（4）.

展成为假说，再应用系统的行为科学研究方法加以验证或推翻；而根据这些结果做成的研究才算是传播研究——这种研究的主要变量，无论是自变量或因变量，必须是有关的传播因素。”①

三、传播研究方法的定量与定性之分

在传播学实证研究方法之中，不同的学派持有各不相同的观点，有些学派比较重视定量研究、数学模型及统计计算技术的应用（如拉扎斯菲尔德的行政学派），有的学派侧重采用定性研究方法（如芝加哥学派的诸多研究均采用定性方法）。关于定量研究和定性研究在哲学层面和技术层面上的异同，在绪论部分已有介绍，此处不再赘述。

实际上，将传播学实证研究划分为定量方法和定性方法是否合适，诸多学者都持否定态度，认为这两种方法之间不应该是泾渭分明、井水不犯河水的关系，而应该是相互借鉴、你中有我、我中有你的关系。张隆栋认为“传播学研究走过一条由定性分析到定量分析直至当今两者结合使用的路”②。拉扎斯菲尔德更是明确地探讨了在传播研究中将两种方法结合应用的具体技术：“对于很多现象而言，我们既要进行客观的观察，也需要进行内在的省思。我们应该把案例研究和统计信息很好地结合起来。我们还要意识到当前研究获取的信息需要有前人的有关研究成果来做补充。我们还应该把‘自然的’数据和实验数据结合起来，这里的实验指的是问卷和问卷调查所获取的报告，而自然指的是‘一览无余的测量’——没有研究者干预的情况下从日常生活中得到的数据。……为了了解事件‘背后的’信息，我们必须收集各种各样的数据——这就如同为了确定一个远距离物体的真正的位置，我们只有从不同的侧面和方向去看它才可能找到。”③ 这里拉扎斯菲尔德提到的“自然的”数据或资料，就是指采用观察法等定性研究手段获得的对社会现象的深入理解。

当然，在实际的研究中究竟采用定量方法还是定性方法是视研究问题而定的。一般来说，当研究者进入一个新的研究课题，在对研究主题不十分明了的情况下，多采用定性的、探索性研究，包括文献研究在内的大量案头研究、访谈研究（或者焦点小组座谈会）、观察等方法。当研究者对研究主题有了一定的思路，则可借助已有理论、假设发展出定量研究的研究假设，再通过问卷调查、实验等方法证实 / 证伪研究假设，以此进一步修正研究假设，修订或生发出新的待检验的研究假设。在深入解读数据从而提取研究结论或改进建议阶段，常常还需要进一步结合定性研究，以便更恰当地分析数据背后的东西。因此，对于重要的传播学研究课题，如果条件允许，应该更多地考虑采用定量研究和定性研究相结合的混合研究方法。正如绪论中所述的科学环那样，往复无穷，研究者要提升研究假设的抽象性和普适性，为构筑传播理论大厦添砖加瓦。

---

① 杨孝濚 . 传播研究方法总论［M］. 台北：三民书局，1996：1.

② 张隆栋 . 大众传播学总论［M］. 北京：中国人民大学出版社，1993：336-337.

③ LAZARSFELD P. An episode in the history of social research: A Memoir: In the intellectual migration: Europe and America, 1930-1960［M］. Cambridge, MA: Harvard University Press, 1969: 270-337.

第三节 社会科学研究的一般步骤

社会科学研究一般有以下八个步骤。

一、设定研究的主题

研究主题的选择是任何科学研究的第一步。从某种意义上讲，研究问题的选择难于对问题的解决。那么，如何选择研究的主题？

一般而言，根据主题的特殊性和深入性的原则：主题应是独特的，与其他研究不同的；主题应是深入的，并能包容相关的研究。

传播学研究的题材一般分为两大类：为解决某个特定的传播问题而设定的题材，为建立某种传播理论而设定的题材。我们选择主题时应围绕以下几个方面考虑：选题是否确有意义？理论框架是否可以建立？后继步骤是否可行？研究的结果是否可以推广？经费和时间的要求是否可行？

选择主题一般通过以下方法：

（1）根据个人的观察、思考和体会；

（2）参阅有关的文献资料；

（3）咨询有关专家、有经验的研究者或业界工作者；

（4）进一步考虑初选研究主题的价值，以最终确定选题。

例如，以下为往年中国传媒大学传播学专业部分研究生的选题：

1. 互联网与欠发达地区社会发展研究——互联网在西部农村的两种应用模式的探讨（王锡苓——2002 博）
2. 信任类产品营销传播心理效果的线索评价方法研究（张春河——2004 博）
3. 互联网对同性恋族群身份认同的影响（朱川燕——2001 硕）
4. 大学生与色情信息——信息行为与第三者效果研究（黄可——2002 硕）
5. 对我国大陆新闻传播学界信息互动状况的网络分析（南隽——2001 硕）
6. 女性受众的角色期待与媒介建构的关联性研究（吕飞——2003 硕）
7. 从受众态度、行为看公益议题传播——以北京市大学生志愿服务参与行为为例（王仕——2003 硕）
8. 采用 ZMET 技术透视受众的互联网使用与满足——以网络购物为例（黄鸣——2003 硕）
9. 家庭沟通模式与青少年网络素养的关联性研究（李维——2004 硕）
10. 解析中国大陆流行音乐中的性别角色（朱方——2004 硕）
11. 文化接近性在大学生群体中的影响研究——以北京大学生海外剧观看与解读行为

为例（种道荣——2004 硕）

12. 艾滋病感染者媒介形象的建构（王楠——2004 硕）
13. 家庭社会化视角下媒介素养影响因素研究——以南宁市中学生及其父（母）媒介素养调查为个案（江宇——2005 博）
14. 俄罗斯媒体中的中国国家形象——以对《共青团真理报》的内容分析为例（吴彦——2005 硕）
15. 冲动性购买的影响因素研究（郑春丽——2005 硕）
16. 媒介榜样与青少年道德观念及行为的相关研究（王迎迎——2005 硕）
17. 第三者效果的检验与分析——以媒介与女性瘦身倾向之关联为个案（姚慧——2006 硕）
18. 品牌传播中品牌来源地效应的研究（李亦兰——2005 硕）
19. 网络利他行为影响因素之探索——以大学生上网者为例（陈曦——2005 硕）
20. 中老年人对网络健康信息的使用与满足研究（韩姝——2006 硕）
21. 对议题属性的互动——以“东莞扫黄网络舆情”为研究对象（张晓家——2006 博）
22. 媒体建构的河南形象（刘志永——2006 硕）
23. SNS 用户网络接触行为的心理研究——以开心网为例（郭勇——2007 硕）
24. 网络论坛传播中的言论螺旋——以范跑跑事件为例（何慧媛——2007 硕）
25. 转型社会中舆论对女性权益保障的影响研究（唐觐英——2007 博）
26. 从央视新闻的报道中看媒体社会责任的实现（王静——2007 博士后）
27. 微说服传播机制与应用模式研究（姚紫虹——2007 博）
28. 我国网络媒体可信度测评及其影响因素研究（詹骞——2007 博）
29. 大众媒介新闻框架下的农民工形象图景（张灵敏——2007 硕）
30. 中国国家形象的海外媒介建构与受众解读（赵静——2007 硕）
31. 互联网情境下意见领袖形成机制研究（陈旭辉——2008 博）
32. 中学生使用即时通讯之网络使用动机研究（牛义周——2008 硕）
33. SNS 网络用户行为与社会资本关系研究（田卉——2008 博）
34. 世界主流媒体眼中的中国国家形象研究（魏洁——2008 硕）
35. 主流价值的构建与传播（姚艳霞——2008 硕）
36. 媒介消费的影响因素及其作用机制研究（黄可——2009 博）
37. 基于微博的互动与品牌关系相关性的实证性研究（李佼佼——2009 硕）
38. 微博客涵化作用效果研究（刘绩宏——2009 博）
39. 全国哀悼日报道的媒介框架分析（沈绅——2009 硕）
40. 三十载除夕的舞台表述——传播学视域下的春晚实证研究（王娟——2009 博）
41. 微博利他行为研究（赵璇——2009 硕）
42. 大学生微博使用行为研究——以新浪微博为例（朱文琪——2009 硕）
43. 私营企业家群体的新闻框架分析（郭勇——2010 博）

44 高校保安员身份认同感研究——以北京地区为例（李鹏翔——2010 硕）
45. 互联网情境下控烟议题的传播过程研究（万幸——2010 硕）
46.《致富经》栏目对农民致富观念的影响——以山东枣庄为例（王辉——2010 硕）
47. 城市融入的虚拟困境——新媒体对新生代农民工城市融入影响研究（翁立伟——2010 博）
48. 我国传统媒体官方微博的内容生产与传播研究——以新浪微博为例（钟杏梅——2010 硕）
49. 他者凝视下的文化再生产——乡村传播网络与共同体重建研究（谭华——2011 博）
50.《人民日报》与 @ 人民日报在突发公共事件报道中的政治修辞实证研究（滕红真——2011 硕）
51. 技术批判与文化反思——新浪微博中知识女性的话语空间与自我建构（杨克青——2011 博）
52. 网络广告的第三人效果研究（张莉——2011 博）
53. 框架理论下中美跨国人文地理类纪录片文本比较研究（张翼——2011 硕）

二、查阅相关文献及以往的研究成果

查阅文献是选择主题后必不可少的工作，一般而言，只有在查阅相关文献的基础上，才能明确地回答以下关键问题：对类似的主题前人已经做过哪些研究？取得了什么样的结论？使用的方法是什么？等等。在此基础上，才能对所选择的主题进行深入细致的考虑。

在查阅文献时，可供参考探讨的文献来源一般包括专业刊物、普通刊物、研究摘要、档案资料、未发表的研究报告或资料、网络资料和信息等。

具体来讲，查阅文献时需要重点了解的问题主要有：

（1）以往有过哪些相似或相关的研究？
（2）以往的研究有哪些主要的发现？
（3）以往的研究还有哪些未解决的问题？
（4）对这些未解决问题的研究，原研究者和其他研究者有何建议？
（5）以往的研究采取了什么研究方法？
（6）研究方法是否科学？
（7）这些研究对你的研究工作有何启发？

三、确定研究问题，提出研究假设或模型

从某种意义上讲，提出问题比解决问题还要困难。提出问题往往需要从现实的社会环境入手，找出值得研究且对传播学科学发展有益的问题实属不易。潘忠党教授在一次访谈中提到，所谓“学问”，就是学习提问。并说“问”是导致“学”的途径：“没有提出问题的‘学’是空泛的，当然也是‘脱离实际’的；它是既无‘学’也无‘问’，而且是因无

‘问’而不‘学’。”[1] 因此，如何学习提问是值得重视的。

（一）研究问题的确定

一般而言，研究问题可以分为管理决策问题和调查研究问题。管理决策问题是管理者所面临的问题，主要回答决策者需要做什么。它是以行动为中心的，关心的是决策者可能采取的行动。如某电视台频道的管理决策问题：是否需要改版？如何改？如何获得最大的社会效益和经济效益？

而调查研究问题则不同，它是研究者所要着手处理的问题，回答的是需要什么信息，以及怎样最好地、有效地得到这些信息，它是以信息为中心的。

例 1，某电视台频道的管理决策问题，具体包括：是否需要改版？如何改？如何获得最大的社会效益和经济效益？

为此，SSI（中国传媒大学调查统计研究所）给出的调查研究问题包括：

（1）确定频道现有听众和潜在听众的特征；
（2）现有听众和潜在听众的需求（包括心理需求）；
（3）改版后节目的收听倾向；
……

针对这些调查研究问题所需了解的信息为：

（1）该频道现有听众和潜在听众的基本特征、收听动机、收听习惯、生活形态、消费行为、广告接触行为等；
（2）现有听众对该频道各种节目的满意度、意见和建议；
（3）对该频道的形象描述，与竞争台的比较；
（4）对各种可能进行的节目调整的版本的评价和收听倾向。

例 2，中日友好医院院长的管理决策问题：为什么门诊量不满？如何改进？如何获取最大的社会效益和经济效益？

为此，SSI 给出的调查研究问题包括：

（1）确定中日友好医院在患者中的形象；
（2）医院现有患者和潜在患者的特征；
（3）现有患者和潜在患者的需求和意见；
（4）医院职工的现状和意见等。

针对这些调查研究问题所需了解的信息为：

---

① 潘忠党 . 学为问，学而知不足[EB/OL].（2020-06-23）[2020-06-25]. http: //max. book 118.com/html/2020/0623/6023240134002212. shtm.

（1）医院的知名度，患者对医院的了解度、满意度；

（2）现有门诊患者和住院患者的特征、来院动机，对医生和护士的评价，对各科室病房的评价，治疗效果；

（3）现有患者对医院各种服务的满意度、意见和建议；

（4）现有患者对中日友好医院和北京市主要竞争医院的比较评价；

（5）医院职工的基本情况，对各级领导的满意度和评价，对医院条件（软、硬件）的评价，对医生护士的评价，对医院科室的评价、改进措施、个人满意度等。

需要注意的是，研究问题不能定义得太宽，也不能定义得太窄。另外，研究问题应当是可操作的。问题越大，与学术准则之间的张力就越强，越难达到理论的准确表述，就越难达到理论与观察之间的密切结合，即越容易大而无当。问题越小，它与研究价值和理论潜在的普适程度之间的张力就越强。所以，要选择最适合自己考察和理论阐述的问题。我们更主张“以小见大”的研究问题。当然大与小没有明确的、一成不变的标准。“对于初学者，由于驾驭的经验尚不足，问题应该偏小，力求能够在资料有限的条件下渗透表象、挖掘内涵。”[①]

（二）研究假设

首先要明确研究假设是什么、作用如何。

在传播学研究课题的设计中，提出研究假设是十分重要的一步。研究假设是研究者根据传播学和相关学科的有关理论和事实，或以往相关研究的发现或结论，针对自己感兴趣的、涉及总体的某些可能的结论，所提出的关于某些因素或现象间的相互关系的、仍未证明的陈述或主张。假设常常是对理论框架或分析模型中规定的两个变量或多个变量间关系的一种试验性描述。

理论假设指研究方案或理论框架中涉及的假设。例如，在传播学研究中著名的“沉默的螺旋”[②]和“涵化理论”[③]中，就包含不少理论假设。由于还未达成共识，这些理论假设今后仍需要继续被各种实证研究验证。

假设在表述形式上是“陈述式的”，不采用提问题似的“疑问式”，可以进行统计上的检验。一个研究中，理论框架下一般会有若干个待检验的假设支持。

例如：“性别与媒介接触行为有着密切的关系”这一理论发现，研究假设可包括：

---

① 潘忠党．学为问，学而知不足[EB/OL].（2020-06-23）[2020-06-25]. http://max. book 118.com/html/2020/0623/6023240134002212. shtm.

② 关于“沉默的螺旋”理论的多个实证研究及其验证结果的讨论，可以参考 GLYNN C J, HAYES A F, SHANAHAN J. Perceived support for one’s opinions and willingness to speak out: A meta-analysis of survey studies on the “SPIRAL OF SILENCE”[J]. Public Opinion Quarterly. 1997,（61）：61, 452-463.

③ 关于“涵化理论”的多个实证研究及其验证结果的讨论，可以参考 MORGAN M, SHANAHAN J. Two decades of cultivation research: An appraisal and a meta-analysis[M]// BURLESON B. Communication Yearbook 20. Newbury Park, CA: Sage, 1997：1-45.

男性比女性更多地接触报纸、广播和新媒体；
女性比男性更多地接触电视；
男性比女性更喜欢新闻、体育和科技知识节目；
女性比男性更喜欢娱乐、电视剧和保健知识节目，等等。

假设比调查研究问题更具体深入，因为它不仅仅是一个单纯的答案问题，还陈述了某种关系或对总体做了某种判断，并且可以进行统计上的检验。

假设的另一个重要作用是提示研究方案设计中应该包含的变量。例如，对于“目前我国高级技术人员和管理人员中经常接触网上信息的比例大约超过了30%”这一假设，在研究设计中就可能需要包含若干变量，如“职业”“工作性质”“使用电脑的频度”“使用电脑的目的”“使用互联网的频度”“使用互联网的目的”“接触网络信息的频度”等。

在研究方案或理论框架中涉及的假设和实际利用统计方法进行检验的假设是不完全相同的。前者是研究者感兴趣的理论假设，在统计上也叫备选假设或对立假设（alternative hypothesis），常用H1、H2、H3表示；后者是按照统计检验的原则陈述的假设，在统计上称为零假设、原假设或虚无假设（null hypothesis），常用H0或H01、H02、H03表示。零假设一般都表述为“无显著差异”的假设。拒绝零假设就意味着“差异是显著的”，因而就要接受备选假设。例如香港城市大学学者祝建华在“中国公众意识调查中的‘不知道’：个别问题无回答时有关被访者和有关调查自身的双重原因”的研究中[①]，根据各种理论的回顾和实际可用的数据，提出了三个理论假设H1、H2和H3。每个理论假设又可以具体地分解为如下若干个备选假设H1a、H1b……H2a、H2b……H3a、H3b……

H1：中国的被访者在调查中做出项目无回答（INR）的反应的可能性受他们个人背景特性的影响。
H1a：老年人比年轻人更可能做出项目INR的反应（年龄的影响）；
H1b：女性比男性更可能做出项目INR的反应（性别的影响）；
H1c：受教育差者比受教育好者更可能做出项目INR的反应（教育程度的影响）；
H1d：农民和蓝领工人比教授和学生更可能做出项目INR的反应（职业的影响）；
H2：对调查的问题做出项目无回答的反应的可能性受所问的特定问题的特征的影响。
H2a：一个问题在调查的后一部分问比在调查的前一部分问更可能导致INR（疲劳的影响）；
H2b：长的问题比短的问题更可能导致INR（任务难度的影响）；
H2c：国外主题的问题比国内主题的问题更可能导致INR（主题熟悉程度的影响）；
H2d：具有中立性选项的问题比没有这种选项的问题更可能导致INR（用词含糊的影响）；
H2e：政治敏感性高的问题比政治敏感性低的问题更可能导致INR（主题敏感性的

① 柯惠新，祝建华，孙江华．传播统计学［M］．北京：北京广播学院出版社，2003：557.

影响）；

H3：对调查问题回答 INR 的可能性也受这项特殊调查特征的影响。

H3a：一年中早期进行调查比晚期进行调查更可能导致 INR（时间的影响）；

H3b：在非主要城市中进行调查比在主要城市中进行调查更可能导致 INR（地理位置的影响）；

H3c：政府机构发起的调查比学术机构发起的调查更可能导致 INR（发起者的影响）；

H3d：在公众场所进行调查比在家中进行调查更可能导致 INR（地点的影响）；

H3e：在调查的开头部分询问人口统计资料比在结尾部分询问更可能导致 INR（增加敏感性的影响）。

在实际的数据分析中，研究者的理论假设（备选假设）都可以转换为待检验的零假设，方法是将备选假设中的相应陈述修改为“无显著差异”的陈述，或者是“不比……更……”的陈述。例如，备选假设 H1“男性和女性经常收看《新闻联播》的频度有显著的差异”，与之对应的零假设 H01 为“男性和女性经常收看《新闻联播》的频度没有显著的差异”。另外，备选假设 H2“男性经常收看《新闻联播》的频度高于女性”，与之对应的零假设 H02 为“男性经常收看《新闻联播》的频度并不比女性更高”。

如果用数学符号或公式表述，则为：

H01：$\Delta=\pi_{男}-\pi_{女}=0$；　　H1：$\Delta=\pi_{男}-\pi_{女}\neq 0$　　（1–1）和

H02：$\Delta=\pi_{男}-\pi_{女}=0$；　　H2：$\Delta=\pi_{男}-\pi_{女}>0$　　（1–2）

其中 $\pi_{男}$和 $\pi_{女}$分别表示男性和女性中经常收看新闻节目的比例；式（1–1）表示的是一对双侧检验；而（1–2）表示单侧检验。注意，在双侧检验和单侧检验中，零假设都是相同的，所不同的只是备选假设。

针对上述“无回答项目”中的假设，也可以给出其备选假设对应的零假设（见表 1–2）。

表 1–2 “无回答项目”研究中的部分零假设和备选假设的比较

零假设	备选假设
老人并不比年轻人更可能做出项目 INR 的反应	老人比年轻人更可能做出项目 INR 的反应
女性并不比男性更可能做出项目 INR 的反应	女性比男性更可能做出项目 INR 的反应
受教育差者并不比受教育好者更可能做出项目 INR 的反应	受教育差者比受教育好者更可能做出项目 INR 的反应
农民和蓝领工人并不比教授和学生更可能做出项目 INR 的反应	农民和蓝领工人比教授和学生更可能做出项目 INR 的反应
在调查的开头部分询问人口统计资料并不比在结尾部分询问更可能导致项目 INR 的反应	在调查的开头部分询问人口统计资料比在结尾部分询问更可能导致项目 INR 的反应

注：表中对应的假设检验都应是单侧的。

（三）模型及其作用

在传播学研究中，我们经常可以通过模型（model）或模式，对各种传播现象、传播理论和各种理论假设进行简洁的描述，勾勒出理论框架中研究对象各要素之间的联系及联系的结构、方向和强度。模型是理论的一种简化形式，具有构造、解释、启发和预测等多种功能。但同时，我们也必须清醒地认识到，使用任何一种模型都存在一定的风险，这是因为模型不可避免地具有不完整性、过分简单以及含有未阐明的假设等缺陷。适用于所有目的和所有分析层次的模型显然是不存在的，重要的是针对自己的研究目的去选择正确的模型。[①]

传播模型可以分为描述性的传播模型和分析性的传播模型：描述性的传播模型描述和解释传播的过程，描述各种学说或学派等，一般不适合直接用于定量分析。分析性的传播模型是概括性地、具体地使用变量及变量间的相互关系来表示某个系统或过程，一般可直接用于定量分析。

传播模型可以用文字式、图示式、数学式表示，或者这几种形式结合使用来表示。现分述如下：

（1）文字式模型

文字式模型通过话语叙述传播现象或理论。例如早期传播学研究中的拉斯韦尔公式（who，what，which，whom，what effect，简称“五 W 模式”）可描述如下：

描述传播行为的一个方便的方法，是回答以下五个问题：

谁？说了什么？通过什么渠道？对谁？取得了什么效果？

（2）图示式模型

图示式模型用直观和简洁的图形、线条勾画出一些已知存在而又无法看到的变量间的联系，用以表示这些联系的结构、方向和强度。它具有结构性和功能性两种类型，能直接或间接地用于统计分析的模型 / 模式基本上都是功能性的。从逻辑上讲，图示式模型常常是推导数学式模型的预备步骤。其中图 1–1 和图 1–2 分别是结构性和功能性图示式模型的示例。

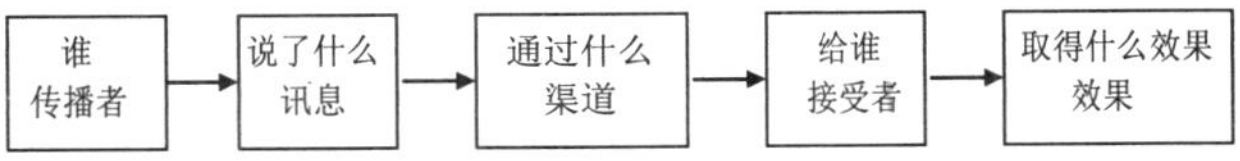

图 1–1　拉斯韦尔的“五 W 模式”及其相应的传播过程基本要素

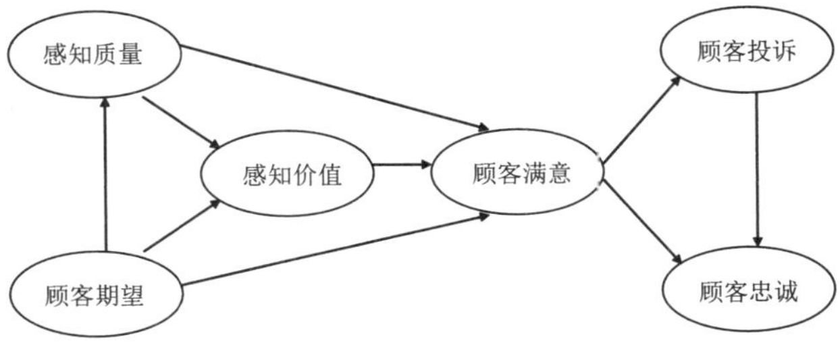

图 1–2　美国顾客满意度指数（ACSI）模型

在图 1–2 的模型中，我们可以看到：

输入变量：顾客期望、对质量的感知、对价值的感知；

结果变量：顾客满意度、顾客

---

① 麦奎尔，温德尔 . 大众传播模式论［M］. 祝建华，译 . 2 版 . 上海：上海译文出版社，2008：4–5.

投诉、顾客忠诚；

箭头：单向箭头表示一个变量（箭头起始）对另一个变量（箭头终结）可能存在直接的效应；双向箭头表示两个变量之间是一种相关关系，或是一种相互影响的关系。一般来说，单向箭头常常是从自变量指向因变量，或是从自变量指向中间变量，也可能是从中间变量指向因变量。

在图 1–2 中，6 个变量均为潜在变量，都不是可以直接测量的。我们将这些潜在变量逐级展开，建立可以直接测量的指标体系。

一级指标：总的测量目标“顾客满意度指数”；

二级指标：上述 6 个潜变量；

三级指标：由二级指标具体展开而得到的指标，符合不同行业、企业、产品或服务的特点；

四级指标：由三级指标具体展开，为问卷中一系列操作化的测量题项。

（3）数学式模型

数学式模型使用方程式或其他数学公式，可以清楚具体地规定各研究要素或变量间的联系，这种联系通常用方程式或其他数学公式来表示。数学模型中一般都包含有待估计的参数和误差，它可以帮助研究者确定研究方案，同时也具有便于操作处理的优点。尤其是现代计算机和统计软件技术的高速发展，为数学模型的应用提供了极大的方便。许多现成的统计软件已经能基本满足各种复杂条件下统计模型的参数估计和检验的任务。

例如，祝建华教授在前述的“中国公众意识调查中的‘不知道’：个别问题无回答时有关被访者和有关调查自身的双重原因”的研究中，采用了一种被称为“逻辑斯蒂克回归”（logistic regression）的统计数学模型，用以描述“项目无回答”INR 与可能影响因素之间的关系，并以此模型估计了 14 种因素对 INR 可能影响的强度（大小）和方向（正负）：

$$\log Y = b_0 + b_1 \text{Age} + b_2 \text{Sex} + b_3 \text{Education} + \cdots\cdots + b_{14} \text{Setting}$$

式中，log 表示对 Y 取对数，Y 表示发生“项目无回答”（INR = 1）的概率与不发生“项目无回答”（INR = 0）的概率之比，即

$$Y = \text{Prob}(\text{INR} = 1) / \text{Prob}(\text{INR} = 0)$$

在实际分析时，分别用 INR = 1（被访者表示“我不知道”“我没有什么看法”“我不想回答”或“没有回答”等）和 INR = 0（被访者给出了实在的回答）的比例来估计这两个概率。而 14 个自变量的意义如下：

Age 为被访者年龄的标准化得分

Sex 为被访者的性别，规定男性 = 1、女性 = 0

Education 为被访者文化程度的标准化得分

……

Setting 表示访问的地点，规定在工作地点或公共场所 = 1、在家中 = 0

在传播学研究中，文字式模型、图示式模型和数学式模型经常是相互补充的。这些模型可以帮助研究者设计研究方案，明确所需设定的假设、所需调查的问题以及适用的统计方法等。

四、设计研究方案，选择适用的研究方法

明确了研究问题，给出研究假设或模型后，就需要选择适用的研究方法和设计研究方案。

（一）研究方案设计中应完成的工作或内容

设计研究方案就是给出进行研究的一个框架或蓝图，其中包括获取所需信息的详细过程。研究方案中一般包括以下内容：（1）选择研究方法；（2）选择收集数据的方法；（3）定义所需的信息；（4）规定变量的测量方法和量表；（5）设计问卷和测试问卷；（6）设计抽样方案；（7）制定数据分析方案；（8）明确经费预算和进度安排。

（二）研究方法分类

从研究过程和获取的结果来看，研究方法可分为探索性研究和结论性研究两大类。探索性研究的基本目的是提供必要的资料，帮助研究者认识和理解所探讨的问题，为进一步的研究设计提供思路和框架。探索性研究并不采取正规的研究方法和过程，它具有灵活多样的特点。一般而言，探索性研究不涉及结构式问卷，也不涉及大样本和概率抽样。在这一类型的研究中，研究者的创造力、智慧和经验起主要作用，但也不是唯一的决定性因素，研究者仍然需要借助一定的方法和技术。探索性研究一般可以通过专家咨询、试点调查、个案研究、二手数据、深度访谈、小组座谈会、观察和投射等方法来进行。

结论性研究的主要目的是描述或估计总体、检验假设和考察变量间的相互关系，比探索性研究更为正式，更具有结构性。结论性研究一般以大规模、有代表性的样本为基础，所获取的数据要进行定量的统计分析。结论性研究包括描述性研究和因果关系研究两种。有关这些方法的具体叙述，可以参见后面相应章节的内容。

需要注意的是，每种研究方法都各有利弊，没有十全十美的研究方法，选择适合研究主题和相关问题的研究方法才是最重要的。

五、收集数据或资料

根据研究目的专门收集的资料叫作一手资料或原始资料，如利用调查、内容分析、控制实验、观察、深度访谈、焦点座谈会等方法获得的资料。在传播学研究中，并不是所有的数据都来自一手资料。那些因为其他研究目的被收集到的资料叫作二手资料，这类资料的获得既快速又不需要很大花费，特别是在当今大数据时代。但是要在认真评价二手资料的质量和适用性之后，才能确定其是否可以使用。

收集一手资料的方法有多种，如收集定性研究资料的方法包括专家咨询、深度访谈、

小组座谈会、观察法等；收集定量研究资料的方法包括邮寄调查、电话调查、面访调查、网上调查等具体方式，还有实验室实验和现场实验等方法。

在收集数据或资料的过程中，为了减少非抽样误差，有必要对访员（如果需要的话）进行适当的培训。如以面访调查为例，挑选访员、培训访员、监督管理访员、复查验收及评价访员，都是调查实施不可缺少的环节。有关详细内容请参阅本书第五章。

六、处理、分析和解释数据或资料

处理、分析和解释数据或资料需要考虑以下几个问题：

（1）是采用大型计算机的终端，一般的个人电脑 PC 机，还是只用简单的计数器？

（2）是只需要进行基础的统计（包括频数、平均值、百分数等），还是需要初步的统计分析（包括相关分析、交互分析等），或需要进行高级的统计分析，甚至数学模型或因果关系模型？

（3）采用现成的统计软件（如 SPSS 或 SAS）进行分析，还是需要编制专门的分析程序或软件？

（4）是只需做常规的统计图表，还是需要增加一些可视化的展示？

（5）是委托其他单位进行数据处理还是自己完成？

一般来说，不管是哪种情况，都需要有一个数据处理和分析的计划或方案，以便相关人员有据可循。

七、撰写研究报告，以适当的方式发布研究结果

根据内容、写法和对象读者的不同，研究报告可细分为综合报告、专题报告、学术报告等类别。研究报告一般由研究目的、研究内容和背景、研究方法、主要结果、讨论及参考文献等部分构成。研究报告要规范、专业，文字精练流畅。有关详细内容请参阅本书第八章的内容。

八、必要时再次跟踪研究该课题

必要时再次跟踪研究该课题是传播学研究中应该大力提倡的，它有助于研究者检视前次研究中变量间的各种关系，进一步深入解决前次研究未能很好解决的问题。通过不断的验证、修正、分析、归纳、推理、概括、推广，从而形成理论。只有经过抽象—具体—抽象、演绎—归纳—演绎的多次循环，才有可能在不断总结、积累和提升的基础上真正有所发现和突破。但是目前由于各方面条件的限制，我国传播学研究中进行跟踪研究扎实的课题并不多见。

本章小结

本章从科学、科学研究的定义出发，讨论了传播学研究的意义与内涵，对科学研究所具有的基本特点以及科学研究所遵循的原则进行了较详细的介绍。传播学实证研究也同样遵循科学研究的基本方法。在此基础上，本章介绍了社会科学研究的一般步骤，讨论了每一步骤的含义和具体的操作方法。其中，对初学者较难理解的理论假设、研究假设等内容进行了详细的介绍，并给出了示例，这为读者较好地理解和掌握社会科学研究奠定了一定的基础。

复习思考题

1. 什么是科学研究？
2. 科学研究的主要特点是什么？它与人文科学研究的不同点是什么？
3. 作为社会科学研究的传播学，其研究方法有哪些特点？

实践练习题

1. 查阅一两篇传播学实证研究的相关论文（国内或国外），描述其研究假设和统计检验的结论。
2. 它们建构的模型是怎样的？
3. 查阅论文《广播电视传播效果的模型研究》（柯惠新等:《数理统计与管理》1991 年第 4 期，或赵水福主编:《中国社会心理的轨迹——亚运宣传效果调查报告集》，北京广播学院出版社 1991 年版），讨论这个模型中各个变量之间的关系。

第二章　测量量表的编制和问卷的设计

测量是基本的科学活动，人们通过观察人类自身、物体和事件获得相关的知识，传播学实证研究就是对传播现象进行观察和测量。传播学实证研究的测量是使用一定的测量工具，如量表、问卷等，对传播现象进行明确的、有效的观测和度量。本章将介绍测量量表的编制和问卷的设计。

第一节　测量的概念及分类

一、测量的意义

邓肯认为，测量的根基在于社会程序，最早的社会测量程序如投票、人口普查等，并非是为了合乎科学家的好奇心，而是为了满足大众的需要。并且，这样的程序可以从物理学的历史中得出，即“古代的人在解决社会和实践问题的过程中，成功地实现了对长度或距离、面积、数量、重量和时间的测量，物理科学就是建立在这些成就基础之上的”[①]。那么，测量的意义究竟指的是什么？斯蒂芬（S. Smith Stevens）将测量定义为“根据规则对物体和事件进行的数字分配”[②]。邓肯认为这一定义并不完善，测量不仅仅是数字的分配，还应包括遵循某一物体或事件的属性……或品质的不同程度进行的数字分配。可以看出，在更加完善的定义中，测量所强调的内容是符码（符号或数字）、分配和法则等。即根据一定的规则将数字或符号分配于研究对象的特征（即研究变量）之上，从而使社会现象数量化或类型化。[③]得到的一定数值可作为某一现象或事件特征的代表符号。符号是抽象的，它不是现象或事件本身，而仅仅是现象或事件的特征。数字分配工作是测量中最基本的，也是最困难的工作。传播学研究中的测量是将各个分析单位与它们的特征或属性用数字分配规则联系起来，分配规则的有效性取决于所研究的变量。有些变量的分配规则比较容易制定，比如身高、性别、年龄等；而另一些变量的分配规则就较难制定，如态度、价值、兴趣等。有效的测量规则必须满足三个条件：（1）准确性、（2）完备性、（3）互斥性。准确性指所分

---

① 德威利斯．量表编制理论与应用［M］．魏勇刚，龙长权，宋武，译．重庆：重庆大学出版社，2004：5.

② 德威利斯．量表编制理论与应用［M］．魏勇刚，龙长权，宋武，译．重庆：重庆大学出版社，2004：7.

③ 袁方，王汉生．社会研究方法教程［M］．北京：北京大学出版社，1997：165.

配的数字或符号能真实、可靠、有效地反映观测对象在属性和特征上的差异；完备性指分配规则必须能包括研究变量的各种状态或变异；互斥性指每一个观测对象的属性特征都能以一个而且只能以一个数字或符号来表示，即研究变量的取值是互不相容的。测量的主要作用在于进行准确的分类或赋值，以便比较观测对象的各种差异。这些差异有些是用类别和等级来区分的，如电视节目的类别、文化程度的高低等；有些则是用赋值即用数量来区分的，如每天看电视的时间、消费的金额等。这些差异都是由一定的原因造成的，因此通过对差异的比较和分析，就有可能找出现象之间的关联性，并进一步研究其因果联系。

二、变量的类型及测量级别

传播学研究涉及多种变量类型。按照变量间的相互关系，可分为自变量（independent variable）、因变量（dependent variable）、中介变量 / 中间变量（mediator）和缓冲变量 / 控制变量（moderator）。具体来讲，自变量指根据研究的需要，研究者可以系统化地变化、操纵或者观察的变量；因变量指研究者试图观测和估计的对象，其数值可能受到自变量的影响。有些研究模型中除了自变量和因变量之外，还包括中介变量（也叫中间变量）或缓冲变量（也叫控制变量）。在这样的模型中，自变量通过中介变量对因变量产生影响，而缓冲变量可以影响自变量与因变量之间关系的强度或方向。[①] 表 2–1 中给出了这种变量分类的一个示例。

表 2–1 按照变量间的相互关系分类的研究模型示例

模型	自变量	中介变量	缓冲变量	因变量
模型一	教育程度			收入
模型二	教育程度	行业		收入
模型三	教育程度		性别	收入

在模型一中，研究者简单地假设教育程度影响收入，在模型二和模型三中，研究者试图对这两者的关系做进一步的研究。模型二探讨影响发生作用的具体机制，假设教育程度通过影响研究对象所处的行业而最终决定其收入的高低。模型三对教育程度和收入两者之间的关系进行了更为细致的分类研究，研究者认为，虽然教育程度总体上对收入有正面的影响，但影响的强度可能因为研究对象所处的社会群体而有所差异，比如研究者可以假设教育程度对收入的正面影响在男性中比在女性中更强。

如果按照变量的性质分类，可分为离散变量（discrete variable）和连续变量（continuous variable）。前者指只能取某个范围内的有限个数值，不能无限再细分的变量，如家庭人口数、性别、职业、喜欢收看的电视节目、上网的主要目的等；后者指可以取某个范围内的任何数值的变量，如收入、上网时间长度、满意程度得分（按照百分制打分）等。如果按照测量的级别来划分，变量可以分为定类变量、定序变量、定距变量和定比变量四种类型。

1. 定类变量（nominal variable）

如果所提问题的答案只表示类别，不表示任何数量的顺序或大小，那么对应的变量就

---

① BARON R M, KENNY, D A. The moderator—mediator variable distinction in social psychological research: Conceptual, strategic and statistical considerations[J]. Journal of personality and social psychology, 1986.

叫定类变量，对应的测量量表就叫定类量表。定类变量的取值可以是表示类别的文字，也可以是数字代码。例如：

X =“性别”

$X_1=1$（男），$X_2=2$（女）

X =“收看内容”

$X_1=1$（国际新闻），$X_2=2$（国内新闻），……，$X_n=18$（广告）

适用于定类变量的统计方法主要有频数分析、交互分析等。

2. 定序变量（ordinal variable）

如果所提的问答题的答案可以表示重要性、大小或程度轻重等顺序，那么对应的变量就是定序变量，测量的量表就叫定序量表。定序变量的取值可以是表示顺序的文字，但一般都用排序或排名次的数字形式来表示。定序变量可以在顺序评价中给出观测对象的相对位置，但不能判断这些相对位置之间的绝对距离。例如：

X =“收入级别”

$X_1=1$（低），$X_2=2$（中），$X_3=3$（高）

X =“喜欢程度排序”

$X_1=1$（第一喜欢），$X_2=2$（第二喜欢），……，$X_5=5$（第五喜欢）

适用于定序变量的统计方法包括频数分析、交互分析、中位数或百分位数分析、秩相关系数分析等。

3. 定距变量（interval variable）

如果所提问题的答案还可以进一步表示具体数值的大小，那么对应的变量就叫定距变量，测量量表就叫定距量表。定距变量的取值用数字形式表示。例如：

X =“温度”

$X_1=20$（度），$X_2=0$（度）；$X_3=-2$（度）

X =“喜欢程度得分”

$X_1=1$（很不喜欢），$X_2=2$（不太喜欢），$X_3=3$（一般），$X_4=4$（比较喜欢），$X_5=5$（非常喜欢）

定距变量不仅可以指出观测对象的相对位置，还能判断这些相对位置之间的绝对距离。需要注意的是，定距变量中的零点位置不是固定的，没有绝对的意义。它只是一个相对的零点，就像摄氏温度或华氏温度的零点。适用于定距变量的统计方法包括不涉及比值计算的所有统计方法。

4. 定比变量（ratio variable）

如果所提问题的答案既可以表示具体数值的大小，而且零点也是有意义的话，那么对应的变量就叫定比变量，测量量表就叫定比量表。例如：

X=“收入”

$X_1=1200$（元），$X_2=800$（元），……

X=“上网时间”

$X_1=90$（分），$X_2=60$（分），$X_3=0$（分）

定比变量具有定类变量、定序变量和定距变量的所有属性，并且还具有绝对的零点。因此，所有的统计方法都适用于定比变量。

三、概念和构造

对传播现象的测量是从抽象概念（concept）的具体化或操作化（operationalization）开始的。传播现象涉及的概念经常是模糊的，如媒介使用（media usage）、国家形象（country image）、现代化（modernization）、媒介素养（media literacy）、价值体系（value system）、社会认知（social perceptions）等。如果不对这些概念进行具体化或操作化的定义，就无法对它们进行观察和度量。

那么，什么是概念？

概念是对具体现象进行普遍性的抽象解释。而构造（construct）指为特殊的研究目的而设计的高度抽象的、一般无法直接观察的概念。构造是概念的组合，可以分解为较低层次的不同概念。如“社会阶层”可分解为“经济地位”“政治地位”“社会地位”等较低层次的概念，“对奥运会的态度”可以分解为“民族意识”“经济观念”“个人生活”几个维度，再如“现代化观念”可以用“竞争意识”“时间意识”“效率意识”“求知意识”“自主意识”“创新意识”等概念度量。

可以看出，概念和构造都是抽象的，但对变量的测量是经验层次的，这就需要我们将抽象的定义转换为操作定义，这个过程就叫作概念或构造的操作化。即操作化就是建立一些具体的程序或指标来说明如何测量一个概念或构造。操作定义的作用在于：（1）澄清概念在研究中的意义；（2）说明测量变量的操作方法；（3）使一些陈述变量间关系的假说获得验证的机会；（4）使今后同样的研究有所依据，以便比较彼此的结果。[①] 在研究设计中，研究者对变量进行操作定义时，必须以具体的词语表达抽象的概念。因为操作定义必须十分具体，只有这样才能准确传达其所代表的意义。如将“政治知识”定义为回答 20 道是非判断题的正确率，尽管定义的效度可能有所争议，但是在这个定义的基础上，“女性比男性更具有政治知识”[②] 这句话代表的意义是十分清晰的。

---

① 袁方，王汉生．社会研究方法教程［M］．北京：北京大学出版社，1997：177.

② ROGER D W, JOSEPH R D. 大众媒体研究［M］. 黄振家，译．台北：新加坡商亚洲汤姆生国际出版有限公司，2002：63.

需要注意的是，并不是所有的概念或构造都是可以（直接）测量的，即并不是所有的事物都能量化。如“信息的本质”等概念就是如此。另外，在传播学研究中，大多数变量往往不只局限于一种测量方法，如某电视台的“节目竞争力”，研究者既可以使用其在某地域的市场占有率来衡量，也可以使用收视率来测量，还可以使用观众的满意度或者喜爱度等指标来评价。

表 2–2 是大众媒体研究中一些操作性定义的示例。

表 2–2 大众媒体研究中部分操作定义的示例

研究来源编号（年代）	概念或构造（变量）	操作性定义
（1989）[1]	阅读香烟广告	眼睛的移动主要靠瞳孔和角膜，以视野监测系统测量眼睛的反应。
（1989）[1]	电视市场大小	按收视率公司出版的“ADI 市场分级”标准分级（area of dominant influence 主要影响区）。
（1989）[1]	电视收看原则	用 5 级量表，测量家庭收看电视的经常性原则：1. 儿童收看电视的总时数；2. 允许孩子收看的电视节目；3. 孩子最晚能看到几点。
（1988）[1]	体育播音员的陈词滥调	包括 209 条出自哈罗德・伊万的“记者英语”、各式的报纸指导方针、其他记者和新闻教师在研究中提出的陈词滥调。
（1988）[1]	记者对职业的满足感	回答问题：“考虑所有的情况，目前你对工作的满意度是：十分满意、还算满意、有些不满意、非常不满意”。
亚运会（1990）[2]	广播接触行为	日常：收听频度、体育节目喜欢程度，亚运会期间：最长（天）收听时间、比平日增减情况及原因、收听境外台情况。
亚运会（1990）[2]	亚运会参与程度	10 方面的活动：工程建设、购买奖券、捐款等。
亚运会（1990）[2]	对亚运会的态度	用 5 级量表，对 12 种说法的同意程度。
SSI（1992）[3]	广播收听动机	从 11 个方面了解其收听广播的主要目的。
SSI（1995）[3]	生活信念	从 30 个形容词中选择与个人生活信念相近的词。
SSI（1997）[3]	音乐爱好（北京青年）	用 5 级量表，对 9 种音乐的喜欢程度。
Gunther（1998）[4]	大众舆论认知（perceived public opinion）	1. 要求被访者估计，如果今天某研究机构就某社会问题进行全国普查，大约有百分之多少的美国人会持某种态度，大约有百分之多少的美国人会支持减少对学生提供贷款。 2. 要求被访者估计最近几天内有关某社会问题的大众舆论是否有变化，如果有的话，变化的方向如何。
SSI（1998）[3]	商品名称的形象（中美纯水）	商品联想、感觉联想。
SSI（1999）[3]	21 世纪企业的责任（IEM-MP 调查）	用 5 级量表，测量公司在 11 个方面应该承担的责任程度：不使用童工、提供工作职位等。
SSI（1999）[3]	人际交往（现代科技与生活）	从 6 个方面看是否符合个人实际情况。
Kiousis（2002）[5]	互动性（interactivity）	和本表格里介绍的其他研究不同，这个研究的主要目的是概念厘清（concept explication）。通过对以往相关文献的详细梳理，作者在理论上和操作上对互动性这个概念进行了深入探讨，最后提出互动性包含媒介和心理的因素，这些因素随着传播技术、传播情境和认知的不同而变化。
SSI（2005）[3]	网瘾	对“上网是否给您的学习、工作或现实中的人际交往带来了不良影响”做了肯定回答；同时，对以下三个问题中的至少一个做了肯定回答：1.“您是否总是想着去上网？”2.“每当因特网的线路被掐断或由于其他原因不能上网时，您是否会感到烦躁不安、情绪低落或无所适从？”3.“您是否觉得在网上比在现实生活中更快乐或更能实现自我？”

续表

研究来源编号（年代）	概念或构造（变量）	操作性定义
Streb et al.（2008）[6]	对女性美国总统的支持度	为了克服社会期望的影响（social desirability effects），得到真实的答案，作者使用了列表实验法（list experiment）。控制组的被访者指出四个陈述（如汽油的价格一直上涨）中让他们感到愤怒或者不满的陈述的数量；实验组的被访者从五个陈述中选择，这多出来的第五个陈述就是“一个女性当选为美国总统”。通过这样的方法，被访者只需要提供陈述的数量而不需说明究竟是哪一条或哪几条陈述让他愤怒或者不满。如此一来，被访者就能够以更不为人知的方式表达他对第五个陈述的真实看法，从而在一定程度上降低社会期望回答的影响。

资料来源：

1. ROGER W，JOSEPH D. 大众媒体研究[M]. 李天任，等译 . 重庆：亚太图书出版社，1997：62.
2. 赵水福 . 中国社会心理的轨迹——亚运宣传效果调查报告集[M]. 北京：北京广播学院出版社，1991.
3. SSI：中国传媒大学调查统计研究所的研究课题。
4. GUNTHER A C. The persuasive press inference: Effects of mass media on perceived public opinion[J]. Communication Research, 1998（25）：486–504.
5. Kiousis, S. Interactivity: A concept explication[J]. New Media & Society, 2002（4）：355–383.
6. STREB M J, BURRELL B, FREDERICK B, GENOVESE M A. Social desirability effects and support for a female American president[J]. Public Opinion Quarterly, 2008（72）：76–89.

需要注意的是，对变量进行操作定义并无绝对的参照标准和可供借鉴的准则，没有一个操作定义可以让所有人都满意。研究者所要做的是，寻找一种对研究问题而言相对最为适当的操作定义。

第二节　常用的测量量表

量表是传播学研究中越来越被广泛使用的测量工具，其主要目的是测量复杂的概念。由于传播学研究中的很多概念不能只用一个单独的变量来测量，所涉及的变量又可能具有不同的特征，因而需要使用各种量表以达到测量的目的。量表的作用是尽可能准确地测量一个较抽象或综合性较强的概念（前提是已经有了操作定义），尤其在测量观念、态度或形象时比较常用。量表比单一指标或单项问题的测量能获得更多、更真实、更准确的信息，能通过间接的、定量的方式测量难以直接观察的传播现象。本节主要介绍几种常用的测量量表。

一、李克特量表

（一）李克特量表的形式

李克特量表（Likert scale）由美国社会心理学家李克特于 1932 年在原有总加量表（summative scale）的基础上改进而成，是最常用的定距量表，主要用于测量观念、态度或意见。由一组陈述或说法（statement）组成，用 5 级记分的方式测量人们对这组陈述或说法的同意程度。5 级记分方式通常采用“非常同意”“同意”“说不准”“不同意”“很不同意”来表示。

首先看一个测量“对申办北京奥运会的态度”的李克特量表，如表 2–3 所示。

表 2–3　李克特量表的例子（对申办奥运会的态度）

对申办奥运会的种种说法，您持什么态度？（读出，每一题选一项）	非常同意	同意	说不准	不同意	很不同意
1. 申办奥运会有利于提高中国的国际地位，树立良好的国际形象	1	2	3	4	5
2. 申办奥运会能够促进我国体育事业的全面发展	1	2	3	4	5
3. 申办奥运会只是北京漂亮了，其他省市反而增加了负担	1	2	3	4	5
4. 申办奥运会能创造更多的就业机会	1	2	3	4	5
5. 申办奥运会是一件劳民伤财的事	1	2	3	4	5
6. 花这么多钱申办奥运会，还不如把钱用于改善人民的生活（水平）	1	2	3	4	5
7. 申办奥运会耗资巨大，不如用于西部大开发	1	2	3	4	5
8. 无论是否支持申办奥运，作为一个中国公民，我愿意为申办尽一份力	1	2	3	4	5
9. 申办奥运会的宣传声势很大，但是有些铺张浪费	1	2	3	4	5
10. 从上次申办失败到现在，中国的变化很大，我对这次申办有信心	1	2	3	4	5
11. 没有必要对申办奥运会赋予太多的政治意义	1	2	3	4	5
12. 我认为这次申办奥运会的宣传过于火热，容易使群众盲目乐观	1	2	3	4	5
13. 媒介片面强调申办奥运会的好处，对群众有误导作用	1	2	3	4	5

资料来源：柯惠新等 . 媒介与奥运——一个传播效果的实证研究（北京申奥篇）[M]. 北京：中国传媒大学出版社，2004：318.

（二）构造李克特量表的主要步骤和要点

构造李克特量表，首先要根据研究目的收集和编写大量围绕研究问题的陈述或说法。这些陈述和说法应当是比较分散的，能覆盖所研究问题足够宽的范围；其次，编制这些陈述和说法时，应当有一定的把握使大部分被访者不至于只选中间位置的点，即“说不准”选项；再次，要注意这些陈述中有部分是正向表述的（如表 2–3 的 1、2 等项），部分是反向表述的（如表 2–3 的 5、6 等项）。如此，在需要计算累加态度的总分时，要先对反向陈述的赋值进行逆向处理，即，将反向陈述的“1 分、2 分、3 分、4 分、5 分”分别转化成“5 分、4 分、3 分、2 分、1 分”。

李克特量表编制好之后，应当抽取一个小样本进行试调查，以便发现量表设计中存在的问题。同时，根据试调查的数据进行量表的信度和效度分析，并根据分析结果去除原量表中影响信度和效度的陈述，以获得有较高信度和效度的李克特量表。有关量表的信度和效度分析，详见本章第三节的内容。

李克特量表具有以下优点：第一，比较容易设计；第二，使用范围比较广，可以用来测量其他一些量表所不能测量的某些多维度的复杂概念或态度；第三，通常情况下，比同样长度的量表具有更高的信度；第四，它的 5 级测量层次可使被访者很方便地标出自己的位置。

由于李克特量表是以各项目总加得分代表一个人的赞成程度，因此，其最主要的缺点是，相同的得分者具有十分不同的态度形态。它可大致区分出个体间谁的态度得分高、谁的得分低，但却无法进一步描述他们的态度结构差异。① 不过，如果研究者掌握了多元统计分析的方法，将李克特量表的各个项目都分别看成是一个个的变量，借助多元统计分析软件，这个问题是有望得到解决的。

二、舍史东量表

舍史东量表（Thurstone scale）又称间隔均等出现量表（equal-appearing interval scale），也是一种定距量表，主要用来测量调查对象对特定概念的态度。构造舍史东量表的步骤如下：

（1）收集和编写大量与测量概念相关的陈述或说法（至少 100 句），其中应该包含正向表述和负向表述的说法。

（2）选定 25—50 位评分者或者裁判，并按照 11 级的定距量表给出他们对每一种说法的赞同程度的得分，用 1 表示“最不赞成”……11 表示“最赞成”。得分越高，赞成该说法的程度就越强。

（3）计算每种说法的平均得分和标准差，按平均值的大小分布将这些说法分成若干组。有学者建议应该分成 20—30 组，有些学者则认为可以少一些。

（4）从每一组中筛选出一种说法，筛选的原则是评分差异较小的（即标准差小）能代表某种态度的说法。同时这些说法的平均得分之间的差异间隔又是相近的。例如可以考虑取平均得分分别接近 1.5，2.0，2.5，3.0，……10.5 的 20 种说法；

（5）用以上方法筛选出来的说法组成新的定距量表，其中每一种说法对应一个“同意”的得分（“不同意”对应 0 分）。被访者只需选出其同意的说法，则所有说法的得分的平均值即为该被访者对所测概念的态度得分。

舍史东量表的优点是使用定距量表测量，而且方便被访者回答，缺点是编制过程比较麻烦。因此舍史东量表在大众传播研究中较少使用，一般多用于心理学和教育学的研究。表 2–4 给出了舍史东量表的一个应用示例，用于测量消费者对赠品券的态度。

表 2–4　舍史东量表示例（对赠品券的态度）

你同意下列说法吗？（请在相应的说法后面的同意格内画钩）		
		同意
1	赠品券是伟大的	
2	我希望每个商店都附赠赠品券	
3	赠品券是购买者的福利	
4	赠品券还不错	
5	赠品券有好处，也有坏处	
6	赠品券是羊毛出在羊身上，能省则省之	
7	赠品券抬高了价格	
8	赠品券是令人讨厌的	
9	我痛恨赠品券	

注：左边一列的数字为各种说法的编号，对应的“同意”的得分分别为 9、8、7、6、5、4、3、2、1。
资料来源：黄合水．广告调研技巧[M]．厦门：厦门大学出版社，1993：177.

① 袁方、王汉生．社会研究方法教程[M]．北京：北京大学出版社，1997：303.

三、顾特曼量表

顾特曼量表（Guttman scale）是顾特曼在1944年设计使用的，又称累积量表（cumulative scale）。顾特曼量表可以看成是一种定距量表或定序量表，经过相当复杂的程序编制而成。顾特曼量表的一个特点是量表为单维的，量表本身结构中存在着某种由弱变强或由强变弱的逻辑关系。具体而言，它是按照被访者的态度强弱来排列各种说法或项目次序的，如果某位被访者同意或接受某种说法，那么他也会同意或接受该说法之前（或之后）的说法。因此，被访者的答案呈阶段型或金字塔型。例如：

（1）电视中出现猥亵性的节目对社会是有害的

（2）儿童不应该收看猥亵性的节目

（3）电视台不应该允许猥亵性的节目在电视中播出

（4）政府应该严禁电视播出猥亵性的节目

资料来源：ROGER D W, JOSEPH R D. 大众媒体研究［M］. 黄振家，译. 台北：新加坡商亚洲汤姆生国际出版有限公司，2002：73.

假定某人同意第四项说法，那么他应该也同意前三项说法。假定这个量表是有效的，如果某人同意第二种说法，那么他应该也会同意第一种说法，但不一定同意第三及第四种说法。由于每项得分都代表一组特定的答案，同意的数字就是其在顾特曼量表上所得的总分。

顾特曼量表的前提是一组陈述具有单维度，这种假设是有局限性的。因为这种单维度的模式往往只是某一部分人的态度模式，却不一定是其他群体的态度模式。同时，在一定时期中是单维度的模式，在另一个时期却不一定如此。另外，单维度的领域往往很难找到。例如，人们对政府经济政策的态度可能与其对政府税收管理、公民权利等方面的态度大不相同，而这些维度中没有一个能完全将人们对于复杂的政府概念的态度数字化。在这种情况下，最好承认态度多维度的现实，并利用李克特量表测量。[①] 因此，顾特曼量表在一般的大众传播研究中较少使用，而在社会学、政治学、人类学研究中则较为常用。

四、语意差别量表

语意差别量表（semantic differential scale）是由社会心理学家奥斯古德、萨西和坦南鲍姆于1957年首次提出的，用于测量某些事物在“语意空间”（semantic space）中的距离或相对位置。所谓“语意空间”是奥斯古德等人利用语意差别量表收集数据、进行因子分析后提出的。他们发现经常有三个公共因子同时出现：“评价”（evaluation）、“效力”（potency）和“行动”（activity），因此他们认为这三个因子是构成“语意空间”的最主要因素。传播研究者很快将其中的评价因子用于测量态度。具体来说，语意差别量表是“用

---

① 袁方，王汉生. 社会研究方法教程［M］. 北京：北京大学出版社，1997：309.

一组意义相反的陈述或形容词构成一份评价量表，以测量人们对某一特定概念或事物的不同意识和感受”①。

传播学研究常使用语意差别量表测量某种事物、概念或实体在人们心目中的形象，例如，测量报纸、电台、电视台、电视节目、广告、机构或概念的形象等。语意差别量表是定距量表，其编制过程和步骤如下：

（1）确定描述、判断或评价研究对象时使用的重要属性。如评价报纸的重要属性可能包括客观性、公正性、真实性、时效性和趣味性，等等。确定这些属性时应尽量确保既不遗漏重要属性，又不包括与测量概念无关的属性。

（2）确定若干与这些属性描述语意相反的形容词，例如客观—主观、公正—偏袒、诚实—欺骗、及时—过时、趣味—乏味等。例如，马哈（Markham）研究电视新闻播报员的可信度时，使用了 13 组变量，包括深度的—肤浅的、井然有序的—杂乱无章的、厌烦的—愉快的、清楚的—模糊的等。② 一般而言，寻找对应形容词的反义词并不是一件容易的事，因此，有学者索性采用简单的肯定 / 否定式的形容词，如客观—不客观、公正—不公正、诚实—不诚实、洁净—不洁净等。

（3）将各对形容词分别置于一系列有 7 个刻度的标尺的两端，将正反形容词之间的差距分成 7 个等级，中间的那一级表示态度中立。

（4）被访者按照对测量对象的第一印象，在每一个标尺上勾选相应的答案。

语意差别量表的编制和使用相对比较简单，而且可以清楚、有效地描绘和比较研究对象的形象。因此，该量表较多地应用于传播学、心理学、社会学研究中，也应用于市场调查研究中。然而，由于确定形容词的反义词往往不是容易的事，因而在一定程度上限制了它的广泛使用。表 2–5 是对《时代》杂志评价的语意差别量表的一个示例。

表 2–5　语意差别量表示例（对《时代》杂志的印象）

请根据您对《时代》杂志的印象，在以下每一个标尺上勾选出一个适当的数字								
有偏见的	1	2	3	4	5	6	7	无偏见的
可信赖的	1	2	3	4	5	6	7	不可信赖的
有价值的	1	2	3	4	5	6	7	无价值的
公正的	1	2	3	4	5	6	7	不公正的
及时的	1	2	3	4	5	6	7	过时的

资料来源：ROGER D W, JOSEPH R D. 大众媒体研究[M]. 黄振家，译. 台北：新加坡商亚洲汤姆生国际出版有限公司，2002：75.

① 袁方、王汉生. 社会研究方法教程[M]. 北京：北京大学出版社，1997：309.

② ROGER D W, JOSEPH R D. 大众媒体研究[M]. 黄振家，译. 台北：新加坡商亚洲汤姆生国际出版有限公司，2002：75.

第三节　量表的信度和效度

量表被构造出来之后，如何判断其质量的优劣？如果量表被构造出来之后，不经过进一步的信度和效度的分析评价，那么这个量表是粗糙的。对任何构造出来的量表进行试调查，是确保其信度和效度的前提。一般而言，评价量表是否能得到可靠、准确的测量数据，通常要从两个方面进行衡量，即量表设计的信度和效度。

一、信度及其评价

信度（reliability）指测量数据的可靠性程度，即测量工具（如量表）能否稳定地测量出所需要测量的事项。直观地讲，若使用一个量表进行重复测量，产生相同结果的准确程度越高，则说明该量表的信度越好；反之，则说明该量表的信度越低。例如用一个体重磅秤测量人体的重量，若同一个人前后几次测出的体重明显不同，那么这个测量工具（即磅秤）便是不可靠的。

需要注意的是，结果的稳定性或一致性很高的测量工具也有可能是不准确的。就像体重磅秤的零点没有调整在中心而是在 5 公斤处一样，那么即使每次测出的体重是一致的，但都偏重了 5 公斤。

信度不是一个单一维度的概念，它包含三个方面的要素，即稳定性、内在一致性和等价性。

（一）稳定性分析

稳定性分析（stability）指分析结果的一致性或在不同时间点测量的一致性，因此又被称为测验—再测验法。其目的是考察同样的问题对同一组被访者或受试者前后两次测量的结果是否基本一致。稳定性分析一般用“再测信度”进行测量，即用两次测量结果之间的相关系数进行衡量，相关系数越接近 1，表示稳定性越好。

利用“再测信度”分析有两个局限：其一，第一次测量的结果可能会影响第二次测量的结果，如利用问卷进行测量时，受试者可能会记住第一次的答案，以至于错误地夸大了量表的信度。其二，两次测量时，客观情况可能发生了变化而导致信度偏低。例如，在编辑课程中，研究者分别在第一周和第二周测试学生的校对能力，部分学生第二次校对的分数会高于第一次，因为他的校对能力确实在一周之内提高了，客观情况的确发生了改变。①

（二）内在一致性分析

内在一致性分析（internal consistency）涉及测量量表中各个项目的一致性。如果量表

① ROGER D W, JOSEPH R D. 大众媒体研究［M］. 黄振家，译 . 台北：新加坡商亚洲汤姆生国际出版有限公司，2002：76.

内的各个项目对概念而言是等价的或同质的，那么量表便具有内在一致性。具体说，衡量内在一致性的方法有折半法、alpha 信度系数法和平均系数法。

1. 折半法（Split-half technique）

假定研究者设计了一个 18 道题的量表用以测量受试者对互联网的态度，如果该测量量表具有内在一致性的话，将量表分成两部分，那么这两部分的测试总分应该是高度相关的。这种测量只需执行一次，具体的步骤是：首先，将测试分成两部分，计算各自的总分。可以按照项目号的前后平均分成两部分，也可以按照项目号的奇偶数来分，还可以随机地分成两部分；然后，计算这两部分总分的相关系数 r_h；最后，按照以下公式计算该量表的折半系数：

$$r_u = 2r_h / (1 + r_h) \tag{2-1}$$

需要注意的是，应该先将量表中的反向题进行逆向处理，再分别计算两部分的总得分。另外，利用折半法的前提假定是：两半题项得分的方差大致相等，否则便可能会低估信度系数。

2. Alpha 信度系数法

使用克朗巴哈（Cronbach）提出的 α 系数来测量累加量表的信度，也是一种常用的方法，特别是在折半法的前提假定不能保证成立的情况下。其计算公式为：

$$\alpha = K(1-\sum\sigma_i^2 / \sigma_T^2) / (K-1) \tag{2-2}$$

其中，K 为量表中题项的总数，σ_i^2 第 i 个题项得分的题内方差，$\sum\sigma_i^2$ 为 K 个题项的题内方差之和，σ_T^2 为总得分（所有题项得分之和）的方差。从公式中可以看出，α 系数评价的是量表中各题项得分间的一致性，适用于态度、意见等量表的信度分析。

3. 平均相关系数法

平均相关系数法也是衡量量表信度的方法之一，它首先计算量表中两项目得分之间的相关系数，然后再计算所有相关系数的平均值。用这种方法衡量信度的缺点是比较明显的，即偏重于项目之间的相关，而不是整个量表的信度。在这种情况下，项目越多，平均相关系数就可能越高。因此，提高信度的方法之一是增加量表的测量题项，这是因为各个项目的随机误差可能会相互抵消，使得量表的信度较高。

总之，信度的高低既依赖于量表中项目的内在一致性，也依赖于量表的长度。因此，在设计量表时，一方面要尽量设计内在相关性较高的题项；另一方面也要考虑适当增加项目的数量。

此外，有些多题项的量表在结构上是多维的，即包含了几组题项，每组题项反映一个方面的特定内容。例如现代化态度量表就可能是多维结构的，包括竞争意识、时间意识、效率意识、求知意识、自主意识、创新意识六个维度。[①] 因为这些维度之间基本上是相互独立的，因此，测量包含所有维度的整个量表的内部一致性是不恰当的。如果每个维度都是由几个题项构成的，那么就可以计算每个维度的内部一致性。

（三）等价性

等价性（equivalency）是信度的要素之一，在两种情况下都会涉及等价性问题。

第一种情况是使用两个不同的量表或不同的测量方法测量相同概念时的相关性。其方法是在同一时间范围内，让同一组受试者接受两个量表的测量，由两种得分的相关性评价这两个量表的等价性。在这种情况下，等价性评价的目的是发展出两个作用完全相同的量表。两个量表越对等，信度就越高。一般而言，构造等价的量表是非常困难的，因此在现实中较少应用。

第二种情况是两个或两个以上观察者判断同一现象时的一致性。例如在内容分析中（请参看第五章），要考虑编码员内在信度（intracoder reliability）和编码员间信度（intercoder reliability）。编码员内在信度指同一个编码员在不同时间内对同一资料编码结果之间的一致性程度；编码员间信度指两个编码员编码结果之间的一致性程度。这两者的本质和计算方法都是相似的。

在进行内容分析的时候，理想的情况是：两个编码员使用相同的测量工具应该得到相同的研究结果。如在对电视暴力的内容进行认定时，对暴力的界定使用相同的操作定义，那么编码结果的一致性程度就是编码员间的信度。由于观点不同或对操作定义理解的不同，编码员可能会有不同的编码结果，这时就需要评价编码员间的信度。不同的编码员独立进行编码，如果能得到比较一致的结果，则编码员间的信度就较高。

编码员间信度的计算公式一般有下列两种。

1. 霍斯提公式

假定两个编码员分别同时做了 m_1 和 m_2 个单位的编码，其中一致的编码数为 m，那么

$$编码员间信度 = 2m/(m_1 + m_2) \qquad (2\text{–}3)$$

霍斯提（Holsti）公式的优点是计算简单、易于操作，缺点是信度的大小可能与编码时所用的类别数目有关。类别数目越少，由于偶然性而造成的一致的可能性就越大。如果编码的问题是由两个类别构成，那么即使完全随机的编码也可能有 50% 的信度。而在由五个类别构成的问题中，随机的编码就只可能有 20% 左右的信度。

2. 史考特公式

史考特（Scott）发展出 π 指数，对霍斯提公式进行了修正，即修正类别数目及与使用有关的频率问题。

---

① 陈崇山，孙五三 . 媒介・人・现代化[M]. 北京：中国社会科学出版社，1997.

$$编码员间信度\ \pi = (\pi_o - \pi_e) / (1 - \pi_e) \quad (2\text{-}4)$$

其中，π_o 表示观测到的一致性或称实际一致性；π_e 表示纯粹由于偶然性而造成的一致性或称期望一致性，它等于每个类别出现的相对频率的平方和。利用霍斯提公式计算时，一般的信度都可以达到 90% 或以上；而利用史考特公式计算时，信度大都是 75% 或以上。

在考察编码员内在信度时，让同一个编码员在不同时间内对同一资料编码两次，然后借助以上公式计算编码—再编码信度（将霍斯提公式中对应两个编码员的数据改为同一编码员的两次数据即可）。

例 1：在一项少儿电视节目内容分析的编码表中，两个编码员分别独立地将 100 个少儿节目分配到以下三个类别中：（1）单本剧、（2）连续剧、（3）系列剧。已知编码不一致的节目共计 8 个，这三类节目数分别占 30%、45% 和 25%。试分别用霍斯提公式和史考特公式评价这两个编码员的等价性。

解：$m_1 = m_2 = 100$，$m = 100-8 = 92$

霍斯提信度 $= 2m \div (m_1 + m_2) = 2(92)/(100+100) = 0.92$

$\pi_o = 0.92$，$\pi_e = (0.30)^2 + (0.45)^2 + (0.25)^2 = 0.355$

那么，史考特信度 $\pi = (\pi_o - \pi_e) \div (1-\pi_e) = (0.92-0.355) \div (1-0.355) = 0.876$

二、效度及其评价

效度（validity）指所测量到的是不是研究者真正所想要测量的概念，即变量的操作定义是否能反映原始概念的基本定义。例如，研究者希望测量电视广告的传播效果，其目的是了解广告能否引起目标消费群的购买欲望，以及消费者的购物决策是否与其观看的电视广告有关。如果研究者最终测得的不是广告对消费者购物决策的影响，而是消费者对广告艺术感染力的评价，那么，这个测量量表就是无效的，或者说是效度很低的。

对于一般的量表来说，信度高时效度不一定高；然而，效度高时信度一定高。

效度分析的常用方法有以下三种：

（一）内容效度

内容效度（content validity）是最简单也最基本的一种效度判断方法，指测量目标与测量内容之间的适合性或相符性。在考察量表的内容效度时，研究者根据测量量表所包含的题项，仅从表面观察，就可以初步判断其是否能够代表想要测量的内容或主题。

一个测量量表要想具备较好的内容效度，一般需要做到以下两点：一是确定内容范围，使测量量表的全部项目均在此范围内；二是测量项目应是已界定的内容范围的代表性样本，即选出的项目能包含所测量的内容范围的主要方面，并使各部分项目的数量分布适当。

由于内容效度与主观判断有关，因此在实际应用时，应尽量收集和阅读与测量内容有关的资料，以增加对所测量问题的深入理解。另外，为减少主观性，还应请一些相关专家帮助判断。

在确定各个具体的题项对整个量表的效度是否都有足够的贡献，或者考察量表内的题项是否具有同质性时，我们常常用“单项与总和相关效度”来判断。具体方法是：首先计算每个题项的得分与总分的相关系数，如果相关系数不显著，则表示该题项与所测内容的关联性较低，最好剔除；如果所有题项与总和的相关的显著程度都较高，那么，量表的内容效度也就较高。

例 2：2007 年中国传媒大学传播学专业 2004 级硕士生范欣珩在其硕士学位论文《生活形态与即时通讯使用的关联性研究》中，设计了一个 5 级李克特人际沟通量表，以测量网民在即时通讯上的人际沟通，包括行为动作和行为感受，统一划归为使用行为。表 2–6 中显示的人际沟通量表就是剔除了不合格题项后的结果。表 2–6 中各题项（除 1.10 外）的得分与总分都是显著相关的（概值P ≤ 0.001），说明量表内各个题项之间具有较好的同质性。①

表 2–6 人际沟通量表的单项与总和相关效度分析

人际沟通量表	平均值	标准差	与积极态度的方向	相关系数 r	决定系数 r_2
1.1. 在即时通讯上与朋友交谈时，我更可以畅所欲言	3.45	0.99	相同	0.581（**）	0.337
1.2. 在即时通讯上与朋友交谈时，我更能感觉自己是被了解的	3.09	0.94	相同	0.617（**）	0.381
1.3. 在即时通讯上与朋友交谈时，我觉得自己和他们更亲近	3.28	0.96	相同	0.622（**）	0.386
1.4. 在即时通讯上与朋友交谈时，我觉得更温暖、温馨	3.24	0.96	相同	0.633（**）	0.401
1.5. 在即时通讯上与朋友交谈时，我更能够体会他们的感受	3.29	0.96	相同	0.617（**）	0.381
1.6. 看到好友在上线名单中，即使没有聊天，也会让我有种被陪伴的感觉	3.22	1.04	相同	0.619（**）	0.383
1.7. 如果没有看到好友上线，我觉得无聊或孤单	2.93	1.10	相同	0.611（**）	0.373
1.8. 如果空闲状态上线许久，却没有人传讯，我会感到失落	2.81	1.08	相同	0.601（**）	0.361
1.9. 整体而言，即时通讯使我增加了许多现实生活中的好友	3.17	1.02	相同	0.588（**）	0.346
1.10. 我不轻易和别人交换即时通讯账号 *	2.44	1.09	相反	–0.068	0.005
1.11. 遇到高兴的事情，我总愿意与即时通讯中那些现实生活中的好友分享	3.47	0.98	相同	0.577（**）	0.333
1.12. 遇到不愉快的事情，我总希望向即时通讯中未曾见面的联络人倾诉	2.59	1.11	相同	0.511（**）	0.261
1.13. 即时通讯中的大部分联络人，我平时很少和他们传讯	3.39	0.96	相同	0.319（**）	0.102
1.14. 无论在实际生活中或即时通讯上，我的好朋友都是固定的一群人	3.74	0.96	相同	0.296（**）	0.088
1.15. 我喜欢自定归类标准，分组管理名单中的联络人	3.66	1.10	相同	0.358（**）	0.128
2.1. 我会使用手写方式、动漫背景等特殊方式来丰富自己的讯息	2.67	1.08	相同	0.465（**）	0.217
2.2. 我会显示“脱机”或者“隐身”，暗中观察线上好友的动态	3.13	1.19	相同	0.456（**）	0.208
2.3. 我会显示“离开”或“忙碌”等状态，以选择沟通对象	3.16	1.12	相同	0.456（**）	0.208
2.4. 我会去下载或者向别人要，甚至自制其他的表情图案	2.84	1.11	相同	0.552（**）	0.305
2.5. 我会使用语音功能与联络人直接对话	2.73	1.07	相同	0.499（**）	0.249

① 相关系数和其他信度效度检验方法共同使用来评判量表的例子，请见本章后案例。

续表

人际沟通量表	平均值	标准差	与积极态度的方向	相关系数 r	决定系数 r_2
2.6. 我会利用视频辅助沟通或增加对话临场感	2.60	1.04	相同	0.505（**）	0.255
2.7. 若有重要的事情，我会在即时通讯上通知，而不一定打电话	2.85	1.09	相同	0.527（**）	0.277
2.8. 每隔一个小时左右，我就会查看当时有哪些人在线上	2.85	1.13	相同	0.595（**）	0.354
2.9. 登入之后，我会查看联络人的昵称与图片变化	3.26	1.08	相同	0.585（**）	0.342
2.10. 我会定期筛选名单中的联络人，删掉那些以后不会再对话的人	2.84	1.04	相同	0.401（**）	0.161
2.11. 我会修改个人信息或个性签名，让联络人知道我当时的心情	3.34	1.17	相同	0.579（**）	0.335
2.12. 一接收到别人传来的讯息，我会立即回复	3.88	0.79	相同	0.407（**）	0.166
2.13. 我经常使用表情图案或动漫，增强或表明自己的语气	3.63	0.98	相同	0.534（**）	0.285

资料来源：范欣珩 . 生活形态与即时通讯使用的关联性研究［D］. 中国传媒大学，2007.
*：不合格的题项

（二）效标效度

效标效度（criterion validity）又称效标关联效度或独立标准效度，效标是一个与量表有密切关联的独立标准。效标效度指用几种不同的测量方式或不同的指标对同一变量进行测量，并将其中的一种方式作为准则（效标），用其他方式或指标与这个准则做比较。如果其他方式或指标的测量结果与效标的测量结果有密切的关联性，那么这些测量方式或指标就具备效标效度。简言之，将量表所测量的指标看成因变量，将效标看成自变量，所测指标与效标的相关性越高，量表的效标效度也就越高。

分析效标效度的具体方法是：考察所测量的指标（因变量）与效标（自变量）是否有显著的相关关系；或考察效标的不同取值，所测量的指标是否表现出显著的差异。

一般来说，效标的确定并不是一件容易的事，选择效标一般要根据统计学之外的某种已知的理论，或者某种已经得到肯定的结论。例如，用高考成绩作为预测学生大学期间学业成绩的效标，因为已有的研究结果表明，这两者之间有着密切的相关关系。再例如，设计测量人们现代化观念高效度的量表时，媒介接触行为可能是重要的效标之一。因为我们很难想象一个不看报、不听广播、不接触网络的人会拥有现代化的观念。因此，以“媒介接触频度”“媒介接触内容”等作为效标，所测量的现代化程度得分至少应与这些效标显著相关，这样的现代化观念的量表才有可能是高效度的量表。

台湾学者杨孝濚在“兰屿民众传播行为与现代化程度之研究”中①，利用有离岛经验的雅美族人和无离岛经验的雅美族人作为测量现代化程度的独立标准（即效标）。只有有无离岛经验的雅美族人之间现代化程度有明显差异的量表，才有可能是高效度的量表。据此，要剔除那些没有差异的低效度的题项。

① 杨孝濚 . 传播研究方法总论［M］. 台北：三民书局，1996：137.

（三）结构效度

结构效度（construct validity）与被测量的概念所处的理论架构有关，它用来确定测量量表与理论架构中的概念在多大程度上具有逻辑相关性。结构效度指测量能说明理论所构想的结构或特质的程度，或者用某种结构或特质来解释测量分数的恰当程度。[①]结构效度最关心的问题是量表实际测量的是哪些特征？这些特征是否符合研究者对该概念的理论预期？研究者根据一定的理论架构得出对某概念的理论预期，并以此为标准判断测量量表的结构效度。所以，对结构效度的判断必须建立在一定的理论架构基础上。结构效度分析常用的方法是因子分析法（factor analysis）。

因子分析是一种高级的统计分析法，其主要功能是从量表全部变量（题项）中提取一些公共因子，各公共因子分别与某一群特定变量（题项）高度关联，这些公共因子即代表了量表的基本结构。通过因子分析可以考察问卷是否能够测量出研究者设计问卷时假设的某种结构，比较量表的实际结构与理论架构之间的异同。如果两者相吻合，并且所提取的公共因子具有足够的代表性，则说明该测量量表具有令人满意的结构效度。

例如，2007 年中国传媒大学传播学专业 2004 级硕士生范欣珩在其硕士学位论文《生活形态与即时通讯使用的关联性研究》中采用因子分析，得到“人际沟通量表”的六个公共因子：沟通亲密感、虚拟陪伴感、心理依赖感、讯息活泼度、多媒体应用、工具依赖感。发现这六个公共因子“与前期的文献综述相对应，能够体现电脑中介传播的多数特性，如层次多样的互动性、流程自主的非线性、特殊的符号语言等；同时也能体现人际关系解放说的优点，解决人际关系失落说的疑虑；也能够很好地涵盖以往相关研究的公因子，并有所扩展”。[②]说明这份人际沟通量表具有较好的结构效度（如表 2–7）。关于结构效度的例子，还可参阅柯惠新等人在“1990 年亚运会宣传效果研究”中对亚运会态度量表的因子分析，如表 2–8 所示。

表 2–7　人际沟通量表因子分析

	沟通亲密	虚拟陪伴	心理依赖	讯息活泼	多媒应用	工具依赖
1.4. 在即时通讯上与朋友交谈时，我觉得更温暖、温馨	0.780					
1.1. 在即时通讯上与朋友交谈时，我更可以畅所欲言	0.774					
1.3. 在即时通讯上与朋友交谈时，我觉得自己和他们更亲近	0.751					
1.5. 在即时通讯上与朋友交谈时，我更能够体会他们的感受	0.738					
1.2. 在即时通讯上与朋友交谈时，我更能感觉自己是被了解的	0.688					
1.12. 遇到不愉快的事情，我总希望向即时通讯中未曾见面的联络人倾诉	0.487				0.358	
1.11. 遇到高兴的事情，我总愿意与即时通讯中那些现实生活中的好友分享	0.483			0.346		
2.2. 我会显示“脱机”或者“隐身”，暗中观察线上好友的动态		0.735				

① 王忠军、龙立荣 . 评价中心的结构效度研究［J］. 心理科学进展，2006，14（3）：426–432.
② 范欣珩 . 生活形态与即时通讯使用的关联性研究［D］. 北京：中国传媒大学，2007.

续表

	沟通亲密	虚拟陪伴	心理依赖	讯息活泼	多媒应用	工具依赖
2.9. 登入之后，我会查看联络人的昵称与图片变化		0.707				
2.3. 我会显示“离开”或“忙碌”等状态，以选择沟通对象		0.581				
2.11. 我会修改个人信息或个性签名，让联络人知道我当时的心情		0.569		0.450		
2.8. 每隔一个小时左右，我就会查看当时有哪些人在线上		0.552	0.349			
1.7. 如果没有看到好友上线，我觉得无聊或孤单			0.799			
1.8. 如果空闲状态上线许久，却没有人传讯，我会感到失落			0.747			
1.6. 看到好友在上线名单中，即使没有聊天，也会让我有种被陪伴的感觉	0.418		0.540			
2.4. 我会去下载或者向别人要，甚至自制其他的表情图案				0.762		
2.13. 我经常使用表情图案或动漫，增强或表明自己的语气				0.730		
2.1. 我会使用手写方式、动漫背景等特殊方式来丰富自己的讯息				0.579	0.454	
2.5. 我会使用语音功能与联络人直接对话					0.814	
2.6. 我会利用视频辅助沟通或增加对话临场感					0.800	
2.7. 若有重要的事情，我会在即时通讯上通知，而不一定打电话						0.729
1.9. 整体而言，即时通讯使我增加了许多现实生活中的好友	0.472		0.304			0.526
方差贡献率	18.3%	10.7%	9.6%	9.3%	8.8%	5.9%
累计方差贡献率	18.3%	29.0%	38.6%	47.9%	56.7%	62.6%

资料来源：范欣珩：《生活形态与即时通讯使用的关联性研究》，中国传媒大学传播学专业硕士学位论文，2007 年。

表 2-8 对亚运会态度量表的因子分析（n = 1，220）①

对亚运会的态度量表（简述）	因子 1	因子 2	因子 3	共同性
1. 提高国际声望，树立良好的国际形象	.727	–.185	.170	.589
2. 为亚运会在中国召开感到自豪	.767	–.210	.047	.635
3. 财政困难的情况下不该举办亚运会	–.294	.637	.348	.614
4. 影响我的生活、工作秩序也没关系	.171	–.109	.746	.597
5. 有利于振奋民族精神，激发爱国主义	.798	–.115	.073	.655
6. 能为我国带来可观的经济效益	.361	–.052	.650	.556
7. 不如把钱用于改善人民生活	–.328	.697	.045	.595
8. 充分显示了社会主义制度优越性	.628	–.159	.278	.498
9. 宣传声势虽大，但有些铺张浪费	–.064	.711	–.235	.565
10. 对会后经济形势发展感到忧虑	–.077	.746	–.223	.612
11. 向老百姓集资，增加了人民负担	–.210	.778	–.042	.651
12. 展现安定团结和改革开放的成就	.682	–.209	.247	.570
单个公共因子的有效程度	25.2%	22.8%	11.5%	
累积的有效程度	25.2%	48.0%	59.5%	
因子命名	“民族意识”	“经济观念”	“个人生活”	

结构效度的分析有时还有另一层意义，即评价量表中的各个题项能否有效地区分研究

① 赵水福．中国社会心理的轨迹：亚运宣传效果调查报告集［M］．北京：北京广播学院出版社，1991：240.

对象，例如各个题项能否有效地鉴别态度不同的被访者。常用的方法是项目分析法（item analysis），用于测量量表中各个题项的“难易度”和“鉴别度”。

$$难易度 = (P_H + P_L) / 2 \quad (2\text{–}5)$$

其中，P_H 和 P_L 分别表示“高分组”和“低分组”的通过率。

如果用学生考试来理解，考卷中每道题的通过率，就是正确地回答了该题的学生人数的比例。对于态度量表中每个题项的通过率，则是对所测的态度持积极立场的被访者的比例。需要注意的是，对于正向题和反向题，判断被访者的态度积极方向，方法是不同的。

具体来说，计算难易度时，首先要将量表中所有反向题进行逆向处理，计算累加量表的总分。然后将总分按由小到大的顺序排列，并划分成被访者人数相等的 4 个组，分数最高和最低的两个组分别为“高分组”和“低分组”。最后分别计算这两个组的被访者在每个题项上的“通过率”P_H 和 P_L。

正向题的通过率 =（“非常同意”+“比较同意”）的比例　　（2–6）

反向题的通过率 =（“很不同意”+“不太同意”）的比例　　（2–7）

显然，如果该题项是很“容易”通过的，那么，高分组和低分组的被访者在该题项上都容易通过，也就是该题项十分容易让人一目了然，被访者不假思索地就可以给出肯定的答复。例如表 2–9 中的第 1 题和第 2 题就可能是这种类型。反之，如果一个题项很“难”回答，那就不但低分组的通过率低，高分组的通过率也可能不高。

某个正向题项的“通过率”表示对该题项持肯定、积极态度的比例。对于反向题，则表示持否定、消极态度的比例。而某个题项的“难易度”，实际上就是“高分组”和“低分组”在该题项上“通过率”的平均值。

难易度越大，表示该题项越“容易通过”。一般传播学研究的态度量表，取难易度适中（0.5 左右）的情况较多。

“鉴别度”表示量表中各个题项对所测特性区分或鉴别的能力，等于“高分组”和“低分组”在该题项上“通过率”之差。

$$鉴别度 = P_H - P_L \quad (2\text{–}8)$$

对于态度量表，“高分组”和“低分组”的被访者对某个题项得分的差异越大，则其持肯定、积极（或否定、消极）态度的比例差异越大，说明该题项的鉴别度越高。

在量表设计中，各个题项的鉴别度高一些为好，这就像考试题最好能将成绩好的和成绩差的学生区分出来一样，成绩好的学生大多数能通过，而成绩差的学生却很少能通过。如表 2–9 所示，第 3、4、7、8、10、11 和 12 题项具有较高的鉴别度，并且难易度适中；第 1、2 和 5 题项偏“容易”，并且鉴别度较低；第 6 和 9 题项则偏“难”一些。

研究者通常会采用多种方法来测试一个量表，以求对它的信度和效度有全面的了解，尤其是当使用一个新开发的量表，或者把一个成熟的量表拓展到新的文化[①]中去的时候。多方法共同使用的例子，请见本章所附的案例。

表 2–9　对亚运会态度量表的项目分析（n = 1，220）

对亚运会的态度量表	高分组 P_H	低分组 P_L	难易度	鉴别度	评　价
1. 亚运会将显著提高中国的国际声望，树立良好的国际形象	302	208	0.84	0.31	偏容易 鉴别度偏低
2. 作为中国公民，我为亚运会在中国召开感到自豪	305	213	0.85	0.30	偏容易 鉴别度偏低
3. 在国家财政十分困难的情况下不该举办亚运会	261	62	0.53	0.65	√
4. 只要能开好亚运会，即使影响我的生活、工作秩序也没关系	248	77	0.53	0.56	√
5. 亚运会有利于振奋民族精神，激发爱国主义	303	202	0.83	0.33	偏容易 鉴别度偏低
6. 亚运会的召开能为我国带来可观的经济效益	176	44	0.36	0.43	偏难
7. 花这么多钱办亚运会，还不如把钱用于改善人民生活	285	61	0.57	0.73	√
8. 我国举办亚运会，充分显示了社会主义制度优越性	290	102	0.64	0.62	√
9. 亚运会的宣传声势虽大，但有些铺张浪费	216	25	0.40	0.63	偏难
10. 我对亚运会后经济形势的发展感到忧虑	246	23	0.44	0.73	√
11. 亚运会向老百姓集资，增加了人民负担	286	40	0.53	0.81	√
12. 亚运会将能展现我国安定团结和改革开放的重大成就	302	127	0.70	0.57	√

第四节　问卷设计技术

问卷指为了调查和统计而采用的一种问题表格，是最常见的一种调查工具，其功能与磅秤、尺子一样，都是测量工具。所不同的是，它在形式上是一份精心设计的问题表格，用来测量人们的特征、行为和态度等。问卷调查是传播学研究中常用的方法之一，美国社会学家艾尔·巴比称“问卷是社会调查的支柱”。很多社会科学研究都离不开问卷调查方法，问卷的设计必须与调查的目的、主题和方式相适应。

一、问卷的主要类型

按照不同的分类方法，问卷也可分为不同的类型。按照调查方式分，有“自填式问卷（self-administered questionnaire）”和“访问式问卷（interviewer-administered questionnaire）”两种类型；按照问卷结构分，有“无结构型问卷（unstructured questionnaire）”和“结构型问卷（structured questionnaire）”两种类型；按照回答问题的形式分，有“开放式问卷（open-

① 比如 Kwan 等人就提出，在个人主义文化（individualist culture）中被验证为单维度的个性化量表（individuation scale），在集体主义文化（collectivist culture）中可能是更为复杂的双维（two-dimensional）构造。见 KWAN V S Y, BOND M H, BOUCHER H C, MASLACH C, GAN Y. The Construct of individuation: More complex in collectivist than in individualist cultures[J]. Personality and social psychology bulletin, 2020，28（3）：300–310.

ended questionnaire）”和“封闭式问卷（close-ended questionnaire）”两种类型。

（一）自填式问卷

自填式问卷一般通过面访或邮寄，将问卷交到被访者手中，由被访者自行填写；**访问式问卷**则是在面访或电话调查中，由调查访员（以下简称访员）将问卷上的内容念给被访者听，再由访员根据被访者的回答填写。无论是自填式问卷还是访问式问卷，都是向被访者询问有关问题，只是在形式上有所不同，前者没有访员作为中介，但是后者有。因此，尽管这两种类型的问卷都是由一系列问题和答案构成的，但由于直接面对的对象不同，因而它们在具体的形式、设计的方法和要求等方面都存在一定的差别。一般而言，自填式问卷要易读易懂，封面信和填写说明要尽可能详细。而电话访问问卷不宜过长，问题设计应简单明了，且不能使用有长串选择答案的问答题；面访问卷可以结合卡片，询问比较复杂的问答题，但是要注意妥善处理敏感性和个人隐私问题。

（二）无结构型问卷

无结构型问卷指对问卷中所提的问题在组织结构上没有进行严格的设计和安排，只围绕着研究目的提出问题。因此，从形式上而言，一般都是开放式的。由于问卷中没有规定答案的选择范围，因此，被访者可以按照自己的意愿自由发挥。这也反过来给了研究者更好的机会，他们可以探讨深度的答案、感情或动机方面的信息或设计问卷时没有预见到的回答，同时也给了研究者探索问题更大的灵活性。但是对于开放式的问题，收集资料、编码和分析答案都非常费事和费时。无结构型问卷常用于探索性研究之中。

（三）结构型问卷

结构型问卷是根据研究目的和研究主题精心设计的具有一定结构的问卷，从形式上看，大部分问答题都是封闭式的。也就是说，结构型问卷对问答题的内容和可供选择的答案做了精心的设计，被访者可以在所规定的答案范围内进行选择，一般是在选中的号码上打钩或者画圈。因此，这种问卷便于被访者回答，答案易有一致性，适合于统计分析。但同时，由于设计各种可能的答案并不是一件容易的事情，往往会有事先考虑不到的答案。为此，常常需要在选项中加上一个“其他”选项，而“其他”选项则需要按照开放式问答题进行处理。

二、问卷的结构

问卷一般分为开头、正文和结尾三个部分。其中第一部分由封面信或开头语、指导语构成；第二部分是问卷的正文，也是问卷最核心的内容；第三部分是结尾。基本要点是：

（1）以最一般的问答题开始，避免有威胁性的或难答的问题；

（2）开头部分是启动，会影响答卷人对所要发生事情的期望；

（3）确保问卷的正文部分自然地从一个主题过渡到另一个；

（4）按照对被访者来说合乎逻辑的、有意义的顺序安排项目；

（5）最敏感的问答题和有威胁性的问答题放在后面部分；

（6）人口基本情况的问答题列在最后面，万一有人不答，数据仍有一定价值。

（一）封面信／开头语和指导语

封面信或开头语是问卷调查必须要有的，面访调查或电话调查一般用简短的开头语即可。对于邮寄调查或互联网调查，它是一封致读者的短信，用于向被访者介绍和说明调查者的身份、调查目的等。封面信较短，但在整个问卷中却具有重要作用。因为能否说服一位被访者参与调查，能否让他们如实填写答卷，或者能否让其将填好的问卷寄回 / 发回，在很大程度上都取决于封面信。在封面信中，一般而言，需要说明以下四个方面的内容：

一是调查单位，这种身份信息既可以直接在封面信中说明，也可以在封面信的落款中说明。

二是调查目的、内容和范围，用简明概括的语言，适当说明调查目的或实际内容，既不要含糊不清，也不要在封面信上长篇谈论调查的具体内容，通常只用一句话指明即可。例如，“我们正在进行一项关于媒介传播效果的调查”，或“此次调查的主要目的是了解人们的互联网使用情况及其影响”等。

三是对调查访问对象的选取方法做简要的说明，以减轻被访者的心理压力，打消他们的顾虑。例如，“通过随机号码法，我们抽取了全市 600 个住宅电话，您是我们随机号码抽选出来的”，或“通过 ×× 的电子邮件地址库，我们随机地抽取了 1000 个地址，您的邮件地址是我们随机抽选出来的”等。再加上无记名和有关为被访者保密的说明，以减轻对方的压力。

四是在封面信的最后，一般还要包括填答问卷的方法、要求、回收（邮寄调查）时间和方式等具体事项，结尾处一定要对被调查者的合作表示真诚的谢意。总体而言，封面信要简明亲切，切忌高高在上、打官腔。

指导语是用来指导被访者填写问卷的各种解释和说明，其作用与仪器的说明书相似。指导语可以在封面信的后面以“填表说明”的形式单独给出，也可以分散在问卷中对应的具体问题之后。例如，填表说明：

1. 请在每一个问题后结合您自己的情况给出具体的回答，即在相应的答案序号上画钩或在 __________ 处填上适当的内容。
2. 如无特殊说明，每一个问题只能选择一个答案。
3. 填答问卷时，请不要与他人商量。

另外，对于某些比较复杂的问题，要对该题的填答要求及方式进行具体的说明。例如：

“您认为当前社会不正之风的突出表现是什么？”（请按问题的严重程度把下列问题的编号填写在后面的空格内，最严重的填写在左边第一格，然后依次向右填写）

1. 大吃大喝　　2. 用公款送礼　　3. 用公款购买小汽车　　4. 乱盖私房

5. 乱发文凭　　6. 用公款旅游、出国　　7. 提干走后门　　8. 公款娱乐
□□□□□□□□□

（二）问卷正文

1. 正文的顺序安排

问卷中的问题和可供选择的答案是问卷的主体，问题在形式上有开放型问题和封闭型问题两大类。在问题设计中，通常以最一般的问题开始，避免将有威胁性或难回答的问题放在最开头部分。因为开头部分是启动，这一部分的问题会影响被访者对所要发生的事情的期望。另外，要确保问卷的正文部分平稳自然地从一个主题过渡到另一个主题，要考虑按照对被访者来说合乎逻辑的、有意义的顺序安排问题。一般而言，事实性的问题放在最前面，接下来是关于态度的问题，最后是一些个人背景资料的内容。之所以将个人背景资料放在最后，是考虑如果有人没有回答这一部分的内容，大部分数据仍有一定的价值。要将最敏感的问题和有威胁性的问题放在后面，因为此时，被访者和调查访员之间已基本建立了良好的关系。

2. 问卷设计的基本步骤和原则

问卷设计是一种既需要科学精神，又需要智慧和经验的技术。虽然有一定规则可循，但一份好的问卷设计主要来自研究者的经验、细致和创造性。

一般而言，问卷设计有以下几个步骤：

（1）规定所需要的信息

问卷设计的第一步是规定所需的信息。因此，要认真研究调查目的、主题和理论假设，并将其具体化、条理化和操作化，即将研究的问题演变成一系列可以测量的变量或指标。

除了明确调查主题外，调查对象的特征对问卷设计也有很大的影响，例如适合大学生的问题不一定适合农民。对调查对象的理解，主要涉及调查对象的社会、文化和经济特征，了解不准确，就可能造成不确定性或增加“不知道 / 不清楚”的填答率。调查对象群体内的差异越大，就越难设计一个适合整个群体的问题。

（2）规定调查访问的类型

不同类型的调查访问方式对问卷设计有一定的影响。在面访调查中，被访者可以看到问题并与调查访员面对面地交谈。因此，可以询问较长的、较复杂的问题，可以借助卡片等工具，还可以采用追问等技巧。而在电话调查访问中，由于被访者只能和调查访员通过电话交谈，看不到问卷，这时就需要询问一些较短的、较简单的问题。邮寄问卷（同时附有贴好邮票的回邮信封）或网络问卷可以让被访者在自己方便的时间和空间里，由他们自行用匿名的方式寄回 / 发回填答好的问卷。因此，可以询问一些比较敏感或有威胁性的问题，在无他人在场的情况，被访者更有可能愿意吐露真实的想法或态度。邮寄问卷或网络

问卷也应给出详细的指导语，以供被访者填答时参考。在计算机辅助调查访问（CATI 和 CAPI）和互联网调查中，还可以实现复杂的跳答和随机化安排问题，以减少由于顺序造成的偏差。一般来说，面访和电话调查的问卷要更加注意以口语化的语言来设计。

（3）确定每个问题的内容

一旦规定了所需要的信息和访问的方法类型后，就要确定每个问题的具体内容。首先要明确的是，每一个问题提出的必要性如何。即问卷中的每个问题都应该对所需的信息有所贡献，或服务于特定的目的。对于可要可不要的问题，或者如果一个问题得不到可以使用的数据，那么这个问题就应该被剔除。然而，在有些情况下，可能会询问一些与所需要的信息没有直接联系的问题。例如在开头部分问一些中性问题，目的是为了使被调查者介入、并与调查员建立良好的关系。在另外一些情况下，为了评价信度或效度，或为了检查是否有作弊现象，一些问题可能需要问两次。

其次，需要明确的是，对于所要了解的内容，是只需要一个问题就可以，还是需要几个问题。例如为了了解被访者对某电视节目内容的意见，设计了以下的问题：

“您认为这个电视节目的思想性和艺术性如何？”

这其实是一个涉及“思想性”和“艺术性”两个不同方面内容的问题，即所谓双重问题。为此应该将其拆分成两个问题，这样才能让被访者明确地给出意见，如：

“您认为这个电视节目的：1. 思想性如何？ 2. 艺术性如何？”

（4）避免出现被访者“不能答”或“不愿答”的问题

面对问卷中的所有问题，不能期望被访者都能提供准确或合理的答案。被访中“不知道”或“回忆不起来”的情况是正常的，在问卷设计中，应考虑这种可能并设法避免这些情况的发生。

“不能答”的问题多为“不知道”和“回忆不起来”两种情况。对“不知道”的情况，问卷设计中一般采用过滤题来减少由于“不知道”而产生的不回答现象。另外，对“回忆不起来”的情况，可能是提的问题不切合实际，例如“在过去三十天里，您曾经和家人一起看过多少小时的电视”。在问卷设计中，可以用“无帮助回忆”或“有帮助回忆”两种方法让被访者对特定问题给出答案。“无帮助回忆”一般会产生对实际情况低估的结果，如“您上周都看过哪些电视连续剧”。“有帮助回忆”通过给出一些提示，刺激被访者的记忆。例如列出一系列电视剧，然后问“您上周看了下列哪些电视连续剧”。需要注意的是，在给出提示时，研究者不要刺激过强而导致产生偏差。另外，还可以通过图片、地图或描述性的词语，协助被访者表达其想法。

“不愿答”的情况多发生在被访者感觉太麻烦、不耐烦，或者信息比较敏感的时候。对于这些问题，在问卷设计时，研究者首先要做出一定的努力。例如在询问被访者经常阅读什么报纸时，可以请他们列出报纸的名单，但最好的方法是为被访者提供一个名单，然后让被访者进行选择。对于有些信息，被访者可能需要知道合理的目的性后才会愿意作答。例如在了解媒介接触行为时，就需要告知被访者是“为了了解不同收入阶层和不同职业的群体在媒介接触方面和偏好方面有什么不同”，这样可以使索取数据的要求比较合理，从而增加被访者合作的可能性。对于敏感性问题，如果问卷设计没有做减轻敏感度的处理，得到的答案就可能偏差比较大。这些问题包括收入、家庭生活、政治和宗教信仰等。对此，有一些专门性的技术进行处理：

①将敏感性问题放在问卷的最后。这时，调查刚开始时的不信任感已逐渐消除，友善关系已经建立，调查的合理性也比较明显，被访者可能更愿意提供信息。

②释疑法，即在敏感性问题前加一个说明。例如“自由表达意见是每个公民的权利，对以下问题您如何看待？”或“对同一问题有不同看法是一种正常的现象，您认为……是合理的吗？”等。

③用一个假言判断作为问题的前提，以打消被访者的顾虑，然后询问被访者的看法或态度。例如“假如我国目前的人口政策对生育不加限制的话，您认为您的家庭有几个孩子比较理想？”

④转移法，即转移对象，把需要被访者回答的问题转移到他人身上，然后请被访者来评价这些问题，从中观察被访者的态度或倾向。例如“对于婚姻中的第三者，有些人认为这是不道德的，有些人认为这是婚姻的必要补充，还有些人认为无所谓，您同意哪一种看法？”

⑤将敏感性问题“隐蔽”在一组被访者愿意回答的其他问题中。如果是访问式调查，这一组问题可以问得很快。

⑥让被访者提供分类数据而不是具体数字，这类方法又可称为粗放法。如不直接问“您的月收入是多少？”而是让被访者从几个“月收入”的范围中选择适当的一项：“1000元以下，1000—1999元，2000—2999元，3000—3999元，4000元及以上”等。在面访调查中，可以给出一组分别记有各种选择号码的卡片，让被访者用号码作答。

⑦利用随机化选答技术，给出两个问题，一个是敏感的，另一个是中性的并且被访者作“肯定”或“否定”回答的概率或比例是已知的（例如“您的生日是在三月份吗？”）。然后被访者随机选取其中的某一个问题给出“肯定”或“否定”的回答，不用告诉调查访员或其他人自己回答的是哪一个问题。利用概率的有关定律，根据作“肯定”回答的总概率（比例）、选择敏感性问题的概率、对中性问题作“肯定”回答的概率这三个量，就能够估计出被访者对敏感性问题作“肯定”回答的概率。但是，在这种情况下，研究者无法知道是哪些被访者作“肯定”的回答。

（5）决定问题的结构，给出结构式问题的答案

如前所述，问卷问题的形式有结构式和无结构式两种。无结构式问题一般以开放型问题出现，由被访者按照自己的语言、习惯进行回答。无结构式问题可以获得比较深入和丰富的信息，在探索性研究中，这种问题形式十分有用。但是，它在编码和数据处理方面比较麻烦。

有结构式问题规定了一组可供选择的答案和固定的回答格式，需要注意的是“顺序偏

差或位置偏差”，即被访者选择的答案可能与该题答案的排列顺序有关。以往的研究表明，对一组文字性答案，被访者倾向于选择第一个或最后一个答案；而对一组数字（数量或价格），则倾向于选取中间位置的答案。为了控制这种偏差的发生，可以考虑准备几种形式的问卷，每种形式的问卷对应问题答案排列的顺序都不相同。例如，每种选择出现在两端位置各一次，中间位置一次，其他位置一次。在调查中，可以随机分配数量相同的被访者分别回答其中一种形式的问卷。

（6）选择问题的措辞

问题的措辞指在问卷中需要将问题的内容和结构转化为被访者能够清晰理解的句子。如果措辞不当，被访者可能拒答，或不能正确给出答案。拒答过多将可能导致结果的偏差，并增加数据分析的复杂性，错答也将导致回答误差。为避免这些问题的产生，在措辞上应遵循如下要领：

①一个问题应清楚地定义所要询问的内容

一般来讲，即将 6W 的内容“谁、什么内容、什么时间、什么地方、什么原因、什么方式”（Who，What，When，Where，Why，Way）尽可能都包括进去。

②使用普通词语

问卷中的措辞应照顾被访者的语言水平，避免使用专业性的词语或术语，要使用普通老百姓都能准确理解的词语。

③使用明确的词语

有时一些词语的意义在问卷设计者看来是很明确的，但实际上，不同的人有不同的理解。如“通常”“正常地”“频繁地”“经常”“偶尔”“有时”等都容易产生歧义，应有明确的界定。

例如“您经常收看电视节目吗？”

1. 从来不看　　2. 偶尔看　　3. 有时看　　4. 经常看　　5. 几乎天天看

这五个答案的意义不是很明确，例如对于一周收看两次电视节目的三个不同的人来讲，他们有可能分别选择“偶尔看”“有时看”和“经常看”三种不同的答案。最好使用对这些选项较明确表述的措辞，例如：

“您经常收看电视节目吗？”

1. 从来不看　　2. 每周少于 1 天　　3. 每周 1—2 天

4. 每周 3—5 天　　5. 每周 6—7 天

④避免隐含的选择

隐含的选择指问题中没有明确表述但是实际可能存在的选择。例如下面两个问题：“到市区办事您愿意乘坐公共汽车吗？”和“到市区办事您愿意乘坐公共汽车还是骑自行车？”在前一个的问题中，“骑自行车”是隐含的，因此可能得到“愿意乘坐公共汽车”的比例高于第二个问题的相应选择。除非有特别的理由，在问卷设计中应避免隐含的选择。

⑤隐含的假定

隐含的假定指问题中没有表述清楚的假定。例如下面两个问题：“您赞成在我国采取高收入的政策吗？”和“如果提高工资和提高物价是同步的话，您赞成在我国采取高收入的政策吗？”在前一个问题中，工资和物价同步增长的假定是隐含的，因此这种问法将导致过高估计“赞成”的比例，而第二种问法是比较可取的。

⑥避免推算和估计

问题应当是具体而非笼统的，而且问题的措辞必须使被访者无须去推算或估计。例如，问卷调查中对家庭户每年平均每人的生活费用感兴趣。如果问题是这样提出的：“您家每年平均每人的生活费用是多少？”那么，被访者就要进行一系列的推算：每月生活费用乘 12，然后再除以家庭人口数。多数被访者可能不愿意进行这样的计算。最好将上面的问题修改如下：“您家每月的生活费用是多少？”和“您家有几口人？”计算的工作留待回收数据后，由数据处理人员完成。

⑦对偶陈述：正向和逆向

有关李克特量表设计的研究表明，被访者的回答会受到项目陈述方式的影响。解决的办法之一是使用对偶陈述，即一部分用正向陈述，另一部分用逆向陈述。可以设计两份问卷，一份问卷是一半正向、一半逆向；另一份问卷则与前一份方向相反。在调查中，随机分配一半的被访者分别回答问卷。

（7）确定问题的顺序

问卷开始的问题一般都是简单易答的。研究者经常使用一两道与研究主题有关的热身题，让被访者适应并开始思考调查主题。热身题可以引起被访者对回答问题的兴趣。有时，问卷的开始部分是用来甄别合格的被访者的。

个人背景资料和其他一些敏感的、让人为难的、复杂的、单调的问题都应放在问卷的后面。通过回答前面部分的问题，调查双方已经建立良好的关系，此时被访者就可能比较愿意回答这些问题或者比较容易合作了。

一般而言，问卷要有逻辑顺序，即从一般主题到特殊主题，相同主题的问题应放在一起。对于不同问题的转换应该明确并且具有逻辑性，可采用一些简短的转换语帮助被访者调整思路。

另外，问卷中常有跳答题的设计，这种问题又称相依问题或分叉问题，即根据调查对象的不同回答，将他们引向问卷的不同位置。在设计跳答题前，研究者最好先制作一张对应的流程表，并遵循以下原则：第一，跳答题要尽可能地靠近引起跳答的那个问题；第二，跳答的问题顺序应排列得使被访者无法预先知道下一步需要其他的什么信息。例如问卷中需要询问被访者对某些电视节目的评价，一般是先询问被访者是否看过问卷中所列举的电视节目，然后再请他们对看过的节目给出评价。如果他们很快知道这一目的，他们就可能会以没有看过为由避免评价。

（8）问卷的长度

问卷究竟多长才算合适，事实上并无严格的规定。一般而言，问卷的长度取决于以下因素：研究经费、调查目的、调查类型、被访者群体特征、问卷问题的复杂性及类型、研究地区所处的位置、调查访员的类型（业余或专业），等等。表 2–10 是根据以往的经验给出的一个大致的参考数据。

表 2–10 问卷长度的经验数据

调查类型	最大的时间限度
自我填答的邮寄问卷调查	60 分钟
团体的自我填答的问卷调查	60 分钟
一对一的面访调查	60 分钟
电话调查	20 分钟
购物中心拦截式的访问	10 分钟

资料来源：ROGER D W，JOSEPH R D. 大众媒体研究[M]. 黄振家，译 . 台北：新加坡商亚洲汤姆生国际出版有限公司出版，2002：234.

（9）测试问卷

一般来说，一份问卷设计好之后要经过测试（试调查），即在一个小样本中检验问卷，以发现和消除设计中潜在的问题。即使被认为最好的问卷，通过测试仍然有可能发现还需要改进。另外，如果问卷中有测量观念或者态度之类的量表，也需要通过试调查来分析并改善量表的信度和效度。一般情况下，没有经过充分测试的问卷不应该用于实际调查中，用于测试的样本也应取自实际调查的总体。

测试问卷最好采用面访的方式，即使实际调查时将采用邮寄或电话访问的方式也是如此。因为面访调查可以观察到被访者的反应和态度，有利于对问卷做进一步的改进。如果不需要进行量表的信度和效度分析，那么测试的样本一般在 15—30 份之间即可，否则至少应当超过 30 份，若能达到 50 份左右就更为理想了。

测试的次数以“不需要再改进”为止，测试得到的数据应当进行编码和分析，以确定所有收集到的数据是否都可用，所需的数据是否都能够收集到。

（10）确定问卷的格式和排版、印刷问卷

问卷的格式、问题的位置、题与题之间的距离等细节都可能对结果有影响，特别是对自填式问卷尤其重要。例如，有关实验结果表明，放在每页顶部位置的问题一般会比放在底部位置的问题更容易受到关注。

问卷的印刷和装订也会影响到调查结果。如果纸张质量很差或形式很陈旧，那么被访者可能会认为该调查项目不重要，从而影响他们回答的质量。因此，印刷问卷应当使用质量尽可能好的纸张，要有一个“专业性”的或“职业性”的形式。

如果问卷有多页，不要只是简单地用订书机订起来，必须正规地装订成册，每页最好是双面印刷，这样会显得比较“正规”。另外，每个问题都应完整地放在一页上，不要将一个问题（包括备选答案）分列在两页上。如果条件允许，每个问题的备选答案最好写成一列，以方便被访者回答。为使问卷显得短一些而将问题紧凑地排列的情况应当避免。过于拥挤的空间会在收集数据中导致错误的产生，也可能使回答变短变少，并且还会使人以为问卷比较复杂，降低合作率和完成率。尽管短问卷比长问卷更合适，但不应该通过紧排文字来缩短长度。

问卷还应印刷成易读易答的形式，字体要大、要清晰，以使被访者阅读时不至于费力或紧张。

3. 设计问卷的一般原则

设计问卷时，应注意以下问题①：

（1）问题尽量清晰明白；（2）让问题简短；（3）牢记研究目的；（4）避免提双重问题；（5）避免使用有偏见的词语和题项；（6）避免提诱导性问题；（7）不要问过于详细、让人难以回忆的问题；（8）除非有绝对必要，尽量避免提使人困窘的问题。

表 2–11 是问卷设计时常见的错误示例及对错误原因的分析。

表 2–11　设计问答题时常见错误示例

错误的问法	较好的问法	错误原因
1. 您最喜欢哪个品牌？	您最可能购买这些品牌中的哪一个？	没有对准客户想要知道的问题。
2. 如果您拥有一台或多台电视机，请列出每一台的购买年代和型号，从最新的那台开始。	请列出您拥有的每一台电视机的购买年代和型号。	不简洁。没必要排顺序，可以事后再排；也没必要加条件，没有电视机者不用回答。
3. 通常当您看到电视广告时或觉得节目不好看时您会换台吗？	您通常是在什么情况下换台？ 1. 一看到电视广告时就换台；2. 只有当觉得节目不好看时才换台；3. 因为计划要看某个节目而换台；4. 其他别的原因（请注明）。	不清楚。得到的是无用的数据，不知道到底为什么换台。
4. 近来您经历这种事的频度如何？	最近这种事发生了几次？	没有使用核心词语或普通词语。
5. 如果您想看某个节目而您的配偶想看另一个，而且你们两人都强烈地坚持己见，您会怎样解决？	如果您和您的配偶在选节目时发生很大的分歧，您会怎样解决？	是并列—复合句的结构，可采用不同的措辞来避免这种复杂的句型。
6. 报纸改版增加大量社会新闻的重要性如何？	对您来说，您所订阅的报纸改版增加大量社会新闻的重要性如何？	是针对一般读者，还是针对您个人，没有明确的判定标准。
7. 您在使用 ××× 信息咨询服务的时候，一般需要等多长时间才能拨通电话？拨通后需要多长时间才能得到您需要的信息？	如果您使用 ××× 信息咨询服务，那么一般需要等多长时间才能拨通电话？拨通后需要多长时间才能得到您需要的信息？	并不是对所有被访者都适用的问题，因为很多人是不使用 ××× 信息咨询服务的。
8. 您昨天在上班的路上看到了哪些户外公益广告，例如关于遵守交通规则的广告？	您昨天在上班的路上，除了商业广告外，还看到了哪些户外公益广告？	由于举了一个例子，就有可能诱导被访者更多地想到有关交通安全方面的广告，引起偏差。
9. 在您结婚之前，您和您的配偶一共外出约会了多少次？	在您结婚之前，您和您的配偶一共约会相处了几个月？	过多要求的回忆，实际上被访者是不太可能记住的，误差太大。
10. 当您购买饮料类食品时，参考广告的情况会占多大的比例？	在您最近 10 次购买饮料类食品时，有多少次是参考了广告的？	太笼统，不具体。到底是指过去的行为，还是将来的。
11. 您上个月看电视时，有多少次是按照预定收看计划来决定收看什么电视节目的？	当您收看电视时，您经常按照预定收看计划来决定收看什么节目的吗？具体说来，是“总那样”“经常那样”“有时那样”“偶尔那样”，还是“从不那样”？	太具体，被访者不太可能知道，或不太可能表达清楚。准确的数字是得不到的，即使得到了也是没有意义的，因为没有基数，无法比较。
12. 您赞同降低存款利息，以解决当前消费不旺的市场危机吗？	您赞同降低存款利息，以解决当前消费不旺的市场问题吗？	太强化，过于强化了问答题的条件，容易形成导向，有偏差。
13. 您家一般什么时间吃正餐？	您家晚上一般什么时间吃饭？	太含糊，会有很多不同的理解。

① ROGER D W, JOSEPH R D. 大众媒体研究［M］. 黄振家，译. 台北：新加坡商亚洲汤姆生国际出版有限公司，2002：219.

续表

错误的问法	较好的问法	错误原因
14. 您经常通过看报纸来消磨时间吗?	您经常看报纸吗？（根据回答再问）为什么经常看？或为什么不经常看？	双重含义，实际上包含了两层不同的问题，要分别提问。
15.《快乐大本营》是您喜欢的周末娱乐节目吗?	下列节目中哪一个是您喜欢的周末娱乐节目?	有诱导性，可能得到有利于《快乐大本营》的答案。
16. 您是否赞同对电视剧中插入广告的数量加以限制，以保护电视观众的权益?	从多方面考虑，您认为对电视剧中插入广告的数量是否应该加以限制?	戴上了“帽子”，形成了无形的压力，似乎不赞成就意味着不关心观众的权益。
17. 您赞成建立一个交互式有线电视系统吗?	交互式有线电视系统是：它不但能接收正常的电视，还能将讯息传回有线电视台。您赞成在您所在的社区建立一个这样的系统吗?	用词太专业化。
18. 您在闲暇时间中，喜欢读书还是只看电视?	您在闲暇时间中，喜欢读书、看电视，还是做其他别的事情?	用词“只”带有偏见性，暗示“读书”比“看电视”更重要。
19. 在过去的一个月中，您看了多少小时的电视?	您昨天看了多少小时的电视?	过分详细的、不实际的问题，一般被访者是无法回答的。
20. 您每月的实际收入是多少?	您的月收入属于哪一类别？（出示卡片）	敏感问题。类别范围应大到足以让被访者保持隐私，又要小到足够统计分析之用。

第五节　应用案例

案例：使用量表分析方法筛选和比较两个调节倾向（regulatory focus orientation）量表

调节倾向理论（Higgins，1997，1998）认为，人的行为受两种不同的动机系统调节控制，一种是以“追求”为中心的系统（promotion system），另一种是以“避免”为中心的系统（prevention system）。这两种不同的动机系统导致个人采取不同的手段以满足不同的需求，即追求系统支持个人的抚助（nurturance）需求，也就是对正面的结果敏感，关注成就和理想；避免系统支持个人的安全（security）需求，也就是对负面的结果敏感，关注责任和义务。近年应用调节倾向理论的消费者行为研究显示，调节倾向能够影响消费者对商品的不同特征及广告诉求的喜好程度。例如，对以追求为中心的个人来说，某果汁饮料能增加活力或某防晒霜能让皮肤晒出均匀的古铜色，就具有较强的说服力；而对以避免为中心的个人来说，某果汁饮料能预防疾病或某防晒霜的防晒保护效果好，则更为重要。胡帆和王宁建议将这一动机系统应用到时尚杂志的效果研究中①，考虑到调节倾向的研究领域发表过若干考察调节倾向的量表，她们根据研究目的选取了最相关的两个

① 这个研究项目还处于起步阶段，发表过一篇会议论文。Hu F, Wang N. Beauty and Fashion Magazines and College-Age Women’s Appearance Disturbances: The Influence of Promotion versus Prevention Reading Motivations. Paper presented to the Annual Conference of International Communication Association, May 21–25，2009, Chicago, USA. 该论文和本次量表测试数据分别来自两次不同的问卷调查，后者的侧重点就是量表测试。

量表进行了比较分析。这两个量表分别由洛克伍德（Lockwood）①等人（2002）和希金斯（Higgins）②等人（2001）提出，以下分别简称为Lockwood量表（表2–12）和Higgins量表（表2–13）。

表2–12 Lockwood量表

项　目	项目倾向
1. 总的来说，我很注意预防生活中出现负面的事件或因素	避免倾向
2. 当我未能履行自己的责任和义务时，我会觉得非常不安	避免倾向
3. 我经常想象如何实现自己的愿望和理想	追求倾向
4. 我经常担心自己以后会变成某一种人	避免倾向
5. 我经常希望自己以后能成为某一种人	追求倾向
6. 我通常专注于我期望在将来获得的成就	追求倾向
7. 我经常担心自己不能达到人生（学业 / 事业）的目标	避免倾向
8. 我经常思考人生（学业 / 事业）如何获得成功	追求倾向
9. 我担心一些不好的事情会发生在自己身上，并且经常想象这种不好的经历	避免倾向
10. 我经常思考如何防止生活中遭遇失败	避免倾向
11. 我更倾向于防止损失，而非获取利益	避免倾向
12. 目前我的人生（学业 / 事业）主要目标是追求成就	追求倾向
13. 目前我的人生（学业 / 事业）主要目标是避免失败	避免倾向
14. 我认为自己主要在追求一个“理想的我”，目标是为实现自己的愿望和理想	追求倾向
15. 我认为自己主要在努力成为一个“应该的我”，目标是为履行自己的责任和义务	避免倾向
16. 总的来说，我很关注在生活中追求正面的结果	追求倾向
17. 我希望一些好的事情会发生在自己身上，并且经常想象这种好的经历	追求倾向
18. 总的来说，我更倾向于追求成功，而非避免失败	追求倾向

表2–13 Higgins量表

项　目	项目倾向
1. 和大部分人相比，我的生活常常能如我所愿	追求倾向
2. 在成长的过程中，我极少“越线”，基本没做过父母不能容忍的事情	避免倾向
3. 当我出色地完成某项工作，我常常会为此感到欢欣鼓舞并且更加努力	追求倾向
4. 在成长的过程中，我极少惹恼我的父母	避免倾向
5. 我一向遵循父母定下的规矩	避免倾向
6. 在成长的过程中，我从未做过父母反对的事情	避免倾向
7. 只要付出努力，我都能把各种事情做得很出色	追求倾向

① LOCKWOOD P, JORDAN C H, KUNDA Z. Motivation by positive or negative role models: Regulatory focus determines who will best inspire us[J]. Journal of personality and social psychology, 2002.

② HIGGINS E T, FRIEDMAN R S, HARLOW R E, IDSON L E, AYDUK O N, TAYLOR A. Achievement orientations from subjective histories of success: Promotion pride versus prevention pride[J]. European journal of social psychology, 2001: 3–23.

续表

项 目	项目倾向
8. 做事不够仔细经常给我惹来麻烦	避免倾向
9. 当去做一件对我来说很重要的事情时，我一向能达到理想中的完美程度	追求倾向
10. 我觉得自己在不断地进步，迈向成功的生活目标	追求倾向
11. 我在生活中有很多兴趣爱好，我积极参加各种活动，这些事情让我很感兴趣并且很投入	追求倾向

本次量表测试调查于2008年底在广州展开，使用方便抽样的方法，一共有273个被访者，均为18—23岁的年轻女性，且以女大学生为主。

分析一：Alpha信度分析和项目分析

两个量表都由测量追求动机和避免动机的两组项目组成。在项目分析阶段，胡帆和王宁对这两组项目分别进行了考察。在难易度和鉴别度的考察上，二人将过于容易（难易度大于等于0.90）和鉴别度过低（鉴别度小于等于0.20）的项目筛选出来。在项目和总分的相关系数考察上，二人将相关系数r小于等于0.30的项目筛选出来。针对原始量表和筛选过后的量表，二人分别进行了alpha信度分析，结果详见以下四个表格。

首先是Lockwood量表的分析结果。

Lockwood量表追求动机项目

	组别	r	通过率（%）	难易度	鉴别度
我经常想象如何实现自己的愿望和理想	低分组	0.57**	88.10	0.94	0.12
	高分组		100.00		
我经常希望自己以后能成为某一种人	低分组	0.60**	76.10	0.86	0.19
	高分组		94.90		
我通常专注于我期望在将来获得的成就	低分组	0.71**	47.80	0.74	0.52
	高分组		100.00		
我经常思考人生（学业/事业）如何获得成功	低分组	0.63**	74.60	0.87	0.25
	高分组		100.00		
目前我的人生（学业/事业）主要目标是追求成就	低分组	0.65**	59.70	0.80	0.40
	高分组		100.00		
我认为自己主要在追求一个“理想的我”，目标是为实现自己的愿望和理想	低分组	0.68**	77.60	0.89	0.22
	高分组		100.00		
总的来说，我很关注在生活中追求正面的结果	低分组	0.58**	83.60	0.92	0.16
	高分组		100.00		
我希望一些好的事情会发生在自己身上，并且经常想象这种好的经历	低分组	0.48**	74.20	0.86	0.24
	高分组		98.30		
总的来说，我更倾向于追求成功，而非避免失败	低分组	0.62**	82.10	0.91	0.18
	高分组		100.00		

注：**$p < 0.01$；阴影表示筛选出来的项目；$\alpha_1 = 0.791$（原始量表），$\alpha_2 = 0.692$（筛选后量表）。

Lockwood 量表避免动机项目

	组别	r	通过率（%）	难易度	鉴别度
总的来说，我很注意预防生活中出现负面的事件或因素	低分组	0.35**	81.80	0.90	0.17
	高分组		98.50		
当我未能履行自己的责任和义务时，我会觉得非常不安	低分组	0.31**	93.90	0.97	0.06
	高分组		100.00		
我经常担心自己以后会变成某一种人	低分组	0.59**	27.30	0.60	0.65
	高分组		92.40		
我经常担心自己不能达到人生（学业 / 事业）的目标	低分组	0.61**	50.00	0.74	0.49
	高分组		98.50		
我担心一些不好的事情会发生在自己身上，并且经常想象这种不好的经历	低分组	0.66**	16.70	0.55	0.76
	高分组		92.40		
我经常思考如何防止生活中遭遇失败	低分组	0.59**	43.90	0.70	0.53
	高分组		97.00		
我更倾向于防止损失，而非获取利益	低分组	0.55**	42.40	0.67	0.50
	高分组		92.30		
目前我的人生（学业 / 事业）主要目标是避免失败	低分组	0.58**	15.20	0.49	0.68
	高分组		83.30		
我认为自己主要在努力成为一个“应该的我”，目标是为履行自己的责任和义务	低分组	0.50**	59.10	0.77	0.36
	高分组		95.50		

注：**$p < 0.01$；阴影表示筛选出来的项目；$\alpha_1 = 0.660$（原始量表）；$\alpha_2 = 0.667$（筛选后量表）。

根据以上项目分析的结果来看，Lockwood 量表的问题主要出现在追求动机项目方面。追求动机一共 9 个项目，其中 4 个鉴别度非常低（≤ 0.20），即在这些项目上，高分组和低分组的得分差距很小。另外 3 个项目的鉴别度也不高（≤ 0.30）。这 7 个鉴别度偏低的项目都是因为太容易了（难易度＞ 0.80），也就是说，高分组和低分组的平均通过率竟然大于 80%，即对于这些项目大多数人（＞ 80%）都给出了高于量表中点的分数。最后根据项目分析的结果，一共从 Lockwood 量表中筛选掉了 6 个项目（阴影标出）。

其次是 Higgins 量表的分析结果。

Higgins 量表追求动机项目

	组别	r	通过率（%）	难易度	鉴别度
和大部分人相比，我的生活常常能如我所愿	低分组	0.62**	63.50	0.81	0.35
	高分组		98.30		
当我出色地完成某项工作，我常常会为此感到欢欣鼓舞并且更加努力	低分组	0.51**	93.20	0.97	0.07
	高分组		100.00		
只要付出努力，我都能把各种事情做得很出色	低分组	0.75**	73.00	0.87	0.27
	高分组		100.00		

续表

	组别	r	通过率（%）	难易度	鉴别度
当去做一件对我来说很重要的事情时，我一向能达到理想中的完美程度	低分组	0.72**	59.70	0.79	0.39
	高分组		98.30		
我觉得自己在不断地进步，迈向成功的生活目标	低分组	0.80**	76.70	0.88	0.23
	高分组		100.00		
我在生活中有很多兴趣爱好，我积极参加各种活动，这些事情让我很感兴趣并且很投入	低分组	0.67**	54.10	0.76	0.44
	高分组		98.30		

注：$^{**}p < 0.01$；阴影表示筛选出来的项目；$\alpha_1 = 0.768$（原始量表），$\alpha_2 = 0.772$（筛选后量表）。

Higgins 量表避免动机项目

	组别	r	通过率（%）	难易度	鉴别度
在成长的过程中，我极少“越线”，基本没做过父母不能容忍的事情	低分组	0.80**	49.20	0.75	0.51
	高分组		100.00		
在成长的过程中，我极少惹恼我的父母	低分组	0.82**	41.00	0.71	0.59
	高分组		100.00		
我一向遵循父母定下的规矩	低分组	0.80**	27.90	0.64	0.72
	高分组		100.00		
在成长的过程中，我从未做过父母反对的事情	低分组	0.79**	8.20	0.53	0.89
	高分组		96.90		
做事不够仔细经常给我惹来麻烦	低分组	0.25**	27.90	0.40	0.24
	高分组		51.60		

注：$^{**}p < 0.01$；阴影表示筛选出来的项目；$\alpha_1 = 0.723$（原始量表），$\alpha_2 = 0.856$（筛选后量表）。

相对于 Lockwood 量表，Higgins 量表中鉴别度过低或者过于容易的项目只有 1 个，另 1 个项目因为和总分的相关度过低（< 0.30）也被筛选了出来（阴影标出）。

分析二：结构效度分析——探索性因子分析[①]

以下是筛选后的 Lockwood 量表因子分析的结果。[②]

Lockwood 量表的结构效度分析

项　目	通过项目分析	避免动机因子	追求动机因子	因子三
总的来说，我很注意预防生活中出现负面的事件或因素	否			
当我未能履行自己的责任和义务时，我会觉得非常不安	否			
我经常想象着如何实现自己的愿望和理想	否			

① 柯惠新，沈浩 . 调查研究中的统计分析法[M]. 北京：中国传媒大学出版社，2005：437–475.

② 采用了斜交旋转法（Promax with Kaiser Normalization），这种旋转方式允许因子之间有相关关系。Higgins 等人（2001）在测试量表时，曾发现追求和避免两个因子之间有很小但是显著的正相关关系（$r = 0.21, p < .001$）。

续表

项　目	通过项目分析	避免动机因子	追求动机因子	因子三
我经常担心自己以后会变成某一种人	是	0.649	0.286	0.037
我经常希望自己以后能成为某一种人	否			
我通常专注于我期望在将来获得的成就	是	0.229	0.785	0.230
我经常担心自己不能达到人生（学业 / 事业）的目标	是	0.605	0.404	0.299
我经常思考人生（学业 / 事业）如何获得成功	是	0.473	0.732	0.066
我担心一些不好的事情会发生在自己身上，并且经常想象这种不好的经历	是	0.746	0.255	0.160
我经常思考如何防止生活中遭遇失败	是	0.649	0.418	0.047
我更倾向于防止损失，而非获取利益	是	0.646	−0.100	0.235
目前我的人生（学业 / 事业）主要目标是追求成就	是	0.043	0.705	0.018
目前我的人生（学业 / 事业）主要目标是避免失败	是	0.406	−0.022	0.299
我认为自己主要在追求一个“理想的我”，目标是为实现自己的愿望和理想	是	0.284	0.709	0.236
我认为自己主要在努力成为一个“应该的我”，目标是为履行自己的责任和义务	是	0.406	0.127	0.721
总的来说，我很关注在生活中追求正面的结果	否			
我希望一些好的事情会发生在自己身上，并且经常想象这种好的经历	是	0.057	0.231	0.790
总的来说，我更倾向于追求成功，而非避免失败	否			
因子有效程度（%）		29.1	13.7	9.2

根据探索性因子分析的结果来看，Lockwood 量表的结构超过了两个因子，多出来的第三个因子包含一个避免倾向项目和一个追求倾向项目。而追求动机项目和避免动机项目也有交叉负载（cross-loading）的情况出现。此外，前两个因子的累积有效程度只有 42.9%。总的看来，结果不是很理想。

以下是 Higgins 量表因子分析的结果。①

Higgins 量表的结构效度分析

项　目	通过项目分析	避免动机因子	追求动机因子
和大部分人相比，我的生活常常能如我所愿	是	0.083	0.624
在成长的过程中，我极少“越线”，基本没做过父母不能容忍的事情	是	0.831	−0.039
当我出色地完成某项工作，我常常会为此感到欢欣鼓舞并且更加努力	否		
在成长的过程中，我极少惹恼我的父母	是	0.868	0.003
我一向遵循父母定下的规矩	是	0.868	0.011
在成长的过程中，我从未做过父母反对的事情	是	0.788	0.014

① 同样采用斜交旋转法（Promax with Kaiser Normalization）。

续表

项　　目	通过 项目分析	避免 动机因子	追求 动机因子
只要付出努力，我都能把各种事情做得很出色	是	0.020	0.786
做事不够仔细经常给我惹来麻烦	否		
当去做一件对我来说很重要的事情时，我一向能达到理想中的完美程度	是	−0.002	0.769
我觉得自己在不断地进步，迈向成功的生活目标	是	−0.067	0.813
我在生活中有很多兴趣爱好，我积极参加各种活动，这些事情让我很感兴趣并且很投入	是	−0.043	0.649
因子有效程度（%）		31.5	29.8

Higgins 量表项目的结构可以分化为避免动机和追求动机两个因子，两个因子相互没有交叉负载。此外，前两个因子的累积有效程度达到了 61.3%。总的看来，结果比 Lockwood 量表理想。

通过上面的讨论，我们可以认识到，调节倾向的测量是一个相对复杂的过程，研究者对于相关量表的信度和效度也有相当多的讨论，尤其值得参考的是霍斯（Haws）和迪霍拉克（Dholakia）等人于2010年发表的文章《对特质性调节倾向量表的考察》[①]，截至2021年6月，已经有300多篇引用。另外沙默威尔（Summerville）和罗塞（Roese）[②] 于2008年发表的一篇专门测试和比较相关量表的文章，也得到200多篇的应用，对该领域核心概念的测量产生了深远的影响。读者如对这方面的讨论感兴趣的话，可以进一步参考这两篇文献。

本章小结

本章介绍了传播学实证研究中最常用的调查法所涉及的测量方法，具体包括测量的基本概念、常用的测量量表、量表的评价以及问卷设计的基本技术四个方面。

并不是所有的概念或构造都是可以测量的。测量概念或构造的关键是操作化，即寻找一种对研究问题而言相对最为适当的操作定义。

每一种测量量表都各有其优缺点，研究者需要根据研究问题的具体情况选择适当的量表。在传播学研究中，李克特量表是最为常用的。

如何评价所涉及量表的质量，也是一个很重要的问题。本章系统地介绍了信度和效度的概念，以及常用的几种信度分析和效度分析的方法。借助这些方法，研究者将有可能设

① HAWS K L, DHOLAKIA U M, BEARDEN W O. An assessment of chronic regulatory focus measures[J]. Journal of marketing research, 2010, 47（5）：967–982.

② SUMMERVILLE A, ROESE N J. Self-report measures of individual differences in regulatory focus: A cautionary note[J]. Journal of research in personality, 2008: 42, 247–254.

计出质量较高的量表。

问卷设计的重要性是不言而喻的，一份设计良好的问卷，将为调查研究的成功奠定重要的基础。问卷设计是科学和艺术的结合，也是经验和智慧的结合。尽管如此，设计问卷还是有一些具体的原则和规律可循的，因此本章全面地介绍了问卷设计的常用技术。

复习思考题

1. 测量的意义是什么？
2. 变量有哪些类型？有哪些测量级别？试举例说明。
3. 什么是概念和构造及其操作的定义？试举例说明。
4. 如何测量抽象的概念或构造？试举例说明。
5. 传播学研究中常用的量表有哪些？构造这些量表的主要步骤和要点是什么？试分别举例说明。
6. 如何评价所设计的量表？
7. 信度分析有哪些常用的方法？试分别举例说明。
8. 效度分析有哪些常用的方法？试分别举例说明。
9. 调查问卷有什么作用？有哪些主要类型？
10. 开放式和封闭式问题各有什么优缺点？试分别举例说明。
11. 问卷的一般结构是怎样安排的？
12. 问卷设计应遵循哪些基本步骤和原则？试分别举例说明。
13. 编写调查问题时应该注意什么？

实践练习题

1. 试选定一个你感兴趣的调查研究主题，明确地界定该主题所涉及的1—2个概念，并给出该概念的操作定义和具体的测量方法。
2. 针对上述选题，试设计一份完整的调查问卷。要求说明：

（1）调查的主要目的；

（2）调查所涉及的主要自变量、因变量、中介变量和缓冲变量（如果有的话）；

（3）关键变量的测量方法。

第三章　抽样原理和方法

科学研究的目的之一是描述总体的性质，因此要对总体进行普查或抽查。对总体中的每一个单元进行研究的过程或方法被称为普查或全面调查。在许多情况下，由于受时间、经费、人力等多方面的限制，我们无法对总体中的每个单元都进行普查。最常见的做法是从总体中抽取一个有代表性的样本，并对样本进行研究。在传播学研究中，经常可以看到对取自于某个总体的一部分个体进行调查和分析。我们所希望得到的，当然不仅仅是这一部分个体的情况，而是渗透、折射、体现在这一部分个体上的总体的情况。

严格来讲，所谓抽样调查，就是从总体中抽取能代表总体的一部分，即样本，然后根据样本中所包含的信息，对总体的状况进行估计或推算，即用样本的数量特征（称为统计量）去推断总体的数量特征（称为参数）。与普查相比，抽样调查一般具有如下优点：

（1）抽样调查花费少，这是普查无法比拟的；

（2）抽样调查能迅速获取所需信息，而普查一般要耗费较长的时间，在许多情况下，争取时效对决策者来说往往很重要；

（3）许多情况下总体十分庞大（包含的个体非常多），实际上不太可能对其进行全面调查；

（4）总体中的有些个别对象难以接触，无法进行普查，例如在进行广播电视的视听率调查时，有些听众或观众可能居住在孤岛或高山上，还有的可能在某些隔离的医院里；

（5）有的试验可能是毁坏性的，不能进行普查，例如试验灯泡的寿命；

（6）如果进行科学的抽样，不但抽出的样本具有代表性，而且抽样误差也是可以控制的；

（7）抽样调查更有条件进行严密的质量控制，这样其非抽样误差就会大大小于普查中产生的非抽样误差（人为差错造成的）。

表 3–1 对抽样调查和普查的优缺点进行了比较，同时也指出了两种方式各自适用的条件。

表 3–1　抽样调查和全面调查的比较

	比较适用于所给条件的调查方式	
	抽样调查	全面调查
经费预算	低	高
时间要求	短	长
总体大小	大	小
总体特征的方差	小	大
抽样误差可能造成的损失	小	大
非抽样误差可能造成的损失	大	小
测量（实验）的性质	毁灭性的	非毁灭性的
是否需要特别注意个案	是	不是

但在某些情况下，采用普查更为有利：

（1）当总体很小、进行普查的实施过程并不困难时，则采用普查要优于抽样调查；

（2）如果所研究的变量（或指标）的方差很大时，抽样调查的误差较大，则采用普查更为合适；

（3）如果抽样误差所造成的损失或代价很大时，适合使用普查，因为严格的普查不存在抽样误差。

第一节　抽样的基本原理

如前所述，科学的抽样存在一定的抽样误差，而抽样误差是可以控制的。这一结论源于抽样所依据的统计学原理。

一、 抽样所依据的统计学原理

大数定律和中心极限定理是概率论和数理统计中的两个重要原理，抽样调查主要依据这两个原理。

大数定律：无论何种现象，在大量观察时，其间偶然发生的现象可以互相抵消，成为普遍的中庸现象。除非发生特殊情况，变化极小。也就是说，随机事件的规律性总是在大量观察时才能显现出来，随着观察次数的增多，随机影响将相互抵消而使规律性有稳定的性质。

中心极限定理：不论总体服从何种分布，只要方差有限，在观察值足够多时（大样本的情况），许多估计量的抽样分布趋向正态分布。利用中心极限定理可以对总体参数进行区间估计并确定其相应的置信概率，即它可以作为抽样结论可靠性的理论依据。①

除此之外，以下两个原理也是抽样的理论基础：

少数恒少原则（Law of Permanence of Small Numbers）：无论何种事物，其发生罕见现象或具有非常的性质者，常为少数。

统计长性法则（Law of Statistical Regulation）：无论何种事情，在其全部内任选一部分观察，平均来说，这一部分必有全部的普遍特质。

在上述四个原则中，中心极限定理最为重要，它奠定了用样本统计量对总体参数进行区间估计的理论基础。对于样本均值、样本比例、样本相关系数、样本回归系数等样本统计量，都有对应的中心极限定理，又称正态近似定理。比如，针对用样本均值估计总体均值的正态近似定理，可以表述如下：

在容量为 n 的非常简单随机样本中，样本均值 $\overline{X}$ 以 $\sigma/\sqrt{n}$ 的标准误差（Standard Error，SE）围绕着总体均值 μ 波动，其中 σ 为总体的标准差（Standard Deviation，SD）。随着 n 的增大，$\overline{X}$ 的分布围绕着其目标 μ 波动得越来越小，也就越来越接近于正态（铃状）。可简要地表示为：

---

① 倪加勋．抽样理论［M］．桂林：广西师范大学出版社，2002：17.

$$\overline{X} \overset{\text{近似地}}{\sim} N(\mu,\ \sigma^2/n) \tag{3-1}$$

又比如，针对用样本比例估计总体比例的正态近似定理，也可以类似地表述如下：

在容量为 n 的非常简单随机样本中，样本比例 p 以 $\sigma/\sqrt{n}=\sqrt{\pi(1-\pi)/n}$ 的标准误差（SE）围绕着总体比例 π 波动。随着 n 的增大，p 的分布围绕着其目标 π 波动变得越来越小，也就越来越接近于正态（铃状）。可简要地表示为：

$$P \overset{\text{近似地}}{\sim} N(\pi,\ \sigma^2/n) \tag{3-2}$$

正态分布的曲线为铃状的、对称的分布曲线。它具有以下性质（如图 3–1）：

（1）从它的均值开始，上下一个标准差范围内的观察数是总观察数的 68% 左右。

（2）从它的均值开始，上下两个标准差范围内的观察数是总观察数的 95% 左右。

（3）从它的均值开始，上下三个标准差范围内的观察数是总观察数的 99.7% 左右。

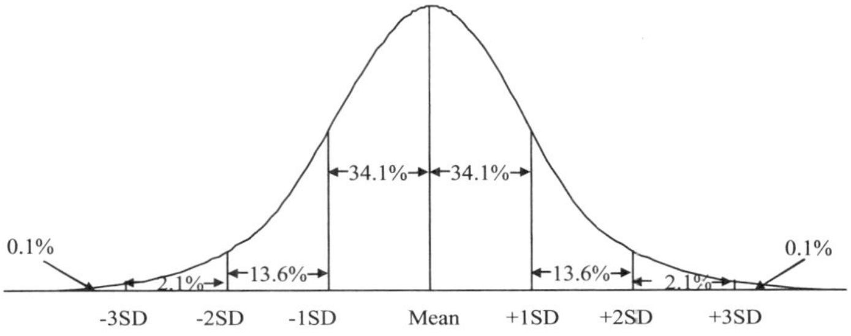

图 3–1　正态分布曲线

假设中国新生儿的体重符合均值为 6.5 斤，标准差为 1 斤的正态分布（此数字纯属假设），那么根据正态分布的性质，约 68% 的中国新生儿的体重在 5.5 斤至 7.5 斤之间，约 95% 的中国新生儿体重在 4.5 斤至 8.5 斤之间，约 99.7% 的中国新生儿的体重在 3.5 斤至 9.5 斤之间。换种方式说，一个中国新生儿有约 68% 的可能性是 5.5 斤至 7.5 斤重，约 95% 的可能性是 4.5 至 8.5 斤重，约 99.7% 的可能性是 3.5 至 9.5 斤重。

正态分布的性质为研究者进行参数估计和置信区间估计提供了基础。比如，如果研究者从总体中重复抽取了许多容量为 n 的非常简单随机样本，那么这些样本的均值所构成的分布就叫作抽样分布（sampling distribution）。抽样分布是满足均值为 μ、标准误差 SE[①] 为 $\sigma/\sqrt{n}$ 的正态分布，因此，在这个分布中：

有 90% 左右的样本的平均值会落入 $\mu \pm 1.64$ SE 的范围之内；

有 95% 左右的样本的平均值会落入 $\mu \pm 1.96$ SE 的范围之内；

有 99% 左右的样本的平均值会落入 $\mu \pm 2.58$ SE 的范围之内。

以抽样分布这样的特点为基础，在已知总体标准差的情况下，我们可以通过单一样本的均值来估计总体均值。

二、样本误差的产生及减少误差的方法

误差总是伴随着抽样调查产生。一般来说（以用样本均值估计总体均值为例，以下

---

① 相对于标准差（SD）这个名称中的意思相对中立的“差”，标准误差（SE）中的“误差”，可以说是有价值判断的意思在里面。因为抽样分布的均值就等于总体的均值（也就是研究者真正想要探求的那一个正确的值），所以抽样分布的标准差我们称之为标准误差。

同），总误差指所研究的主要变量的总体平均值与样本观测值之间的变差。总误差包含随机抽样误差和非抽样误差两部分。

1. 随机抽样误差

随机抽样误差可以定义为总体的真正平均值与原始样本的真正平均值之间的变差。随机抽样误差是由于所选择的特定样本不能完美地代表总体而造成的，是由于抽样的偶然性而造成的，是不可避免的。随机抽样误差是可以根据统计理论估计出来并加以控制的。

2. 非抽样误差

非抽样误差指在调查设计、抽样实施、数据收集和数据分析过程中，由于人为的差错所造成的误差，也叫作偏差。例如问题的定义、处理问题的途径、量表问卷中问题的设计、访问的方法、实施的质量控制、数据处理和分析等环节的处理失当，这些因素都会造成非抽样误差。具体而言，非抽样误差包括来自研究者、访员和被访者三个方面的误差。

研究者的差错造成的误差可能包括以下几个方面：

（1）代用信息误差：指调研问题所需的信息与研究者所收集的信息之间的变差。例如，在一项有关媒介接触的研究中，原本是想调查受众对媒介信息的选择，但得到的结果却是有关受众的媒介偏好的信息。

（2）测量误差：指所需搜寻的信息与研究者测量生成的信息之间的变差。例如，在测量受众的媒介观念时没有使用正确的媒介观念的量表，而是采用了现代化观念的量表。

（3）总体定义误差：指与所要研究问题相关的真正总体与研究方案中定义的总体之间存在的变差。如 CNNIC 每年要通过抽样调查发布有关中国互联网发展规模的统计报告，其对网民的定义是“半年内使用过互联网的 6 周岁及以上的中国公民”[①]，因此调查的总体就应该是“6 周岁及以上的中国公民”。但如果抽样方案中的总体变成了“全体中国公民”或“全体中国城镇公民”，总体定义误差便会由此产生。

（4）抽样框误差：指研究者所定义的总体与所使用的抽样框隐含的总体之间存在的变差。例如，在电话调查中，以电话簿作为抽样框并不能代表所有有电话居民的总体，因为一些居民的电话号码没有登入电话簿，而电话簿中的一些电话号码也可能是错号或空号。

（5）数据分析误差：指将问卷中的原始数据转换成调查结果时产生的误差。例如，因使用了不恰当的统计方法而导致了不正确的数据结果、解释和结论。

研究方案的实施总是要借助调查访员的参与才能完成，那么，由于访员的差错造成的误差主要包括以下几个方面：

（1）问答误差：指在询问被访者时由于没有正确理解问题的真正含义（或由于其他人为的原因），或是需要询问更多信息时没有进一步询问而造成的误差。最常见的就是访员在问卷调查中没有完全按照问卷中的措辞提问。

---

① 中国互联网络信息中心 . 第 20 次中国互联网络发展状况统计报告［R/OL］.（2007-07-20）［2020-03-27］. http://www.cnnic.net.cn/hlwfzyj/hlwtjbg/201206/t20120612_26711.htm.

（2）记录误差：指在倾听、理解和记录被访者的回答时造成的误差。例如，被访者对某一问题（“是否会去收看这个新节目？”）给出的是中性的回答（“还未决定”或“不很清楚”等），但访员错误地将其理解为“可能会收看”的肯定回答。

（3）欺骗误差：指由于调查访员伪造部分或全部答案造成的误差。例如，在调查中，访员并未询问问卷中的部分或全部问题，之后却根据自己的个人判断将其余的答案填答。这一误差可以通过加强访员招募、培训和监督过程中的质量控制来减少或避免。

最后，由被访者的差错而造成的误差主要由回答误差和无回答误差构成：

（1）回答误差：这一误差是由于被研究对象给出了不正确的回答，或者是给出了正确的回答但被错误地录入或分析而引起的。回答误差可以定义为结果样本（纯样本）中变量的真正平均值与由调研项目中得到的观测平均值之间的变差。研究者、调查访员和被研究对象三方的失误均可造成回答误差。

（2）无回答误差：当样本中的一些被访者没有接受调查（完全无回答），或对调查提出的部分问题没有给出回答（部分无回答或项目无回答）时，就产生了无回答误差。完全无回答产生的原因主要是被访对象拒绝回答，或不在访问现场。部分无回答产生的原因可能是问卷过长，使被访者产生了厌倦或抵触情绪而不愿意继续回答；或是问题不恰当，导致被访者不知道怎样回答或难以回答。无回答的结果使得最后实际得到的样本在大小或组成上与原始计划抽取的样本发生了变化。无回答误差可以被定义为是原始样本中变量的真正平均值与结果样本或纯样本的真正平均值之间的变差。

3. 如何避免得到有偏的样本

在抽样调查中，研究者都希望得到有代表性的样本。为了避免得到有偏的样本，需要以下三个方面的保证：随机抽样、完整的抽样框、严格的质量控制。

采用随机抽样的方法是避免抽样偏差的基本要求，此外，一定要努力获得完整的抽样框，这是选取有代表性样本的保证。一般而言，为了抽取样本，常常需要一份包含所有抽样单位的名单或清单，即抽样框，例如电话簿、某城市的街道名录、全国高校名单、某居委会的住户名单等。在抽样框中，每个单位都对应一个具体的编号。所以，抽样框实际上就是一份关于总体中全部研究对象或抽样单位的资料。

建立完整的抽样框是抽样调查的基础和前提。一般来说，获得一份完整的抽样框名单是困难的，在这种情况下，至少应该给出一些关于如何确定或识别目标总体的具体说明。例如，在电话调查中，采用随机数字拨号技术（RDD）；在入户调查中，采用按门牌号等距抽样的方法。

如果总体与抽样框之间的差异很小，可以忽略抽样框中某些信息的遗漏所带来的偏差。但在大多数情况下，研究者应该认真处理抽样框误差。常用的方法有以下三种：

（1）按照抽样框重新定义总体

例如将电话簿作为抽样框时，就应将总体重新定义为居住在某一地区、电话号码正确登录在电话簿中的全部家庭，而不是按原先的定义，认为是该地区的全部家庭户。又例如，在北京市大商场进行拦截式访问时，总体不再是北京市的全体居民，而应重新定义为到这些商场的顾客或消费者。这一方法虽然简单，但可以避免研究者对真正研究的总体产生误导。

（2）在搜集数据的过程中重新构建抽样框

例如，在1994年由中国社会科学院陈崇山研究员主持的“中国女新闻工作者的现状与发展”抽样调查研究课题中，柯惠新负责了该研究中抽样方案的设计，根据研究的需要重新构建了抽样框。①

由于在此之前中国的大众媒介从业人员没有被系统地研究过，所以这个项目的抽样设计就比较困难。在已有的信息源中，没有可以独立地给这个调查提供符合其目的的、有关“中国新闻工作者”这个总体分布的详尽信息。因此，在这项调查的抽样设计中，最困难的首先就是如何构建一个合适的抽样框。在抽样方案设计中，课题组使用了来自各种相关的和不相关的信息源的数据和指标。

来自不同信息源的相关信息非常分散，并且之间没有联系，每一个信息源都仅仅提供了一小部分信息。为了获得有关该总体的大致分布的资料，课题组必须研究各个信息源的信息，并将其和其他信息源的信息整合在一起。

以下列出了用于整合有关总体分布的各种信息源。其中，前七种用于按不同的社会发展水平把地区划分成不同的类型，后八种用于获得新闻工作者的性别、职称和工作类型的分布特征：

- 1993年中国城市年鉴；
- 1994年中国农村经济发展统计图；
- 1993年中国农村统计年鉴；
- 1994年中国贫困地区分布图；
- 1992年中国主要经济和社会指标排序年鉴；
- 1992年中国城市经济、社会发展年鉴；
- 中国社会指标的应用（1992年）；
- 中国新闻机构和新闻工作者名录（1993年）；
- 1990年中国人口普查资料；
- 中国新闻年鉴（1993年）；
- 1993年中国广播电视学刊；
- 由中国新闻出版总署提供的1993年在2001份全国性报纸工作的新闻工作者的统计数据，但是这个数据只提供了每一种类新闻工作者的单独数据，并没有提供新闻工作者的总体构成情况；
- 由中共中央组织部调配司统计处提供的1993年中国有技术或专业职称的新闻工作者的总数，但是报刊、电视台和广播电台的新闻工作者的数字并没有分别给出；
- 由中国记者协会提供的1994年中国新闻机构总数（按报刊、电视台和广播电台分

① 柯惠新，等. The sampling design of the 1995 countrywide survey of Chinese female journalists on their current status and developments. Bulletin of the International Statistical Institute（ISI）[C]. 50th Session Oct. 1995.

别列出）；

- 由中国广播电影电视部政策法规司综合处提供的1993年在各省电视台和广播电台工作的职工总数，但是数据没有列出每个电视台和广播电台的情况。

根据上述资料，同时结合一些必要的前提假设，课题组构建了（一线工作的）关于“中国新闻工作者”的一个可操作的抽样框。

（3）用加权的方法调整所搜集的数据

课题组利用一些关键指标（变量）对搜集到的样本数据进行加权处理，使之在这些指标上与目标总体的分布基本一致。例如，在“中央人民广播电台全国电台听众调查”[①]所获得的最终样本就是按照居住地（城镇和乡村）、性别和文化程度这三个指标进行加权处理的。三个指标的加权系数是根据国家统计局人口普查资料中的数据得到的。

无论采用什么方法，重要的是识别可能存在的抽样框误差，避免不恰当的总体推断。另外，进行严格的质量控制是避免得到有偏样本的另一个重要环节。关于这一方面的内容，请见调查访员培训那一节（本书第156页第五章第一节，“四、控制现场调查实施的质量”）。

三、抽样调查的特点

抽样调查是一种科学、可靠的统计调查方法，具有三个主要特点:（1）按照随机性原则抽取样本（按照概率规律抽取样本）;（2）可以从样本（的数量特征）估计总体;（3）抽样误差是可以计算（控制）的。

抽样调查从总体中抽取进行调查的样本，是按照随机原则抽取的。由于不受任何主观意图的影响，因此总体中各单位都有被抽中的可能性，这样能够保证被抽中的样本在总体中合理均匀分布，样本对总体的代表性较强。

抽样调查可以通过随机样本的数量特征估计所研究的总体。抽样调查中所抽取样本的含量，是根据调查总体各单位之间的差异程度、估计总体参数时允许的误差大小、估计总体参数时的把握程度以及样本抽取的方法，经过计算而确定的。因此，采用一定的抽样方法和一定的样本量，就可以将抽样误差控制在一定范围之内。

通过下面的一个例子，我们多少可以看到抽样调查所具有的“神话般的”作用：1996年，民主党克林顿（Bill Clinton）对抗共和党杜尔（Bob Dole）的总统大选，5个全国媒体进行民意调查的最后结果，如表3–2所示。

表3–2　美国1996年大选民意测验结果

民意调查机构	候选人	
	克林顿	杜尔
CBS/《纽约时报》	53%	35%
《今日美国报》/CNN/盖洛普	52%	41%
哈里斯民调	51%	39%
ABC 新闻 /《华盛顿邮报》	51%	39%
NBC 新闻 /《华尔街日报》	49%	37%
实际投票结果	49%	41%

资料来源:〔美〕Roger D. Wimmer 等著，黄振家等译:《大众媒体研究导论》，109页，新加坡商亚洲汤姆生国际出版有限公司出版，2002年版。

尽管这些民意调查的结果互不相同，但

① 该课题是2008年中央人民广播电台委托中国传媒大学调查统计研究所（SSI）柯惠新团队完成的。

是，它们一方面都预言了克林顿的获胜，另一方面也基本上都围绕在实际投票结果的周围。这就是抽样调查所具有的力量、效率和魅力。

第二节　抽样的基本概念

抽样总是离不开对一系列概念的定义，如总体、元素、样本、抽样框等，下面我们就一一进行介绍。

一、总体与样本

总体（population）由研究所界定的元素（个体、单元）的全体所组成，而元素是构成总体的最基本单位，例如一个人、一个家庭、一个电台、一则广告、一篇文章、一个单词等。在抽样调查中，最常见的总体是由社会中某些个人组成的。

总体可以分为目标总体和抽样总体。目标总体（target population）是某一研究课题中需要研究的总体，要明确界定；抽样总体（sampled population）是有可能被抽到的总体。理想的情况是，目标总体和抽样总体是一致的，但在实际应用时，两者往往并不一致。比如，在进行流动人口调查时，目标总体是全体流动人口，但由于流动人口一般很难接触到，所以实际的抽样总体仅限于研究者所能接触到的那部分流动人口。在这种情况下，目标总体和抽样总体就不一致了。

样本（sample）是从总体中按一定方式抽取出来的一部分元素（个体、单元）的集合，每个被抽中进入样本的单元叫作入样单元。

二、研究单位

研究单位（又叫“单元”，study units）涉及实际的测量过程，根据研究内容的要求确定。根据不同的研究，研究单位又可分为四种类型。

1. 抽样单位

抽样单位（sampling units）或称抽样单元，指在抽样的某个阶段所考虑的总体的元素或元素的集合。理论上可以将总体划分为互不重叠的、穷尽的有限个部分，每个部分就是一个抽样单元。按照抽样过程，可以将抽样单元由大到小（或由先到后）分成不同的级别：一级抽样单元（初级单元）、二级单元（次级单元）、三级单元……最后一级单元也叫基本抽样单元。

例如，我们要研究 2007 年 1 月到 2008 年 1 月期间全国 200 份国内报纸的广告内容。在这个研究中，总体是 2007 年 1 月到 2008 年 1 月的 200 份国内报纸。一级抽样单元为报纸，二级抽样单元为版面，基本抽样单元为四分之一以上版面的广告。

再例如，在一项全国受众调查中，总体是全国 9 岁及以上的中国公民。在该项研究中，一级抽样单元为省（直辖市、自治区），二级抽样单元为市（县），三级抽样单元为街道（乡、镇），四级抽样单元为居委会（村），五级抽样单元是住户（农户），最后一级的基本抽样单元是家庭成员。

2. 记录单位

记录单位（recording units）指编码过程中归类的内容单位，是内容分析中最基本的单位。记录单位既可以与抽样单位相同，也可以不同。例如，在一项对于性和肥皂剧的研究中，记录单位是一个具体的性举止。性举止的动作又可归为几个类别，如恋爱的触摸、性交往的视觉、语言的描述等。在一项内容分析中，可以包含多个记录单位。

3. 关系单位

关系单位（context units）指将内容分类时，能够提示研究者与记录单位相关的、存在于上下文关系中的单位。关系单位既可能与记录单位相同，也可能大于记录单位，但不会小于记录单位。例如，为了对电视人物的社会经济状况进行分类，在研究中需要考察人物所在的环境、特征（服饰、语言）和行为等外在形式。人物所处的环境、服饰、语言、行为等，就是需要编码的关系单位。

例如，在上述关于性和肥皂剧的研究中，评价某特定的性举止的性质时，考察相关人物所处的场景（scene），例如是在封闭的房间还是在公共场合，可以帮助研究者对性举止进行分类。一个场景（关系单位）可能包含一个或多个性举止（记录单位）。

4. 分析单位

分析单位（analysis units）是进行假设检验或回答研究问题等统计分析时所用的单位。记录单位既可能是分析单位，也可能不是分析单位。分析单位不能小于记录单位。例如在一项针对电视暴力节目的研究中，记录单位是人物的暴力动作，分析单位是每个电视节目中的攻击性动作。在此项研究中，研究者需要统计攻击性动作的次数或百分比。一项研究中的分析单位可能有多个。

三、抽样框

抽样框（sampling frame）指一次直接抽样时总体中所有抽样单元的名单。它既可能是某城市所有街道的详细名单，也可能是某城市的地图或其他形式的资料。在抽样框中，每个抽样单元都有由编号规定的对应位置或顺序。

一个理想的抽样框应该是完备的，即抽样框中抽样单元既没有重复，也没有遗漏。事实上，进行抽样调查时要获得抽样框可能是最费钱的。

四、总体参数

总体参数（population parameters）又称为总体指标或调查的目标量，它是根据研究目的和内容确定的，需要通过样本数据进行估计或描述的总体特征的某些未知的常数。一般而言，我们关心的总体参数有以下三种。

1. 总体均值

总体均值（population mean）指总体中某个参数的平均值。例如，某城市居民日收看电视的平均时间、我国居民的平均年收入、电视台广告中日平均播出的保健品广告的条数。

2. 总体比例

总体比例（population proportion）指总体中具有某种特征的元素所占的比例。例如，某城市居民中每天收看某电视栏目的忠诚观众的比例、我国居民年收入超过 6 万元人数的比例、某电视台播出保健品广告的条数占该台所有播出广告量的比例。

3. 总体总量

总体总量（population total）指总体中具有某种特征的单元的全部个数。例如，某城市使用互联网的居民总数、某电视台一年内所播放的主旋律电视剧的总时数、收看 CCTV 黄金时段广告节目的观众的总人数和总人次。

五、抽样误差

通过随机抽样抽取出的样本，虽然对总体有一定的代表性，但并不等于总体。因此，用样本去估计总体肯定会产生误差，这一类误差就是抽样误差（sampling errors）。抽样误差是可以根据统计理论进行估计并加以控制的。

六、非抽样误差

非抽样误差（non-sampling errors）是在抽样和收集数据的过程中，由于人为差错而造成的误差。这一类误差是无法测量的，只能通过一定的措施尽量避免。

七、置信水平

置信水平（又叫“置信度”，confident level）是估计抽样误差时的重要概念，指置信区间覆盖住总体参数真值的概率。在抽样设计或宣布抽样调查的结果时，一般都会同时给出置信水平和误差范围。例如，宣布某个抽样调查结果的置信度为 95%、误差不超过 3%。

第三节　抽样方案的设计

在进行抽样调查时，事先要设计出抽样方案。一个抽样方案包括的主要内容有以下六个方面。

一、明确调查目的，确定所要估计的目标量

抽样方案的设计依赖于调查目的和所要估计的目标量。例如，一般的受众研究需要了解相关媒体的受众总量、受众结构、受众的媒介接触行为、受众对现有媒介产品的意见和态度等。因此，需要估计总体的目标量就包括总体总量、总体均值和比例等。一项研究黄金时段电视节目中暴力行为的内容分析，要估计的目标量就包括有暴力行为的节目所占的比例、各种类型的暴力行为所占的比例、平均每天播出的节目中暴力行为的个数等。

目标量的变动将会引起抽样方案的改动，因此一旦规定好目标量，之后就不要轻易变更。

二、定义研究总体，明确抽样单元

制定抽样方案时，一定要首先定义所研究的总体，只有在清晰地界定出总体后，才能据此明确抽样单元。例如，在一般印刷媒体的读者调查中，常常将总体定义为某个地区所有 9 岁及以上的居民（包括读者和非读者），这时最小的抽样单元是个人。在一项报纸新闻的内容分析中，将总体界定为“2006 年 1 月 1 日至 2007 年 12 月 31 日期间，《人民日报》《光明日报》和《文汇报》的头版新闻报道”，这时最小的抽样单元可以是报纸，也可以是每篇头版的报道。又例如，CNNIC 每年两次的“中国互联网络发展状况统计调查”[①]，其抽样调查部分的目标总体定义是全国 6 岁及以上的居民，这时最小的抽样单元是个人。根据子总体的进一步定义，其上一级的抽样单元可能是家庭户，也可能是学生宿舍或班级等（详见本章第六节“实用案例介绍”的内容）。

三、确定或构建抽样框

下一步就是根据研究总体和研究目的确定抽样框。一项研究的抽样框在理论上的界定往往是比较容易做到的，但要真正获得抽样框却比较困难。例如，要对全国电视受众（例如 9 岁及以上）进行研究，获得研究中全体居民（9 岁及以上）的名单几乎是不可能的。再例如，在进行儿童电视节目人物研究时，列举某个时期内播出的所有儿童电视节目中的人物也是不现实的。采用多级抽样是解决方法之一，目的是在多级抽样中逐步获取全体居民的名单。例如，在全国受众研究中，可以获得前几级的抽样框（如城市名单、居委会名单等），待获得抽中的最后一级或两级样本后（如某个居委会或村委会），仅仅针对抽中的单元准备抽样框就容易得多了，即对抽中的居委会（或村委会）列出住户名单，或画出该居委会的结构图。又例如，在本章第一节中我们提到的“中国女新闻工作者现状与发展”研究中的抽样设计[②]，为了确定或构造抽样框，首先需要将全国的 2371 个地区（包括 185 个地级市、294 个县级市、1892 个县）按照地区的经济发展水平划分成若干类型（type）。

---

① 中国互联网络信息中心．中国互联网络发展状况统计报告［R/OL］.（2020-06-21）［2020-04-02］. http:www.cnnic.net.cn/hlwfzyj/hlwxzbg/hlwtjbg.

② 柯惠新，等，The sampling design of the 1995 countrywide survey of Chinese female journalists on their current status and developments. Bulletin of the International Statistical Institute（ISI），50th Session［C］. Oct. 1995.

困难在于，评估城市（479 个）和评估农村地区（1892 个县）的指标体系是很不相同的。

那么，怎样才能将这两个评估指标体系融合在一起呢？基本的思路是找出一些能把城市数据和农村数据联系起来的因素。这些因素就是 294 个县级市，因为它们在国家统计局农调队（RAST）的资料中是按照农村地区来对待的，但同时它们又可以按照评估 185 个地级市所用的相同城市经济指标来评估。因此，通过这 294 个县级市，就可以近似地将 185 个地级市和 1892 个县联系起来。

具体的做法如下：

第一步

（1）先利用国家统计局农调队（RAST）的标准（包括 16 个农村经济发展指标），把 294个县级市和1892个县（共2186个地区）分成4类地区，分别叫作1—4类地区（type）。

（2）再按照 3 个城市经济发展指标（地区总收入、地区平均收入、国民生产总值 GDP），将 185 个地级市和 294 个县级市（共 479 个城市）分成 4 个层，分别叫作 1–4 层（group）。对于上述的每类地区（type），分别计算这 3 个指标的平均值，然后将这些平均值当作聚类分层时新的层（group）的中心。

（3）再按照一些有关层和类的具体分配规则，将 185 个地级市分别划分到 4 个类型（type）的地区中。

这样，全国 2371 个地区就被划分成了 4 种类型，分别叫作经济发达地区（第一类，有 65 个地级市）、经济中等发达地区（第二类，有 68 个地级市）、经济不发达地区（第三类，有 29 个地级市）、贫困地区（第四类，有 23 个地级市）。

第二步

结合关于“中国新闻工作者”总体构成的如下前提进行假设：

（1）在电视台、广播电台工作的记者和翻译的职称分布与报纸记者的职称分布相同；

（2）报纸记者的男女性别分布与在新闻出版行业工作的职工的性别分布相同；

（3）不同职称级别的报纸记者的性别分布与在电视台、广播电台工作记者的性别分布相同；

（4）在不同地区、不同类型报纸工作的新闻工作者的性别分布和职称分布相同；

（5）在不同地区、不同类型的电视台及广播电台工作的新闻工作者的性别分布和职称分布相同。

最后，综合上面的分析，估计出总体的构成，同时也就构建了可用于实际抽样操作的近似的抽样框（按照地区、媒体类型、性别、职称的分布而构建的有关新闻工作者总体人数分布的若干具体表格）。

四、选择适当的抽样方法

选择适当的抽样方法是设计抽样方案的难点和关键，主要依据研究目的、内容、总体情况、研究精度要求和经费多少来进行判断和权衡。选择抽样方法的主要原则是适用性、科学性和可操作性。可供选择的具体抽样方法见本章第四节“抽样技术的分类”，具体的例子参看本章第六节“实用案例介绍”。

此外，选择抽样方法时还要考虑抽样的效果。实现最佳抽样效果的原则是在经费固定的前提下，选取抽样误差最小的方案；或在所要求的精度条件下，选取调查经费最少的方案。

五、确定样本量的大小

影响样本量大小的因素是复杂的。从统计理论考虑，主要有以下几个方面：抽样方法、对主要目标量的精度要求、置信度等。在确定样本量大小的时候，调查人员一般要给出总体参数的估算公式、抽样误差的估算公式等。有关这方面的内容，请见本章第五节“确定样本量的方法”。

六、制定抽样方案的实施细节

在抽样方案中，研究人员还需要对实施细节进行考虑。例如，在某市电视观众收视率调查的方案中，研究人员确定了最后一级抽样将采用等距抽样法抽取住户，那么就需要进一步规定入户面访时如何排列住户的顺序、如何抽取第一户家庭、住户拒访时或家中无人时如何应对、必要时如何调换样本等等。这些细节都需要给予说明，以备调查访员和督导员在抽样实施过程中统一行动和管理。例如，关于如何排列住户的顺序，研究人员就可以规定所有访员都必须按照左手法则（或右手法则）排序和行走，具体做法见本章第四节“抽样技术的分类”的相关内容。

第四节　抽样技术的分类

抽样技术可以分成两大类：随机抽样（概率抽样）和非随机抽样（非概率抽样）。

如前所述，随机抽样根据统计学的概率理论选取样本，其中每个单元被抽中的概率都是已知的，因此随机抽样又被称为概率抽样。

非概率抽样的样本不根据概率理论抽取，其抽样单元的获得依赖研究者的个人判断。根据研究者的个人经验和能力，非概率样本也可能会给出总体特征很好的估计，但对结果的精度往往不能做出客观的评价，所得到的估计在统计上也不能推断总体。

与之相反，概率抽样的抽样单元是随机抽取的，研究者可以预先规定抽取到每个单元的概率，并且可以确定样本估计量的精度和计算置信区间。因此，研究者可以用样本的估计量对总体的参数进行估计和推断。

概率抽样技术根据是单个元素抽取还是整群抽取、是不分层抽取还是分层抽取、是随机抽取还是系统抽取、是一级抽取还是多级抽取，可以分为不同的类别。不同的抽样技术，其抽样效果是不同的。如果一次抽样的精度较高，而实施抽样的费用较低，则这一抽样技术的效果就是比较好的。精度与抽样误差之间是反向关系，与经费是正向关系，即精度越高，表示抽样误差越小，但可能费用也相对较高。设计抽样方案就是要在精度与经费之间取得平衡，研究者应在预算确定的前提下，努力寻找效果最好的设计。另外，概率抽样的效果也可以通过与简单随机抽样的效果进行比较来说明。以下将对随机抽样技术和非随机抽样技术展开介绍，同时重点介绍随机抽样技术中的简单随机抽样、系统抽样、分层抽样、整群抽样和多级抽样。

一、随机（概率）抽样技术

1. 简单随机抽样

简单随机抽样（simple random sampling）是最基本的随机抽样技术，它最直观地体现了抽样的基本原理，是其他抽样方法的基础，其他概率抽样技术都可以看成是由它派生而来的。在简单随机抽样中，研究者应考虑总体中有 N 个元素，要从中抽取一个由 n 个元素组成的样本。假定抽样是不放回的，那么共有 C_N^n 种不同的抽取方法。如果每个可能的样本被抽到的概率都相等（$1/C_N^n$），则这种抽样称为简单随机抽样（SRS）；如果抽样是有放回的，则这种抽样称为非常简单随机抽样（VSRS）。

例 1：从以下由 N = 5 个元素，即 $X_1 = 10$，$X_2 = 15$，$X_3 = 20$，$X_4 = 25$，$X_5 = 30$ 组成的总体中（总体的均值 $\mu = 20$，方差 $\sigma^2 = 50$，标准差 $\sigma = 7.07$）抽取一个由 n = 2 个元素组成的简单随机样本，试给出所有可能的抽样结果。

解：从 5 个元素中抽取 2 个元素，共有 $C_5^2 = 10$ 种不同的抽取方法。表 3–3 给出了这 10 个可能样本的情况。显然，每个样本被抽到的概率都等于 1/10，并且这 10 个样本均值的总平均值（期望值）就等于总体均值 $\mu = 20$。

表 3–3　从 N = 5 个元素的总体中抽取 n = 2 个元素的 10 个可能样本

样本编号	样本元素编号	样本数值	样本均值	与期望值的偏差
1	1, 2	10, 15	12.5	–7.5
2	1, 3	10, 20	15.0	–5.0
3	1, 4	10, 25	17.5	–2.5
4	1, 5	10, 30	20.0	0.0
5	2, 3	15, 20	17.5	–2.5
6	2, 4	15, 25	20.0	0.0
7	2, 5	15, 30	22.5	2.5
8	3, 4	20, 25	22.5	2.5
9	3, 5	20, 30	25.0	5.0
10	4, 5	25, 30	27.5	7.5
平均			20.0	0.0

那么，如何进行简单随机抽样呢？

一般而言，简单随机抽样有抽签法和随机数字表法两种方法。抽签法比较简单直观，就是将抽样框中的所有元素都编上号，编号时可以用小球或纸条，研究者将写上编号的小球或纸条放进一个器皿中，摇匀之后便可以进行抽签，抽中的小球或纸条上编号对应的元素，就构成了一个简单随机样本。

下面介绍如何利用随机数字表进行抽样。

例 2：试从 N = 500 个居民户的总体中抽取一个 n = 10 户的简单随机样本，试用随机数字表说明抽样的过程。

解：将总体抽样框中的 500 户按 001—500（或按 000—499）编号，从表 3–4（随机数字表）中的一个随机位置（画框的位置）开始，向右（或向下）连续地以三个数字为一组读取数字，从而得到由 10 个三位数字组组成的简单随机样本，其中，样本的前 4 个元素所对应的三位数字组为：

414，120，143，（659），254，……

需要注意的是，顺序读出的第四组 659（括号内的数）超出了 001—500 的范围，研究者把它去除即可。这样按照顺序读下去，研究者就可以获得 10 组三位数，然后根据这 10 组数字找出对应的单元（居民户），即所抽取的样本。

表 3–4 随机数字表（部分）

..	..	..	..	..	..	.	..	..	..	..	..	.	..	..	..	..	..	..
..	85	53	83	29	95		56	27	09	24	43		21	78	55	09	82	..
..	37	79	49	12	38		48	13	93	55	96		41	92	45	71	51	..
..	89	09	39	59	24		00	06	41	41	20		14	36	59	25	47	..
..	76	62	16	48	68		58	76	17	14	86		59	53	11	52	21	..
..	71	82	13	50	41		27	55	10	24	92		28	04	67	53	44	..
..	34	18	04	52	35		74	13	39	35	22		68	95	23	92	35	..
..	11	20	99	45	18		76	51	94	84	86		13	79	93	37	55	..
..	27	37	83	28	71		79	57	95	13	91		09	61	87	25	21	..
..	10	65	81	92	59		77	31	61	95	46		20	44	90	32	64	..
..	59	71	74	17	32		48	38	75	93	29		73	37	32	04	05	..
..	87	63	93	95	17		81	83	83	04	49		77	45	85	50	51	..
..	08	61	74	51	69		92	79	48	89	79		29	18	94	51	23	..
..	08	52	85	08	40		48	40	35	94	22		72	65	71	08	86	..
..	89	85	84	46	06		64	71	06	21	66		89	37	20	70	01	..
..	42	29	72	23	19		06	94	76	10	08		81	30	15	39	14	..
..	..	..	..	..	..	.	..	..	..	..	..	.	..	..	..	..	..	..

如前所述，非常简单随机抽样是有放回的抽样，因此其样本中可能包含重复的元素，但每个元素被抽取的概率是不变的，总等于 1/N。而简单随机抽样是不放回的，因此其样本中不包括重复的元素，且每个元素被抽取的概率实际上是不相同的，按照被抽取的顺序，总体中的元素被抽中的概率分别是 1/N、1/（N–1）、1/（N–2）等。当总体很大时，

非常简单随机抽样和简单随机抽样几乎没有什么区别。

简单随机抽样对总体中的所有个体按照完全符合随机原则的特定方法抽取样本，即抽样时不进行任何分组、排列，使总体中任何一个个体都有被抽取的平等机会。简单随机抽样的优点和局限性如下：

优点：（1）直观易于理解，是导入随机原则的好方法；（2）理论上最为成熟，是其他抽样方法的基础；（3）抽样误差易于计算；（4）从抽取样本到对总体进行推断，有一套健全的规则；（5）大多数统计软件都是依据简单随机抽样搜集数据的假定而设计的（在样本量很大时，非常简单随机抽样和简单随机抽样在计算抽样误差时几乎没有差别，因而统计软件适用于样本量很大时的简单随机抽样）。

局限性：（1）获得简单随机抽样所需要的样本框比较困难，有时甚至不可能获得；（2）得到的样本单元往往十分分散，因此实施起来比较困难；（3）没有充分利用总体的信息，因此这种抽样方法不是最有效的，精度也不是最高的；（4）从平均意义上讲，简单随机抽样对总体有代表性，但具体到某个特定的简单随机样本时，与总体的差距则可能很大，特别是在样本量较小的情况下。由于以上局限性，在传播学实证研究中，简单随机抽样并不常用，或不单独使用。

2. 系统抽样

系统抽样（systematic sampling）又被称为机械抽样，指将总体中的 N 个单元按照某种顺序排列编号，并在规定的范围内随机抽取一个编号作为起始单元，再按照某种规则抽取样本的其他单元。最简单也最常用的系统抽样叫作等距抽样。当从含有 N 个单元的总体中抽取含 n 个单元的样本时，等距抽样的具体做法是：首先求出抽样间距 k，k 的计算公式如下：

$$k = [N/n] \text{ 或 } k = [N/n] + 1 \qquad (3\text{–}3)$$

其中，[N/n] 表示 N/n 的整数部分。

然后从随机确定的某个起点 i 开始，每隔 k 个单元就抽取一个作为入样单元，直至抽够 n 个单元为止。抽中的单元编号为 i，$i+k$，$i+2k$，$i+3k$，……

例 3：假定要在一座拥有 640 户的居民楼内抽取 12 户进行调查，那么，等距抽样应该如何实施呢？

解：首先计算抽样间距 k = [640/12] = [53.33] = 53

即可以每隔 53 户抽取 1 户。在具体实施时，可以按照左（右）手规则：在行走、编号的过程中，始终保持房门在行走者的左（右）端，而且没有遗漏任何一户。

640 户的编号顺序确定后，随机确定一个起始编号（假定是 84）为样本的第一个单元，那么所抽取的 n = 12 户样本的编号分别是：84，137，190，243，296，349，402，455，508，561，614，27（= 667–640）。

等距抽样具有以下优点：（1）简单易行；（2）实施中往往不需要严格的抽样框（准确

的地址、名单等)；(3)只要有一个抽样单元的顺序即可；(4)方法很容易被非专业人员所理解和掌握，也便于现场管理人员实施监督和检查。

等距抽样是各类调查中采用最广泛的一种抽样技术，一般情况下所得到的样本可以近似地按照简单随机样本来处理。如果总体中的单元是按照某个相关指标(如收入)的大小顺序排列的，那么，等距抽样的精度则比简单随机抽样的精度高。

需要注意的是，如果总体中单元的“大小”差异很大，则要考虑采用不等概率的系统抽样。其中比较常用的不等概率抽样方法，就是有放回的、按照与单元的“大小”成比例的概率来抽取的方法，简称 PPS(probability proportional to size)抽样。例如，在一项全国城镇居民媒介消费行为的抽样调查中，首先需要将全国的城市分层(方法详见本节的下一部分)，然后从每层中抽出若干城市。由于城市之间的差异很大，因而不宜采用一般的等概率的简单随机抽样或等距抽样来抽取城市，可以考虑按照与城市的“人口数”成比例的 PPS 方法，即该层中每个城市被抽中的概率，等于该城市的人口数占该层所有城市人口总数的比例：

$$\text{某市被抽中的概率} = \text{该市的人口数} \div \text{该市所在层内所有城市的人口数} \tag{3-4}$$

另外，如果总体中单元的排列具有某种周期性，则等距抽样还要特别注意其排列情形，以确保抽样间距不是排列周期的倍数。例如，传播学研究中经常要对媒介播出内容进行分析，如对某报纸的头版新闻进行内容分析。由于报纸的出版是按照星期来编排和发行的，因此内容具有一定的周期性(周期为 7 天)。若采用等距抽样，确定抽样间距为 7 天，那么我们抽取到的样本就都是特定某个星期几的报纸，比如都是星期六的报纸，这就可能会产生严重的偏差，因为星期六的报纸的版面或内容可能和周一至周五的很不相同。

3. 分层抽样

分层抽样(stratified sampling)又叫分类抽样或类型抽样，指先将总体按照某些指标分成若干互不重叠的、穷尽的子总体，使总体中的每个元素都属于且只属于一个子总体(子总体又被称为层或类)，然后在每层内分别抽取一个子样本，将各层的子样本综合成总样本的抽样技术。

例如，在全国受众抽样调查中，首先将总体分为城市和乡村两大层，这是因为城乡居民在媒介接触方面存在明显差异，再将城市和乡村按照某些指标分成若干小层。这样，各层内的子样本就可能有较好的均匀性或同质性(层内的方差较小)，因此有可能得到具有较高精度的估计量。

如上所述，分层抽样具有精度高的优点。那么，如何有效提高精度呢？其关键在于分层指标的选取。入选的指标应该与调查的主要目标量密切相关，而且不遗漏任何重要指标，同时需限制指标的个数，使之尽可能少。为此，有效分层的条件一般有几个：(1)同一层内的元素具有较好的同质性；(2)不同层间的元素具有明显的异质性；(3)对总体的分层和层内的抽样易于研究者操作和管理。

例如，央视－索福瑞媒介市场研究公司（现广视－索福瑞媒介研究有限责任公司，CSM）在进行全国电视收视率调查时，需要抽取 n = 2000 户的全国代表性样本，因此采用分层、多级 PPS 整群抽样的技术（多级抽样和整群抽样的技术参看本节下面的内容）。

首先，按照“非农业人口比例”，将总体划分为三大区域：

- 城市域：行政区划中所有地级市的非农业人口在 50% 以上（含 50%）的家庭户；
- 中间域：行政区划中所有地级市的非农业人口在 50% 以下的家庭户；
- 农村域：行政区划中所有县和县级市的家庭户。

其次，在以上三大区域中，分别按照对收视率有显著影响的以下 6 个指标进行聚类分析：人口规模、0—14 岁少儿人口比例、年平均气温、非农业人口比例、识字率、65 岁及以上老年人比例。

据此，将城市域分成 6 个小层，中间域分成 4 个小层，农村域分成 10 个小层，共 20 个小层。从这 20 个小层中，分别抽取 1 个子样本，20 个子样本就合成了 1 个全国样本。

在分层抽样中，如何确定各层子样本的含量，也是一个重要的问题。一般来说，在总样本量 n 确定的情况下，各层子样本 n_i（i = 1、2、⋯k，其中 k 为分层的数量）的分配有以下几种方法：

（1）各层的样本量相同，即 $n_1 = n_2 = \cdots = n_k$。这种分配方法最简单，但其效果一般来说较差。

（2）各层的样本量 n_i 与各层的方差 σ_i^2 成正比。这种分配是比较合理的，但在实际操作上会有些困难，因为各层的总体方差一般是未知的，往往需要参照其他资料或以往的调查数据来估计。

（3）各层的样本量 n_i 与各层的大小 N_i 成正比。这种分配方法简单易行，合并后的总样本可以直接用于统计分析（可看成是自加权的样本），效果较好，因此在实践中经常被采用。

（4）各层的样本量 n_i 与层大小和层内标准差的乘积 $N_i\sigma_i$ 成正比。这种分配方法综合了上述（2）和（3）的优点，估计量的精度最高。如果同时还考虑了经费的分配（与 C_i 成反比，其中 C_i 为在第 i 层中抽取 1 个单元的平均费用），那该方法将会是最合理的分配，因此也叫作最优分配。

分层抽样具有以下优点：（1）当一个总体内部分层比较明显时，由于分层抽样按照群体的分布特征从不同的层获得尽可能均衡的样本数，使得样本与总体更加相似，从而提高了样本的代表性。（2）分层抽样可以提高总体参数值的精确度。在样本数相同的情况下，分层抽样比简单随机抽样的精确度高；或者在同样的精度要求下，分层抽样的样本量更小。（3）有些研究不仅要了解总体的情形，还要了解某些类别的情形，分层抽样可以同时满足这两个要求，因为可以将分层抽样的每一层看成一个子总体。例如，中国传媒大学调查统计研究所在 2000 年为中国互联网络信息中心（CNNIC）所做的中国网民的抽样方案，其中便将“住校的高等院校学生”和“拥有住宅电话的 6 岁以上的居民”作为两个子总体进行分层抽样，并对前者采用面访方式进行调查，对后者进行 CATI 调查。（4）便于管理，因为一个层可以看作是一个子总体，每层可由专人进行管理。①

分层抽样适合总体庞大、总体内个体数目较多、结构较为复杂、内部差异较大的情况。

4. 整群抽样（cluster sampling）

整群抽样指先将总体划分为若干个特征比较相近的群，以群为（初级）抽样单元进行抽样，对抽中的群内所有单元（次级单元）都进行调查，没有抽中的群则不进行调查。

例如，研究者在某地区的农村进行受众调查，如果采用简单随机抽样，得到的样本可能十分分散。为此可以将一个个村子作为初级抽样单元，先抽取几个村子，并对这些村子内的所有村民进行调查。在这个抽样方案中，初级抽样单元是村子（也叫作群），该方案需要包括该地区所有村子的名单在内的抽样框。次级单元是村民，这时不需要次级单元的具体名单，实施的时候只需访员在抽中的村子里挨家挨户访问即可。又例如，收视率调查一般都采用以户为抽样单元的整群抽样，即对抽中的家庭户内的所有 4 岁以上的居民都进行调查。可以看出，整群抽样实施起来比较方便，同时也比较经济。

整群抽样与分层抽样有相似之处，即它们在第一步都是根据某种标准先将总体划分为若干个部分（群与层），但两者的目的是不同的，因此划分的原则也不相同。整群抽样中的划分要使各部分之间（群和群之间）的同质性尽可能高；而分层抽样中的划分则要使各部分之间（层和层之间）的异质性尽可能高。首先，在整群抽样中，群的划分应该使群与群之间的差异尽可能小，而群内次级单元的差异尽可能大，因为整群抽样的抽样误差是由于群间差异而非群内差异而产生的。其次，在允许的情况下，尽可能增加群的抽取个数也能有效地提高所得结果的精度。在整群抽样的具体实施中，群的划分一般都基于总体的实际情况，比如按照行政划分或地理划分。因此，是否适合采用整群抽样，很大程度上取决于总体的情况。虽然在次级单元样本量相同的情况下整群抽样的抽样误差一般会大于简单随机抽样的抽样误差，但是由于整群抽样具有费用低的特点，该方法在实施过程中也有可能在实施过程中满足既增加样本量以减少抽样误差，又兼顾节约费用的要求。②

整群抽样具有以下优点：（1）组织方便，节约经费；（2）不需要最后一级抽样单元的所有名单。

不过，整群抽样的局限性也是比较明显的，主要的缺点是整群抽样的精度比较低，在样本量相同的情况下，其抽样误差一般会大于简单随机抽样的误差。因此，为了取得与简单随机抽样相同的精度，研究者要增加整群抽样的样本量，使整群抽样的样本量达到简单随机抽样的样本量的若干倍。这个倍数叫作设计效应 deff（design effect），表示整群抽样与相同样本量的简单随机抽样的方差比。③

那么，如何提高整群抽样的精度呢？可以借鉴的方法是，由于整群抽样的误差是群间差异导致的，所以群的划分应该使群与群之间的差异尽可能小，而群内次级单元的差异尽

① 袁方，王汉生．社会研究方法教程［M］. 北京：北京大学出版社出版，1997：212.

② 柯惠新，祝建华，孙江华．传播统计学［M］. 北京：中国传媒大学出版社，2003：59.

③ 柯惠新，沈浩．调查研究中的统计分析法［M］. 北京：中国传媒大学出版社，2005：303.

可能大；此外，研究者还应尽可能增加群的抽取个数。

5. 多级抽样

多级抽样（multi-stage sampling）又被称为多阶段抽样，做法是从总体中先抽取若干较大的群体（叫初级单元或一级单元），然后从所抽取的群体中再抽取若干较小的二级单元，以此类推，还可以继续抽取三级单元、四级单元，等等。在大规模的受众调查中，多级抽样应用得十分广泛，特别是当各级抽样单元为行政单位时。多级抽样常常结合分层或整群抽样进行。例如，2007 年 7 月，中国传媒大学电视与新闻学院完成的中宣部新闻局“党报在媒体格局变化中的历史方位、现状及趋势研究”中，课题组的抽样方案就是按照多级分层抽样设计的。首先，课题组按照全国社会经济发展水平将各省、自治区、直辖市划分为不同的层进行抽样；然后在每层被抽中的省、自治区、直辖市中，按照地市、区县、街道（乡镇）、居（村）委会以及个人分级，最终抽取个人作为调查对象。

前面介绍的分层抽样和整群抽样都可以看作是多级抽样的特例。对于分层抽样，每一层就是一个初级单元，分层就相当于在第一级抽样中抽取了全部初级单元，而层内抽样就相当于第二级抽样。对于整群抽样，相当于在第二级抽样中抽取了全部次级单元。

对于大规模调查，如果以个人为调查对象，则编制抽样框将极为困难，而且样本的分布极其分散，所需调查费用与人力巨大。多级抽样通过采用由一级单元到二级、三级或四级单元过渡的方法，解决了低级抽样单元抽样框不易获得的困难，并且可以使样本分布较为集中，从而大大降低调查所需的人力、物力、财力。此外，由于多级抽样在各阶段抽样时可根据具体情况灵活选用不同的抽样方法，因此它能够综合各种抽样方法的优点，从而提高样本质量。总之，多级抽样适合于调查范围大、总体中个体数目多且情况复杂的调查对象。由于多级抽样的每阶段抽样都会产生误差，因此经多级抽样得到的样本误差也会相应增加，这是它的不足。

二、非随机（非概率）抽样技术

非随机抽样也经常用于传播学研究中。例如，当研究的目的仅仅是对问题做初步探索、获得研究的线索和提出假设，而不是由样本推断总体时，就不一定要采用概率抽样。非概率抽样主要依赖研究者的主观判断来抽取样本，总体单元入样的概率是未知的，因而不能用样本去推断总体。尽管如此，非概率抽样在了解总体和研究问题方面仍是有益的。另外，由于它操作方便、省力省钱，因此也常被运用于一些不需要估计总体参数的传播学研究中；或运用于一般实证研究的某个阶段，如大规模定量调查之前的试调查阶段。

一般而言，非概率抽样的技术主要包括方便抽样、判断抽样、配额抽样、滚雪球抽样等。下面一一进行介绍。

1. 方便抽样

方便抽样从便利的角度出发考虑获得样本，样本的选取标准常常是因为研究者能够很方便地接近被调查对象，或者是因为样本在适当的时候出现在适当的地点。以下是方便抽样的一些常用方法：

（1）利用课堂上的学生、工厂的工人作为调查对象；

（2）利用在街头或商场拦截到的个人，迅速了解公众对某些刚刚发生的重大事件的反应；

（3）利用报纸、杂志或网站刊登的问卷进行调查。

方便抽样是所有抽样技术中花费最少的一种方法，抽样样本容易接近和测量，并且易于合作。尽管有这些优点，但方便抽样的局限性仍然十分明显，即样本偏差大，不能推断总体。因此，这种抽样方法常用于探索性研究，例如在设计问卷的问题选项、试测问卷的措辞和检验问卷的信度效度时，都可以通过方便抽样快速地抽取一个小样本来进行。

2. 判断抽样

判断抽样指研究者依据主观判断，选取可以代表总体的个体作为调查对象。所选取的样本的代表性取决于研究者对总体的了解程度和判断能力。判断抽样是另一种形式的方便抽样。

例如在针对网络媒体使用的调查中，研究者根据自己的判断，选择一些比较年轻、学历较高、收入中高水平的个人作为网络媒体使用者的代表。再例如，在广告研究中，研究者选择经常使用某项产品的受试者，请他们比较新旧产品的差异。

这种抽样方法的特点是：便宜、方便、快捷。抽样完全依赖于研究者的经验、专业和创造力。尽管有时候它也可能是很有价值的，但因为样本是依据主观判断抽取的，因而该方法不能对总体做出推断。

3. 配额抽样

配额抽样按照调查对象的某种（或某些）属性或特征，将总体中所有个体分成不同的类，然后按照一定的比例，分别在各类中抽取样本。因此，配额抽样可以被看作是两阶段的、加限制的判断抽样。即在第一阶段分配份额（将总体中的所有单位按照某些控制的指标分类），在第二阶段按照方便抽样或判断抽样选取样本。

例如，在对某电视台体育频道的观众意见调查中，研究者按照男女比例 4∶1、老中青比例 1∶2∶2 的份额，选取了共计 300 位被访者作为配额样本；其中，男性 240 人、女性 60 人，老年 60 人、中年 120 人、青年 120 人。

配额抽样是以代表总体为目的的，因此它要求研究者必须对总体的性质有充分的了解，如不同年龄、性别、受教育程度的人在总体中各占多少比例等，然后按比例分配应抽的配额。在上例中，男女性别比例及年龄段的比例是根据以往的研究和相关的资料获得的。

配额抽样有两个假定的基本条件：（1）只要类型划分较细，那么同一类型中的每个个体都是同质的，因此无须采用随机抽样；（2）只要类型划分合理，并且分配给各类的配额符合总体中各种类型的分布，那么样本就可以准确反映总体。

这两个假定在理论上是成立的，但在实际应用过程中往往比较难做到。一方面，在划分类型中不可能同时兼顾总体众多的属性，要控制所有的相关指标十分困难，一般只能考虑其中的几种。另一方面，有关总体分布变化的最新信息并不容易获得，因而配额的合理性就难以保证，每一份额内样本的选取仍然存在偏差的来源。这些都会影响配额抽样的样本代表性。①

配额抽样的特点是费用较低，且有可能获得较有代表性的样本，同时调查访员选择每一配额的调查对象比较方便，因此该方法易于实施和进行质量控制、管理。由于配额抽样在一定条件下可以获得与概率抽样非常接近的结果，因此在实际工作中应用得比较广泛。

4. 滚雪球抽样

滚雪球抽样先从一些调查对象（通常采用随机选取的方法）开始，通过这些调查对象得到更多的线索，再根据这些线索选择此后的调查对象。这样一步步地扩大样本的规模，形成滚雪球的效果。一般而言，当被调查总体的个体信息不充分时，研究者常采用这种方法。例如，王锡苓在 2004 年完成其博士论文《互联网与欠发达地区社会发展研究》的实证调查时，在对甘肃省古浪县黄羊川乡“网络城乡”受过培训的农民进行问卷调查时，发现原有培训学校的名单中，除了这些农民所来自的村庄的名称和一些镇政府工作人员的单位有记录外，没有任何其他资料，因而要寻找这些“网民”就变得相当困难。在这种条件下，王锡苓从花名册的单位和村庄开始，获知了乡卫生院、理发馆等地点有几位参加过培训的人员。于是，王锡苓让他们提供自己知道的其他人员的名单，这样一步步寻找，最终获得了近百个参加过计算机网络培训的“网民”名单。该方法为对比接受过培训与没有接受过培训的农民对互联网的态度奠定了研究的基础。

滚雪球抽样主要用于估计总体中稀有人物的特征，能比较高效地找到符合要求的被访者。在滚雪球抽样中，尽管最初样本的选择采用的是随机方式，但在最后获得的样本中，个体间在某些特征方面是十分类似的，所以该方法所得样本依然是非概率样本，不能推断总体。

第五节　确定样本量的方法

如何确定样本量的大小是抽样过程中最为复杂的问题之一。究竟需要多大的样本量才能使研究结果在一定的置信水平下，达到一定的精度水平？遗憾的是，我们没有一个明确的、单一的答案可供参考。研究所需的样本量的大小与下列因素中的一项或多项有关：（1）研究类型；（2）研究目的；（3）研究的复杂性；（4）允许误差；（5）研究时间；（6）研

① 袁方，王汉生．社会研究方法教程［M］．北京：北京大学出版社，1997：222-223.

究经费；（7）在同一研究领域已完成的研究中可参考的样本量。[①]

具体来讲，样本量的确定需要考虑定性因素，也需要考虑统计方面的定量因素。

一、确定样本量时应考虑的定性因素

1. 决策的重要性和可能提供的费用

如果一项研究是政府部门重要决策的依据，那么其重要性就决定了其需要更多更准确的信息，也就意味着需要较大的样本。但随着样本量的增加，所需的费用也会随之增加，需要注意的是，估计的精度并不是成比例地提高的。在一定的置信度下，总体参数估计的精度可以用样本平均值（或比例）的标准误差来表示，它与样本量 n 的平方根成反比，即样本量越大，增加一个调查单位所得到的精度的增益也就越小。因此，考虑到样本量、精度与费用的关系，研究者选择过大的样本量也可能是得不偿失的。

2. 研究的性质和数据分析要求

研究的性质对样本量的大小也是有影响的。探索性研究需要的样本量通常比较小；而定量的描述性或因果关系研究需要的样本量通常比较大。另外，研究中涉及的变量和因素越多，所需要的样本量也越大。如果研究需要进行高级分析或建模，所需样本量一般也较大；汇总时需要的分类越多，所需的样本量也越大。

国外的研究表明，在多变量的研究中，样本量如果为 50，则效果为“太贫乏”；样本量为 100，则根据样本得出的结论为“贫乏”；200 时为“适中”，300 时为“好”，500 时为“很好”；如果样本量达到 1000，为“最好”。[②]

3. 以往同类研究的样本量

确定样本量通常要考察同类研究的平均样本量，这些资料可以为研究者提供很好的参考，相近的样本量有利于研究者与以往研究结论进行较为合理的比较。例如，如果不需要进行地区间的比较，世界各国全国性的民意调查，一般样本量都在 1000—2500 之间或稍多一些。

4. 时间要求和人力资源限制等各方面的因素

确定样本量时，还应考虑到时间、人力、物力、财力等成本。在许多研究项目中，时间和经费都是预先确定的。除此之外，还要考虑是否有足够多和能胜任的人员，如督导员、访员以及处理数据的人员等。

---

① ROGER D W，JOSEPH R D. 大众媒体研究[M]. 黄振家，译. 台北：新加坡商亚洲汤姆生国际出版有限公司出版，2002：122.

② ROGER D W，JOSEPH R D. 大众媒体研究[M]. 黄振家，译. 台北：新加坡商亚洲汤姆生国际出版有限公司出版，2002：123.

二、确定样本量时应考虑的定量因素

1. 抽样调查的目的和总体的情况

首先要明确抽样调查的目的：是为了估计总体参数，还是进行假设检验？或者两者兼有？是否需要将总体分成几个子总体？为此总样本是否也需要相应地分成几个子样本分别进行分析？另外，还要考察总体的情况和总体中个体差异的大小。

表 3–5　非常简单随机抽样所需的最小样本量

		置信度		
		90%	95%	99%
最大允许误差%	1	6806	9604	16641
	2	1702	2401	4160
	3	756	1067	1849
	4	425	600	1040
	5	272	384	666
	6	189	267	462
	7	139	196	340

2. 研究的精度要求

一般要根据置信度和所允许的误差大小等要求同时考虑不同的抽样设计，以此来计算研究所需的纯净的样本量。根据相关的统计理论，可以计算非常简单的随机抽样（有放回）所需的最小样本量，如表 3–5 所示。

3. 发生率和完成率的考虑

所谓发生率，指调查所需要的“合格”人员所占的比例。发生率决定了给定样本量时所需的接触次数。例如，一项研究中需要调查的对象是家庭户中年龄 25—55 岁之间、掌握家庭财务权的女性。如果调查中可以接近的女性中有 50% 掌握家中财务权，那么，这就意味着要接近两个女性才能得到一个合格的调查对象。如果再增加其他一些条件（如媒介使用行为或使用某广告产品等），那么所需的接触量就还要进一步增加。发生率越低，所需要的接触次数就越多。

所谓完成率，指“合格”的调查对象中愿意接受访问并能完成全部访问的比例。即一个“合格”的调查对象可能拒绝接受访问。例如，在一项网络传播效果的研究中，使用电话访问的方式调查经常利用网络了解新闻和信息的网民，如果某市 15—65 岁的居民中网民所占比例为 10%，假定完成率为 50%。如果需要完成 n = 250 个网民的调查，那么，实际需要电话访问（随机地）接触的人数大概是：250 × 10 × 2 = 5000 人

三、计算样本量、抽样误差的常用公式

1. 计算样本量的常用公式

计算样本量的依据是统计抽样理论，其中，置信水平和精度水平是事先规定好的。计算各种情况下的样本量的方法可参阅一般的统计学教科书。在此，仅给出估计总体比例和总体均值情况下的样本量计算公式。其中，最常用的公式分别为（3–5）和（3–6）。

表 3–6 和表 3–7 分别给出了置信度为 95% 时，按照事先规定的绝对误差和相对误差

来估计总体比例时所需的样本量。以下是对应的计算公式：

$$n_0 = \left(\frac{Z_{a/2}}{\Delta}\right)^2 \pi(1-\pi) \quad (3\text{-}5)$$

公式中的 n_0 表示非常简单随机抽样（VSRS）时所需的最小样本量，Δ 为最大允许绝对误差，π 为总体比例。一般情况下总体比例 π 是未知的，可以根据以往的资料或者试调查的样本比例 p 来代替。

如果是估计总体均值，对于非常简单随机抽样，根据绝对误差来估计总体均值所需的样本量的计算公式如下：

$$n_0 = \left(\frac{t_{a/2}S}{\Delta}\right)^2 \quad (3\text{-}6)$$

其中 Δ 为最大允许绝对误差，S 为总体标准差 σ 的估计量，可以根据以往的资料或者试调查的样本标准差来代替。

在此基础上做一些修正，就可以得到简单随机抽样（SRS）时的最小样本量 n：

$$n = \frac{n_0}{1 + n_0 / N} \quad (3\text{-}7)$$

从上述公式中可以看到，当总体总数 N 很大的时候，简单随机抽样和非常简单随机抽样没有什么区别，所需的最小样本量几乎是相同的。但当两者差别较大时，那我们就需要注意了。例如，当 $e = 0.05$，$Z = 1.96$，$N = 1000$ 时，不同 P 值的样本规模的分布情况如表 3–6。

表 3–6　当 N 较大时，不同 P 值的样本量

P	n_0	n
0.1	138	121
0.2	246	197
0.3	323	244
0.4	369	269
0.5	384	278
0.6	369	269
0.7	323	244
0.8	246	197
0.9	138	121

为了简化计算，研究者常常将非常简单随机抽样公式求出来的最小样本量当作简单随机样本所需的样本量 n_0。这是一种比较保守的做法（在一般的情况下，$n < n_0$），但由于计算简单，在实际调查中常常被采用。

根据公式（3–5）计算得到表 3–7，从中可以看出，如果置信度和最大允许绝对误差保持不变，随着总体比例从 5% 增加到 50%，所需的样本量达到最大（最右端那一列）。因此，当无法预先估计总体比例的大小时，研究者常常选择 $\pi = 0.50$ 或 $P = 0.50$ 对应的样本量。这是一种保守的做法，因而也是“最安全”的做法，在现场调查中经常被采用。

例如，假定某地区观众喜爱某个电视剧的总体比例估计为 40% 左右，如果想进行有关这个电视剧的观众调查，希望调查的主要目标量（比例）的误差不超过 3%，置信度为 95%，那么查表 3–7 可知，（非常）简单随机样本所需的样本量为 1024。

表 3–7 根据最大允许绝对误差 Δ 估计总体比例时，非常简单随机抽样所需的最小样本量 n_0（置信度 95%）

	P 或（1–P）									
Δ	0.05	0.10	0.15	0.20	0.25	0.30	0.35	0.40	0.45	0.50
0.01	1825	3457	4898	6147	7203	8067	8740	9220	9508	9604
0.02	456	864	1225	1537	1801	2017	2185	2305	2377	2401
0.03	203	384	544	683	800	896	971	1024	1056	1067
0.04	114	216	306	384	450	504	546	576	594	600
0.05	73	138	196	246	288	323	350	369	380	384
0.06	51	96	136	171	200	224	243	256	264	267
0.07	37	71	100	125	147	165	178	188	194	196
0.08	29	54	77	96	113	126	137	144	149	150
0.09	23	43	60	76	89	100	108	114	117	119
0.10	18	35	49	61	72	81	87	92	95	96
0.11	15	29	40	51	60	67	72	76	79	79
0.12	13	24	34	43	50	56	61	64	66	67
0.13	11	20	29	36	43	48	52	55	56	57
0.14	9	18	25	31	37	41	45	47	49	49
0.15	8	15	22	27	32	36	39	41	42	43
0.20	5	9	12	15	18	20	22	23	24	24

注：P 为总体比例 π 的粗略预估值。

用一个较“小”的绝对误差（如 3%）给出总体比例的估计量，可以反映出较高的精度。在这个例子中，如果调查结果中观众喜爱这个电视剧的样本比例为 P = 41.2%，这时总体比例（即该地区观众喜爱该电视剧的比例）π = 41.2% ± 3%，或者说 π 的范围在 38.2%—44.2% 之间（置信度 95%）。然而，如果要估计的总体比例很小（如每天坚持收看 CCTV–9 两小时以上的观众），较“小”的绝对误差（3%）实际上可能就是一个很大的误差。设想，如果样本比例为 1%，绝对误差为 3%，那么总体比例的置信区间估计实际上是毫无意义的。因此，为了说明误差的相对大小，研究者常常还采用最大允许相对误差（绝对误差除以估计比例的值）来描述有关的精度：

$$r = \Delta / P \tag{3–8}$$

此时，计算非常简单随机抽样所需的最小样本量时，对应的公式为：

$$n_0 = \left(\frac{Z_{a/2}}{r}\right)^2 \left(\frac{1-\pi}{\pi}\right) \tag{3–9}$$

表 3–8 给出了在置信度为 95% 的情况下，对应于各种最大允许相对误差和总体比例（实际上是总体比例的近似估计 P）条件时由公式（3–9）计算所需的最小样本量。

表 3-8　根据最大允许相对误差 r 估计总体比例时，非常简单随机抽样所需的最小样本量 n_0（置信度 95%）

	r												
P	0.01	0.02	0.03	0.04	0.05	0.06	0.07	0.08	0.09	0.10	0.15	0.20	0.25
0.05	729904	182476	81100	45619	29196	20275	14896	11405	9011	7299	3244	1825	1168
0.10	345744	86436	38460	21609	13830	9604	7056	5402	4268	3457	1537	864	553
0.15	217691	54423	24188	13606	8708	6047	4443	3401	2688	2177	968	544	348
0.20	153664	38416	17074	9604	6147	4268	3136	2401	1897	1537	683	384	246
0.25	115248	28812	12805	7203	4610	3201	2352	1801	1423	1152	512	288	184
0.30	89637	22409	9960	5602	3585	2490	1829	1401	1107	896	398	224	143
0.35	71344	17836	7927	4459	2854	1982	1456	1115	881	713	317	178	114
0.40	57624	14406	6403	3602	2305	1601	1176	900	711	576	256	144	92
0.45	46953	11738	5217	2935	1878	1304	958	734	580	470	209	117	75
0.50	38416	9604	4268	2401	1537	1067	784	600	474	384	171	96	61
0.55	31431	7858	3492	1964	1257	873	641	491	388	314	140	79	50
0.60	25611	6403	2846	1601	1024	711	523	400	316	256	114	64	41
0.65	20686	5171	2298	1293	827	575	422	323	255	207	92	52	33
0.70	16464	4116	1829	1029	659	457	336	257	203	165	73	41	26
0.75	12805	3201	1423	800	512	356	261	200	158	128	57	32	20
0.80	9604	2401	1067	600	384	267	196	150	119	96	43	24	15
0.85	6779	1695	753	424	271	188	138	106	84	68	30	17	11
0.90	4268	1067	474	267	171	119	87	67	53	43	19	11	7
0.95	2022	505	225	126	81	56	41	32	25	20	9	5	

注：P 为总体比例 π 的粗略预估值。

在确定实际样本量的时候，还需要考虑设计效应（deff）的问题。设计效应是一个比值，是复杂抽样方差和简单随机抽样方差的比值。设计效应可以根据抽样理论和有关同类抽样的经验进行估计。一般而言，简单随机抽样设计效应为 1，分层抽样设计效应一般小于 1，整群抽样或多级抽样设计效应一般大于 1。

2. 计算抽样误差的常用公式

为了衡量估计量的精度，必须进一步估算抽样误差。抽样误差一般以方差或标准误差的形式给出。对于简单随机抽样，样本均值的方差计算公式如下：

$$\sigma_{\overline{X}}^2=\frac{(N-n)\,\sigma^2}{(N-1)\,n} \tag{3-10}$$

其中，$\sigma^2=\frac{1}{N}\sum_{i=1}^{N}(X_i-\mu)^2$　　（3-11）

或者，$\sigma^2=\sum_{j=1}^{N}(X_j-\mu)P(X_j)$　　（3-12）

σ^2 是总体 X 的方差。

对于非常简单随机抽样，样本均值 $\overline{X}$ 的方差为 $\frac{\sigma^2}{n}$，因此公式（3–10）中的 $\frac{N-n}{N-1}$ 是有限总体的修正系数，或者是无放回抽样（简单随机抽样）的修正系数。当 N 比 n 大得多时（数 10 倍），这一比值近似为 1。

总体方差 σ^2 一般是未知的，通常要用样本方差 S^2 来估计：

$$S^2=\frac{1}{n-1}\sum_{i=1}^{n}(X_i-\overline{X})^2 \tag{3–13}$$

在统计学中，可以证明 S^2 是 σ^2 的一个无偏估计量。将公式（3–13）代替公式（3–10）右端的 σ^2，即可得到 $\overline{X}$ 的方差 $\sigma_{\overline{X}}^2$ 的一个无偏估计量。

$$S_{\overline{X}}^2=\frac{(N-n)\,S^2}{(N-1)\,n}=\frac{(N-n)}{(N-1)}\frac{1}{n\,(n-1)}\sum_{i=1}^{n}(X_i-\overline{X})^2 \tag{3–14}$$

因此，对于简单随机抽样，样本均值 $\overline{X}$ 的标准误差 $\sigma_{\overline{X}}$ 的一个无偏估计量为

$$S_{\overline{X}}=\sqrt{\frac{N-n}{N-1}}\frac{S}{\sqrt{n}} \tag{3–15}$$

类似的，对于简单随机抽样，样本比例 P 的方差为

$$\sigma_p^2=\frac{N-n}{N-1}\frac{\pi(1-\pi)}{n} \tag{3–16}$$

同样，上式中的 $\frac{N-n}{N-1}$ 为修正系数。

总体比例 π 一般是未知的，通常用样本比例 P 来估计。因此，σ_p^2 的一个无偏估计量为

$$S_p^2=\frac{(N-n)}{(N-1)}\frac{P(1-P)}{n} \tag{3–17}$$

P 的标准误差可以根据下式来估计

$$S_p=\sqrt{\frac{N-n}{N-1}}\sqrt{\frac{P(1-P)}{n}} \tag{3–18}$$

其他抽样技术的误差估计，请参阅有关统计学教科书。①

需要说明的是，抽样误差在所有研究中都是一个重要的概念，因为它可以显示出研究的精确度。如美国媒介收视率委员会就要求大型受众调查公司如阿比创（Arbitron）及 A. C. 尼尔森（A. C. Nielsen）在发表研究报告时，需包括经过简化的表格，以协助判断抽样误差。②

① 倪家勋 . 抽样调查[M]. 桂林：广西师范大学出版社，2002.

② ROGER D W，JOSEPH R D. 大众媒体研究[M]. 黄振家，译 . 台北：新加坡商亚洲汤姆生国际出版有限公司出版，2002：129.

3. 样本加权

一个理想的抽样调查研究，研究者需要有足够的对总体有代表意义的被访者。大多数研究由于受到时间、经费的限制，很少能获得理想的样本。在这样的情况下，如果需要对总体的某些目标量进行估计，则应使用统计方法进行事后的样本加权。常用的做法有两种：一种是对事后分层的样本直接加权，用加权后的样本来代替原样本，然后对总体的目标量进行估计和推断；另一种是对事后分层后各层的样本统计量做加权平均，得到总体的估计量。以下简要给出这两种方法的计算公式。[①]

（1）对样本直接加权

假定总体（单位数为 N）共分为 L 层，将所抽取的样本（样本量为 n）也分成 L 层，各层的总体单位数和样本量分别为 N_h 和 n_h（$h=1,\cdots,L$）。那么，对第 h 层样本加权的权数就等于 $\frac{N_h}{n_h}\times\frac{n}{N}=\frac{N_h}{N}\div\frac{n_h}{n}=\frac{W_h}{w_h}$ [②]，其中，$W_h=\frac{N_h}{N}$是各层（子总体）的单元数占总体单元数的比例；$w_h=\frac{n_h}{n}$是对应各层的子样本量占总样本量的比例。设 X_{hi} 是第 h 层中第 i 个样本单位的观察值，则加权后该层第 i 个样本单位的"观察值"为

$$\hat{X}_{hi}=\frac{W_h}{w_h}X_{hi} \tag{3-19}$$

也就是说，加权后样本各层中的"观察值"分别等于加权前样本的观察值（实际调查的观察值）乘以该层的权数$\frac{W_h}{w_h}$

（2）对样本统计量加权

假定要对总体的均值μ作估计[③]，那么其估计值 $\overline{X}$ 等于对各层的样本均值 $\overline{X}_h$ 进行加权平均，即

$$\overline{X}=\sum_{h=1}^{L}W_h\overline{X}_h=\frac{1}{N}\sum_{h=1}^{L}N_h\overline{X}_h \tag{3-20}$$

其中 $\overline{X}_h$ 表示第 h 层的样本均值。

$\overline{X}$ 的方差估计可以参看其他统计参考书[④]，此处不再给出。

如果分层抽样是根据各层的大小按比例抽取的，即

$$W_h=\frac{n_h}{n}=\frac{N_h}{N} \tag{3-21}$$

那么，这种按比例分配的分层样本就可以看成是一种自加权的样本，即在通过原始数据估计总体均值时无须加权，可以按简单随机样本来处理。

---

① 细心的读者如果自己推导一下，会发现这两种加权方法实质上是完全等价的。

② 此处给出了权数的三种表达方式，以便读者在实践中选用。

③ 对总体的比例或其他参数作估计，方法和公式都是类似的，此处就不再一一列出。

④ 柯惠新，沈浩 . 调查研究中的统计分析法[M]. 北京：中国传媒大学出版社，2005：296–297.

第六节　实用案例介绍

1997 年，经原国务院信息化工作领导小组办公室和 CNNIC 工作委员会研究，决定由 CNNIC 联合四个互联网络单位实施中国互联网络发展状况的统计工作。为了使这项工作制度化、正规化，从 1998 年起，CNNIC 决定于每年 1 月和 7 月推出统计报告。2000 年，中国传媒大学调查统计研究所为 CNNIC 的第七次统计报告设计了线下调查的抽样方案；2005 年和 2007 年，又分别在第十七次和第二十一次的统计报告中对抽样方案进行了针对性的修改。

本节将以 CNNIC 第十七次中国互联网络发展状况线下调查为例，简要介绍其抽样方案设计的基本内容。

一、抽样调查目的与目标总体的界定

第十七次中国互联网络发展状况线下调查的主要目的是估计全国及各省的上网用户人数，了解中国互联网络用户的基本特征以及行为特点。结合调查目的，线下调查的目标总体定义为：全国 6 岁及以上的居民（不包括港、澳、台地区，以下同）。

上网是对文化程度和经济条件都有一定要求的行为，当时（2005 年）上网在中国内地的普及率还比较低，从效率费用原则考虑，数据的收集将以电脑辅助电话访问的方式为主，辅以典型地区的入户面访调查。

从访问实施的角度，将目标总体细分如下：

（1）子总体 A：有固定住宅电话的 6 岁及以上居民（不含住校的普通高等院校学生）；

（2）子总体 B：住校的普通高等院校学生；

（3）子总体 C1：没有固定住宅电话、但有小灵通[①] 的 6 岁及以上居民；

（4）子总体 C2：没有固定住宅电话、但有手机（移动、联通）的 6 岁及以上居民；

（5）子总体 C3：没有固定住宅电话，也没有移动电话的 6 岁及以上居民。

在此仅给出子总体 A 和子总体 C1 结合的抽样方案。

随着经济和社会的发展，住宅电话的普及率越来越高，利用信息产业部提供的 2005 年 1 月各省的住宅电话数目，除以第五次全国人口普查得到的各省的家庭户数，粗略得到全国的住宅电话的普及率为 73%。

对子总体 A（有固定住宅电话的 6 岁及以上居民）和 C1，从效率费用原则考虑，采用电脑辅助的电话调查访问方式，简称 CATI（Computer Assisted Telephone Interview）。

考虑到部分小灵通用户同时拥有住所的固定电话，为避免这部分人被抽中的机会增

---

① 小灵通，一种个人手续无线电话系统，目前人们泛指小灵通手机，它采用微蜂窝技术，通过微蜂窝基站实现无线覆盖，将用户端的无线的方式接入本地电话网，使传统意义上的固定电话不再固定在某个位置，可在无线网络覆盖范围内自由移动使用，是市场的有效延伸和补充。2011 年全部退市。

多，在访问实施中，通过问卷中的问题进行甄别，即确认所拨打的电话号码是小灵通后，询问对方的住所是否有固定电话。

（1）如果住所有固定电话，则已经包括在子总体 A 中，终止访问；

（2）如果住所没有固定电话，则属于子总体 C1，进行访问。

所以本次电话调查的抽样总体是子总体 A 和子总体 C1。

特别说明：在实际调查中，既存在一户中有多部固定住宅电话的情况，也存在一个家庭中有多个成员拥有小灵通的情况。由于这种情况在当时是相对较少的，为了简化操作，对此忽略不计。

二、抽样方案设计

对子总体 A 和子总体 C1 采用电话调查，抽样方法是分层二阶段抽样。

考虑到第十七次调查的结果不仅要估计全国的情况，还要估计各省的情况，所以先按省分层，在各个层中独立抽取样本。

1. 样本量的确定及分配

综合考虑调查的精度、费用和时间要求，初步设定全国的有效样本量为 3 万左右。

由于各省的网民人数及其占本省人口的比例差异很大，根据 CNNIC 第十五次调查（2004 年 12 月实施）的结果，全国 31 个省市区中，网民人数占本省人口比例最低的是 2.5%（贵州），最高的是 27.6%（北京），有 16 个省份的网民比例在 5% 至 10% 之间。

为保证主要的目标量（全国的网民总数和全国的网民的上网行为）的精度，我们需要对各省的样本量做一个比较合理的、效率较高的分配。考虑各方面的因素，按照各省的样本量与各省的网民人数的平方根成比例的主要原则来分配，即网民人数越多的省份分配的样本量越多，同时还要保证网民人数最少的省份的样本量能满足推断本省网民总数的基本要求。

根据 CNNIC 第十五次调查的结果，全国 31 个省市区中，网民人数占本省人口比例最低的是贵州，为 2.5%，因此仍以 2.5% 作为第十七次调查的最小比例来保守估计所需要的最小样本量，表 3–9 列出了在置信度为 95%，设计效应为 1.5 和 2 的时候，不同样本量所对应的绝对误差大小。

表 3–9　根据抽样精度和设计效应的样本量

t（置信度 = 95%）	样本量	设计效应	简单随机抽样样本量	估计的最小比例	绝对误差
1.96	1000	1.5	667	2.5%	1.2%
1.96	1000	2.0	500	2.5%	1.4%
1.96	800	1.5	533	2.5%	1.3%
1.96	800	2.0	400	2.5%	1.5%
1.96	600	1.5	400	2.5%	1.5%

续表

t（置信度 = 95%）	样本量	设计效应	简单随机抽样样本量	估计的最小比例	绝对误差
1.96	600	2.0	300	2.5%	1.8%
1.96	400	1.5	267	2.5%	1.9%
1.96	400	2.0	200	2.5%	2.2%

从表 3–9 来看，在置信度为 95%，设计效应为 2，样本量为 400 时，估计的最小比例如果是 2.5%，所对应的绝对误差为 2.2%，可以基本满足推断该省网民数占人口比例的要求。另外，考虑到互联网是在发展的，网民的数量应该还处于增长的阶段，所以，能满足推断各省网民总数的精度要求的样本量可以定在 400 左右。

表 3–10 列出了按照上述分配原则计算的样本量在各省的分配情况。根据第十五次 CNNIC 的调查结果，我们列出了各省 / 直辖市 / 自治区的网民人数，计算网民人数的平方根，得到各省 / 直辖市 / 自治区网民人数的平方根占各省 / 直辖市 / 自治区网民平方根的合计数的比例，用该比例乘以我们初步确定的样本量 30000，得到每个省 / 直辖市 / 自治区应分配的样本量，结果如表 3–10 第 5 列，得到其中西藏、青海和宁夏分配的样本量不足 400。为保证每个省 / 直辖市 / 自治区的样本量能满足估计本省网民总数的精度要求，我们把这 3 个省 / 直辖市 / 自治区的样本量增加到 400，其余各省 / 直辖市 / 自治区的样本量取整数。最终各省 / 直辖市 / 自治区分配的样本量见最后一列，则全国合计的样本量为 30580。

另外，考虑到广州的地位比较特殊，很多报告中把广州与北京、上海做对比。所以，我们特别在广州抽取了一个能够代表广州情况的样本，样本量为 890，即在代表广东的样本中，广州分配的样本量为 264，在此基础上增加 626，使广州的样本量达到 890。

表 3–10　各省 / 直辖市 / 自治区网民样本量的分配情况

	CNNIC 第 15 次调查网民数量（万）	平方根	平方根所占比例	计算得样本量	调整后样本量
总　计		488.88		30000	30580
北　京	402	20.05	0.04101	1230	1230
天　津	193	13.89	0.02842	853	860
河　北	387	19.67	0.04024	1207	1210
山　西	211	14.53	0.02971	891	900
内蒙古	93	9.64	0.01973	592	600
辽　宁	322	17.94	0.03670	1101	1110
吉　林	179	13.38	0.02737	821	830
黑龙江	278	16.67	0.03411	1023	1030
上　海	193	13.89	0.02842	853	860
江　苏	661	25.71	0.05259	1578	1580
浙　江	534	23.11	0.04727	1418	1420
安　徽	240	15.49	0.03169	951	960

续表

	CNNIC 第15次调查网民数量（万）	平方根	平方根所占比例	计算得样本量	调整后样本量
福　建	326	18.06	0.03693	1108	1110
江　西	156	12.49	0.02555	766	770
山　东	848	29.12	0.05957	1787	1790
河　南	305	17.46	0.03572	1072	1080
湖　北	429	20.71	0.04237	1271	1280
湖　南	312	17.66	0.03613	1084	1090
广　东	1188	34.47	0.07050	2115	2120
广　西	285	16.88	0.03453	1036	1040
海　南	47	6.86	0.01402	421	430
重　庆	181	13.45	0.02752	826	830
四　川	523	22.87	0.04678	1403	1410
贵　州	98	9.90	0.02025	607	610
云　南	206	14.35	0.02936	881	890
西　藏	7	2.65	0.00541	162	400
陕　西	258	16.06	0.03286	986	990
甘　肃	120	10.95	0.02241	672	680
青　海	20	4.47	0.00915	274	400
宁　夏	31	5.57	0.01139	342	400
新　疆	119	10.91	0.02231	669	670

2. 第一阶段：电话号码的抽取

此处的地市包括地级市和地区行署，每个地市下都包括城镇和乡村，为不引起歧义，以下简称地市州。

以往的做法（按照2000年第七次调查的方案）：

- 按 PPS，每个省 / 直辖市 / 自治区大致抽取 5—7 个地市州，其中广东和四川由于地市州比较多，抽取 8 个地市州；
- 考虑到省会以及副省级城市比较发达，我们在几次调查中先分层，即把省会以及副省级城市作为一层单独提出来，一定被抽中，剩下的其他地市州是另一层，从中抽取 5—7 个地市州。

在第十七次调查中，我们在每个省 / 直辖市 / 自治区中抽取了全部的地市州，主要出于以下考虑：

- 从精度上考虑，抽取全部地市州可使样本更接近自加权样本。
- 从实施的角度考虑，线下的电话调查已经进行了多次，CNNIC 已经掌握了全国绝大多数地市州的电话局号，抽取全部地市州增加的工作量不大。

（1）样本量在各个地市州的分配

关于样本量在各个地市州的分配，理论上应该以各个地市州的住宅电话（含小灵通）

覆盖的 6 岁及以上人口数为指标，等比例分配。

在实际中，由于不知道各个地市州的住宅电话的数目，因此我们也无法知道各个地市州的住宅电话（含小灵通）覆盖的 6 岁及以上人口数。

考虑到在一个省 / 直辖市 / 自治区里，各个地市州的情况不同，人口以及经济发展情况差异很大，各个地市州的住宅电话数量必然有所不同。由于当时我们无法掌握各个地市州的住宅电话数量的信息，而我们认为一个地市州住宅电话的多少受人口的多少以及经济发展情况的影响，因此，我们通过已知的人口和经济指标来估计其住宅电话的数量。

表 3–11　单因素方差分析表

	平方和	自由度	平均平方和	F 值	Sig.
回归平方和	9533692.276	2	4766846.138	317.855	.000
残差平方和	419913.701	28	14996.918		
总平方和	9953605.977	30			

决定系数 = 0.958

表 3–12　回归系数分析表

	非标准化系数 B	标准误 SE	标准化系数 β	t 值	Sig.
（Constant）	32.285	41.132		.785	.439
POPU2003	.126	.009	.786	13.549	.000
GDP2003	.052	.013	.241	4.151	.000

（2）建立回归预测模型

我们以 2005 年省一级的住宅电话数量为因变量（TELE 2005，单位为万户，来源为信息产业部），以人口和相关的经济指标作为初始的自变量，反复测算，建立回归方程，最终，利用已知的 2003 年的数据，建立了以年末人口数（POPU 2003，单位为万人，来源为《中国统计年鉴 2004》）、2003 年国内生产总值（GDP 2003，单位为亿元，来源为《中国统计年鉴 2004》）为自变量的回归预测模型。该回归模型的决定系数 = 0.958，方差检验以及系数检验都显著，说明结果还是比较理想的。回归模型和方差分析的结果如下：

$$TELE2005 = 32.285 + 0.126 \times POPU2003 + 0.05199 \times GDP2003$$

根据各地市州的数据，我们利用回归模型，估计出各地市州的住宅电话数量。各省内地市州的样本量，按所估计的各地市州住宅电话的数量，按比例进行分配。

（3）在地市州中抽取住宅电话号码

在每个地市中，每个电话局号下的电话号码数量不同，每个局号下的住宅电话数量也有所差异。而每个局号下的住宅电话数量是我们所不知道的，并且也是不断发展变化的。

为了保证每个地市州内的住宅电话号码被抽中的机会近乎相同，增加住宅电话多的局号被抽中的机会，同时也考虑到访问实施工作的操作性，我们在各地市州内住宅电话号码的抽取按以下步骤进行：

- 在每个地市州中，抽取全部电话局号；
- 结合每个省 / 直辖市 / 自治区的有效样本量，生成一定数量的 4 位随机数，与每个地市的区号和电话局号相结合，构成号码库（区号 + 局号 + 4 位随机数）；
- 对所生成的号码库随机排序；
- 拨打随机排序后的号码库，如果是住宅电话（含小灵通），即进行访问；如果是非住宅电话，则拨打下一个号码，以此类推，直到完成该地市州的有效样本量为止。

3. 第二阶段：抽取调查对象

确定拨通住宅电话号码后，为提高访问的成功率，我们把接听电话的人作为访问对象，要求其回答家庭的基本情况、本人上网或不上网的情况、本人背景及家庭其他成员的基本背景情况（包括是否上网）。如果接听电话者本人不上网，但家中有其他成员上网，则再随机抽取一名上网的成员继续接听电话，要求其回答有关上网的问题以及个人的详细背景情况。

三、调查结果的加权处理（部分）

1. 全国及各省 / 直辖市 / 自治区网民人数的估计（总体 A + C1：有固定住宅电话（含小灵通）的 6 岁及以上居民）

方法：在各省 / 直辖市 / 自治区中分别计算本省的网民人数，然后将各省 / 直辖市 / 自治区的网民人数相加作为全国的网民总量的估计值。具体的方法见下一部分的说明。

2. 各省 / 直辖市 / 自治区的平均每户中网民数量的均值及其方差的估计

根据电话调查结果，算出每省 / 直辖市 / 自治区平均每户中网民数量 y 的平均值和平均值的方差如下：

$$\bar{y}=\frac{1}{n}\sum_{i=1}^{n}y_i$$

$$V(\bar{y})=\frac{1-f}{n}s^2 \qquad f=\frac{n}{N} \qquad \text{（公式 A–1）}$$

其中，n 表示该省 / 直辖市 / 自治区的有效访问户数，N 表示该省 / 直辖市 / 自治区内有固定住宅电话（含小灵通）的总户数，s^2 为该省 / 直辖市 / 自治区每户中网民数量 y 的方差。

用该省 / 直辖市 / 自治区中有固定住宅电话（含小灵通）的总户数乘以每户中网民数量的平均值，则得到该省 / 直辖市 / 自治区 A + C1 中的子总体网民总数的估计量。

3. 全国的汇总（加权）

对于调查中涉及的主要变量，先估计某个变量 y 在各省 / 直辖市 / 自治区的对应均值

（或比例），然后再通过加权公式，估计该变量在全国的对应均值（或比例）。

均值及其方差的估计如下：

$$\bar{y}_A = \sum_{j=1}^{31} W_j \bar{y}_j$$

$$V(\bar{y}) = \sum_{j=1}^{31} W_j^2 V(\bar{y}_j) \qquad \text{（公式 A–2）}$$

其中 $\bar{y}_j$ 表示变量 y 在某个省/直辖市/自治区的平均值，共有31个省/直辖市/自治区；$\bar{y}_A$ 表示变量 y 在全国总体的平均值；W_j 表示对应省/直辖市/自治区的权重，等于该省/直辖市/自治区有固定住宅电话（含小灵通）的总户数除以全国有固定住宅电话（含小灵通）的总户数。

比例 P 及其方差的估计如下：

$$P_A = \sum_{j=1}^{31} W_j P_j$$

$$V(p) = \sum_{j=1}^{31} W_j^2 \frac{P_j(1-P_j)}{n} \qquad \text{（公式 A–3）}$$

其中 P_j 表示某个变量在某个省/直辖市/自治区的比例，共有31个省/直辖市/自治区；P_A 表示该变量在全国总体的比例；W_j 表示对应省的权重，定义同上。

本章小结

中心极限定理、正态近似定律、大数法则等统计学的理论奠定了抽样的一般原理。根据抽样原理，利用总体中的某个随机样本的估计量，可对表示总体特征的对应参数值进行估计，这就大大节省了人类进行科学研究的时间成本和资金成本。在没有条件进行普查的情况下，采用随机的抽样调查能够较好地弥补这一缺憾。随机抽样总是伴随着抽样误差，但根据抽样的一般原理，抽样误差是可以预先获知并控制的。

科学研究的目的是为了提供有效、有用的研究结果，因此，本章对随机抽样中的简单随机抽样、系统抽样、分层抽样、整群抽样以及多级抽样等内容进行了详细的介绍，并对简单随机抽样样本量的计算进行了介绍。其他抽样方法中样本量的计算，可参考相关统计学方面的教科书。

抽样技术有随机抽样技术和非随机抽样技术两大类，非随机抽样技术也在一定的情况下应用在传播学的实证研究之中。在无须推断总体的情况下，非随机抽样有助于研究者明确研究的范围、实质性内容以及被访者的可能回答。而探索性研究中经常应用非随机抽样技术。

当抽样技术应用于实际问题时，往往需要进行抽样方案的设计，其中一些具体的要求和经验规则均在第三部分进行了介绍。本章最后介绍了一个来自第十七次中国互联网络信息中心（CNNIC）的实际抽样方案，该方案由柯惠新教授与肖明博士主持制定。

复习思考题

1. 请解释中心极限定理的含义。
2. 普查和抽样调查各指什么？它们各有什么特点？
3. 请说出随机抽样和非随机抽样之间有哪些不同？
4. 请比较二级抽样与配额抽样之间的差异。
5. 抽样方案设计应包括哪些方面的内容？应遵循什么原则？

实践练习题

1. 试就第二章实践练习题中你所选定的那个调查研究主题，明确地界定该调研所涉及的总体和抽样框，并说明你准备采用的抽样方法和理由。
2. 假定中央广播电视总台的有关部门想快速了解人们对于 2022 年央视春晚的反应，请帮助设计一个具有科学性和可操作性的抽样方案，要包括以下方面的内容：

（1）调查的主要目的、调查的主要目标量；
（2）调查所涉及的总体和抽样框；
（3）拟采用的抽样方法，包括样本量和可以达到的精度；
（4）如何估计主要的总体参数 / 目标量。

第四章　探索性研究的常用方法

探索性研究常用于研究方案设计的初试阶段，又称先导研究，是为准备研究问题、挖掘研究问题的内在实质以及获取研究方法而进行的。研究者在面对一个新的课题，或者研究一些尚无人涉足的社会现象时，往往要进行探索性研究。因为利用探索性研究，研究者可以了解研究对象潜在的理由和动机，可以帮助自己获取用定量方法难以获取的信息。

一般而言，探索性研究的主要目的是：（1）探索和形成关于研究课题的假设；（2）发展可用于更为周密的研究的方法；（3）探讨开展更为周密的研究的可能性。

探索性研究指对某一研究问题或研究现象进行的初步了解，它既可以作为一项独立的研究，又可以为进一步周密、深入的研究做前期准备。可以说，探索性研究的目的主要是为了发现问题、提出问题；而描述性研究和解释性研究（因果关系研究）则要解答问题。

常用的探索性研究方法包括文献分析法（其中二手资料法是比较重要的一种文献分析方法），定性研究方法（包括实地观察、小组座谈、深层访问、个案研究等方法），间接法（包括投影技法、联想技法、完成技法、结构技法以及表现技法等）。

第一节　文献分析法

文献可以提供丰富的、与研究课题有关的资料。文献分析的作用在于：（1）了解以往的研究成果。一项研究应当建立在前人成果的基础上，这样才能保证科学的连续性和继承性，避免盲目性和重复研究；（2）了解与研究课题有关的各种理论观点和研究方法。研究者通过对现有理论、方法的借鉴和批判，可选择新的研究角度或研究手段，并确立本次研究的指导思想和理论假设；（3）了解研究对象的社会背景。通过收集所研究地区的社会、历史、经济、政治、文化等方面的文献资料，可得到大量有价值的信息。它们不仅有助于周密的研究设计，而且本身也可供研究和分析。①

一、文献的类别及来源

文献查阅法包括资料的收集方法，同时也包括对这些资料的分析方法。它与其他研究

① 袁方，王汉生．社会研究方法教程[M]．北京：北京大学出版社，1997：111-112.

方法显著不同的一点是资料来源不同，即文献查阅不是直接从研究对象那里获取研究所需的资料，而是收集和分析现存的、以文字形式为主的文献资料。

所谓文献，指已发表过或虽未发表但已被整理、报道过的那些记录知识的一切载体。[①] 文献不仅包括图书、期刊、学位论文、科学报告、档案等常见的纸质文献，而且随着计算机技术的发展，各种数据库、数字图书馆中的电子文献等也成为文献查阅的主要来源。另外，文献也包括有实物形态在内的各种材料，如歌曲、绘画、图片，等等。

根据皮廷格（David J. Pittenger）的研究，可将文献来源分为三级[②]：

（一）第一级文献来源——原始文献来源

原始文献（primary bibliographic）指在学术期刊上发表的原始研究报告和论文，学术期刊是一种发表科学研究论文的特别杂志类型。许多专业的学术组织都出版自己的刊物，例如，国际传播学会[③]（International Communication Association）的《传播学》（*Journal of Communication*）和《传播理论》（*Communication Theory*）、台湾政治大学的《新闻学研究》，中国社会科学院的《新闻与传播研究》等。

研究论文代表了最高水平的关注焦点和最详尽的文献来源，其优势在于提供了尽可能详尽的研究方法、数据分析以及完整的研究结果。

（二）第二级文献来源——次级文献来源

次级文献来源（secondary bibliographic sources）处于第三级来源和原始来源之间，比教科书或者其他的第三级来源更加深入。简单而言，次级来源指研究领域专家撰写的回顾。获得次级文献的途径有很多，这里主要介绍书籍和文献回顾两种。

1. 书籍

在传播学研究领域，每年都会有许多学者对不同的传播问题进行有益和深入的评论，他们会对当前研究中的理论与趋势给出全面的概括。这些评论可以引领学习者尽可能地靠近与研究某现象的方法有关的问题，成为他们进一步研究的思路的来源。

次级来源的不足是对某一研究问题的回顾不像原始来源那么集中，而且相对于原始来源而言仍存在一定的滞后性。

2. 文献回顾

在专业学术期刊上发表的实证研究，其研究假设通常建立在对前人相关研究的详细回顾的基础上，学术文章的这一个部分就称为文献回顾（literature review）。也有些学术文

---

① 麦田守望者．文献研究法和内容分析法的区别［EB/OL］.（2011-11-24）［2020-10-11］. www.zhixing123.cn/lilwn/20814.html/.

② 皮廷格．行为研究的设计与分析［M］. 马广斌，译．北京：中国统计出版社，2008：83-88.

③ 资料来源：http://www.icahdq.org/publications/journals.asp.

章是专门总结某一主题研究现状的，即所谓的回顾性文章[①]（review articles），这类文章还常常对该主题的未来研究方向提出展望。比起教科书，文献回顾的主题更加明确，也常常更能包含该主题的最新研究。通常比较而言，在中文文献中，港台学者发表在专业期刊上的学术论文或出版的著作，在文献回顾方面做得比较详尽和规范，因而在很多时候成为研究者尤其是研究生文献研究的主要参考资料。

（三）第三级文献来源

第三级文献来源（tertiary bibliographic sources）提供了关于主题最一般性、最不含技术性的回顾，几乎所有的教科书以及发表在报纸、杂志上的文章都是第三级文献的来源。可以说，第三级文献来源的本质特征是其对主题的一般性和随意性评述，因而其来源也就非常广泛了。

其实，上述划分只是从一个角度进行的，即文献对某一主题的相关研究是否进行了学术性或技术含量高的回顾。读者还可以从其他书籍中看到很多不同的划分方法。比如，可以从文献来源的提供介质将其划分为个人文献（包括个人日记、自传、回忆录及信件等）和官方文献（包括政府机构以及有关组织的纪录、报告、统计资料、计划、信函等）；还有的从搜集文献的目的将其划分为原始文献（主要指为具体的研究问题专门收集的资料）和二手文献（利用因其他目的已被收集好的资料）。

二、文献分析方法

文献分析方法也有有结构的和无结构的之分。前者是从文献语句产生定量数据的、有结构的分析方法，例如内容分析法（详见第五章第三节）；后者是无结构的、定性的研究方法。本节主要介绍无结构的这种方法。如前所述，获取文献的渠道是多种多样的，如利用图书馆、档案馆、博物馆等，也可以前往从事社会、科学教育事业的单位或机构查阅文献，学术会议、个人交往以及日益普及的互联网等都是获取文献的渠道。

文献查阅一般需要四个步骤：（1）确定研究主题，以此明确文献的选题；（2）收集相关文献资料；（3）整理文献；（4）完成文献综述。

研究主题一经确定，研究者就要通过各种文献来源获得文献资料。文献分析的一个方法是划分类别，即对获得的文献进行分类，并分析各类文献的研究目的或理论观点，从中归纳、总结出作者的基本观点和思想。有学者认为在对文献进行分析时，对文献的鉴别有“外审”和“内审”两类[②]。“外审”需要对所查阅的文献进行版本真伪的辨别，要分析文献

---

① 如关于“第三者效果”的回顾性文章 PERLOFF R M. Third-person effect research 1983—1992: A review and synthesis[J]. international journal of public opinion research, 1993（5）：167–184；如关于“沉默的螺旋”理论的回顾性文章 GLYNN C J, HAYES A F, SHANAHAN J. Perceived support for one's opinions and willingness to speak out: A meta-analysis of survey studies on the “spiral of silence”[J]. Public opinion quarterly, 1997（61）：452–463；关于“涵化理论”的回顾性文章 MORGAN M, SHANAHAN J. Two decades of cultivation research: An appraisal and a meta-analysis[M]// BURLESON B. Communication Yearbook 20. Newbury Park, CA: Sage, 1997：1–45.

② 麦田守望者 . 文献研究法和内容分析法的区别[EB/OL].（2011–11–24）[2020–10–11]. www.zhixing123.cn/lilwn/20814.html/.

的语言风格、体例、基本观点和思想；“内审”指对查阅的文字性文献进行互证，用真品实物去验证文字性文献，研究文献产生的历史背景、作者的立场和基本思想。

文献分析时，特别要注意两个问题：一是不能以今天的观点甚至理想来美化或苛求历史性文献；二是不能随意剪裁历史文献，以满足预设的结论或套用预先的框架。

三、文献分析法的优、缺点

由于资料来源不同、形式不同、收集和分析资料的方法不同，因而文献分析法有别于其他方法。

第一，文献分析法允许研究者选择自己无法亲自接触研究对象的课题进行研究。比如那些已经逝去的人、事、物等。

第二，文献研究适合进行纵贯分析，适于研究很长一段时期，其研究目的往往是关注某一社会现象的发展趋势。随着时间的推移，各个不同历史时期的社会现象和社会生活，或多或少总会以不同的文献形式被描述和记录下来，利用文献分析就可以对这些现象或事件的过程、趋势进行纵贯分析。

第三，文献分析法具有无反应的优点。在文献分析法的整个资料收集过程中，研究对象不受研究者的影响而发生变化。虽然这种方法在收集资料过程中可能会受研究者主观偏见的影响，但收集资料的方法本身却不会使正在收集的资料发生变化。

第四，文献分析法的费用较低。尽管进行一项文献分析的费用会依所分析的文献类型、文献散布的广度、获取文献的难易度而有所不同。但是，一般而言，它比进行一项大规模调查所需的费用少得多。

当然，文献分析法也有其不利的地方。

第一，文献本身的一些缺陷，这种缺陷具体体现在两个方面：其一是许多文献往往带有倾向性，大多数文献都不是为了社会研究而完成的，撰写文献的不同目的使得它们存在这样那样的偏见。也就是说，无论是个人文献、官方文献还是大众传播媒介的内容，都可能会隐含由于个人偏见、作者主观意图以及文献形成过程中的客观限制而产生的各种偏误，从而影响到文献资料的准确性、全面性和客观性；其二，凡是保留下来的文献资料往往是经过某种选择的。比如，名人的东西就容易保留下来，普通人的东西一般是少有人问津的；其三，即使是保留下来的文献，往往也可能是不完整的，这对一个没有事前经验或对所探讨的事件、行为缺乏了解的研究者而言，只能提供一个片段。

第二，文献不易获得。许多文献不是公开、可以随意获得的。因此，某些特定的研究问题往往很难获得足够的文献资料。

第三，许多文献资料由于缺乏标准化的形式，因而难以编录和分析。比如与报纸的标准化形式相比，个人文献就不具备这样的形式，它们的撰写目的不同，内容或对象不同，长度、语言等表达形式的不同，这些特点都会给文献分析带来很多困难。

由于二手资料分析的内容较多，为了章节的考虑，我们将这一部分内容单独列出来。

第二节　二手资料的分析

如前所述，二手资料指那些由其他人因其他目的收集和分析过的资料，获得这些资料既快速又不需要很多费用。因此，二手资料被广泛应用于传播学研究中。对二手资料进行分析，有两个目的：一是从别人为研究某一问题而收集的资料中分析与该问题不同但有相关性的新问题，即把同一资料用于不同问题的分析和研究中；二是用新的方法和技术去分析别人的资料，以对别人的研究结果进行检验。即用不同的分析方法处理同一种资料，看能否得出同样的结论，或引申出更深入的结论。

一、二手资料的主要来源

整体而言，二手资料可以分为内部资料和外部资料两类。内部资料指可以在组织或机构内部得到的资料，如电视台的收视数据，或出版署掌握的图书发行资料等。这一类资料又可以分为两种：一种是已经整理好可以直接利用的资料，如报社内部掌握的发行数据，网站内部掌握的流量数据等；另一种是虽然已经存在，但还需要花费相当的力量处理后才能利用的资料，如影像产品销售发票中所含的信息、网站论坛中各种帖子发布和浏览的信息，这些就需要进一步加工提取后才能利用。

外部资料可以由组织或机构外部产生或提供，这些资料可能以出版物的形式存在，由计算机数据库或由辛迪加式的调查服务机构提供。

（一）由出版物提供的外部二手资料

提供外部二手资料的出版物或印刷物的来源有：中央、省、地级市政府、非营利机构（如一些环保、慈善机构，协会）和商业机构等。出版物的资料十分丰富，有必要对此进行进一步的分类，大致可以分为一般商业性资料和政府及非营利机构资料。

一般商业性资料来源包括：指南、名簿、索引和非政府的统计资料，例如购物指南、市场导报、广告公司实力排行榜、中国名牌商业调查报告等。

政府资料及非营利机构资料又可以分为普查资料、政府统计资料、其他统计资料以及其他政府或非营利机构出版物等，例如《中国统计年鉴》《中国城市经济年鉴》、中国人口普查资料、中国互联网络发展状况统计报告，等等。

（二）由计算机数据库提供的外部二手资料

尽管我国目前利用计算机数据库为用户提供检索各种数据的服务还没有完全跟上国际发展的轨迹，但随着电子技术的日益发展和计算机、互联网络的普及，真正实现计算机数据库服务可望得到实现。目前，已有相当多现成的计算机数据库资料可供检索之用，例如国家统计局、国家信息中心等政府统计信息部门，高等院校及相关研究机构，以及不少商业性的咨询公司，它们都可以提供这方面的服务。

与印刷出版的资料相比，计算机数据库具有以下优点：（1）数据是最新或最近的；（2）搜索过程更具综合性、更快捷、更简单；（3）费用相对较低；（4）可以更方便地获得所需资料。

（三）由辛迪加服务机构提供的外部二手资料

在国外，辛迪加（syndicate）服务机构是一些专门收集和出售能满足多数用户信息需要的共用数据库的商业或信息咨询公司。这些数据不是为了专门的研究目的而收集的，而是按照用户的情况进行处理，以适应用户具体需要的。

改革开放以来，应市场经济的需要，我国的市场研究行业快速发展，其中也出现了一批专门从事辛迪加服务的机构。例如在媒介研究方面，就有专门收集和出售电视收视率数据的广视－索福瑞媒介研究有限责任公司（CSM），专门收集和出售广播收听率数据的赛立信研究集团等。

二、如何评价二手资料的质量

既然二手资料是因其他研究目的而收集的，那么，我们在研究中要利用这些二手资料，就首先必须对二手资料的质量进行衡量和评价。

在利用二手资料时，抱以怀疑态度是必须的，我们在利用时应当提出以下问题：

（1）谁收集的？对二手资料的收集单位或个人进行辨别，特别是对收集资料的机构的信誉、委托单位的特点要有所了解。

（2）收集的目的？为了某个团体的利益而收集的数据是令人怀疑的。例如，媒介广告代理商（例如购买电视、报纸版面）会对媒介自己做的调查结果持谨慎的态度。因为媒介很容易不自觉地选择那些有利于自己的方法、问题、分析程序等，而不太可能将那些不利于自己的结果公布于众。

（3）怎样收集的？如果不了解收集数据所用的方法，我们便不可能很好地评价二手资料的质量。因此，如果没有对收集数据所采用的方法进行描述——包括问卷、样本的性质和大小、回收率、实施的组织管理情况，以及其他有可能影响调查结果的方法，使用者就应当对数据来源表示怀疑。由于这些说明的匮乏，使用者无法判断收集资料的方法是否会造成结果的系统偏差。

（4）什么内容？即使二手资料的质量可以让人接受，但也可能难以使用或不能适应本研究的需要。如二手资料的原有分类可能过宽，而实际应用时需要更细的分类。因此，对内容的质询也是必要的。

（5）什么时候收集的？在利用二手资料时，一定要清楚资料收集的时间，因为二手资料收集的时间与该资料形成成果发表的时间有可能是不一致的。

（6）一致性如何？这里的一致性指与其他相同问题调查所得数据的一致性程度。二手资料可能存在不少难以发现的问题，要完全识别是不容易的，最好的方法是再找一个可以用来比较的数据来源。理想状态下，使用不同方法的两种来源最后得到的应该是大致相同的数据。一般情况下两组数据会有些差别，为此，需要找出各自的可能偏差以减少两者之间的不一致，最后再决定哪一组数据更为可靠。

三、评价二手资料质量的准则

一般而言，我们可从下列六个方面对二手资料的质量进行评价：

1. 技术要求：收集资料所用的方法

收集数据时的技术要求或所使用的方法，是考察数据是否存在偏差的最重要准则。一系列技术要求包括：抽样方法、样本性质和大小、回收率和回答质量、问卷设计和执行、现场调查实施的程序、数据处理和报告的方法过程等。对这些方面的考察可以为有关数据提供可靠性和有效性方面的信息，有利于帮助研究者确定是否可将这些数据用于解决现有的研究问题。

2. 误差：数据的准确性

研究者应当确定将二手资料用于当前的研究问题是否足够准确。二手资料误差的产生来源是多方面的，包括方法、研究方案设计、抽样、数据收集、分析以及项目报告等。另外，由于研究者本人并未参与到二手资料的收集中，所以他很难评价数据的准确性。评价的方法之一是寻找多方面来源的类似数据，然后通过标准的统计方法进行比较，也可以通过到现场复查的方法进行核实。

3. 时效性：数据的收集时间

二手资料可能不是当前的数据，其发表的时间也可能远远迟于收集时间。而且即使是近期发表的，但对解决研究者目前的研究问题而言可能仍不够近。因此，需要寻找更近期或更有时效性的资料。

4. 目的性：收集资料的目的

二手资料总是按照某个特定的目的或用途收集的，因此，在使用这些数据时，就需要问“为什么要收集这些资料”。了解数据的收集目的就可以知道在什么情况下这些资料可能相关或有用。按照某一具体目的收集的资料不一定适合其他研究问题。

5. 性质、内容：资料的内容

在考察资料的性质或内容时，应特别注意关键变量的定义、测量单位、使用的分类以及考察相互关系的研究方法等。如果没有定义关键变量，或者与研究者所研究问题的定义不同，那么，这一数据的利用价值就很有限了。例如，假定这是关于“消费者对电视节目偏好”方面的二手资料，如果要利用它，就需要核实二手资料中对“电视节目的偏好”是如何定义的。是按照“看得最多的节目”定义？还是按照“最需要的节目”定义？或者按照“最欣赏的节目”“最有帮助的（提供最多信息）”的节目定义？对相互关系的考察也是评价数据内容的重要方面。例如，研究者感兴趣的是被访者“实际的”行为，那么，由被访者自我报告的态度中“推断的”行为就没有什么参考意义了。

6. 可靠性：考察数据的可靠程度

数据是否可靠要通过考察专家鉴定、数据来源或调查机构的信誉和名声以及数据是否值得信赖进行判断。这些可以通过询问曾经使用过该数据来源的机构或个人来考察。对于为了进行促销、为了利用特殊关系或为了进行宣传而出版发表的数据要持怀疑态度。同样，匿名发表或企图隐瞒数据收集方法和过程细节的二手数据也令人怀疑。最后，还要考察二手资料是直接来自原始的收集机构的，还是进行处理后生成的、间接的。一般而言，使用来自原始收集机构的二手资料相对比较安全。因为这样的数据可能在收集方法等细节方面规定得比较清晰，而且比再加工的数据更为准确和完整。

四、二手资料分析的步骤

在研究过程中，一般是在取得资料之前，研究者就已经明确了研究问题。但在实际研究中，有时也会出现这样的情况：先发现一组令人感兴趣或丰富的资料，然后再构想出一个能利用这些资料进行研究的问题。在此，还是按照“正常”的顺序进行介绍。[①]

1. 选择研究的主题

适用于二手资料分析的主题是比较丰富的，一旦提出某个假设或某个研究问题，就必须仔细考虑操作化工作，即考虑哪些控制变量是关键性的？因变量是否必须以某种特定的方式进行测量？通常，在研究者的研究设计中，需要留有一定的余地，以便一旦发现相关资料中不具备研究者所想要的各种特征，可以对研究设计稍加修改，以保持其与可用资料的一致性。在二手资料分析中，研究者必须准确地将注意力集中到自己所要研究的主题上，以便选择与之相应的数据资料。在主题与资料的关系上，二手资料分析往往要求主题去适应资料，而不是相反。

2. 寻找合适的资料

如上所述，利用二手资料时，一定要对资料的主要来源有所了解。一般而言，寻找政府发布的数据资料和研究机构公布的研究结果是比较好的方式。如果数据来源于不同的时间和不同的机构，就需要对它们进行鉴别，尽量使数据收集的时间一致。

---

① 袁方，王汉生 . 社会研究方法教程［M］. 北京：北京大学出版社，1997：398–400.

3. 整理资料

在得到所需的资料后，往往要对这些资料进行加工，才能更好地为目前的研究服务。首先，必须从资料中寻找或重新定义所要研究的变量；其次，应仔细地研究这些变量。如果有一份所有变量的频率统计，就可以帮助研究者加深对资料的了解。例如，如果有很大一部分被访者对某一问题的回答是“不知道”，那么，研究者就必须决定是否利用这一资料，以及如何利用它；最后，研究者可以抽取样本中的一个部分作为分析对象。例如，只取男性样本的资料，或只抽取 20 岁以上的样本，等等。但在这样做的时候，必须重新考虑抽样设计，包括如此抽取的样本对原样本本身的性质有什么影响，这一样本的代表性又如何等问题。总之，研究者可以重新创造出许多资料以适合自己的研究问题，但他必须时刻注意，不要将资料用于它所不适合的目的中。

4. 分析资料

利用二手资料时最主要也最大量的工作，是对资料的重新分析，包括资料的审查、整理、分类、汇总及编辑等。有关这方面的内容，请参阅相关书籍中有关定性资料的整理与分析的章节。①

五、二手资料分析的优缺点

二手资料分析首先具有易获得、省时、省力的优点，它可以使研究者从复杂、辛劳的原始资料收集工作以及单调、枯燥的数据登录和输入工作中解脱出来。其一个突出的优点是，二手资料特别适合比较研究和趋势研究。最后，这种方法还可以帮助研究者明确回答部分研究问题，帮助他更深刻地解释原始数据。

二手资料分析的主要缺点是其资料的准确性或适用性不够强。某个研究者为其特定目的而收集的数据资料不一定与另一个研究者的研究旨趣相符。另外，时效性不强也是二手资料明显的缺点。

六、二手资料分析案例——《亚太五区 / 国数字鸿沟及其影响因素研究》

在此仅介绍《亚太五区 / 国数字鸿沟及其影响因素研究》② 的研究方法，有兴趣的读者可参阅论文。

1. 研究目的：对亚太五区 / 国（包括中国大陆、中国香港、韩国、日本、中国台湾）的数字鸿沟现状进行描述，探讨个人在社会经济地位、性别、受教育程度、年龄及居住地区等方面所表现的数字鸿沟现象的多种内在因素。

2. 研究方法：二手资料分析方法。

---

① 柯惠新，丁立宏 . 市场调查[M]. 北京：高等教育出版社，2008：171–197.

② 柯惠新，王锡苓 . 亚太五区 / 国数字鸿沟及其影响因素研究[J]. 现代传播，2005（4）.

3. 具体而言：

（1）由于互联网信息海量的特点，在本次研究中，做到使用同一时间范围内的数据（2000—2003 年）。

（2）使用政府或国家组织权威网站提供的数据，如国际互联网联盟（International Telecom Union，ITU）、中国互联网络信息中心（CNNIC）、中国统计局等网站信息。

（3）使用学术研究机构提供的数据，如多伦多大学（University of Toronto）。

（4）尽量选择研究目的基本一致的研究数据。

第三节　观察法

科学的观察法与日常生活中人们观察天气变化、查看工作状况的方法是不同的。日常生活中的观察多是无意识的或无系统的，而科学的观察方法具备以下几个特征：（1）有一定的研究目的或研究方向；（2）预先有一定的理论准备和较系统的观察计划；（3）有较系统的观察或测量记录；（4）观察结果可以被重复验证；（5）观察者受过一定的专业训练。①

20 世纪 80 年代之前，传播学研究中较少使用观察法进行。20 世纪 80 年代特别是进入 21 世纪之后，观察法得到越来越多的应用。例如，派克尼（Pekurny）在 1980 年以公开参与的方式研究 NBC 的综艺节目《周六夜现场》。② 他参与节目制作的所有阶段，包括与写作人员讨论节目中的笑话及所有适合在节目中播出的题材。另外，他还分析受众接触和使用媒介内容的时候，是什么样的经验知识和解释框架在发生作用，媒介在受众日常生活中扮演着怎样的角色，等等。与实验法相比，观察法能够提供一个更加“自然”的环境。

一、观察法的类型

根据观察的场所不同，观察法可以分为实验室观察和实地观察两类。实验室观察通过设置一定的设备或机器，例如单向镜、摄像机、录音设备等进行观察。有时，这种实验室的观察也可以在某些自然场所进行，如教室、会议室、俱乐部等。这些自然场所必须事先经过一定程度的控制，如预先设置观察工具、规定好观察程序和内容等，目的是使之尽可能地接近实验室的条件。实地观察是在自然环境中进行的，它不需要对观察的场所和对象进行控制，而是深入到现实生活中对实际发生的现象进行观察。实地观察在传播学民族志研究中应用广泛。

根据观察者的角色划分，观察法可以分为非参与式观察和参与式观察两类。非参与式观察指观察者置身于所观察的现象之外，例如实验室观察就是典型的例子；参与式观察则

① 袁方，王汉生 . 社会研究方法教程［M］. 北京：北京大学出版社，1997：334.

② ROGER D W, JOSEPH R D. 大众媒体研究［M］. 黄振家，译 . 台北：新加坡商亚洲汤姆生国际出版有限公司，2002：149.

指观察者置身于所观察的现象之中。根据观察者在观察中进入角色程度的不同，参与式观察又可以分为公开的参与观察、公开的非参与观察以及隐蔽的参与观察和隐蔽的非参与观察。

根据观察程序的不同，观察法可以分为结构式观察和非结构式观察。结构式观察事先要对观察的范畴进行详细的分类，逐一规定各项内容的观察和记录方法。结构式观察常需要将注意力集中到若干具体的、明确的、许多是可以计数的行为特征上。这样，结构式观察的结果通常可以像问卷调查结果那样进行定量的处理和分析。非结构式观察则没有这些要求，研究者只将观察到的各种行为全面记录下来，结果也只能从定性的角度进行描述。

在以上分类中，各种不同的类型之间存在着一定的联系。例如，实验室观察几乎总是非参与式观察，且通常采取结构式观察的方式。参与式观察通常是实地观察，且常常采取非结构式形式。下面就介绍各种常用的观察法，其中的重点是在传播学研究中日益广泛使用的实地观察法。

1. 实验室观察

实验室观察法在传播学研究早期阶段采用得比较多，最典型的例子莫过于暴力电影对儿童的影响研究。为了回答“暴力是否能改变儿童的行为”这一问题[①]，阿尔伯特·班都拉（Albert Bandura）和他的同事让儿童观看一名真人或一部影片上的人物对一个很大的充气玩具做挑衅性动作，第一组儿童看见这名表演者受到了嘉奖，第二组儿童看见表演者打了玩偶之后没有引起任何后果，第三组儿童看见表演者受到惩罚。接着，阿尔伯特·班都拉把儿童们留在一个装满玩具的房间里，其中有一个玩具类似刚才挨打的充气娃娃，研究者们在另一个房间对孩子们的行为进行观察。他们发现，看到表演者受奖或不奖也不罚的那两个组的儿童表现出很多直接模仿的动作：也打那个玩具；而看到表演者因打人受罚的那组儿童的反应就不如前面两组激烈。

一般而言，实验室观察常采用结构式观察的形式。但也可以是无结构的，即预先不建立一套分类系统，只设计一种情景让被观察者自由活动。通常是设计一些游戏，然后研究者在观察孔或单向镜后面进行观察，并采用投入理解的方法分析游戏过程中的一系列行为。这种观察的目的是为了详细了解行为的过程和特征，了解被观察者的行为动机和价值规范。[②] 例如，很多发展心理学家研究分离焦虑（separation anxiety），即当儿童与自己的父母分离后所产生的情感反应。艾恩斯沃斯与贝尔（Ainsworth & Bell）、艾恩斯沃斯、布勒哈（Blehar）、华特斯与沃尔（Waters & Wall）都分别做过这样的研究[③]，他们请父母带着刚学会走路的孩子到实验室，通过双面镜或隐蔽的摄像机观察儿童在不同环境下的反应。在这种实验室观察的研究中，研究者能够控制很多不同的变量，如儿童的年龄和实验的环境等。

---

① 德弗勒，丹尼斯．大众传播通论[M]．颜建军，等译．北京：华夏出版社，1989：319.

② 袁方，王汉生．社会研究方法教程[M]．北京：北京大学出版社，1997：338

③ 皮廷格．行为研究的设计与分析[M]．马广斌，等译．北京：中国统计出版社，2008：189-190.

2. 隐蔽的非参与式观察

由于传播现象多以人为主体，而人是有思想、有感情的社会动物。在研究人的传播现象的过程中，有时为了避免引起研究对象的各种反应（在社会学研究中，这一现象被称为霍桑效应），进而影响到研究结论的客观性和准确性，研究者常采用非参与式观察（unobtrusive observation）。如果研究采用非参与式观察，即让被观察的对象没有意识到自己正在被研究，保证他们的活动在一种极为自然、不受研究者干扰的环境中进行，就可以避免这个问题的出现，获取尽可能真实的反应。

例如，20 世纪 70 年代，美国反淫秽书刊委员会为了了解经常光顾出售此类书刊的“成人”书店的是哪些人，采用隐蔽的非参与观察方法对这一现象进行了研究。通过抽样，他们选取了一些城市的某些成人书店作为观察点，在书店外设置了隐蔽的场所，然后由工作人员隐蔽其中，并记录进入书店的每一位顾客的特征。记录表是事先设计好的（结构式观察），记录表中主要包括四项指标（如表 4–1 所示）：性别、年龄、社会阶层、婚姻状况。这些指标的操作化定义是根据一些表面的状态来规定的，例如，社会阶层以服装 / 服饰来区别，如身穿西装革履属于白领阶层，身穿工作服属于蓝领阶层等；以是否戴结婚戒指确定其婚姻状况（当然这些操作化定义的效度会引起质疑，事实上，该现象的后续研究又对此进行了修正。这一部分内容参见本节“观察的信度与效度分析”部分）。在观察实施之前，需对观察员进行培训，以使观察标准化。

表 4–1　书店观察表 ①

观察开始时间　　　　　　　　　　结束时间

个人情况：（1）男 □　　　　　（2）已婚 □
　　　　　　　　女 □　　　　　　　单身 □
　　　　　　　　　　　　　　　　　　不知道 □

年龄估计：10 岁以下 □　　　　41 岁 – 50 岁 □
　　　　　11 岁 – 20 岁 □　　51 岁 – 60 岁 □
　　　　　21 岁 – 30 岁 □　　61 岁以上 □
　　　　　31 岁 – 40 岁 □

职业或身份：……………………不知道 □

单独一人 □　　同……………………个同伴 □　　同谁？……………………

买了几本书：……………………本　　一本也没买 □　　不知道 □

进书店时的最初行为：……………………

同服务员的接触情况：……………………一个也没接触 □

同其他顾客交谈的情况：……………………一个也没交谈 □

翻阅书籍情况：……………………一本也没有翻阅 □

评价目的性：有目的的……–2……–1……0……1……2……

3. 参与式观察

参与式观察（participant observation）一般与实地研究或田野研究（field study）相联

---

① 袁方，王汉生 . 社会研究方法教程[M]. 北京：北京大学出版社，1997：338.

系，是在自然场所里进行的直接观察，而且多采用无结构式的观察形式。

参与式观察是人类学和民族志研究中最常见的研究方法，它们的研究对象多是原住民的特殊文化和亚文化群体。这种观察的目的一般是全面、深入地描述某一特定的文化现象。它预先没有什么具体的理论假设，也很难通过其他方法（如问卷法）获得所需的资料，因此需要研究在研究领域内部进行长期观察，从大量现象中概括出研究对象的主要特征。研究的目的和特点决定了研究者要有较高的参与程度，即完全参与。在研究中，研究者要努力忘却自己的文化，试图在当地文化中再社会化。参与观察法的创始人——英国的布罗尼斯拉夫·马林诺夫斯基（Bronislaw Malinowski，1884—1942）——是现代人类学的奠基人之一，他倡导以功能论的思想和方法从事文化研究。在观察不同文化中的生活方式时，人类学家采取的是一种朴素而现实的态度，它的方法就是一支笔、一个笔记本、一部照相机或摄像机甚至手机。运用这个方法的人要跑得越远越好。例如中国老一辈的研究者中，李安宅去西藏，费孝通、王同惠去瑶山，林耀华去凉山。学习人类学，最主要的不是要背诵什么方法论的原则，而是逐步形成一种洞察力，以便能在遥远的地方敏感地观察各种文化中生活方式及其暗含意义的重要性[①]。

随着人类的田野研究方法被逐渐移植到社会学、传播学等领域，越来越多的社会学者、传播学者采用民族志研究观察法来分析社会现象与人类传播现象。美国社会学家斯普拉德利（Spradley）用这种方法研究了城市流浪汉的问题，为了深入研究，他装扮成一名流浪汉混迹于纽约街头的流浪汉队伍之中，通过观察、交谈，用切身的体会写出了极为真实生动的调查报告《亏你喝醉了》。再例如鲁勒（Lulle）在1982年采用公开观察研究的方法，对90多个家庭的电视收视习惯进行了观察和研究，具体做法是：他与观察家庭共同生活两天，记录自己观察到的情况，然后对调查对象进行个别访问。他发现在某些地方通过访问所获得的资料与观察所记录的资料并不相符：观察的结果是父亲是电视机的主要控制者，而访问结果却表明，父亲的影响没有那么大。[②]

美国学者柯克·约翰逊（Kirk Johnson）在对印度两村庄的民族志调查中指出："参与式观察是指，在其他人中间生活一段时间，在他们中有某个名义上的身份，成为他们日常生活的一部分。在与访谈结合使用时，参与式观察是研究言论与行为之间关系的一种有效方法。"[③]

作为民族志研究的主要方法之一，参与式观察在我国传播学研究领域日益得到广泛应用，下面我们重点介绍这一方法的具体步骤。

① 王铭铭．人类学是什么[M]．北京：北京大学出版社，2003：61.

② ROGER D W, JOSEPH R D. 大众媒体研究[M]．黄振家，译．台北：新加坡商亚洲汤姆生国际出版有限公司，2002：150.

③ 约翰逊．电视与乡村社会变迁：对印度两村庄的民族志调查[M]．展明辉，译．北京：中国人民大学出版社，2005：80.

二、观察法的步骤

观察的过程包括三个阶段：准备阶段、实施阶段和资料处理阶段。

（一）准备阶段

在观察的准备阶段，需要完成以下内容的工作：

（1）确定研究目的

（2）制订观察计划

制订观察计划的目的主要是确定观察的对象、观察的内容和范畴。此外，还需确定观察地点、时间，并详细考虑在观察各阶段中可能面临的各种问题及解决方法。

研究者从感兴趣的现象或行为来决定研究问题与范畴，这一时期，要明确观察什么，即观察的对象、范畴和内容分别是什么。接下来就需要选择值得观察的环境，选择的标准可以是研究的行为或现象有一定发生频率的环境；此外，选择的环境能够容纳计划使用的记录工具和设备。国外学者安德森（Anderson）建议可先选取2—3个研究地点，找出各个点的优劣，然后进行评估。地点选择时，还应注意其持久性及稳定性是否足以让观察者观察一段时间。① 另有国外学者兰劳夫（Lindlof）也提出了一个类似的方法，他建议研究者应当尽可能了解与研究与地点相关的事物，并确定能从该地点收集到足够的研究资料。②

需要注意的是，采用参与式观察法这种质化研究方法的研究者应避免选择自己非常熟悉且经常涉入的环境。例如，研究者自己的工作环境就不是好的研究场所，因为先入为主的看法可能会阻碍其客观判断。另外，研究者以“家人”的身份参与的场所也不适合进行研究，因为其他成员可能无法适应研究者身兼朋友与调查者的角色的情况，从而影响所获资料的真实性与准确性。

（3）理论准备和物质准备

理论准备包括文献查阅，提出理论假设或将观察范畴操作化，确定观察指标和分类系统；物质准备包括制定观察卡片或记录提纲，选用技术设备，培训观察员等。

这一阶段的准备工作是研究者进入现场之前不能忽视的，尤其是理论方面的准备。如果理论准备不足，一旦进入调查现场，就会出现遗漏本该重点观察却未实施的方面，这些都会给调查带来缺憾。

（二）实施阶段

实施阶段包括进入现场（或实验室），与观察对象接触或交往（参与性观察的情况），进行观察（或测量），现场记录或事后记录。以参与式观察为例，进入观察环境不仅意味着研究者去获得实地观察研究的许可，也意味着与被观察对象建立友善关系。在这方面，

---

①② ROGER D W, JOSEPH R D. 大众媒体研究[M]. 黄振家，译. 台北：新加坡商亚洲汤姆生国际出版有限公司，2002：152.

研究者既需要坚决的态度，也需要一些公关、协调的技巧。在建立密切关系方面，研究者要注意培养与观察者对象相同的爱好，共同参与事务和活动，不打扰观察对象的日常活动。研究者必须对以下问题有清醒的认识：若一个群体或组织允许研究者进行研究，他们可能会有各种损失而得不到什么好处，因为外来观察者的存在可能会打乱或减缓他们的日常工作。如果观察人员提出一些浪费时间、无效率甚或歧视性的主张，或在该组织内部制造流言蜚语，就会危害这个组织的事业。因此，良好的信誉和形象是研究者获准进入的一个保障。在设法进入方面，研究者一般都会遇到如何表明自己的进入是合法的问题。研究者应该有几份表明自己有能力进行研究的证书，还应有一份证明自己身份合法的文件。建立友善关系是实地研究中最困难而又花费时间的事情，但要获得有效的资料，这又是必不可少的一步。例如，王锡苓曾经在甘肃临夏回族自治州连续几年对临夏穆斯林妇女进行“女学”传播问题的研究。第一次进入这个被誉为“中国小麦加”的临夏市各清真寺时，从尊重穆斯林教义角度来讲，女性和异教徒不能进入清真寺。而王锡苓既是女性，又是异教徒，当然不敢造次。但随着对当地穆斯林宗教人士的访谈和走街串巷地访问“女学”学员，当地人认可了这几位来自高校的青年教师，与他们真诚交往，甚至主动带他们参观了神圣的清真寺。在这个过程中，研究者也学会了从穆斯林的角度看待这一特有文化的内在价值。

除了坚持、耐心和一些公关技巧及协调外，学者兰劳夫（Lindlof）还针对进入观察环境提出了以下三点建议：（1）取得现场守门人的认同，并说服他们接受与研究计划有关的事物；（2）找出保证人以确保研究计划的有效性，还需要该保证人协助找出参与研究的人；（3）与参与研究的人达成一致。[①]

纽曼（Neuman）的一个比喻十分形象：进入观察地点以及接近观察对象就好像是一架梯子。梯子底部代表的是研究者在最简单的情况下搜集到的公开资料；梯子的顶部是在实地研究中需要花最多时间去获得的资料，这些资料包括接近敏感事件的资讯。

实地观察法也有抽样的问题，只是与其他研究方法相比，在样本的选择和样本量的确定方面，实地观察法规定得比较模糊。首先，确定样本数量。样本量的确定与研究的问题有关，如果研究主题是家庭收看电视的行为，那需要抽取多少个家庭才合适呢？遗憾的是，没有一个准则可以帮助我们回答这些问题。兰劳夫指出了一些可供参考的标准：（1）最大变化抽样：选择各种不同环境、活动、事件及资讯，尽可能包含各种不同的情况；（2）滚雪球抽样：参与者向研究者推荐其他可提供信息的人，然后以此类推；（3）典型个案抽样：与最大化抽样相比照，研究者选择最具有代表性的个案。[②]

实地观察法多采用判断抽样，有经验的观察者不会将特殊情况孤立出来，甚至会把不受重视的部分视为分析对象。大多数实地观察在开始详细分析之前，研究者会花一定的时间先简单了解环境及相关事物。

---

① ROGER D W, JOSEPH R D. 大众媒体研究［M］. 黄振家，译 . 台北：新加坡商亚洲汤姆生国际出版有限公司，2002：153.

② ROGER D W, JOSEPH R D. 大众媒体研究［M］. 黄振家，译 . 台北：新加坡商亚洲汤姆生国际出版有限公司，2002：154.

实地观察法的资料收集工作不像结构式观察那样使用事先准备好的观察表或观察卡片，它更多地依靠研究者用纸和笔来记录一切可能的资料。尽管目前电子技术的高速发展已经使摄像机、录音设备取代传统的资料收集工具（如笔、笔记本）成为可能，但这些电子设备本身在实地观察中仍存在一些缺陷。例如，在家庭中安装摄像机，将该家庭收看电视行为记录下来，当电视机打开时，摄像机可自动操作并录下电视机前家庭成员的所有行为。这一设备显然比笔记本能够记录更多的信息。但是，找出愿意安装摄像机的家庭是十分困难的；即使他们同意安装，在摄像机下家庭成员的收看行为也会与自然状态下很不相同。而且，在摄像机 60 度视角以外的地方，如厨房，可能有人也在收看电视。

下面重点介绍实地调查法中使用较多的纸、笔记录的方式。

做实地观察的记录时，一般的经验是“不要引人注目地记录”，以免引起观察对象的反常行动。在这种情况下，研究者必须依靠记忆力。大多数人选择的方法是：若可能的话，白天草记笔记，包括关键的字、重要的引语或记忆线索，夜间再补充全文写下实地记录。观察者一方面要训练自己观察后尽快记笔记的能力，另一方面要训练自己迅速记笔记的能力，还要有意识地训练自己在记笔记的过程中，有自己的分析和推论，甚至包括组织观察报告章节的一些构想，或对未来的观察提出一些建议。这样做也许在当时显得不那么重要，但对日后的分析却十分有益。

一份实地观察的记录应该有多长，应该是什么式样，对此一般是没有规定的，但社会学家还是根据经验提出了这样的建议：笔记应记得充分，足以使观察者本人在数月后，能再次从笔记中描绘出一幅合理的、生动的画面。有人大体计算过，每一个钟头的观察，记录完整的笔记至少要有两页纸篇幅的打印材料，800—1000 字。

经过一段时间的训练后，这种职业习惯会逐渐养成，很多富有经验的研究人员对记载每一个细节已养成了不记不行的习惯，唯恐丢失这些细节，如果丢失了这些信息，他们会很内疚。提供情况的人把研究人员当成朋友和知心人，才愿意透露出他们内心深处的感觉，讲出他们最亲切最没有偏见的话。如果丢失了这些信息，或错误地记录了对他们有潜在危害的话语，是十分遗憾的，为此研究者也许会有一种强烈的职业犯罪感。

（三）资料处理阶段

资料处理阶段需要做的工作包括整理和分析观测记录，进行统计的或非统计的分类，得出观察结论，提出理论解释，撰写调查报告。

对资料的分析主要是分类、归档。这一方法同样适用于实地观察法。在实地观察的资料分析中，还应注意建立分类系统，将记录定期归类后进行内容分析。在观察中建立分类系统是很重要的，主要是为了将原始资料整理成有序的形式，以便日后能够系统地使用。例如，对编辑部决策制定过程进行观察，可将归类题目定为“关系”“互动—水平及垂直”“争论”等，一个观察不止一个分类。将所有记录制作后复制多份，在观察期内定期将记录归类，既可节省时间，又可避免日后混淆。

对归类进行初步的内容分析是接下来要做的工作，其主要目的是找出一致的类型。例如在编辑部决策制定观察一例中，初步分析决策大多是在非正式场合做出的，如非正式的会议室，或许多决策只是少数领导与属下商议后做出的，等等。

实地观察中资料分析的目的在于全面了解研究现象，这是观察法的一个优点，即在观察中如果遗漏了某些重要变量，或者在观察过程中发现某些变量是研究中重要的影响因素，而在研究设计中尚未认识到，那么，研究者便可以及时修正研究方案，调整观察的角度或对象。而在实验法或问卷调查法中，一旦研究结束，补救的机会几乎是没有的。定性研究方法几乎都具有这样的弹性。

观察者在研究即将结束时，要有离开观察环境的计划。因为在某些情况下，接受观察的团体或个人会对观察者产生某种程度的依赖，观察者的离去有可能带来负面影响。另外，当观察者隐蔽观察的时候，被观察团体或个人可能突然发现曾被外人侵入或被欺骗，于是产生某些焦虑或不悦。对此，观察者应有道德上的义务。

四、观察的效度和信度

（一）观察的效度

观察的效度指观察到的现象是否为所要观察研究的现象，研究者在多大程度上观察到了这些现象。为了使观察达到理想的效度，就要在研究的各个阶段都进行周密的考虑。

在准备阶段，研究者要选择适当的观察方法，根据这种方法对研究者的角色做出规定，并确定观察方案。在观察地点的选择方面，应考虑它是否适合研究目的。

例如，柯克·约翰逊（Kirk Johnson）在对印度两个村庄采用民族志方法的研究时，最初根据研究目的选择村庄的标准为：（1）村庄足够小，能开展民族志调查。同时又要足够大，能充分代表该地区其他村庄，因此，他决定选择约有 100 户家庭规模的村庄；（2）种姓、阶级和宗教多元化；（3）大部分村民在村里居住并工作；（4）村庄的位置距离公路主干道至少 3 英里。

在访问村庄的第一周后，他就认识到必须重新评估原先设定的一些标准。因为，柯克·约翰逊原以为所有村庄都有电视，但情况并非如此。在他所调查的马哈拉施特拉邦的山区，只有那些海拔较高的村庄或四周没有山的村庄才能接收到电视信号。但是，在访问偏远的村庄后，柯克·约翰逊发现，在收不到电视信号的地方，录像机这种现代媒介也能起到替代作用。

另外，通过观察，柯克又发现，在距离他访问地区不远的村庄中，年龄 18—35 岁的男人中至少有 40%—80% 的人到蒲那和孟买打工，他们主要在建筑工地、交通运输部门或纺织厂工作。他试图限制其他现代化因素对乡村生活影响的计划化为泡影。因为，他希望更大程度地将电视的影响分离出来。但在他最初走访的 18 个村庄中，没有一个村庄不受这一趋势的影响。

为此，他得出的结论是：要研究“乡村生活”这个因素，就必须承认城市的影响是这种生活的一部分。于是，柯克·约翰逊将对村庄的选择标准改变为：（1）电视至少出现 5

年，越久越好（假设有电）;（2）规模（约100户家庭，小到足够开展研究，大到足以使研究结果能准确地代表其他村庄）;（3）经济上有不同的阶层出现;（4）中、低程度的政治干预;（5）离公路主干道或公交线路至少3—7英里。[①]

在这个案例中，我们看到观察地点、观察对象的选择以能够揭示研究问题为最终目的，根据观察方法对研究者角色的规定，可以制定或调整观察方案，以使其更加适应研究问题；另外，在实地观察研究中，研究者根据现场访问、观察到的各种情况，不断调整研究方案，以使其更加适应研究者所研究的问题。

对内在效度影响最大的是理论准备阶段，即观察范畴的选择和操作化。前例中在观察成人书店的顾客时，研究者在确定观察范畴时要考虑一些因素（如婚姻状况、社会阶层）对于研究目的来说是否是重要的和有效的，然后要考虑所确定的操作化标准是否能够表示上述范畴。例如以戴结婚戒指来表明已婚是否有效（在实际观察中，研究者通过抽样调查发现，50%的已婚男子不戴结婚戒指，他们根据这个比例对观测结果进行了修正）。[②]

在观察实施阶段，影响内在效度的因素较多，它们主要是:（1）被观察者的"反应"，当被观察者意识到有人在观察他们时，总会不同程度地有意识无意识地改变自己的习惯行为。社会学中的"霍桑效应"很清楚地说明了这一点。（2）观察者本人的价值观和期望的影响。观察者要做到完全客观地观察是不可能的，他们总是或多或少地带有一些个人偏见。此外，不同的观察者可能会注意到不同的事物，这取决于他们的兴趣和期望。（3）观察者本人感官和记忆力的影响。

最后在资料处理阶段，研究者有可能根据自己的偏好来决定资料的取舍，或挑选有利的数据来构造自己偏好的理论。这些都会影响到观察结论的准确性。

观察的效度很难检验，尤其是对无结构的观察。检验效度的方法通常是与通过其他方法得出的结果进行比较。表4–2是采用问卷调查法和观察法分别对成人书店顾客进行调查后列出的特征比较。

由表4–2可以看出，进入成人书店的人以三四十岁的男性为主。在这一人群所属的社会阶层方面，观察法通过服装揭示出的社会阶层为47%—51%的中产阶级，问卷法通过职业调查得到的结果是49%的专业—管理人员。对这一人群的婚姻状况的调查结果是：观察法通过是否戴婚戒（通过修正比率）得到52%的已婚者，问卷法得到的数

表4–2　成人书店顾客的特征[③]

社会特征	观察法	问卷法
年龄（或平均年龄）	30–49岁	32岁
性别	99%男性	90%男性
社会阶层—服装	47%–51%中产阶级（西装领带）	
社会阶层—职业		49%（专业—管理人员）
婚姻状况	52%已婚（26%戴婚戒）	61%已婚

① 约翰逊.电视与乡村社会变迁：对印度两个村庄的民族志调查[M].展明辉，译.北京：中国人民大学出版社，2005：76–79.

②③ 袁方，王汉生.社会研究方法教程[M].北京：北京大学出版社，1997：354–355.

字是 61%。由此可以看出，尽管结构式的观察方法在观察中仅通过被观察者的外貌体征获得数据，但两种结果还是比较一致的。

结构式观察只要在各个阶段上注意消除干扰因素的影响，就能够达到较高的内在效度。无结构式观察的内在效度不易检验，但它们外在效度较高，且具有其他方法所不及的优点。

（二）观察的信度

观察的信度包括三种类型:（1）相关性，即不同观察者之间的相关性;（2）稳定性，即同一观察者在不同时间观察的符合度;（3）信度系数，即不同的观察者在不同时间内观察的符合度。

一般说来，不同的观察者或同一个观察者在不同的时间对日常现象的观察是很难完全一致的。提高信度的方法，一是通过在不同时间重复观察，二是增加观察者的人数；但前一种更为可信。另外，要注意选择有经验的和受过专业训练的观察者；同时，对观察的类别要有较清晰的定义。在对不同时间的行为进行观察时，要注意情境的变化，注意同一个人在不同时期中行为的变化，因为这些都对观察的信度有影响。

五、实地观察法的优缺点

实地观察法具有其他研究方法所不具备的优点：

（1）有助于收集构造理论假设所需的资料，帮助界定重要变量。许多传播学关注的问题无法使用其他研究方法进行，而实地观察可以提供研究者定义假设时所需的资料。例如，对广告创意决策过程的一项研究，我们就可以通过观察数个广告创意的决策过程，来逐步厘清其中的一些影响变量。

（2）不受被研究对象的能力和意愿的影响。例如，婴幼儿由于不具有阅读及通畅的语言交流能力，因此无法回答有关电视收视行为的问卷，但是通过观察，研究者就可以比较顺利地解决这个问题。

（3）可以接近其他研究方法难以调查的群体。例如，如果要求限制级电影的制片商填写问卷，就不可能指望有很高的问卷回收率。但实地观察的观察者可以与被研究的团体建立互信关系，进而说服他们正确地完成问卷。

（4）研究费用较低。费用低廉是这一方法的又一优点。有时甚至一支笔、一个笔记本、一个录音笔就能完成观察工作。

（5）获取的资料丰富。由于实地观察是在自然情景中进行的，因此研究者可以获得丰富、系统、详细的资料。

然而，实地观察法又有其缺点，这些缺点包括以下几个方面：

（1）观察对象的代表性问题。如前所述，观察法中多采用判断抽样，样本数量通常也比较小。选择的样本代表性取决于研究者的经验和判断。

（2）观察法依赖于研究者的感觉和主观判断。由于这一特点，观察资料会受到观察者价值观和感情因素的影响。观察时，观察者本人就处在社会环境之中，与观察对象有着不可分割的联系，这种联系会直接影响其对社会现象的感知和了解。此外，观察主要依赖于观察者个人的感官和思维能力，而人的感知范围是有限的、有选择的，人的思维方式也是不同的。

（3）观察本身可能会影响观察对象的行为。这一点在前文中已有说明，在此不再赘述。

因此，从表面上看，观察法是一种任何人都可以采用并适用于大多数场合的方法，但是，这种方法从选择观察对象，投入观察之中记录观察对象的言行，到分析观察记录并从大量琐碎的观察资料中提炼出有意义的结论，都对研究者的学术素质有很高的要求。

六、实地观察案例

电视与乡村社会变迁——对印度两村庄的民族志调查（柯克·约翰逊，1995 年）

柯克·约翰逊采用了深度访谈与实地观察相结合的研究方法，对所选择的印度达瑙里村和拉杰布里村进行了研究。在此主要介绍柯克在研究中对实地观察法的应用。①

对实地观察法的应用，作者是这样描述的：

我收集数据的主要方法是深度访谈。然而，访谈不应单独使用，而应该与“参与式观察”结合起来使用。参与式观察是指，在其他人中间生活一段时间，在他们中有某个名义上的身份，成为他们日常生活的一部分。在与访谈结合使用时，参与式观察是研究言论与行为之间关系的一种有效方法。作为一名参与式观察者，我得以观察人们是否“言为心声”。

柯克的研究中，电视对社会结构变迁的影响是他最关注的问题之一，印度种姓制度的变化又为其中的重要研究内容。因此，在访谈中，有大量关于这一主题的询问。但得到的回答基本上都是积极和肯定的。柯克再次通过观察加以印证。他写道：“我通过观察注意到，人们告诉我的内容与他们的行为之间有许多矛盾之处。我从未见过这两个种姓之间存在友好关系。我所观察到的交往是出自需要的，是简单的，而非完全出于友好关系。他们之间的交往要么是生意上的、政治上的，要么是出于生活必需。我从未在该村见过马拉地人与低等种姓之间的社会交往。”

“我对于种姓间交往和关系的观察不符合村民们所说的情况。情况很快变得清楚起来：关于种姓关系，有一种政治上正确的表述方法。关于种姓等级制度的传统信念和价值观在印度乡村根深蒂固。然而，在与我谈过这个话题的所有人之中，只有两个人公开表示，种姓制度确实有利于社会。其中一人来自较高等种姓，另一人是贱民。两人都认为，种姓制度存在的理由是它维持了社会稳定，为社会上的每个人提供了社会位置和经济位置。但是，接受我访问的大多数人在谈及该制度时使用了负面词语。自从宪法规定种姓制度非法以来，政府多年来一直进行着大量宣传工作，以废除种姓制度。当人们被问及种姓关系等富有争议性的问题时，人们试图做出最佳的回答。因此，观察以及与人们的交往至关重要。”

① 约翰逊．电视与乡村社会变迁：对印度两村庄的民族志调查［M］．北京：中国人民大学出版社，2005.

第四节 小组座谈会

小组座谈会（也叫焦点小组或焦点小组座谈会）是一种对6—12人组成的小组进行集体访问的方式，常用于了解人们的看法、态度、行为。例如，了解人们对某个新节目或新产品的喜好、对某个栏目或广告创意效果的评价，等等。在小组座谈会中，由一名经过训练的主持人，以无结构的自然形式引导小组成员对特定议题进行讨论。小组座谈会是普遍使用的、最重要的定性研究方法，常用于对广告、栏目或新产品、新节目概念创意的测试以及对企业和组织的诊断；此外，小组座谈会还用于收集大型研究计划的初步资料，协助设计问卷，以及深入了解某些问题，进而找出特殊现象背后的原因等。

一、小组座谈会的特点

小组座谈会是一种对团体进行集体访问的方法，这个过程不仅是主持人与参加者（被访者）之间的社会互动过程，也是参加者之间的社会互动过程。座谈会的结果受到这两种互动的影响。小组座谈会有以下几个特点。

（1）参加小组座谈会的人数。参加小组座谈会的人数一般控制在6—12人之间。人数过少，力量动力不足，形不成热烈互动的讨论氛围；人数过多，则不易组织成有凝聚力的自然讨论。

（2）小组成员的构成。参加小组座谈会的人员应该在人口状况和社会经济特征方面具有同质性，以避免成员之间因身份、年龄等基本情况相差太大而难以讨论进而冷场，或在讨论议题上由于观点偏差过大而引起摩擦和冲突。例如，对女性电视栏目改版的小组座谈会成员不应同时包括已婚家庭主妇、未婚年轻职业女性、女学生、年老离异或寡居女性，因为她们的生活方式完全不同，对女性电视栏目的需求也有所不同。

参加小组座谈会的人员必须按照一定的准则进行认真的筛选。除了在人口状况和社会经济特征方面具有同质性外，入选的成员对所要讨论的问题还必须有相当的经验或经历。需要注意的是，不应选择那些曾经多次参加小组座谈会的人，这些所谓的“调查专业户”的参与可能会导致严重的偏差，从而使讨论结果无效。

一般来说，旨在了解问题的小组座谈会要物色一些与调查内容直接相关的当事人、主管和知情人。如果是以研究问题为主的座谈会，则需要物色一些对所研究课题有实践经验、有理论修养、有独特见解、有不同观点的人参加。

（3）小组座谈会的环境。小组座谈会的环境应当是放松、非正式的，以鼓励人们自由地、本能地发表评论、讨论和进行头脑风暴。少量的茶饮和方便小食品是必需的，这也是营造宽松环境的措施之一。

（4）小组座谈会的时间。小组座谈会一般控制在1—3小时之内，最好在一个半小时到两小时之间。为了与参加者建立和睦的关系，并深层次地探讨他们的信念、感情、观点、态度以及对有关问题的动机、认识，这个长度的时间是必需的。

（5）小组座谈会的记录。小组座谈会的过程要全面记录，除了必要的人员记录之外，有条件的还可以使用摄像或录音设备，以便事后进一步整理、分析。摄像或录音设备一般要安装在不那么显眼的地方，可以记录人们面部表情、身体动作和说话的特点，但这样做费用相对较高。一般情况下，有关人员，如企业、媒体或广告客户，会在相邻的房间内通过一面单向大镜子或专门的音像设备来观察座谈会的实况，音像传送技术还可以使远方的客户也看到座谈会的生动场面。

（6）主持人的作用。如前所述，小组座谈会是一种对团体而进行的、有控制的集体访问。主持人不仅与被访者之间相互影响、相互作用，而且被访成员之间也相互影响、相互作用。主持人在其中起着关键的作用，整个座谈会的议题讨论、转换均由主持人视情况控制。因此，小组座谈会的控制性较高。

由于在小组座谈会中，主持人要观察被访者的所有情况，鼓励他们相互接触、相互交流。因此，这一方法要求主持人具备熟练的交流技术和专业素质，还要有驾驭会议的能力。

下一部分将就主持人的素质要求进行详细的介绍。

二、主持人的基本素质要求

小组座谈会的主持人对座谈会的成功与否起着关键的作用。主持人应当与被访者建立友好、和睦的关系，这样才能使讨论不断深入。主持人还应当具有探索被访者的内心，从而引出其深层看法的能力。此外，主持人在分析和解释数据时也可能起到中心作用。因此，主持人应具备熟练的技巧、经验和与所讨论内容有关的知识，并且对小组的动态性质具备准确的理解和反应。主持人应具备的基本素质要求见表 4–3。

表 4–3 小组座谈会主持人的基本素质要求

素质要求	说　明
坚定中的和善	为了促成必要的相互影响，主持人应将两者——训练有素的（不偏不倚的）超脱态度与理解对方并将感情投入——很好地结合起来。
容许	主持人必须容许出现小组的兴奋点或目的不集中的情况，但必须保持警觉性。
介入	主持人必须鼓励和促进热情的个人介入。
不完全理解	主持人必须表现得对问题不完全理解，从而鼓励参加者更具体地阐述其看法。
鼓励	主持人必须鼓励不发言的成员积极参与。
灵活	在小组座谈出现混乱时，主持人必须能够随机应变并及时改动计划的座谈提纲。
敏感	主持人应足够敏感，以便既有感情又有理智地去引导小组的讨论。

资料来源：参见柯惠新，刘红鹰．民意调查实务[M]. 北京：中国经济出版社，1996：115.

主持人要能正确地指导和控制整个会议，否则，座谈会就可能不成功。而要做好这一点，主持人必须做到以下几点：

（1）学会引导会议。一开始，主持人应扼要说明座谈会的目的、意义、内容和要求，最好在会前物色好一个带头发言的人。在主持人讲完后，请物色的带头发言人先发言，这样就可以缩短或消除会议开始时短暂的沉默。

（2）创造良好的会议气氛，主持人要掌握插话技巧，鼓励每个人发表意见，让他们之间互相补充、争论、启发、对话……因为呆板、拘谨或一问一答都不利于这种友好的气氛。主持人要平等地对待每一位到会的人，不要过分恭维某些人，给他们发言的特权而忽视其他人，要充分尊重少数人的发言权，尽可能地减少他们的孤立感和压抑感。

（3）把握座谈会主题。有的被访者一旦开始热烈的讨论，他们的思维就像脱缰的野马，不着边际。此时，主持人要因势利导，巧妙地将参会者的兴奋点转向座谈会的主题，或者另辟蹊径，围绕调查主题提出新的问题，形成新的议论中心。总之，主持人要做的就是及时引导和控制座谈会的方向，使它始终围绕着主题展开。

（4）和访问调查一样，主持人要鼓励对方多讲多说。有的主持人一主持会议，就喜欢长篇大论，有的喜欢对别人的发言评头论足，充当裁判员或评论员，这样的主持人没有摆正自己的位置。主持人一定要保持谦逊、客观的态度，说话要简短，不要轻易表示肯定或否定，还要客观对待参会人员之间的争论。主持人一般是不表明自己的看法和倾向的，这样才能避免主持人的倾向造成人为的影响。主持人应鼓励各种不同观点展开平等的争论，如果参会人员之间形成了尖锐的意见分歧，主持人应妥善协调双方意见或及时结束座谈会，以免造成更恶劣的后果。

三、小组座谈会的组织与实施

一般而言，组织和实施小组座谈会需要以下步骤：

（1）确定研究的目标及问题的定义。与所有的科学研究类似，小组座谈会必须首先确定研究目标和对问题的定义，之后还要仔细研究问题的一般陈述及具体的组成部分。

（2）设定座谈会的目标。座谈会的目标可以是一张问题清单，上面列的问题都是研究者希望被访成员能够回答或讨论的。同时还需要设计一份用于筛选参会者的问卷，由此获取的信息包括：对小组座谈会拟讨论议题的熟悉程度、对有关知识、产品（例如广告产品或媒介内容）的使用行为、对拟实施的小组座谈会的态度和参加意向，标准的人口状况数据。

（3）确定座谈会的时间和地点。应当尽量选择参会者方便的时间，尽可能选择交通便利、便于寻找的地点。

（4）征募参加者。使用设计好的问卷（即过滤问卷），对什么人能够参加小组座谈会进行甄别和邀请，对合格的参加者还应在座谈会后支付一定的报酬。

（5）拟定主持人用的详细提纲。小组座谈会需要制定一份供主持人用的详细提纲，目的不是要强迫参会者进入一种询问与回答的模式，而是确保所有相关的问题都要被问到和讨论到。另外，当同样内容的小组座谈会由几位不同的主持人同时组织时，这份提纲就显得更为重要了。

（6）会前的准备（墨菲定律）。生活中人们常说墨菲定律，即当一件事有可能发生的时候，它一定会发生（凡事只要有可能出错，那就一定会出错）。这告诉我们，在准备座谈会的过程中，应该事无巨细地考虑所有潜在的问题和细节，这是研究人员应该持有的审慎态度。

（7）组织小组座谈会。在组织小组座谈会时，热身是必不可少的，目的是让参加者相互认识，并能够放松愉快地逐步进入主题。同时，主持人应该告知参会者："答案没有所谓的对错，每个人都可以自由发表不同的意见。"对于在单向镜后面观察整个过程的人员，主持人可以向参会者做如下介绍："一个跟我一起工作的同事在镜子后面观看这个座谈会，如果你听到那里传来任何声音，可能是他 / 她从椅子上摔下来了之类的。"座谈会是非正式的，因此无须举手发言，而是自由讨论、畅所欲言。有关座谈会实施中的具体问题，之后我们还会进一步讨论。

（8）记录、整理、分析座谈会资料。尽管小组座谈会设置了专门的摄像或录音设备，但是在整个座谈会期间做访谈记录也会产生较好的效果。最佳状态是：除了专门的记录员之外，主持人也能适时地亲自口问手记，这样给参会者的信息是不一样的，它有时能起到语言信息所不能起到的重要作用，因此这也是引导和控制会议的一种有效工具。

小组座谈会结束后，主持人或其他分析人员需要重新审看座谈会的情况并对资料进行整理和分析。如果有录像资料，那么，分析时就不仅要报告对座谈会的发现和具体建议，还要寻找人们由表情或身体语言所传达出的一致反应、新的想法和所涉及的问题，以及可能从全体参会者那里证实和未证实的其他假设。

（9）总结发现、计划下一步的研究或行动。最后，对座谈会进行总结、解释和分析，提炼出最后的结论。这通常意味着其他调研工作的开始。

按照小组座谈会进行的流程看，小组座谈会大致可分为八个阶段：

第一个阶段是开场白，其中提出的问题即为"热身题"，主持人应简要说明座谈会的目的、意义、内容和要求，并互相介绍参与的人员。这个过程大约需要 5—8 分钟。有时，为了能有一个较好的开始，主持人可以在会前物色好一个带头发言的人，在自己讲完后请他先发言，这样就可以缩短或消除会议开始时短暂的沉默。

第二个阶段是抛出所谓的"爬坡题"，即引入主题的相关问题、背景题或较易引起个人话题的题目，这个过程大约 15—20 分钟。

第三个阶段是抛出第一个"核心题"，这是小组座谈会的主导内容之一，是需要深入讨论的问题，因此这个过程需要的时间较长，大约 30—40 分钟。第一个核心题讨论结束后，参会者可能会有一些劳累了，此时进入第四阶段。

第四个阶段可以允许大家轻松地讨论一个"过渡题"，也可允许大家休息一小会儿。这个过程一般需要 5—10 分钟。

短暂的轻松后，小组座谈会再度进入到"爬坡题"阶段，即第五阶段，这个过程提出的问题与主题相关性较高，因而要加强个人参与度，这个过程大约需要 5—10 分钟。

紧接着是第六阶段，主持人抛出第二个"核心题"，这是小组座谈会的主导内容之二，也是需要深入讨论的问题，这一过程大约需要 30—40 分钟。

两次核心题讨论之后，进入第七阶段，主持人可以提一些“下坡题”，也就是补充型的问题，补充说明核心内容的问题，大概需要 10 分钟。

最后进入结束阶段，即第八阶段，主持人简要地进行总结、致谢和告别，大约需要 3—5 分钟。

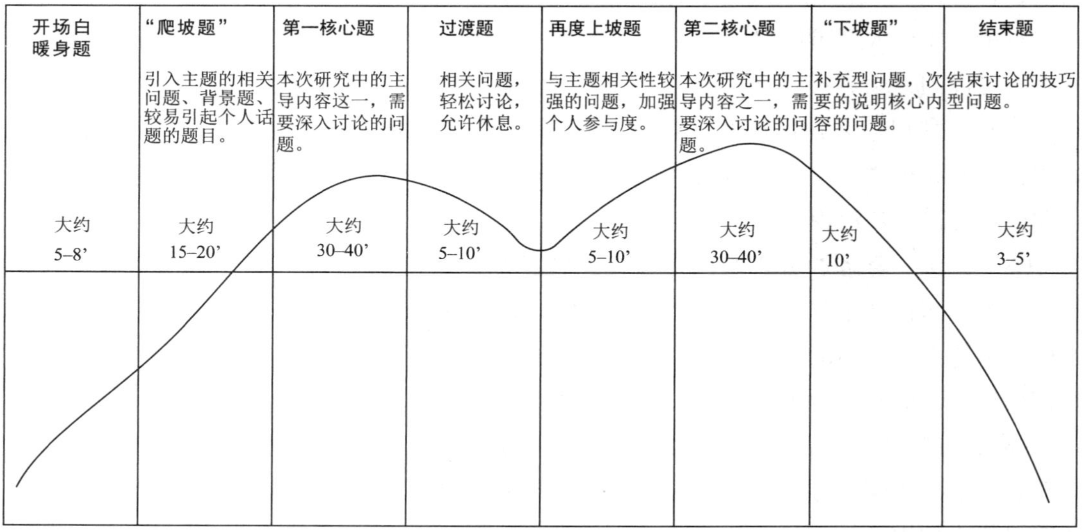

图 4–1　典型小组座谈会的会议流程

资料来源：袁岳，汤雪梅 . 焦点团体座谈会[M]. 南京：南京大学出版社，2001：79.

四、小组座谈会的优缺点

与其他收集数据的方法相比，小组座谈会具有以下优点：

（1）协同增效。即将一组人放在一起讨论，与访问单个人得到的回答相比，前者由于是互相讨论、启发甚至争论，因而可以产生更加广泛的信息、更加深入的了解和看法。

（2）滚雪球效应。在小组座谈会中，一个人的说辞可能会刺激其他人沿着某个方向思考，就像滚雪球一样越来越大，从而使讨论获得的信息更加丰富。

（3）刺激性。通常在简短的介绍期间，随着小组成员对所谈论问题的兴奋度的提高，参会者表达其观点和感情的愿望也逐渐增强。

（4）安全感。因为参会者的感觉与小组中的其他成员类似，所以参会者能比较畅快地表达自己的观点和感情。

（5）自发性。由于不要求参会者必须回答某个具体的问题，他们的回答可以是自发的或不遵循常规的，因此他们能够准确地表达自己的看法。

（6）发现灵感。与一对一的访问相比，小组讨论与互动更容易引发头脑风暴，激发灵感的产生。

（7）专业化。由于小组座谈会是同时对多人的访谈，因此，需要有受过专业训练的高级主持人在场。

（8）科学监视。小组座谈会允许对数据的收集过程进行密切的监视，研究者可亲自观看座谈会的整个过程并将讨论的情况录制下来用进行后期分析。

（9）结构灵活。小组座谈会的无结构特征决定了其在覆盖主题及深度方面都可以是灵活的。

（10）速度快。由于在同一时间内同时访问多个参与的成员，因此，小组座谈会的数据收集和分析过程都相对比较快。

小组座谈会除了具有以上优点外，它同时也存在着一些缺点，例如：

（1）误用。小组座谈会是探索性的研究方法，但使用者有可能会误用或滥用它而将其结果当作结论性的来对待。

（2）错误判断。小组座谈会的结果比其他数据收集方法的结果更容易被错误地判断，因为小组座谈会特别容易受客户和调研者偏差的影响。

（3）对主持人的要求比较高。小组座谈会非常依赖主持人的技巧，主持人必须了解何时该追问，何时要阻止参会者的跑题讨论，如何让所有参会者都参与讨论。要完成这些工作需要专业知识和细心，一般而言，具备表 4–3 中所描述的素质的主持人是比较少的。

（4）所收集的数据不能量化处理。由于小组座谈会是无结构式的访谈，这就使得收集的数据在编码、分析和解释等方面都比较困难，也就是说，小组座谈会的数据是相对凌乱的。

（5）错误代表。小组座谈会的结果对总体而言是没有代表性的，因此不能把小组座谈会的结果当成决策的唯一依据。

第五节 深度访谈法

深度访谈（也叫深层访问，简称“深访”）是为搜集个人特定经验及其动机和情感而进行的深入的访问。最初常用于个案工作的调查、囚犯的调查和精神病人的调查，其目的是做出临床诊断、挽救罪犯和治疗患有精神及心理疾病的人，后来被广泛应用于对一般人的个人生活史及有关个人行为、动机、态度等的深入调查。我国老一辈社会学家在生活史研究中曾成功地运用了深度访谈法。

一、深度访谈的特点

深度访谈是一种无结构的、直接的、个人的访问，在访问过程中，由一个掌握高级技巧的访员深入地访问一个被访者，以揭示其对某个或某些问题的潜在动机、信念、态度和感情。

具体来讲，深度访谈具有以下特点：

（1）无结构、直接、一对一。与焦点小组座谈会类似，深度访谈也是一种无结构地获取信息的直接方法，不同之处在于深度访谈是一对一进行的。

（2）样本量一般较小。由于深度访谈是一对一的、直接的访问技术，这决定了它所访问的样本量通常比较小。

（3）可以获取详细的资料。深度访谈的无结构式、松散的特点，使得在访谈过程中应用追问、刺探等技术来揭示人们对某个问题的意见、价值、潜在动机、信念、态度、情感等方面的详细资料成为可能。

（4）访问时间比较长。由于要揭示人们内心较深层的情感、价值观等，因此，一次深度访谈花费的时间较长，一般在一小时到一个半小时之间。

（5）要求访员有很高的访谈技术和追问刺探技术。访谈开始后，访员采用无结构的形式，访谈的方向完全根据被访者最初的反应、访员的刺探技术以及被访者的回答来决定。例如，在了解韩剧对在校女大学生的影响的深度访谈时，假设访员是这样开始的："你有最喜欢的韩剧吗？"如果被访者的回答是"没有，都差不多"，调查员就用类似"就真的没有什么特别喜欢的吗？"来进一步探寻。结果，被访者回答道："最近看过一部比较好的韩剧是《咖啡王子一号店》，还有前段时间看的那个《魔王》都比较不错。"①

实际上，在整个访谈期间，这种追问和刺探技术都一直被应用其中。

（6）虽然有详细的访谈提纲，但根据被访者的反应，允许访员改变提问的措辞和顺序。虽然访员事先有一个粗略的提纲并试图按提纲实施访谈，但问题的具体措辞和顺序可能要根据被访者的反应做适当的调整。为了获取有意义的反应并揭示内在的问题，刺探技术十分关键。访员在进一步刺探时常采用的一类问话是"你为什么这样说？""很有意思，你能再详细些说说吗？"或"你想再补充些什么吗？"

（7）可对被访者的非语言反应进行较长时间的观察。由于深度访谈是面对面的访问，访员可以对被访者的表情、身体语言等非语言信息进行全面的观察，这些信息对帮助访员准确地理解被访者的真实情感或价值标准是有助益的。

（8）访谈的结果很大程度上依赖于访员。深度访谈所依赖的是访员，因此，一次深度访谈的成功与否在很大程度取决于访员如何运用访谈技术以及其与被访者之间如何互动。不像问卷访问，深度访谈没有可以借助的问卷作为中介，对什么问题进行追问、对什么问题进行刺探以及如何追问或刺探，完全依赖于访员的判断和双方的互动。

二、深度访谈的技术

深度访谈中常用的技术有以下几种：

（1）阶梯前进——沿着一定的问题线探索。阶梯前进是顺着一定的问题线进行探索。例如，通过对日本动漫产品的特点进行分析，然后对喜爱动漫产品的受众特点进行分析，通过这样的问题线，访员可以了解被访者的思想脉络。

① 本案例由中国传媒大学电视与新闻学院2005级媒体市场调查与分析班学生赵楠完成。

（2）隐蔽问题寻探——重点放在与个人深切相关的“痛点”上。隐蔽问题寻探将重点放在个人的“痛点”而非社会的共同价值观上；放在与个人深切相关的问题而非一般的生活方式上。例如，在了解“北漂”的生活方式和价值情感的深度访谈中，访员将访谈内容确定在以下几个与被访者生活息息相关的问题上：

- 了解被访者的基本信息，包括所从事的职业，来北京的年限等；
- 了解被访者的生活现状，包括其现在的工作情况，考虑到是否有北京户口是界定“北漂”的依据之一，访谈将围绕这一问题深入展开；
- 了解“北漂”的心理状态，主要了解其留守北京的原因，以及现在的想法和对自己未来生活的打算和预期，[①] 其中“户口”和“归属感”等问题是需要重点寻探的“痛点”。

（3）象征性分析——通过反面的比较来分析对象的含义。象征性分析是通过反面比较来分析对象的含义。有时通过了解问题的反面，访员可以更加深入地理解事物或问题的本质。例如，在了解大学生奥运志愿者的深度访谈中，访员从已成为志愿者和未成为志愿者的大学生入手，就这一问题进行深入访问，从中获知大学生参与这一活动的动机和兴趣。[②]

三、深度访谈对访员的要求

如前所述，访员在深度访谈中的作用十分重要，为此，访员应该做到以下几点：

（1）避免表现自己的优越感和高高在上的姿态，要让被访者放松自如地谈论自己的生活；

（2）超脱并客观，但又要有风度和人情味；

（3）以讨论式的、提供信息的方式提问，避免简单的问和答；

（4）不要接受简单的“是”或“不是”的回答；

（5）要探询被访者的内心深处所想。

在深度访谈中，访员要想把握好这些技术，可能需要不断地磨炼和总结。为便于读者循序渐进地掌握这一研究方法，下面将介绍部分学生亲历深度访谈后的一些认识和体会。[③]这些认识和体会可能对初学者更有帮助和启发。

附录

1. 对深度访谈的认识

所谓深度访谈，就是要以自己的真诚去感动受访者，让他打开心扉，这样访员才能真正得到自己想要的东西，同时作为一个倾听者，分担别人的烦恼或分享别人的情怀。在做完这些之后我才发现，甚至

---

① 该案例由中国传媒大学电视与新闻学院 2005 级媒体市场调查与分析班尹墨和蔡静怡完成。

② 该案例由中国传媒大学电视与新闻学院 2005 级媒体市场调查与分析班艾丹和蒋浙龙完成。

③ 以下前 5 点的内容选自中国传媒大学电视与新闻学院媒体市场调查与分析专业 2005 级、2006 级的本科生完成王锡苓讲授“社会科学研究方法”课程布置的深访实践作业后的感想和总结。这次深访作业共有 13 个选题，访问对象基本上均为社会普通人群。

对于我这样不善言辞的人而言，深度访谈也可以是一件很有意思的事情。（魏禹梦）

访员在绝大多数情况下都在访问陌生人，要学会与陌生的被访者打交道，就要了解他们的基本背景以便充分准备问题，并且时刻注意自己的称谓、表情、措辞等。（张舒婷）

访员就要理性地用感性去访问被访者，勾起被访者情感的那条弦。（吕露斯）

在与人交往的时候，不要急切地表现自己，不要只关注自己，要把注意力放在对方身上，这样才有助于建立稳定牢固的关系，关系双方也能从中获得更大的满足。（陈晓秋）

倾听别人的生活和想法是一种神奇的经历，可以对自己的生活多一些思考和感悟。（崔晓雯）

总之，这两次深访的经历让我认识到深访确实是一个技巧性非常强的研究方法，需要受过严格训练、高素质的访员才能很好地完成。不过，虽然访谈结果并不完美，但访谈的过程还是非常愉快的，这样的访谈经历在给我留下宝贵经验的同时也留下了非常愉快的记忆。（艾丹）

2. 对深度访谈技术的认识

深度访谈与问卷或者其他的调查方式相比，一个很大的不同之处在于，它的信息来源不仅仅是干巴巴的数字或者冰冷的录音，它的信息可以说是无所不在的，只要我们善于去观察。比如说，你阐述自己的观点后，对方是迫不及待地说：“对对对！”还是思索很久才犹豫着点头说：“对吧。”这两者所发出的信号是有很大差别的。前者是在对你说：此言深得我心；而后者却恰恰相反，它的弦外之音是：恐怕不尽然如此。还有很多的例子，比如一个微笑、一下皱眉，都能成为信息的来源，而这些在问卷调查里是看不到的。我想这可能就是访谈的魅力所在吧，但是这要求一个前提条件，那就是善于观察。（魏禹梦）

一个称职的深访员，在整个采访过程中，就是一个导演。要想在采访过程中做个成功的导演，最重要的就是将采访的话语权游刃有余地握在自己手中，继而挖到我们想要的信息和素材。而关于你的“演员们”：对于那些表现欲强但“演技”却比较弱的演员，你就要在一定程度上“压制”他的表现，从而将他心里除了演技之外的东西激发出来，以得到我们想要的效果；而对于那些“实力派”，我们要做的就是想尽一切办法让他多“演”，把他的“实力”实实在在地转化成我们想要的信息。总之，这么个好导演可真不是那么一两部戏就可以锻炼出来的啊……（季晓龙）

面对面的访问看似是最随意、最自由、最轻松的一种交流方式，但实际上它是容易“问”但却不易“答”的。三言两语、蜻蜓点水是“答”；洋洋洒洒、浩浩荡荡、侃侃而谈也是“答”；随心所欲、自然天成是“答”；深思熟虑、意味深长也是“答”。“答”对被访者来说是很容易的一件事儿，但对“问”的人来说，如何尽量弥合“希望答的”和“实际答的”之间的差别，却是难以把握的……当然，对于社会中种种复杂的面相来说，这次我们接触的只是很少的一部分群体，也许在以后漫长的调研岁月中，我们还要学会用不同的角色身份来应对各种状态、各种处境、各种境界、各种遭际……（杨末）

在两个问题发问的衔接上也是有技巧的，比如说，他在回答上一个问题时会提及下一个问题的内容，但是又离得有点偏，那么你就要运用合适的语言来引导他，顺便就他所说内容提出下一个问题，这样不仅不会脱离主题，还会避免一个问题让人回答两遍，同时又解决了下一个问题（虽然在你没提问时他已经说到下一个问题，但很明显，有了你巧妙的连接和引导之后的回答会更令人满意）。追问的方式自己可以随机应变，要灵活一点，不要局限于已经列好的问题，在深度访谈过程中如果对方的回答中出现了有价值的话题或内容，而恰巧你没有列出来，那么就要追问一下。（王晓丽）

在访问的过程中我还不断给自己暗示：要注意话题的转换，语言尽量口语化，不让受访者感受压力……我在访问中总有想要插话的冲动，有时候不合时宜，觉得有时无从把握插话的时机。比如对于第三个受访者，因为他本身比较健谈，很能聊，当我觉得他讲的东西有点偏离主题的时候很想插话打断他，但是他声音比较大，说话又比较急，我觉得完全没办法插进去，就放弃了。感觉自己没有掌握用“表情

和动作”打断的技巧，还需要更多的实践经验来加强。（司宇凡）

虽然在访问之前，从编写深度访谈大纲开始就已经对访问的流程比较熟悉了，但是真正到了访问的时候还是会紧张，手里的话筒僵在半空不知道怎么放好，问了几个问题后脑子里突然一片空白不知道下面应该问什么，甚至勉强说下去的问题也变得有点语无伦次。还好，两个人可以互相提醒着点，慢慢才进入状态，到采访最后一个老师的时候都有点资深记者的感觉了。（周哲）

访谈需要耐心，最好自己保持微笑，自己放轻松。这样自己的访谈对象才能放松，更愿意透露自己的真实想法。经常肯定自己访谈对象的谈话内容，使其愿意谈得更多更深入；但是对方不愿多说的时候，也不要逼迫人家。问问题要注意循序渐进、由浅入深，最好是对方主动来说，访问者起引导的作用。（李悦）

面对初次见面的人害怕冷场是一大问题。在采访宋同学的时候由于害怕冷场造成了最后采访者说多而被访者说少的情况，我们对此也进行了反思。想要避免冷场，除了事先一定要做足准备，把整个采访的问题梳理清晰外，重要的是现场的控制能力。暖场可以热情，但是在采访过程中采取引导的方式即可，要给被访者留下空间去发挥，去谈他的所想，访员适当回应，并且及时按照事先拟好的提纲引导被访者回答出访员所想要的信息。（赵璇、李媛媛）

首先，深度访谈不是单纯的一问一答，要想有好的效果，访员必须和采访对象有交流。其次，因人发问，问题要合宜。最后，微笑和眼神的交流能够使人放松。我们应该多微笑、点头，时不时说一些幽默的话来增添一点和谐的气氛。（曹曼文、石松、谢聪阳）

在访问的过程中让我感到最大的问题还是自己对采访对象与进程的把握，整个访谈过程，我感觉更多的是“谈”而不是“访”，提问题的方式不够专业，过于直接赤裸了。而且因为两位被访者都是我认识的人，所以我没有顾及太多技巧性的环节，访问也是一开始就直奔主题。如果被访者是一个陌生人，可能需要一个热身的阶段，慢慢带动被访者的积极性和思维的活跃度。（蒋浙龙）

3. 对如何“入场”的认识

在访问之前，我最担心的就是如何“入场”的问题，彼此间的不信任更凸显了“入场”的艰难，“信任”成了当下大城市里难以擦除却无法摆脱的困难。所以在出门之前，我就曾经在脑海中把开场白演练了无数遍，但是到了现场，刚鼓起勇气走上前询问，转瞬便换来别人礼貌性的拒绝，以致后面再接近被访者时都有一种“风萧萧兮易水寒，壮士一去兮不复还”的悲壮感……另外，我们选择的被访对象多为知识分子（考国家公务员一族），他们不同于以往很多社会学家所调研的“社会底层”，不需要调研者隐藏自我强烈的不安、同情、关怀和苦闷等复杂的感情。相反，对于我们来说，被访者似乎更“上层”，他们有着更为独立深入的生活价值观，访问似乎更难以驾驭。如果说对于“底层”关怀首先需要诚恳和朴素，那么，与这些有着一定学历和工作阅历的人打交道，则更需要冷静和距离，相应的距离带给他们更多的是尊重和安全。（杨末）

4. 对深访过程的认识

从事前相关文献研究、参考，到研究问题概念化、分维度，再到深度访谈大纲的确定、具体问题的商榷，直至最后的实际访问，想要做一次成功的调查研究和深度访谈，必须做好以上环节中的每一环。这感觉就好像是在电视台做编导，主导一期访谈节目一样，什么都得好好研究好好想。比访谈节目更难的是，深度访谈作为社会研究的一种方法，你时时刻刻都要注意你的理论依据、深访内容的科学性和准确性，这既要求我们对于研究问题本身要有好的把握，又要求我们要有敏锐的洞察力和挖掘信息的能力。另外，从深度访谈的设计环节来讲，最大的体会莫过对研究问题定位、深访大纲确定、细化等各个

环节的科学性把握。我认为，科学性是我们在做一个调查研究项目的过程中要始终如一地把握和贯彻的。（张帆）

在采访中，要根据事先准备的方案，结合被采访对象和采访现场的实际情况，引导对方一个问题接一个问题地将对话向前推进。当然，不管你事先准备有多充分，你还是会发现有很多内容出乎我们的意料。这时候，我们就要具备随机应变的能力，善于抓住对方回答中的新线索、新疑问，继续提问。这样才能步步深入，把事情彻底搞清楚。因此，我们不仅要学会随机应变，还要注意抓住每一个反复求证细节的对话契机，刨根问底。除此之外，我们还要善于观察被采访者的心理反应，学会在最适当的时候提出最为敏感的问题。这个问题是我整个采访中最不足的地方。在采访政府官员的提纲中有不少内容都涉及政策问题及其他一些敏感问题，而在采访进行中，我几次尝试问了一些类似的问题，但最终还是都被他们委婉地绕到了下一个问题上……这也是今后在深访过程中我最需要锻炼的一部分吧。（季晓龙）

对访问过程的控制。虽然我们的访谈希望被访者更多更好地谈出自己的看法，但对访谈的访问进程和被访的回答进行控制是十分必要的。在我的访问过程中，出现了被访者在谈到某一问题时有感而发，抒发了许多自身感想的情况。而这些自身感想、感受与问题本身并没有太大关系，这是没有必要的。（尹墨）

把访谈当作带有研究态度的聊天方式，我相信，和被访者建立一种平等的朋友关系，把自己想了解的话题融入普通的聊天过程中去，对我们所寻求的结果是非常有帮助的。其次，察言观色，在访问过程中，要充分关注被访者言谈举止的变化，可能有些话题是他们忌讳的，有些是他们想一笔带过的，这些都是我们应该察觉并了解的，这将有助于我们之后的分析。（蔡静怡）

5. 对新媒体作为深访工具的使用[①]

我认为用 QQ 聊天工具做深访的好处是可以使被访者有思考和组织语言的时间，并且心理上比面访更轻松一些，没有面对面时的紧张感，被访者更容易说明内心深刻的想法，特别是口头上不好意思说出来的话。这和很多人在社交场合寡言少语而在网络上是个活跃分子是一样的。但 QQ 聊天工具最大的弊端就是文字对语气把握的不足，正如上面的例子。在面访中我们可以运用表情、语气和肢体语言来表达自己，避免让被访者产生生硬、不舒服的感觉。但事物都是有两面性的。面访当然是最好的，访员能较好地控制整个过程。而对于很内向、不善于语言表达或不能达到面访条件的对象来说，QQ 访问也不失为一个好办法。（徐虹）

网络社交也有着更为广阔的视角，它不仅仅局限在交友等表面层面上。将网络作为自身现实生活社交的工具，能够有效地拿捏这个调度标准，事实上这个工具也的确非常强大。如何灵活地运用它，发挥这把双刃剑的最大利处，扬长避短，将会是一个极具现实意义的问题。（李倩）

6. 对专家深度访谈的认识[②]

（1）最好由研究者本人或参与课题的研究人员进行访问，这样才能真正了解课题需要解决的问题，并且知道什么地方应该追问。如果邀请其他人员进行访问，应该深入细致地培训他们，让他们了解访谈所需的相关知识、访谈的目的、需要解决的问题，等等。

（2）访谈提纲可能是笼统的，但是对于每一位专家，由于其研究的领域不同，在访问中应该各有侧

---

① 在此次课程实践过程中，一些同学使用网络媒体技术进行了深度访谈。尽管这部分内容放在第七章的相应节中比较合适，但考虑到这部分的整体性，还是将以下内容做一介绍。

② 该内容选自中国传媒大学传播研究方法方向 2001 级硕士生黄刚于 2002 年在完成柯惠新主持的“互联网与青少年创造力”课题时对专家深度访谈后的总结。

重。因此，在访谈前应明确，对于某位专家我们最想从他身上得到什么，这样访谈才有重点。

（3）访谈后要及时做总结，这应该由访员自己来完成，并且最好在访谈完了以后马上进行（可以在回程途中就开始思考），而不是在整理完录音材料之后。这样，访员能保持对访谈信息的敏感，抓住访谈中获得的第一印象，这是最为宝贵的。同时，访谈总结应该对照本次访谈的主要目的、主要想解决的问题，并参考访谈笔记进行写作。在录音材料整理出来以后还应该根据这些材料对总结进行修改。

（4）访员要注意心态上的问题，千万不要把访谈看成一种操作性、机械性的活动。相反，它是一种技术性很强、需要灵活应变的活动，要求访员既在精神和注意力上都高度集中，又在外表上表现得非常轻松自如。

要保持“知”与“不知”之间的平衡。有时候要尽量将自己看作一个“无知者”，以促使自己去追问，哪怕那些看似简单的问题，或许都会有我们意想不到的发现；而有些时候，我们又要做一个“知者”，这样可以使我们在提示或与对方交流的过程中显得从容自信，并给对方有效的启发，开拓对方的思路。

（5）访问之前要充分了解对方的背景、主要研究的领域，并且努力找到对方的研究经历、研究成果与我们所做课题之间的关联点；发现该专家有别于其他专家的特点。这样做的好处是：

首先，在对方推辞或准备拒访的时候，可以尽量说服对方。说服的理由是：一方面是对方的研究与我们所做课题之间存在关联点，对我们有借鉴意义；另一方面是这位专家与其他专家不同，有些问题必须而且只能请教他。

其次，有利于在访谈开始之初有效地打破尴尬局面，在访谈中有针对性地提问。

如果得不到对方的背景资料、研究经历，可以在电话联系、与对方交谈的过程中试探对方的主要研究领域，并立刻发现对方的研究与本课题之间的关联点，特别是在对方以自己“没从事过这方面的研究”为由试图拒绝的时候。

（6）在访谈录音材料的梳理过程中应该注意的问题：访谈材料中的信息并不都是有用的和正确的，有些问题对于这位专家来说可能并不是研究重点或者并不在他的研究范围之中。因此，要注意区分专家主观臆测的见解和专家经过自己的研究得出的比较权威的见解。

访谈过程有时候并不是单向的问答过程，它也是双方互相启发、相互交流的过程。因此，专家在回答过程中可能会因为访员的启发而临时产生一些新的想法，这样可能会出现与其原来观点不一致或者矛盾的地方。访员在访谈过程中可能对这种前后不一致或矛盾的现象不敏感，但在访谈材料的梳理过程中，应该理清这些问题，找出专家最终的、真实的观点。如果不能找出专家真正的想法，可以通过电话或电子邮件续访。

要注意保留第一手资料，即访谈的录音材料，而不仅仅是总结材料。因为我们在总结的过程中难免会根据本课题的需要进行整理，特别是在时间较紧的情况下。这样，访谈材料中可能便会有许多观点或见解被遗漏，而这些观点或见解可能对今后的其他课题是很有帮助的，所以保留第一手资料是相当重要的。

但是，如果时间允许的话，访谈总结应该将材料中所有的观点都加以提炼，以便以后需要时能节省阅读录音材料的时间。

（7）访谈总结应该分两步进行：第一步，分专家的访谈总结，由访谈者分别独立进行，尽量详细；第二步，将各位专家的访谈汇总，进行整合、提炼。

（8）访谈中笔录人员不一定要逐字逐句地记，可以提纲挈领地列出专家的主要观点，这样能够全面掌握信息，疏而不漏；而且这样的笔记也便于访谈后的及时总结。这就要求笔录人员并不仅仅单纯做一个记录者，还需要他注意理解访谈双方的信息，并对这些信息做高度的概括和提炼，同时在此基础上及时发现访员应该追问而没有追问的问题，在适当的时候或在访谈结束之前做补充。

（9）访谈中要正确处理沉默现象。有的时候，沉默是由于对方正在思考，这时候不要轻易打断对方的思考，可以以眼神或表情暗示对方，表示愿意继续听对方发表见解；有时候，访员会突然感觉不知道该问什么或者不知道该如何表达自己想问的问题，从而造成了一段时间的沉默，这时笔录人员应该及时觉察这一点，并尽量帮助或代替访谈者提问。访谈者也可以暂时将自己的沉默转移到对方身上，用眼神或者用“还有吗？”之类的话提示对方继续发表见解，同时自己积极思索应该问的问题，也有可能访谈者想问的问题已经隐含在对方继续发表的见解中了。

（10）电子邮件在访谈中的作用：以电子邮件形式联系专家时，一般得不到回音，但有时候它可以作为一个铺垫，让对方在第一次接到你的电话时有所准备。有时候，电话联系专家时，他们可能希望了解大致的访谈主题，希望我们用电子邮件发给他，这时电子邮件便起到了帮助被访者做访前准备的作用，可以使被访者有准备地接受访问，并使访问过程更加节省时间、更加顺利。当然，在正式访谈之前，只能传给专家大致的轮廓，不能太详细。但使用电子邮件进行访问也有一些弊端：一是不能及时得到回应，从而进行有效的提示和追问，而且不能保证对方能回复追问的问题；二是时间跨度长，受其他不可控因素（比如对方中途出差或生病等）的干扰较多；三是因时间跨度长而不利于思维的连贯性；四是不能保证对方全面回答所提出的问题。

四、深度访谈法的优缺点

由于深度访谈是一对一的访问，因此比一对多的焦点小组座谈更能深入地探索被访者的内心思想与看法。而且深度访谈可以将反应与被访者直接联系起来，不像焦点小组座谈那样难以确定某个反应来自哪个被访者。深度访谈还可以让被访者更自由地交换信息，而这在焦点小组座谈上也许做不到，因为有时会有社会压力不自觉地要求形成小组一致的意见。具体而言，深度访问的优点如下：

- 可以提供丰富详尽的资料；
- 比小组座谈更能深入地探询被访者的内心思想和看法；
- 比小组座谈更能让被访者自由、明确地交换信息；
- 可能获取其他研究方法难以了解的内容或话题；
- 可能接触到其他研究方法难以接触到的对象。

但是深度访谈也有它的缺点，能够做深度访谈、技巧娴熟的访员报酬很高（一般是专家，需要有心理学或精神分析学的知识），也比较难找到。而访谈的无结构性则使得访谈十分容易受访员自身素质的影响，其结果的质量和完整性也十分依赖于访员的技巧。由于结果的数据常常难以分析和解释，因此需要熟练的心理学家来解决这些问题。由于占用的时间和所花的经费较多，因而在一个调研项目中深度访谈的数量往往十分有限。可以说，深度访谈具有小组座谈会的所有缺点，而且程度更深：

- 对访员的要求很高，费用高昂；
- 无结构性导致结果严重依赖访员个人的技巧；
- 访员可能在无意中将自己的态度传达给被访者；
- 结果难以分析和解释；
- 非随机性的小样本不能概括出普遍性的结论。

五、深度访谈的应用案例

案例：CCTV-2 晚间 20:40—21:00 时段时尚类节目的改版研究①

研究目的：针对 CCTV-2 晚间 20:40—21:00 时段的时尚类节目，需要了解：

现有节目的状态如何？造成节目现有状态的原因何在？节目改版的目的和方向怎样？

研究对象：深访部分包括专家 12 人、观众 8 人（另外，问卷调查观众 400 位）。

访谈内容：晚 8:30—9:30 的活动、晚上中青年白领观众最愿意看的节目、什么是时尚、关于名人引领时尚、对目前电视时尚节目的评价、理想的电视时尚节目、“工时时尚资讯，周末深度报道”这种形式的合理性、对现有栏目的评价及改版意见。

访谈时间：一个半到两个小时。

访谈过程：以下为部分访谈过程和访谈部分记录原件摘抄②。

（一）访前准备

1. 约访：2001 年 12 月 13 日预约，初步定在 12 月 16—18 日，具体时间待定；12 月 17 日上午再次预约，定在 12 月 18 日下午 13:30 访谈。

2. 基本情况：

姓名：××

性别：男

职务：×× 杂志主编

访谈类别：专家 B

访谈时间：2001 年 12 月 18 日 13:40—14:30

访谈地点：×× 杂志社

访员：田卉（访问）、南隽（记录）

（二）访谈过程

1. 访谈时间：2001 年 12 月 18 日 13:40—14:30

2. 部分访谈记录：

田：好，我们刚才谈了一下您平时接触媒介的情况，那我们现在来谈谈时尚。时尚是现在比较流行的一个词，它在媒体上的曝光率也很高，那您是怎样理解“时尚”这个概念的呢？

B：时尚啊，第一个就是最新的潮流，就是在咱们的意识和习惯中间最超前的，不是最超前的就是最先头的一种状态；第二种呢，它其实是对有一定的品位、有品牌形象、有知名度的产品来说的；第三个呢，就是说青春、亮丽、活泼。

---

① 案例选自北京广播学院调查统计研究所 2002 年为 CCTV-2 所做的“时尚类节目观众需求和改版研究”中的专家深度访谈部分（该研究还包括对观众的定量调查）。

② 该访谈记录摘自访员田卉和南隽完成的访谈（为了保护被访者的隐私，此处隐去其真实姓名）。

田：青春、亮丽、活泼的才可以……

B：才可以去时尚。沉稳、老旧、闭塞能是时尚吗，对不对？青春、亮丽都是那种色彩感觉，活泼是它的这种活跃程度，这些都表现了一种时尚的感觉，透明、透彻……

田：也算是时尚？

B：对。（笑）

田：透彻？

B：你看吧，时尚就是薄、露、透，女性……这不是时尚吗？这不是女性的一种服装时尚吗？它也被列入一种时尚的状态，是吧，对不对？还有一种，就是说得超前一点，思维状态也是一种时尚。所以我的理解，时尚就是很宽泛。我因为是中年人，不一定去追求，但我有自己的看法。

田：只要有您的看法就好。那您觉得在我们这个时代什么样才可以算是时尚呢？

B：什么算是时尚？

田：具体一点儿，可以举例子，像您说的衣服薄啊、透啊算是时尚。

B："新贫族"就算是一种时尚。

田："新贫族"？

B："新贫族"就是现在的收入（不高的）大学生，像你这样的大学生，像刚刚工作的年轻人，在岗位上年轻的小白领，收入不很丰富，但他的消费水平已经超过了他的收入水平，这些人就叫"新贫族"。"新的贫困"，它产生于他的收入能力远远低于花销能力的情况，这样的人叫"新贫族"，而这些人都在二十岁上下。

田：您刚才说的主要是受众层次的划分，那您能具体地说说他们追求的是什么吗？

B：他们追求的恰恰就是名牌，就是新潮，因为所有名牌和新潮的东西都是价格很高昂的、比较贵的。所谓的物有所值，值在它的名声上，不在它的物体上。

田：您就觉得是名牌。

B：对，就是流行的名牌、潮的名牌。因为这些女孩子、男孩子对国际消费品牌非常了解，我被他们称作"牌盲"，你知道吗？所以呢，这批年轻人追求的是一种所谓状态的时尚。我觉得"时尚"这个词在不同生活状态的人群中间，有不同的理解，这是一个最新潮的、最前列的词。

田：品牌，他们追求名牌，那您能具体举一些东西吗？比如说像刚才您说，他们追求一些名牌的衣服，那他们还会追求一些别的什么东西吗？

B：音响、歌曲、服装、化妆品，包括食品、消费品。现在"品牌形象"已经注入了中国人的消费理念之中，那么在这种情况下，很多人在物品的使用上就比较讲究。名牌和品牌不一样：名牌是大众化的、人们都知道的牌子，品牌有文化内涵和历史纵深，而且品牌有排他性和专一性。

田：您指的是那种有家族传统的。

B：这个当然是从国外的生活状态延伸过来的，你刚才提到的某个家族，它可能……这个家族一直使用同一个牌子的香水，他就用这种品牌的产品，因为他认为自己的家族跟这个是相吻合的，他不会去用别的，这就是品牌使用的例子。那名牌，恰恰是这种时尚的人追求名牌，但是流行一会是这个，一会是那个。所以品牌跟名牌是两回事儿，但很多人分不清楚。

田：那我觉得您刚才对这种时尚的理解主要是界定在我们这个年龄段的人，就是“新贫族”对时尚的理解。那对您来说，您觉得什么是时尚？您追求的是什么？

B：我追求的时尚是先进的国际知识、先进的经济知识、先进的国际理念，能指导我工作的。没有这些，我就无法跟目前的社会同步。

田：这是精神层面的，是吧？那物质层面的东西呢？

B：物质层面？物质层面因为我这年龄说实在的，就是我需要自己去了解国际化交往中的礼仪，国际化交往中的这些做法。但是，平常我不追求，有些场合必须这样出现，但平常我还是原来的样子，我们是两个层面的人。

……

第六节 个案研究法

前文所述的无结构式访问的最大特点是弹性大，有利于充分发挥研究者和研究对象的主动性和创造性，有利于适应千变万化的客观情况，了解原研究方案中可能遗漏的新情况，获得结构式访问所无法获得的丰富资料，拓宽和加深对问题的研究。但这种访问方法对访员要求较高，所得的资料难以量化，而且费时较长，因而调查规模比较受限制。

一、个案研究的含义与作用

个案研究（case study）是社会调查的一种类型，是与统计调查相对而言的。“个案”一词出自医学、心理学和法律学研究，即个别病例或案例。个案研究在医学上就是对个别病人做详尽的临床检查，包括查明病史、病因等，以判明其病理和在诊断过程中的变化。个案研究法作为心理学对人的一种研究方法，旨在搜集个人的家庭情况、社会地位、教育、职业经历、健康等历史资料，从对这些资料的分析中探究这个人心理特征的形成与发展过程。在法律上，个案是包括法律行为的一项事件或一组事件，人们通过对一个案例的研究，了解有关该案件的法律原理及实践。从个案研究的历史渊源和应用范围不难看出这一研究方法的主要特点，即处理问题深入、细致、全面。它是一种从整体上处理问题的方法，也就是从事物的多个方面和整体情况，从各个层次间的生动联系和历史发展的状况去把握问题。在社会学中，个案研究的对象从个人扩大到团体、组织、社区、社会。[①] 随着社会学研究领域对个案研究方法的运用，传播学研究的学者也逐渐采用这一方法进行民族志的研究与探索。

---

① 袁方，王汉生．社会研究方法教程［M］．北京：北京大学出版社，1997：278.

个案研究是系统地研究个人、团体、组织或事件，以获取与课题相关的丰富资料的一种定性研究方法。当研究者希望了解或解释某个现象时，他们常运用个案研究法。例如，弗洛伊德作出的关于病人的个案研究报告，经济学家为FCC（联邦传播委员会）对电视业进行的个案研究，都是经典的个案研究例子。

个案研究法的主要作用之一是它能从个案的详细描述与分析中，发现影响事物的主要因素（变量）及其作用，从而形成假设，并找出群体或类型的详细资料。在很多场合下，个案研究也被认为是完成一个正式研究的必要结束手续，即研究的结果可以用个案研究来印证是否正确。它最大的优点是对个案的社会背景有深入全面的把握，这是其他研究方法无法做到的。正如库利（C. Cooley）所言："个案研究加深了我们的领悟能力，它在我们的日常生活里，给予我们一个更深刻的认识。"①

二、个案研究的特点

梅里安曾经在1988年对个案研究的特点进行了总结②：

- 特殊性的（particularistic），即个案研究着重于特定的情况、事件、节目或现象，是研究实际、真实生活问题的绝佳方法；
- 描述性的（descriptive），个案研究的最终成果是一份有关研究主题的详细描述报告；
- 启发式的（heuristic），个案研究帮助人们了解被研究的主题是什么，给出新的解释、观点、意义和视角；
- 归纳式的（inductive），大多数个案研究都依赖归纳的推理过程，通过对资料的检视形成原理和普遍性，重在发现新的关联性，而不是证明现存的假设。

我国已有一些学者运用个案研究方法对电视影响人们生活观念或生活方式的程度进行研究。例如，郭建斌的博士论文《独乡电视：现代传媒与少数民族乡村日常生活》，以及尚大雷的博士论文《电视对农村社会结构的影响——对一个村庄的实地研究》。③

三、个案研究的一般步骤

与调查法和实验法相比，个案研究并没有一个严谨的标准程序供我们参考，但它一般都会包括以下几个明显的步骤：

1. 设计（design）

在个案研究设计中，首先要考虑的是研究什么问题，通常以"如何"（how）和"为什么"（why）开始，研究问题应清楚而明确；其次，考虑所要分析的内容，即个案

① 袁方，王汉生．社会研究方法教程［M］．北京：北京大学出版社，1997：279.

② ROGER D W, JOSEPH R D. 大众媒体研究［M］．黄振家，译．台北：新加坡商亚洲汤姆生国际出版有限公司，2002：167.

③ 郭建斌是复旦大学新闻传播学院2000级博士生，尚大雷是中国传媒大学传播学专业2000级博士生。

（case）的构成：是一个人或几个人、一件事或几件事、一项特殊的决定、一个特殊的组织或一个节目等。在这种情况下，通常个案研究的明确范围比较难确定。研究者必须从可利用的文献中寻找并确定分析单位。如果研究者想与过去的个案研究进行比较，就要与过去的研究方式相匹配。最后，个案研究者需要提出研究设计方案，其内容包括资料收集的工具及测量方法。好的研究设计方案应包含如何接近特定人物或组织以及记录，设定资料收集的时间表及如何提出逻辑问题等。

2. 先探性研究（pilot study）

初步的研究设计方案提出后，研究者可以着手进行先探性研究。先探性研究是用来确定研究设计及实际研究过程的。在先探性研究中，研究者可以发现在设计阶段未能预期的变量，判断推论方法有无问题，还可以比较不同的资料收集方法，考察研究程序、接近特定人物或组织的方法及记录的步骤、收集资料的时间及仪器设备等方面的考虑是否周全。先探性研究允许研究者尝试不同的资料收集方法并从数种试验性的角度观察不同活动。先探性研究的结果可以用来进一步修正研究设计方案。

3. 资料收集（data collection）

个案研究的资料收集方法一般有四种：文献（documents：信件、备忘录、会议记录、记事本、历史记载、小册子、标语等）；访问（interview：问卷调查、深度访谈等）；观察或参与（observation or participation：参看前面介绍的实地观察法）；实物（artifacts：工具、设备、电脑输出资料等）。大多数个案研究会使用多种资料，这有利于增强个案研究的信度和效度。

4. 资料分析（data analysis）

个案研究的资料不像量化研究那样有固定的方法可以指导我们如何分析，因此，资料分析是个案研究中最困难的阶段。尽管没有一种普适性的原则可供研究者类推到所有个案研究，殷（Yin）仍提出了三种主要的技术[①]：

- 模式匹配（pattern matching）技术，即将具有实证研究基础的模式与假设的模式相比较，如果假设的模式和实际不相称，最初的研究目的就可能有问题；
- 建构解释（constructive interpretation）技术，即进行关于某个过程和结果的基本理论陈述，与个案研究的初步结果相比较，修正前面的陈述；再分析第二个类似的案例；多次反复检验，直至建构出完整而令人满意的理论陈述；
- 时间序列（times series）技术，即将资料中时间反映的一系列观点与假设的理论趋势进行比较，检验这些假设是否正确。

---

① ROGER D W, JOSEPH R D. 大众媒体研究[M]. 黄振家，译. 台北：新加坡商亚洲汤姆生国际出版有限公司，2002：170.

5. 报告撰写（report writing）

个案研究的报告有多种形式，有传统式的（按问题、方法、发现和结论撰写）和非传统式的（按年代顺序，或从事物相互关系的角度撰写）。无论选择哪种形式，撰写报告时都要考虑到阅读报告的读者特点，比如，为政策制定者撰写的报告和为学术刊物撰写的报告在风格上就是迥然不同的。

四、个案研究的优缺点

个案研究特别适合那些想获得与研究主题相关的丰富资料的题目，它具有以下优点：

- 能提供详细丰富的资料；
- 有利于研究者发现进一步研究的线索和概念，这并不意味着个案研究仅适用于探索性研究，它也可以用来收集描述性及解释性资料；
- 与理论结合后有可能说明事件发生的原因。

个案研究使研究者有能力处理更大范围的资料，文件、历史器物、系统访问、直接观察甚至传统的调查方法都能纳入个案研究中。资料来源越丰富，个案研究的效度就越高。

人们对个案研究的批评主要来自以下三个方面：

第一，许多个案研究缺乏严谨的科学性，可能让模糊的证据或偏见影响研究的结果。殷（Yin）指出："很多时候，个案研究者是很草率的，以致让不明确的证据或带有偏见的观点影响了……发现及结论。"[①] 可以说，进行草率的个案研究是很容易的，而严谨的个案研究需要大量的时间及精力。

第二，个案研究不容易进行推论。如果研究目的是在统计方面对总体中某现象出现的频率及发生的情况作基础描述的话，使用其他方法可能更合适。但这并不是说个案研究的结果是独特且唯一的。事实上，如果研究目的是理论命题的推论，那么个案研究则是最适合的。

第三，个案研究需要花费大量的时间，有时还会产生大量难以概括的资料。研究者可能花费数年时间，但获得的研究成果却十分有限。于是一些研究者尝试采用其他非传统的方法来克服这个困难。

五、个案研究案例

案例一：电视对农村社会结构的影响——对一个村庄的实地研究（尚大雷博士论文，2003 年）

研究背景：麦克卢汉把媒介本身划分成内容部分和形式部分，据此，在对电视的长期社会影响的研究当中，有两种可能的研究选择：（1）研究电视内容的社会影响；（2）研究电视形式的社会影响。如果按照一种不完全归类，把社会分成结构部分和观念部分的话，那么电视的影响又可以分成两类：一类研究电视对社会结构的影响，另一类研究电视对观

① ROGER D W, JOSEPH R D. 大众媒体研究［M］. 黄振家，译. 台北：新加坡商亚洲汤姆生国际出版有限公司，2002：168.

念的影响。如果把两者组合起来，那么，就会有四种可能：(1) 电视内容对社会观念的影响；(2) 电视形式对社会观念的影响；(3) 电视内容对社会结构的影响；(4) 电视形式对社会结构的影响。以往的研究主要集中在第一种类型。而本论文试图进行第四方面的研究，即考察电视这种媒介类型对社会结构的影响。

研究对象：河南省焦作市博爱县中北部的许湾村①村民。

研究方式：个人访谈、观察、小组座谈会和问卷调查等。

研究发现：电视确实改变了该村庄的社会结构②。

案例二：互联网与欠发达地区社会发展研究——互联网在西部农村的两种应用模式的探讨③

研究背景：18—20 世纪，社会学发展理论、传播学发展研究及其实践的探索，部分地解答了贫困落后地区的发展问题。这些研究认识到，要促进欠发达国家和地区社会发展，不能照搬西方模式。因此，关于如何利用传播技术尤其是互联网促进贫困社会发展的研究就显得十分重要和必要。为此，研究有针对性地选择了欠发达省份甘肃省河西走廊的古浪县黄羊川镇（乡）和金塔县作为研究对象，探讨互联网之于贫困地区社会发展的作用，以期分析传播技术与政治、经济、文化等因素的复杂关系。甘肃古浪县黄羊川镇和金塔县是农村数字化建设中比较有典型意义的地区，对这两个典型案例的探讨，有助于理解互联网技术对贫困农村社会发展的影响和作用。

研究对象：甘肃省古浪县黄羊川农民、地方政府相关人员及黄羊川职业中学部分师生、甘肃省酒泉市金塔县农民、地方政府部分人员。

研究方法：深度访谈、问卷访问、观察法及内容分析法。

研究发现：由于经济发展水平十分落后，农业市场远未发育成熟，农民观念保守陈旧，农民受教育程度低下等因素的作用，再加上当地政府对新传播技术的推广和使用缺乏清晰的认识和有效的推动举措，“黄羊川模式”与其所设计的蓝图相比仍存在较大差距。另外，由于“金塔模式”提出伊始就得到了地方政府的积极响应，并被纳入制度化管理之中，因此这一创新应用模式的推广和普及有了可靠的制度保障和运行基础。《经济信息导报》又以切合当地农村生产生活的实际需求的优势，向农民传播农业实用技术、种植养殖管理技术，根据农时预测、发布农产品价格与市场变化趋势，为农民提供了有用的农业发展信息。“最后一公里”不仅解决了网络信息入户的问题，同时也解决了为谁传播的问题。④

到目前为止，本章所介绍的实地观察法、深度访谈法、小组座谈会、个案研究法等常

① 该村人口最多的时候达到过 600 多人，研究当时只有近 400 人。

② 该研究把微观的社会结构分成了四个部分：信息传播结构、信息组成结构、群体结构和权力结构。这四个部分并不能涵盖社会结构的所有组成部分，这种划分方式是建立在社会结构和电视可能影响之间的最大结合点上的。——尚大雷

③ 王锡苓 . 互联网与欠发达地区社会发展研究[D]. 北京：中国传媒大学，2005.

④ 王锡苓 . 互联网与欠发达地区社会发展研究——互联网在西部农村的两种应用模式的探讨[M]. 兰州：兰州大学出版社，2006.

在民族志研究中被采用。如前文所述，民族志研究方法首先始于人类学及社会学领域，近年来，其观点和方法已逐渐被其他学科或领域采纳，例如政治学、教育学、传播学，以及市场研究和社会工作等。无论是关注宏观现实的民族志研究还是针对微观现象的民族志研究，都具有以下四个特征：

- 研究者处于研究主题的中心，而且是走入资料之中的；
- 强调研究是从被访者 / 被观察者的角度来进行的；
- 在研究现场需要花费大量的时间；
- 使用多种不同的研究方法，包括观察法、访问法、撰写日志、分析现存文献、摄影及录像等。

第七节　投影技法

前文所述的研究方法，多数要向研究对象说明研究目的，如深访或小组座谈都是如此。而探索性研究中的投影技法则是要向研究对象隐藏研究目的的一种定性研究方法。

一、投影技法的含义与特点

投影技法来源于临床心理学，是一种无结构的、非直接询问的形式，它鼓励被访者将自己隐藏在内心深处的潜在动机、态度和感情真实地表达出来。投影技法是穿透人的心理防御机制，使真正的情感和态度浮现出来的一种技术。一般的做法是，研究者给被访者一个无限制的或模糊的情景，要求被访者作出反应。由于情景模糊，被访者作出的是符合自己偏好的回答。理论上，被访者将自己的情感“投影”在无规定（或有模糊规定）的刺激上，因此，被访者并不直接谈论自己，所以绕开了心理防御机制。但当被访者谈论其他事情或他人的时候，却会无意中透露自己内心的情感。通过分析被访者对那些无结构、不明确且模棱两可的“剧本”的反应，他们的态度就被揭示了出来。“剧情”越模糊，被访者就越可能多地投射他们的感情、需要、动机、态度和价值观。因此，采用投影技法收集到的资料通常比一般提问方法收集的资料更加丰富，也更具揭示性。皮特・萨森（Peter Sampson）指出，“当我们用直接的问题去询问（被访者）时，人们是在一种认同性水平上推理、合理化，并提供合乎社会规范的回答。他们告诉访员的是他们认为应当或被期待的东西。在某些研究中有必要揭示人们的情绪与感受的辩证结构，但这不能用直接的方法去得到，而应使用侧探技术，包括非语言技术”[①]。

投影技法的主要特点是：（1）隐藏研究目的；（2）无结构的、非直接的询问形式；（3）鼓励被访者将他们对所关心问题的潜在动机、信仰、态度或感情投射出来；（4）不要求被访者描述自己的行为；（5）被访者在解释他人的行为时，将自己的动机、信仰、态度

① MALHOTRA N K. Marketing Research: An Applied Orientation[M]. Englewood Cliffs, New Jersey: Prentice Hall, 1993: 173.

或感情投射到了有关情境之中；（6）与心理咨询分析患者的心理类似，投影技法分析被访者所投射的态度。

二、投影技法的主要类型

投影技法主要有联想技法、完成技法、结构技法和表现技法等几种类型。

1. 联想技法（词语联想法——刺激语、反应语；自由联想、限制联想）

联想技法是一种非常实用和有效的投影方法，常用于产品品牌的选择、广告主题的测试、机构或国家的形象研究等。具体的做法是：将一种刺激物呈现在被访者面前，然后询问被访者最初联想到的事物。联想技法中，最常用的是词语联想技法，即给出一连串词语（被称为刺激语），每给一个词语，要求被访者回答其最初联想到的词语（称为反应语）。研究者感兴趣的是那些散布在反应语中的含义。给出的刺激语中也会有一些中性或者充数的词语，目的是掩饰研究的目的。例如，在研究光顾商场的顾客时，刺激语可以选择诸如“位置”“购物”“质量”“停车场”“价格”之类的词语。被访者对每个词语的反应都被逐字记录下来，同时还要记录其反应的时间。这样，反应犹豫的被访者（如可以界定为花三秒以上者）就可以被识别出来。

这种方法潜在的假定是，联想可以让反应者或被访者暴露出他们对有关问题的内在感情。对回答或反应的分析可以按照下面的方式进行：

- 每个反应语出现的频数；
- 在给出反应语之前停顿的时间长度；
- 在合理的时间段内，对某一刺激语完全无反应的被访者的数目。

研究者可以将这些联想分为赞成的、不赞成的和中性的三类。一个被访者的反应模式及反应的细节，就可用于决定其对所研究问题的潜在态度或情感。

标准的词语联想法也有几种不同的形式，比如，可以要求被访者给出其最先联想到的两个、三个或更多的词语，而不只是一个。联想也可以是完全自由的（称为自由联想法）。如刺激语是“酒”，那么，被访者自由联想的词语可能是“醉”“浓烈”或“暴力”。联想也可以是受控制的，即规定一个范围或给定一些反应语，然后在此范围内联想（称为限制联想法）。例如，刺激语是“电视”，规定被访者联想各种与电视相关的食品。

日本舆论科学调查协会曾采用“娱乐”“运动”等20个刺激词语，以及报纸、广播、电视、周刊杂志4个反应语，用限制联想法对大众媒介的特性进行比较，结果如表4–4所示。

表4–4　刺激语和媒介（%）

		反应语			
		报纸	广播	电视	周刊 / 杂志
刺激语	娱乐	5.0	19.8	67.5	6.9
	运动	34.2	9.9	52.6	1.0
	广告	58.0	12.8	26.7	0.5
	评论	73.0	7.9	7.5	8.4
	流行	24.3	6.4	42.1	25.8
	联合国	77.7	11.9	5.9	2.0
	台风	20.9	68.4	7.9	2.0
	读书	44.2	9.9	3.5	41.6

表4–4显示，在报纸、电视、广播、周刊杂志4种媒介中，广告、评论和联合国偏重于

报纸；娱乐、运动和流行偏重于电视；台风偏重于广播；读书则偏重于报纸及杂志。

2. 完成技法（句子完成法、故事完成法）

在完成技法中，研究者给出不完全的刺激场景或者词语，要求被访者来完成。常用的方法有句子完成法和故事完成法。

句子完成法是被访者拿到一段不完整的句子，根据自己的意愿补充完成它。它与词语联想法类似，但句子完成法对被访者提供的刺激更直接，研究者从句子完成法中可能得到的有关被访者感情方面的信息也更多。不过，句子完成法不如词语联想法隐蔽，许多被访者可能会猜测出研究的目的。例如，“如果我有10万元人民币，我会……”。

故事完成法是给被访者一个有限制的和较有情节的剧情，让其代入剧情中假定的人物。例如：在百货商店顾客光顾情况的调查研究中，要求被访者完成下面的故事：

一位男士在他所喜爱的一家百货商店里买上班穿的西服。他花了45分钟并试了几套之后，终于选中了一套他心仪的。当他往收款台走去的时候，一位店员过来说：“先生，我们现在有减价的西服，同样的价格但质量更高。您想看看吗？”这位消费者的反应是什么？为什么会有这样的反应？

从被访者完成的故事中研究者有可能看出他对花费时间挑选商品与其相对价值的态度，以及他在购物中的情感投入行为情况。

3. 结构技法（图画回答法、卡通试验法）

结构技法与完成技法十分相似。结构技法要求被访者以故事对话或绘图的形式构造出其反应。在结构技法中，研究者为被访者提供的最初结构比完成技法要少。结构技法有两种比较常用的方法：图画回答法和卡通试验法。

图画回答法的起源为主题幻觉法或主题统觉法（Thematic Apperception Test），即让被访者看一些内容模糊、意义模棱两可的图画，然后要求其根据图画编一段故事并加以解释。通过被访者的解释，研究者可以了解其性格及态度。例如，可以将被访者的特征描绘为冲动的、有创造性的、没有想象力的，等等。这种技法之所以被称为主题统觉法，是因为其主题是从被访者对图片的感觉概念中抽取出来的。

卡通试验法是将卡通人物显示在一个与研究问题有关的具体情景中，然后要求被访者指出卡通人物是如何回答另一个人物的问话或评论的。通过被访者的答案可以分析出他对该情景或情况的感情、信念和态度。例如，在一张卡通画中描述了这样的情景：

周末的早晨，温暖的阳光洒满了卧室的窗台，先生（或妻子）望着窗外，一边穿衣一边推着身边的太太（或先生）：“亲爱的，别睡了，你看外面多美啊！”

太太（或先生）：“__________”

先生（或太太）：“__________”

结构技法有多种用途，例如可以用来了解人们对媒体或商业机构类型的态度，了解这些媒体或商业机构与产品之间的协同性；也可以用来测试人们对某种观点、行为、产品或品牌的态度强度等。卡通试验法比图画回答法在实施和分析上都简单一些。

4. 表现技法（角色表演、第三者技法）

表现技法给被访者提供一种文字或形象化的情景，让他们将其他人的态度和情感与该情景联系起来。表现技法的具体方法有角色表演法和第三者技法。

在角色表演法中，研究者让被访者表演某种角色或假定按其他人的行为来动作。研究者假定，被访者会将他们自己的感情投入角色中，通过分析被访者的表演就可以了解他们的感情和态度。例如在百货商店顾客光顾情况调查中，研究者要求被访者扮演负责处理顾客投诉的经理的角色。被访者如何处理顾客的意见表现了他们对购物的感情和态度。在表演中用尊重和礼貌的态度对待顾客投诉的被访者，说明在其作为顾客时，他们希望商店的经理也能用这种态度对待自己。

在第三者技法中，研究者给被访者提供一种文字的或形象化的情景，让被访者将第三者的信仰和态度与该情景联系起来，而不是直接联系其本人的信仰和态度。第三者可能是被访者的朋友、邻居、同事或某种典型人物。在此表演中，研究者的假定是，当被访者描述第三者的反应时，他个人的信仰和态度也就暴露出来了。让被访者反映第三者立场的做法减轻了被访者的压力，因此，被访者可能会给出比较真实合理的回答。

三、投影技法的使用要点、环境及优缺点

投影技法主要作为一种定性研究方法被运用；它特别针对那些敏感、微妙及有深度的问题，投影技法需要的时间较长。

使用投影技法时，需要满足以下的条件：

- 研究者要具有较好的心理学背景；
- 独立的研究人员；
- 研究者和被访者之间需要良好的互动环境；
- 要使被访者确信自己不会受到伤害。

投影技法一般不像无结构的直接法（如小组座谈法和深度访谈法）那么常用，但有一个例外——词语联想法。词语联想法常常用于检验品牌名称，偶尔也用于测量人们对特殊产品、品牌、包装、广告甚至机构或国家的态度。如果遵照以下几点指导，投影技法的作用还能加强。

- 当用直接法无法得到所需的信息时，应当考虑使用投影技法；
- 在探索性研究中，为了了解人们最初的内心想法和态度，应使用投影技法；
- 由于投影技法很复杂，因而不要天真幼稚地认为谁都可以使用。

与无结构的直接法（如小组座谈会和深层访问法）相比，投影技法具有以下优点：

第一，它可以提取被访者在知道研究目的的情况下不愿意或不能提供的答案。在询问

时，被访者常常有意或无意地错误理解、解释或误导访员，在这种情形下，使用投影技法就可以通过隐藏研究目的来提高回答的有效性。特别是当研究问题需要了解有关私人的、敏感的或有很强社会规范的内容时，投影技法的作用就更加突出。

第二，当人们的潜在动机、信仰或态度处在一种下意识或无意识状态时，人们往往不能认识或表现这些动机、信仰或态度，而投影技法对揭示这类问题则十分有帮助。

但与此同时，投影技法也具有无结构的直接询问法的许多缺点，而且更为严重。投影技法通常需要由经过专业高级训练的访员进行个人面访。在分析资料时同样需要熟练的解释人员。因此，在一般情况下，运用投影技法的费用是比较高昂的，而且还有可能出现严重的解释偏差。除了词语联想法之外，所有的投影技法都是开放式的，因此分析和解释起来比较困难，也容易产生主观偏见。

一些投影技法，如角色表演法，要求被访者做出不平常的行为。在这种情况下，研究者需要假设同意参加的被访者在某些方面也是不平常的。因此，这些被访者可能不是所研究总体的代表。为此，最好将投影技法的结果与采用更有代表性样本的其他方法的结果相比较。

本章小结

探索性研究是对某一未知传播现象、未知领域的先导性研究，它往往对明确研究问题、形成研究假设有所助益。探索性研究的研究方法基本上属于定性研究的范畴，概括来讲，探索性研究并不试图对研究总体进行推断，而是对所探究的传播现象提出深层次的见解，为后续的定量研究奠定坚实的基础。

本章对探索性研究中的各种方法或技术进行了详细的介绍，其中包括文献分析法、二手资料法、实地观察法、小组座谈会、深层访问法、个案法及投影技法，每种方法都有其特点和适用的研究问题。文献分析法几乎可用于所有题目的先导性研究，通过查询文献，研究者可以明确研究问题、已有的研究成果及所采用的方法。随着科学技术的迅速发展，各种官方数据、大众媒介上的信息及商业化数据越来越多，利用这些因其他研究目的而收集的二手资料，同样能够帮助研究者解决自己面临的很多问题。但在利用二手资料时，需要评价二手资料的质量，并按照一定的准则使用这些资料。实地观察法最大的特点是弹性大，可以用于发展研究假设，收集初步资料，或是研究使用其他方法不容易接近的人群或团体。它最大的缺点是外部效度不易达到。深度访谈是一对一的面访，范围小，但收集的资料十分详细和丰富。与其他定性方法一样，由于其样本量小，且通常由判断抽样所得，因而其结论不能用于推断总体。小组座谈会在广告效果和广告品牌研究中比较常用，它能够获得较有深度的资料。但是，这种方法非常依赖主持人的技巧，对主持人的专业素质要求高。当研究者想要了解或解释某一现象时，个案研究法是比较有效的，它可以获得很多资料。但是这种方法缺乏一套严谨的程序，研究结果缺乏代表性。民族志研究法最初出现在人类学研究和社会学研究领域中，近年来传播学研究领域也逐渐出现了运用民族志研究法研究传播对人类影响的一些成果。民族志研究通常使用实地观察法、深度访谈法、小组座谈会、个案研究法等方法。投影技法起源于心理学实验，是人们无意识或潜意识中的态度、情感或观念通过外界的某种激励而投影出来的，它相对较多地运用在市场研究中。

思考题

1. 探索性研究主要有哪些类型？分别具有哪些特点？适合于什么情况下使用？
2. 投影技法主要包括哪几种具体方法，它们应该如何实施？

实践练习题

1. 请选择一个深访题目，对拟访问的对象进行深访，并写出深访报告。
2. 请选择一个二手资料分析题目，并对其进行实际的分析。
3. 选择一个适合于小组座谈会的研究主题，集合 6—8 位同学或朋友进行模拟讨论，选择合适的方法分析所得到的资料。
4. 查阅最近的学术期刊中有关传播学研究的文章，从中找出使用个案研究的例子。请说明研究的资料来源，并对其资料分析及报告撰写作出简要的评价。

第五章　描述性研究的常用方法

传播学研究的主要目的之一，是对人类传播现象的状况、过程和特征进行客观、准确的描述，描述传播现象是什么，发展过程是怎样的，其特点和性质是什么。全面、准确地描述是解释传播现象的前提。描述性研究的应用范围十分广泛，它不仅适用于传播学研究，还在民意测验、市场调查、社会问题调查及政府统计部门等各类调查中普遍采用。本章介绍描述性研究的常用方法。

第一节　抽样调查法

抽样调查法是在传播学实证研究中最重要、应用最普遍的一种定量研究的方法。它是从总体中抽取一些样本，使用设计好的结构式问卷，从样本中获取所需具体信息的一种方法。调查内容可涉及人们传播行为、需求、态度、知识、动机、生活形态及人口状况等方面。

一、抽样调查法的特点

一般说来，抽样调查法具有以下特点①：

（1）客观的态度。抽样调查法不掺杂任何个人的成见，对事实（物）的真相做真实的描述 / 描绘。在抽样调查中，不能为了证明自己的观点而有意去收集适合自己的资料。

（2）科学的方法。抽样调查要有系统的计划或方案，有一个自始至终必须遵循的周密的计划，以避免出现杂乱无章的现象。

（3）合作的方式。抽样调查要求访员和被访者之间合作。只有两者之间没有成见、没有隔阂地合作，调查才能成功。有时可能还要请行政机关帮助安排，或请他人介绍，以使被访者乐于接受调查。

（4）比较的规则。要对“常态”和“非常态”现象同时进行调查，比较对照研究，这样调查才有意义。

（5）确定的范围。涉及的空间、时间和对象等都应事先明确规定。

---

① 杨孝濚 . 传播研究方法总论［M］. 台北：三民书局，1996：226.

（6）实地的考察。调查资料不是通过图书、杂志或其他间接的方式所能收集的，而是必须通过与被访者的实质性接触，才能收集到的第一手资料。

（7）大量的资料和统计的分析。抽样调查的目的是研究群体的特征。根据统计学的大数法则，观察的资料越多，研究者就越容易发现群体的规律。只有遵循统计学的抽样原理，才能得到代表总体的资料。

二、抽样调查法的主要类型

抽样调查法（以下简称调查法）的主要类型目前有电话调查、面访调查、邮寄调查和网上调查四种。其中，依据调查利用的介质不同，电话调查又可分为传统电话访问（包括固定电话和手机电话）、计算机辅助电话访问（computer-assisted telephone interviewing，CATI）；依据调查时访员和被访者互动程度的不同，面访调查又可分为访问式调查和自填式调查两种，具体有入户面访、拦截式面访以及计算机辅助面访（computer-assisted personal interviewing，CAPT）；依据调查时对问卷处理方式的不同，邮寄调查又可分为邮寄问卷调查、留置问卷调查和固定样本邮寄调查（盘努，panel）；网上调查根据方式的不同，可以分为网站 / 网页调查（w-survey）、电子邮件调查（e-survey）、弹出式调查（pop-up）和网上固定样本调查（online panel survey）等。

以上调查方式各有其特点，现将它们各自的特点做一个比较（表 5–1）。

表 5–1　各种调查方法的评价比较

评价准则（按高、中、低三级）	电话访问	CATI	入户访问	拦截访问	CAPI	邮寄问卷	邮寄盘努	网上调查
数据收集的灵活性	中	中—高	高	高	中—高	低	低	中—高
问答题的多样性	低	低	高	高	高	中	中	高
有形刺激的使用	低	低	中—高	高	高	中	中	高
样本控制	中—高	中—高	可能高	中	中	低	中—高	低—中
数据收集环境的控制	中	中	中—高	高	高	低	低	低
实施力的控制	中	中	低	中	中	高	高	高
数据的质量	低	低—中	高	中	中	中	高	低—中
回答率	中	中	高	高	高	低	中	低—中
保密性	中	中	低	低	低	高	高	高
社会合意性	中	中	高	高	高	低	低	低
获取敏感信息的可能	高	高	低	低	低—中	高	高	高
可能由访员造成的偏差	中	中	高	高	低	无	无	无
速度	高	高	中	中—高	中—高	低	低—中	高
费用	中	中	高	中—高	中—高	低	低—中	低—中

三、访问的基本技巧

访问是访员与被访者之间发生社会互动的一个过程，访问资料正是通过这种社会互动而获得的。访问调查在很大程度上取决于研究者对这种社会互动过程的组织、控制，以及访员对访问技巧的掌握程度。以下先就访问技巧（以面访为主）进行详细介绍，访问工作的组织和管理稍后再介绍。

访问一般通过口头交流的方式获得相关信息，与被访者自填问卷的方式相比，由访员询问并填写问卷的方式有多种好处：它回收率很高，一个设计恰当和实施认真的访问调查，其问卷回收率一般可以达到80%—85%。因为人们一般不太好意思拒绝站在家门口的和善的来访者，但却会轻易扔掉邮局寄来的问卷。

访员的服饰也是比较重要的一个环节。按一般规则，访员的穿着应与被访者的身份大致相匹配。这样做是为了给对方易于接近和交往的信息。穿着过于华丽的访员很难得到贫困地区农民朋友的合作。同样道理，穿着过于寒酸的访员也会在公司或条件比较好的地方遇到类似的困难。访员的衣着服饰应当干净整洁，因为衣着服饰常常是人们态度和倾向的外部标志。虽然现在的人们已经逐渐习惯各种各样的打扮和衣着，但过于有悖于社会规范的穿着会给访问造成一定的障碍。

以下按照面访访问的过程介绍访问的基本技巧。

1. 确定访问的时间和地点

入户访问应在上午9时至晚上9时之间进行，同时应注意避免吃饭时间进行访问。访问应尽可能安排在周末和晚上进行，同时要确保访员按照规定的时间去访问（而非访员方便的时间）。

面访之前，要具体规定访问的地点，确保访员认真执行关于访问地点的要求，入户访问要争取得到允许进入被访者的家中。如果是在购物中心等公共场所进行访问，最好事先征得有关单位的书面批准，并让访员随身携带有关批文的复印件，以免发生误会。

2. 开场白

“进入访问”是访问的开始，这是真正的艺术，全部资料的可靠性在很大程度上取决于访员在这方面的表现。这一阶段的主要任务是与被访者建立融洽的关系，消除其顾虑，使其产生参与研究的动机。在这一阶段，最容易出现的问题有：

- 陌生感，它使双方感到拘谨甚至陷入沉默状态；
- 被访者以各种原因拒绝被访，访员因此产生怯场或不耐烦的情绪；
- 由于访员和被访者地位不平等，产生不自然感。

访员与被访者最初的接触是能否获得合作的关键的一步。

最有效的开场白往往是非常简短的，如果是拦截式的面访，访员一般对调查项目不做解释（使被访者马上开始回答问题）；另一个基本原则是：决不要请求获得允许！（否则拒绝率高）例如：

【需要筛选的开场白】您好！我叫__________，是中国传媒大学调查统计研究所的访员。我有一些问题要询问那些每天看 CCTV–9 达到 10 分钟以上的受众。请问您每天收看 CCTV–9 超过 10 分钟吗？（如果是，继续访问；如果不是，结束访问）

【不需要筛选的开场白】您好！我叫__________，是中国传媒大学调查统计研究所的访员。我有一些关于互联网使用的问题，想了解一下您的看法。（马上问第一个问题）

如果是入户面访，敲开门以后，访员首先要自我介绍，简要说明来访目的。此外，还要告诉对方，他是如何被选中的，根据具体情况，有时告诉他是依据科学方法随机抽样的，无特殊目的，他的回答将给予保密；有时，则告诉他是因他在社区和这次研究中的重要性而特意挑选的。

然后，用积极接近法："我想进来跟您谈谈这件事"，而不是用"我可以进来吗？"或"你现在有时间吗？"或其他任何让访问对象有可能说"不"字的机会提问（即上文所述的"决不要请求获得允许！"）。访员应当尽量缩短门前谈话的时间，设法进入户内。一旦进入，访问对象就不好拒绝谈话了。所以，人们常说"好的开始等于成功的一半"，我们说"顺利进门是成功的一半"。

进门以后，访员不必急于谈正题，先要打破僵局，这就要求访员灵活、善动脑筋，从说话口音、家庭摆设、居住条件、个人爱好等方面入手，寻找一个双方共同关心的话题，在建立了融洽、友善的关系并安定地坐下来之后，再进入正题。

有了有利于调查的气氛后，就可以详细说明要调查的内容，提出第一个问题。因为这时被访者的意识尚未转向问题题目，他要有一个预先在心理上酝酿的过程。因此，切忌一开始就提出大而复杂的问题。经验证明，如果开始的提问和回答都很顺利，访员和被访者便都会信心大增，双方互动协调，进行深入访问。

3. 提问

进入正题后，访员提问题要明确、具体。而要做到这一点，访员是要经过练习的。即在访问之前，访员应熟悉问卷中的每一个问题，认真地逐个看懂每个问题并练习大声朗读这些问题，要达到可以流利无误地读出每个问题的程度，就像演员在戏剧和电影中念台词一样自然。注意，一定要按照问答题在问卷中出现的顺序来提问，同时丝毫不差地按照问卷中的措辞来提问。访员提问时说话要慢而清楚，遇到对方不理解的问答题要重新提问。每个有关的问答题都要提问，要遵照指导语进行提问和跳答。如果需要出示卡片，一般在问答题陈述完以后再出示。另外，如果因为不可预料的原因使提问中断的时间过长，应放弃该访问。

访问技巧还包括表情和动作。访员可使用表情、动作表达一定的思想、感情，以实现对访问过程的控制。访员的音容笑貌、言谈举止都会影响被访者的情绪。从这个意义上看，提问的表情或动作是控制访问的两个主要手段。

在访问中，访员自始至终要使自己表现得有礼貌、谦虚、诚恳和耐心。首先，要防止出现脸部毫无表情的情况。被访者总希望自己的话能得到对方的注意，如果对方拿出一张毫无表情的脸，他谈话的兴趣就会降低。如果表情过于严肃，除了读问卷之外一声不吭，也会使对方产生紧张感，影响他们回答问题。其次，要注意表情控制，即访员要控制自己的表情，使其符合被访者所谈的情境。例如，当被访者谈到挫折、不幸时，要有同情和惋惜的表情；谈到不平的事时，要有义愤的表情；谈到一些难以启齿的隐私时，不要表示轻蔑和鄙视，而要做出理解的表示；谈到成就时，要表示高兴，等等。再次，要注意目光的分寸感。访员的表情突出表现在看和听上。访员若目不转睛地盯着对方，会使对方感到拘谨、紧张；但如果不看对方而只盯着自己的笔记本，又会使对方误以为他的话令人厌倦。因此，在运用目光时，应视被访者的特性与调查时的具体情况而定。最后，访员还应当是一个好听众。在别人说话时，要有礼貌地倾听，聚精会神，要用点头、肯定的目光和手势等非语言信息鼓励对方继续谈下去。切忌边听边打哈欠，心不在焉、神不守舍的样子；更不能表现出睡意绵绵或目光游离、三心二意的样子，甚至做出剪指甲等小动作，使对方反感，失去谈下去的兴趣。

在人际交往中，语言是主要的交流手段，除了语言以外，语气、眼神、表情、手势、姿势或穿着也都能传递出丰富的信息。传播学认为，非语言传播在传递信息的功能方面要逊于语言传播，但在情绪沟通和调节方面要优于语言传播。也就是说，一个成功的访员，既要善于控制自己的表情，又要善于观察对方的表情，并恰当地运用表情来传达信息，从而调节和控制访谈的进行。

4. 追问

在调查中，问卷中开放式的问答题需要被访者深入地回答。为此，访员要采取有效的追问技巧，以使被访者能够进一步地扩展、阐明或解释他们自己的回答。

追问技巧的关键是既深入、客观又不至于诱导产生偏差，常用的追问方法有：

- 重复提问；
- 重复被访者的回答；
- 利用停顿或沉默；
- 鼓励被访者或让他们放心；
- 启发被访者以引出进一步的阐述。

追问的原则是保持中立，中立的追问技巧可以是：

- 复述问题，每当被访者支支吾吾或看起来没有理解问题时，访员应复述问题；
- 复述回答，当访员不能肯定自己是否理解了被访者的回答时，可以复述他的回答，以使被访者来确认；
- 表示理解和关心，访员可以表示自己已听到回答，从而激发被访者继续谈下去；
- 停顿，若认为回答不完全，访员可以停顿不语，表示等待被访者继续谈完。

以下是标准的中立“追问语”的部分例子：

——“其他理由呢？”
——“还有其他人呢？”
——“还有其他呢？”
——“对此您还能再多谈谈您的想法吗？”
——“您是怎样想的？”
——“您指的是什么？”
——“哪一个与您所感受到的形式更接近？”
——“您为什么那样认为？”
——“您可以告诉我您心中所想的吗？”
——“您讲的这个是什么意思？”
——“您是否能给我再多讲一些？”

5. 记录

在调查中记录被访者的回答似乎很简单，但访员常常会犯错误。因此，应该培训访员使用相同的格式、符号和修改方法进行记录。对于结构式的问答题，要注意选对画圈的号码或空格；对于开放式的问答题，要注意逐字逐句地按原话记录。以下是记录开放题回答的指南：

- 在访问期间随时记录回答，不要过后补记；
- 使用被访者自己的语言（即记录原话）；
- 不要试图对被访者的回答进行归纳总结或解释；
- 记录与问答题有关的全部内容，包括被访者的非语言交流的状况，以及谈话时间、地点、环境等；
- 记录所有的追问语和对应的回答；
- 边记录边重复所记录的答案。

在准确记录回答内容外，访员可在页边写下自己的理解及其原因，这些页边的评论是很有价值的；此外，还应将访问中观察到的现象与行动，听到的一些有意义的谚语俗语以及重要的表情与姿势记录下来，并记上自己对他们语言能力、参与调查的态度、情感的评价。也就是说，这其中既包括听到的，也包括看到的，还有想到的。总之，要忠实地记录，不要总结和使用概括性的语句，但同时又要明显地将自己的分析和判断与现场的访谈记录区分开来。

6. 结束

结束访问是最后一个环节，必须所有的信息都收集到了以后才能结束访问。正式访问之后被访者自发地发表的评论也要记录，不要遗漏。为使调查信息完备，最好问被访者：“我们忽略了什么没有？”“我们有什么地方没有谈到？”或“您还愿意告诉我些什么？”

之类的问题以结束调查。此外，访员也应当回答被访者关于调查项目的提问，要让面访给被访者留下一个好印象。最后，访员要赠送一个小礼品，对被访者的合作表示感谢。离开访问场所之前一定要再次检查，确认有关的所有材料（问卷、卡片、展示物品等）都没有遗漏。

对于电话访问的情形，上述的多数访问技巧和注意事项仍然适用，但在某种意义上讲，电话访问对访员的要求更高，因为访员只能通过声音来打动被访者参与回答。电话调查要求访员声音亲切有礼貌，而且必须既清楚又快速（超过15分钟，被访者拒访或提前中断的概率便会明显提高）。

四、控制现场调查实施的质量

抽样调查实施的成功与否直接关系到调查质量的好坏，访员自身的良好素质是调查实施成功的最重要保证。

一般而言，调查现场实施的关键在于挑选访员、培训访员、对调查现场的监督管理、复查验收以及评价访员等工作。

（一）调查实施队伍的组织

调查实施中，调查队伍组织工作非常重要。实施调查时，应该有专人（实施主管）对此进行负责，其主要职责包括：

- 深入了解研究项目的性质、目的以及具体的实施要求；
- 负责组织访员队伍或选择合适的实施公司并与之进行联络；
- 负责制订培训计划和实施计划；
- 负责挑选实施督导员和访员（如果需要的话）；
- 负责培训实施督导员和访员；
- 负责实施过程中的管理和质量控制；
- 负责评价督导和调查员的工作。

在调查现场，通常有督导对访员的工作进行监督和评价，督导的职责应该包括如下几个方面：

（1）负责实施过程的检查监督和实施结果的检查验收。

在面访时，督导要对新访员进行必要的陪访（包括抽取被访者等），或到实施现场检查。在电话访问时，督导要对电话号码的错号、空号的处理给出意见，同时监听访员的访问过程。

（2）监督的方式可以是公开的，也可以是隐蔽的。

（3）对访问结果，督导要尽可能频繁地、及早地进行检查。一般在部分问卷回收后，督导便开始进行检查工作。在检查中应注意：不要专注于检查错误和不足，而应该专注于数出正确的访问个数。对正确完成工作的访员要给予慷慨的表扬和真诚的感谢。

（二）访员的挑选

访员自身的良好素质是调查质量的重要保证。一般而言，访员应具备的条件有两大类[①]，一类是由研究主题的性质、调查地区及调查对象的特点所规定的；另一类是任何研究的访员都应具备的。我们可以将前者称为特殊条件，后者称为一般条件。

1. 特殊条件

（1）性别

研究表明，男性访员访问领导人比较合适，女性访员访问女性比较合适。在生产问题或政治问题调查中，以男性访员为宜；而在婚姻或家庭调查中，则以女性访员为宜。

（2）年龄

通常是青年访问青年较好。对于身份较高或影响力较大的领袖或年长的人，以年龄较长的访员为佳。在政治和经济问题的研究中，也不宜以年轻人为访员。

（3）教育

研究表明，教育水平较高的访员在提问题方面产生的差异最小，教育水平对访问的重要性体现在对访问技巧的运用和对被访者的反应上。因此，在研究复杂问题的时候，要相对提高对访员的学历要求，而且要求他们具有一定的经验。

（4）地区

我国地域广大，民族众多，各地区的风俗习惯、语言等差异极大，并且城乡之间也有很大的差异。因此，在选择访员时要充分考虑这点，尽量选择当地的、同民族的人作为访员。

总之，访问者与被访者背景越相近（如职业、社会地位、地区、民族等），访问的效果越好。特别是对于那些敏感的问题，如民族、宗教等问题，为减少回答的误差，最好的办法就是使用一个与被访者特征大致相同的访员，即两者具有的共同特征越多，成功的可能性就越大。

2. 一般条件

（1）诚实与精确。这是访员必须具备的最基本的品质。诚实、精确一方面表现在准确地遵守访问指南并始终坚持不变；一方面表现在忠于访问的事实，对访问资料的记录必须精确，敷衍了事是坚决要杜绝的。

（2）兴趣与能力。如果访员对访问工作没有兴趣，就不可能把工作做好，造成误差的机率就大。此外，访员还要具有观察能力、辨别能力和交往能力。一般都希望访员比较合群、善于交际、性格开朗并愿意与他人接触。但访员又不能过于活跃，因为如果他们非常啰嗦和健谈，就无法倾听和领会被访者的回答，进而无法准确地做出解释。即他们可能既

---

① 袁方，王汉生 . 社会研究方法教程［M］. 北京：北京大学出版社，1997：289.

没有给予被访者充分的机会来完全和彻底地回答，也很难抓住回答中更细微的或非语言的信息。

（3）勤奋与负责。实地访问调查是一项艰苦的工作，还有精神上的痛苦，比如调查对象冷漠、拒绝等。没有责任心或不能吃苦耐劳，就不能完成任务。这个条件对访员是相当重要的要求。所以，只能选择那些诚实、负责和勤奋的访员。

（4）谦虚与耐心。访员要抱着虚心求教、亲近对方的态度去实施访谈，要努力使被访者知无不言、言无不尽。要善于耐心听完被访者的话，并耐心讲解问题，即使对方无理也要保持耐心，否则很容易导致访问失败。

最后，对于访员的挑选，有经验的访员是否就一定优于没有经验的访员？这是一个有争议的问题。显然，如果研究者在以往的研究中使用过某些访员，并且他们表现良好，那么就应该再次使用这些有经验的访员。但是，一些访员可能因为多次参与没有经过严格培训和质量控制的调查，养成了某些难以纠正的坏习惯，那么，在这种情况下，“从零开始”培训无经验的访员也比纠正有经验的访员的已有不当习惯来得容易。

（三）调查实施队伍的培训

对访员的培训有两种情况：入门的培训或常规的培训，以及针对某个具体项目的特别培训。第一次参加访问的访员都要接受常规性质的培训和即将实施的项目的特别培训。经验丰富的访员则一般只需了解即将实施的项目、熟悉所使用的问卷和相关材料即可。

1. 入门培训或常规培训

入门培训或常规培训必须让访员掌握两方面的内容：“怎样做”和“为什么要这样做”。“怎样做”包括八个方面的内容：

- 怎样确定访问的地点（包括抽样的基本方法）；
- 怎样确定访问对象（包括抽样和配额的方法）；
- 怎样进行接触（包括仪表和谈话方式等）；
- 怎样问候（包括开场白等）；
- 怎样确认合格的被访者（包括筛选方法）；
- 怎样询问和追问；
- 怎样记录；
- 怎样结束访问。

除了对访员进行八个方面“怎样做”的培训外，还必须让访员知道“为什么要这样做”。向他们解释“为什么要这样做”和告诉访员“怎样做”是同样重要的，要让他们了解必须这样做的理由以及不这样做会造成怎样的后果。

此外，还必须对访员进行职业道德教育，包括访员在实施过程中的重要作用；访员所应具备的诚实、客观、认真、负责的品德；访员所应遵循的为被访者保密、为客户保密的职责和义务等。

2. 针对某个具体项目的特别培训

针对某个具体项目的特别培训的内容主要有：

- 介绍调查项目的概况及研究目的；
- 讲解实施的要求、实施指南和注意事项；
- 给培训对象分发访问所需的材料，包括问卷、书面指导、必要的卡片等；
- 将问卷从头至尾“走”一遍，注意每一个问答题、指导语、跳答、记录要求等；
- 以某个督导或访员为对象，由培训者示范进行一次模拟访问；
- 讨论可能出现的问题，给出解决的方法；
- 对督导员和访员提问，以确保他们已经完全理解了访问工作的所有方面；
- 让每一个访员都相互访问做 1—2 个练习，使他们熟悉所有的细节；
- 分发现场实施所必需的材料和物品。

培训工作一般由实施主管负责。

五、调查实施队伍的监督管理

（一）调查实施的经费预算

调查实施所需要的费用主要包括访员劳务费、被访者礼品费、督导劳务费、交通费、材料费（材料包括纸张、录音机、录音带等）、问卷和相关资料的印刷费、实施主管的薪金、必要的办公费用（电话、传真等的费用）等。

访员劳务费的估算和支付方法通常有两种：一是按完成的访问份数计算或工作的实际小时数计算；二是按月付工资或根据全部工作量付费，但这么做的较少。

（二）调查实施的监督管理

1. 来自调查实施的随机误差和系统偏差

调查实施质量的高低决定了研究项目可靠性和有效性的高低。访员之间、完成的访问之间变差越大，所引进的随机误差和系统偏差就越大，从而获得的数据的可靠性和有效性也就越低。因此，为了获得可靠和有效的结果，研究者应当努力进行质量控制，使所有的访问过程始终保持一致的标准。

随机误差会降低调查数据的可靠性，而系统偏差将削弱结果的有效性。如第二章相关内容所述，随机误差和系统偏差可能来自研究者（如在抽样设计、问卷设计等环节上），也可能来自访员或被访者。实施阶段的质量控制主要是针对后一种情况。

（1）随机误差

实施中可能产生的随机误差主要有以下几种：

①指导语误差

如果访员没有完全准确地按问卷中所给出的指导语进行访问，那么，即便是微小的偏离也会引起误差。偏离书面指导语的情况十分普遍，因为访员看了一遍又一遍书面指导语后就应该自动记住指导语，以后调查就可能不再直接看指导语，而是按自己的记忆回忆指导语。但记忆中的指导语未必那么准确，如此这般做了几次访问后就可能在措辞上发生微小变化，而这种微小变化便可能使访员回忆中的指导语与书面指导语之间产生很大的差异。

②提问误差

如果对不同的被访者所提问的措辞中有微小的差异，那也会影响被访者的回答。例如，针对“请问您的年龄是多少？”和“你多大了？”这两种问法，被访者的回答也会不同。前者可能平均会得到较大的年龄，而后者可能会使有些人说出较小的年龄。访员可能常常由于不理解措辞中十分微小的差异而影响被访者的回答。因此，培训中必须要求访员务必使用统一的提问措辞。

③答案提示误差

在访问中有明确的指导语规定访员是否能将可供选择的答案读给被访者听，或者将对应的卡片出示给被访者看。如果访员在不该读（或不该出示卡片）时读（或出示）了，或者在应该读（或出示卡片）时没有读（或没有出示），这两种情况都会引起误差。

④量表转换误差

在使用量表卡片时也可能产生误差。例如在李克特量表卡片上有五个可供选择的答案，“非常同意”为 1，“同意”为 2，等等。有些被访者看到卡片后可能会回答数字，如“1”或“2”；有些可能会回答具体的措辞，如“非常同意”或“同意”。如果问卷上没有将数字和可供选择的答案同时列出，就有可能产生误差。例如有些访员对“非常同意”的答案可能会记录为 5 而不是 1。

⑤记录误差

在访问中，要求访员记录的内容越多，产生的记录误差的可能性就越大。用文字记录被访者的回答比只用一个数字或字母来记录造成误差的可能性要大得多。因为访员一般倾向于简单地记录被访者的回答，而且手记的速度远远赶不上口述的速度。

⑥理解误差

如果访员在访问过程中需要去理解被访者的回答，也有可能产生误差。例如对某些无提示的题或开放题，按指导语的要求，访员先不将问卷中可能的答案读给被访者，而是先听被访者的回答，然后再选择一个对应的答案画圈。一般来说，被访者很少会用与问卷中的答案完全相同的措辞来回答。因此，访员就必须判断答案的意思，并选择最接近的答案。在面访或电话访问中，这种判断就很容易出错。

为了控制上述访问误差的产生，整个访问过程必须认真仔细地进行监督管理。首先，在访员的培训过程中，实施主管或督导要仔细观看访员的模拟访问，以使问卷中的要求和访员的表演练习之间的任何微小差异都能被检测出来。然后是实地陪访或现场观看，看访员是准确地在“读”有关的问答题，还是仅凭自己的记忆来“说”。为了减小答案提示误差，问卷中应该把指导语非常明显地放在括号内，以此说明供选择的答案是否要对被访者读出。如果要使用量表卡片，那么在问卷中应该同时标出数字和对应的文字说明，并和出示的量表卡片相一致，这样才能减小量表转换误差。记录误差是无法仅靠监控访问过程就能发现的。因此，督导在监控访员的同时，也应对其中的一些回答亲自做记录，然后再与访员在问卷中的实际记录相比照。为了防止记录错误，重要的是在设计问卷时精心构造问答题的答案，使之能快速、简单、容易地被记录。尽量避免出现备选答案不允许出示或读出的开放题。如果不得不有这样的题，那么在培训访员时应重点指导他们，使他们彻底弄清楚选择答案的准则，而且要自始至终对调查过程进行监督，以确保访员对答案的理解是正确且始终如一的。

（2）系统偏差

实施中可能产生的系统偏差包括以下两个方面：

①回答偏差的放大

下面列举的七种常见偏差来源既适用于没有访员在场的邮寄调查、自填式问卷调查，也适用于访员在场的面访或电话访问，但是由于面访是访员与被访者之间的互动，这些偏差可能会被放大而不是被缩小。因此，在面访时，应努力防止来自下面七个方面的回答偏差。

第一，社会赞许（社会期许）。

在面访中，询问有关个人偏好、态度或行为的问题时，如果被访者的情况与社会公认的一套看法或行为有较大差异，被访者便很有可能按照是否被社会接受或受社会尊重为准则来回答，而不是按其真实的想法来回答，从而产生社会需要偏差。例如，当询问“您是否比您的妻子挣钱多”时，大部分男性被访者可能都会做出肯定的回答。因为男性的社会作用似乎应该是“挣钱养家的”。类似这样的问题在设计中可以改用一些委婉的问法，使之不那么可能得到与社会需要相关的答案，如改为：“您的月收入通常是比您妻子的高一些，差不多，还是低一些？”

第二，默认。

人们一般都比较合作，被访者一旦同意参加调查，就意味着其有合作的倾向。如果他们明显地感到某些答案会更受调查组织者、研究者或访员的欢迎，那么他们就可能会自动地提供这样的回答，从而形成默认偏差。

第三，附和。

有些人或多或少会有同意正面答案的倾向，总爱回答“是”“对”“喜欢”等；而另一些人则可能相反，倾向于负面的回答，如“不对”“不是”“不同意”，等等，从而产生附和偏差。为此，除了要说明真实的回答才更有帮助外，研究者要尽量设计无明显“正面”答案的问答题。

第四，威望。

有些受访者希望得到访员的尊重，因而有可能在回答过程中向受尊重的方向倾斜，从而引起威望偏差。

第五，恐惧。

问卷中某些负面的内容可能会对被访者构成某种心理威胁。因此，这些问题最好使用比较委婉的方式提问；另外，还应将此类问题放在问卷的靠后部分。

第六，敌意。

当调查的内容在某些被访者中引起强烈的敌意或不满时，该受访者有可能将这种情绪“延续”到下面的问题中，从而产生敌意偏差。

第七，主办方。

某些时候，当受访者知道了调查的主办方后，可能会使回答产生偏差。

②回答偏差的产生

除了上述仅仅由于访员的存在就可能产生的影响外，访员的实际操作也会制造或增加回答的偏差。如当访员的语言或非语言动作带有某些威胁意味时，或者当访员比较粗鲁或语气过于逼迫时，就可能产生这样的偏差。

2. 监督管理的具体措施

调查访问中监督管理的作用十分重要。具体而言，有以下几个方面：

（1）质量控制与检查

调查访问过程中，督导要按照一定的比例（公开或隐蔽地）监督访员每天的工作情况，包括每天回收当天完成的问卷，并对每天的每份问卷进行检查；记录访员每天所完成的工作，以掌握实际的进度和存在的问题。督导还应每天如实向项目负责人报告项目实施的进展情况。

（2）抽样控制

为保证访员严格按照抽样方案抽取样本，督导每天应记录每位访员访问的数量和完成配额的情况，并准备抽样控制表，表中内容包括配额的完成、样本的特征及关键变量的回答，以便掌握样本的每一细节。

（3）控制作弊

通过培训、监督和检查访员等方法，可以将调查访问中访员作弊的可能性减至最低。个别访员可能由于疲劳、被拒访、烦躁等原因而作弊，针对这种情况，督导可以使用一些“撒胡椒面”的方法，即在问卷中“撒”上一些检查用的问题，或在访问名单中“撒”上一些“查账者”，以便检查访员可能的作弊行为。

（4）复查验收

督导要抽查 10%—25% 的被访者进行复查验收。复查验收的内容包括：访员是否真的认真按要求进行了访问，访问的时间长度和质量，受访者对访员的印象如何，是否收到礼品或收到了什么礼品等。除此之外，还应重复询问一些事实型的问答题。

（三）对访员的评价

访问结束后对访员的评价从以下几个方面入手：

（1）费用和时间

包括访员平均完成每份问卷所花费的经费和时间。

（2）回答率、合作率、拒绝率和接触率

回答率（response rates）是全部选中的受访者中接受并完成调查的人数所占的比例。20 世纪 90 年代，一般来讲，我国内地的面访、入户（或单位）、拦截访问和计算机辅助人员访问的回答率比较高（一般高于 80%），因为不在家产生的问题可以通过再次访问来解决。电话调查（包括传统的电话调查及 CATI）的回答率一般在 60%—80% 之间，主要问题是受访者不在家或不回答。为提高回答率，发达国家一般采用同一号码若不在家最少再打三次的做法。

合作率指接受访问的单位数量占所接触的所有合格单位数的比例；拒绝率指拒绝接受访问的单位数占所有潜在合格单位数的比例；接触率指找到的被访单位数占全部待访单位数的比例。进入 21 世纪以来，在我国内地特别是在大城市，面访调查和电话调查的回答率和合作率都有较大幅度的下降。

实施结束后，应计算项目的总回答率和每个访员的回答率，以确认较好的访员[①]。

（3）访问的质量

对访员访问的质量评价一般是通过督导的陪访或其他监督检查的方式来完成的，具体的评价内容有：开场白是否恰当，提问的准确性如何，以无偏的方式进行追问的能力，提敏感性问题的能力，访问期间表现出来的与人交往的能力，结束访问时态度、举上的分寸感等。

（4）数据的质量

除了对访员访问的质量进行评价外，还需要对访员收集的数据的质量进行评价，数据质量的评价包括：记录的数据是否清晰（包括字迹、画圈、打钩等），是否完全按指导语提问（包括问卷中有关“限选一项”“可多选”“跳答”等问题），开放式问答题的答案是否是逐字记录的，对开放式问题追问的答案是否有意义，回答是否比较完全，未回答的项目是否比较少等。

对访员进行评价，是为了使访员更加明确作为访员应该做的和不应该做的事项，下面具体列举这些细微的方面：

- 如果在访问中，被访者对调查主办机构有任何疑问，访员应将自己的全名及所属调查机构的电话告诉对方，以便消除疑虑并供对方核实；
- 访员应完全按照问答题的书写格式提问，如果在访问过程中遇到这方面的问题，要尽快向督导报告；

① 具体的计算公式可以参考柯惠新，祝建华，孙江华．传播统计学[M]．北京：北京广播学院出版社，2002：127-132.

- 访员应按照问卷指示的顺序提问题，遵照跳答的顺序；
- 访员对被访者的提问要以中性的态度阐述，避免带有任何诱导性；
- 除非委托方允许，一般不暴露委托方的身份；
- 在访问过程中，有时会遇到访问被迫中断的现象，对此，要在问卷上做记号，并记录中断的理由和时间，为过后的时间段内停止或继续访问提供线索；
- 访员在整个访问过程中要保持中立的态度，对被访者的见解既不表示同意，也不表示不同意；
- 访员说话要慢（在面访的情况下）而清楚，以使被访者能理解所提的问题；
- 访员在访问过程中要逐字记录所有的回答，不要做任何个人解释；
- 访员要避免与被访者进行不必要的聊天；
- 对开放式问题，访员一般要追问，以获得尽可能充分的回答；
- 对问卷中的所有问题，访员记录的字迹都要做到整齐清楚；
- 在访问结束后，访员将所完成的问卷交给督导之前要检查全部的访问结果；
- 如果需要中断对某个被访者的访问，访员要采取适当的方式，比如，用这样的语言："我们的样本在这个范围的配额已经满了，不过还是要谢谢您"；
- 访员应该对访问的有关材料保密，访问工作结束后要全部交回；
- 对任何问答题、任何答案、任何访问对象，访员都不能弄虚作假；
- 访问结束后，访员对被访者的合作要表示诚挚的谢意。

六、抽样调查法的优缺点

1. 抽样调查法的优点

抽样调查法具有非常明显的优点。

第一，抽样调查法可用来调查在真实环境中发生的事情，如读报、收看电视、消费者行为等，研究者采用抽样调查法时是在被访者行为发生的地方进行测量，而不是在实验室或其他人为环境中进行测量。因此，抽样调查法所收集的数据比较可靠。

第二，就抽样调查法收集的数据量来讲，抽样调查法的花费是比较合理的。研究者可以依据其经费的多寡，从邮寄访问、在线访问、电话访问、面访或集体自填问卷等方法中选择适当的方法进行调查。问卷调查易于操作。

第三，与其他研究方法相比较，抽样调查法较容易收集到大量数据，调查技术允许研究者检验变量（人口统计变量和社会形态、个人生活态度、动机、行为等变量）之间的关系并使用多变量统计方法来分析这些资料。抽样调查法收集到的数据比较容易处理和分析。

第四，抽样调查法收集的数据可以对总体的数量特征进行合理的估计或推断。

2. 抽样调查法的缺点

但抽样调查法并非没有缺点：

第一，所抽取的样本中，可能有不愿意或不能够提供所需信息的被访者，从而影响数据的质量。

第二，被访者可能无意或有意提供不正确的答案（可能出于提升威望或其他动机；或者在涉及敏感性问题时，提供的信息可能完全背离其真实的行为或态度）。

第三，封闭性问题限制了被访者回答的范围，可能影响数据的有效性（如对其感觉、观点或信念进行说明等问题）。

第四，设计一份好的问卷难度较大。问卷中不适当的用词或问答题的排列顺序等，都可能使结果产生偏差。对初步设计好的问卷应反复试调查，不断修正各种不适当的问题。

第五，抽样调查法由于调查的是人们在现实环境中的行为与态度，因而其自变量无法像在实验室中进行实验时那样便于控制。因此，研究者无法确定自变量与因变量之间是否有因果关系，因为这牵涉到许多可能介入其中的其他变量。有鉴于此，时间序列研究往往有助于修正此类问题。

第二节 观察法

本节所讨论的观察法主要是以描述性研究为主的方法，它有别于第四章中以探索性为主的方法。观察法指以一种系统的方式记录人们的行为模式，以获取研究者感兴趣的有关现象的信息的方法。实施观察法时，研究者与所观察的对象不交谈，所需的信息可以在事件发生时记录下来，或是在事后尽快追补记录。

一、观察法的主要形式

按照不同的形式，观察法可分为结构式观察与无结构式观察、隐蔽的观察与不隐蔽的观察、自然的观察与设计的观察等形式。

1. 结构式观察与无结构式观察

在结构式观察中，研究者要详细规定所需观察的内容以及如何记录测量结果。例如在超市中查核账目、清点货物，以了解消费者的购买情况。结构式观察适用于研究问题已明确定义且所需信息也具体规定好了的情况。如此，研究者便可以对观察到的现象的细节很清楚地加以识别。结构式观察适用于结构性的研究。

在无结构式观察中，观察者监控可能与手中问题有关的现象的所有方面。例如，观看顾客挑选冰箱的整个过程。无结构式观察适用于研究问题尚未明确定义、在观察中需要灵活确定问题的关键组成部分及帮助制定研究假设的情况。在无结构式观察中，由观察者引起的偏差可能较大。因此，观察的结果只能按假设对待，不能当作结论。从这个意义上讲，无结构式观察更适用于探索性研究。

2. 隐蔽的观察与不隐蔽的观察

在隐蔽的观察中，被观察者并不知道他们受到了观察，这使其能够比较自然地表现自己，因为人们如果知道他们被他人观察，就会有不自然的举止行为。隐蔽观察可以通过单向镜、隐蔽照相机（摄像机）或被观察者难以觉察的其他设备来实现。观察者也可以装扮成与被观察者有同样行动的社会角色，如去超市购物的顾客、去大型广场看电视的观众或在公共阅报栏前的读者等。

在不隐蔽的观察中，被观察者知道自己受到他人观察，他们可能知道有观察者在场。关于观察者在场是否造成被观察者行为发生偏差这个问题，研究者们并没有取得一致的意见。其中，一种观点认为观察者的影响很小而且是短暂的；另一种观点则认为观察者在场可能使被观察者的行为发生严重偏差。

3. 自然的观察与设计的观察

在自然的观察中，研究者观察的是人们在实际环境中发生的行为。例如，观察人们在阅报栏前的行为和看报人群的结构。在设计的观察中，研究者观察的是人们在人为环境中发生的行为。例如，让一群儿童观看充满暴力打斗的电影后，将这些儿童带入一个摆放有充气木偶的房间，然后观察这些儿童在玩耍时是否会对充气木偶进行类似电影中那种暴力袭击等。

自然观察的优点是观察到的现象能较准确地反映现实世界真实的一面，缺点是等待某一现象发生的费用以及测量该现象的难度相对较高。

二、观察法的类型（按管理模式）

按照管理模式，观察法可以分为下面三种类型。

1. 人员观察

在人员观察中，观察者观察在现实环境中实际发生的各种行为，且不控制所观察到的现象，只是将发生的现象记录下来。例如，利用街头阅报栏，观察者仔细观察观看报人群的结构、数量以及其看报的时间长度和内容等，或观察在售报亭前停留、注视和购买报纸或杂志的人群，从而了解街头阅报栏或售报亭报纸的阅读情况和报刊销售情况。

2. 机器观察

在机器观察中，观察者是机器而非研究人员。这些机器设备既可能需要也可能不需要被观察者参与其中。机器观察可以连续记录发生的行为，对观察数据的分析一般在一段时间后进行。例如，在收视率调查中，美国 AC 尼尔森公司使用的人员测量仪被安装在被调查者家中的电视机上，通过特定的操作手柄，它不仅可以记录被调查者家庭收看电视的频道，而且也能记录收看该频道的家庭成员具体是哪位。在我国，以这种方式进行收视率调查的公司主要有广视－索福瑞媒介研究有限公司（CSM）等。在超市消费者购物行为研究中，研究者也常常利用机器进行观察，并结合有效的设计和分析，探索消费者真实的购物行为，北京华通明略信息咨询有限公司的王磊就进行了这方面的深入研究。①

需要被观察者介入的机器观察类型很多，特别是在广告研究领域。在该领域，大致有以下五种机器观察法。

（1）视向测定器

该方法又称为眼睛照相机。这种机器可以在 1 秒内拍摄到被测者的 16 个视线动作，测量出其视线停留的位置和时间，从而探测被观察者对广告的反应程度，由此分析、判断广告各构成要素的重要性、价值以及广告布局的优劣。

（2）瞬间显露器

瞬间显露器可以向被观察者做瞬间性的广告提示（提示的时间可以从千分之五秒到千分之十秒），接着询问被观察者对广告的记忆程度，然后逐步调整提示的时间（或增或减），由此决定各构成要素所需的记忆时间。

（3）精神电流测定器

人的感情变化的强度与其脉搏跳动的速度、血压的高低、呼吸的快慢，以及人体出汗的多少息息相关。精神电流测定器可以根据被观察者的感情变化，测定出其心理反应的状况。

如人们观看恐怖电影时，会随着镜头中出现的各种恐怖现象产生生理、心理上的反应。布鲁默在 20 世纪早期进行电影对青少年影响的研究时，提出了一个“情感占有”概念，即个人的情感被强烈地唤起以致失去某些自控能力的状态。观看一些戏剧性很强的电影“常常使青年观众产生移情、恐惧或受到非常大的感情冲击。这类由某些传播内容引起的情感不仅是一种非常强烈的刺激，而且表现为明显的外在行为（如哭泣、尖叫、躲藏、赞叹等）”②。在布鲁默时代，人们可能还未能使用这样的仪器对各种心理反应进行测量，他们更多的是依靠被访者的书信和自我报告来获得这些反应的。在这种机器出现后，人们便可以利用它对广告、电影、电视等传播内容所引起的反应进行准确的测量。

（4）心理反应记录器

心理反应记录器可以记录被观察者对广告的感情和心理反应，从而发现广告的优缺点，以进一步修改和完善广告的制作。

（5）记忆鼓

记忆鼓可以用来测定被观察者在一定时间内对广告提示的记忆程度。

① 引自王磊的《应用计算机辅助自然观察法探索真实购物行为》，该论文获得第七届“中国市场研究‘宝洁’论文奖”专业组一等奖，2008 年 12 月，CMRA 年会论文集。

② 洛厄里，德弗勒．大众传播效果研究的里程碑［M］. 刘海龙，译．北京：中国人民大学出版社，2004：34.

3. 踪迹分析

在观察法中，踪迹分析法属于能创造性地利用一些可行手段且花费不多的方法。在该方法中，数据的收集以有形的痕迹、证据或过去的行为为基础。这些踪迹或痕迹可能是由被观察者有意或无意遗留下来的。例如，博物馆内某些地方的瓷砖被腐蚀、磨坏，其程度可以用替换率表示。这种数据可用来确定博物馆中哪件展品受欢迎以及其受欢迎的相对程度。如在法国卢浮宫，达·芬奇的作品《蒙娜丽莎》前的地板磨蚀程度就高于其他展品。再例如，在一定时间内，观察图书馆中哪些书刊被磨损得比较严重，就可以说明人们更经常借阅这些书刊，由此可以看出这一时期读者的阅读倾向。另外，观察送去维修的汽车内收音机的调台位置，可以估计开车族听众的收听倾向。这些都是利用踪迹分析法的例子。

当然，对踪迹资料的收集和分析相对比较困难，尤其是很难判断这种资料的有效性和普遍性。但是，这种方法作为辅助手段可以为研究提供某些行为线索，可以对通过其他方法获得的资料进行检验。①

三、观察法的优缺点

与抽样调查法相比，观察法虽然有许多不足。但是，观察法为传播学研究提供了一定的角度和收集数据的渠道，如果与抽样调查法结合起来使用，则可能使研究更加富有成效。

1. 观察法的优点

第一，观察法可以测量到真实的行为，而不是由研究对象自我报告其可能有偏好或带倾向性的行为。人们对自我的认识总是有一定的局限性，而在观察法中不存在研究对象对自我行为或观念的报告，尤其是在隐蔽的观察之中。

第二，有些类型的数据只能用观察法来获取。例如对幼儿玩具喜好的信息的获取，最好是用观察法，因为幼儿无法恰当地表达自己的喜好。

第三，如果所研究的现象发生得十分频繁或持续时间很短，那么，用观察法可能比用抽样调查法更快速且花费更少。

2. 观察法的缺点

第一，观察法无法判定所观察到的行为产生的真正原因，因为潜在的动机、信仰、态度和偏好很难通过观察去了解。例如，我们在售报亭观察到某人购买某种报刊，但这并不能直接说明他喜欢这本报刊，他也可能是为家人或朋友购买的。

第二，研究者观念上的偏差也有可能造成数据上的偏差。

第三，有些形式的数据是很难直接观察到的（如个人活动等）。

---

① 袁方，王汉生．社会研究方法教程[M]．北京：北京大学出版社，1997：352.

第四，在某些情况下，使用观察法可能会涉及道德问题，即在未经允许的情况下对人们的某些行为进行观察是否侵犯了人们的隐私权？对这些问题的看法似乎还未形成一致的意见。

总之，观察法若使用得当，有可能提供有价值的信息。从实践的观点看，最好是将观察法看成抽样调查法的补充，同时与内容分析等方法结合起来使用。

四、应用实例：男性护理产品“促销员”的作用研究①

研究目的：品牌 A 是某男性护理用品品类中的领导品牌，促销员是其零售终端的重要组成部分，几乎所有大中型超市都有促销人员。了解促销员对消费者的影响模式及该模式的不足之处，是改善品牌终端销量表现的关键。

研究对象：上海 2 家典型的连锁超市

研究方法：在目标品类货架上安装观测设备，每个超市记录 5 天（包含周末），共收集 10 天的购物视频。通过对收集到的视频进行内容分析（方法详见本章第三节的介绍），对 10 天的视频中出现的约 5545 人进行购物行为编码。该过程同时使用 8 名编码人员进行编码，编码用时约 9 个工作日。研究人员基于观察法，对购物过程四阶段的数据进行分析。

研究发现了四个现象：

第一，约三分之二的“挑选者”在挑选后会购买产品。由此可见，促销人员有足够的空间去影响消费者，使他们从“挑选者”转变为最终的“购买者”。促销员可以使更多的消费者从“浏览”产品转变为“挑选”产品，从而使更大比例的人购买产品（图 5–1）。

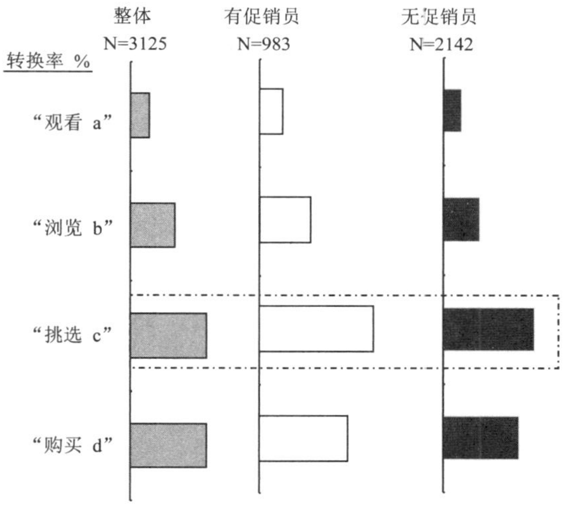

图 5–1　不同情景下购物过程四阶段分析

第二，促销员在不同阶段介入，对购买过程会产生完全不同的影响，继而产生不同的销售效果。在顾客“浏览产品”时介入，能够使更多的浏览顾客拿起和购买被推荐的产品（图 5–2）。

第三，女性的挑选过程比男性长，购买目的也较明确，她们更倾向于寻找促销员帮忙，并接受促销员推荐的产品，因此是促销员的重点推荐对象（图 5–3）。

① 引自王磊的《应用计算机辅助观察法探索真实购物行为》，该论文获得第七届“中国市场研究‘宝洁’论文奖”专业组一等奖，2008 年 12 月，CMRA 年会论文集。

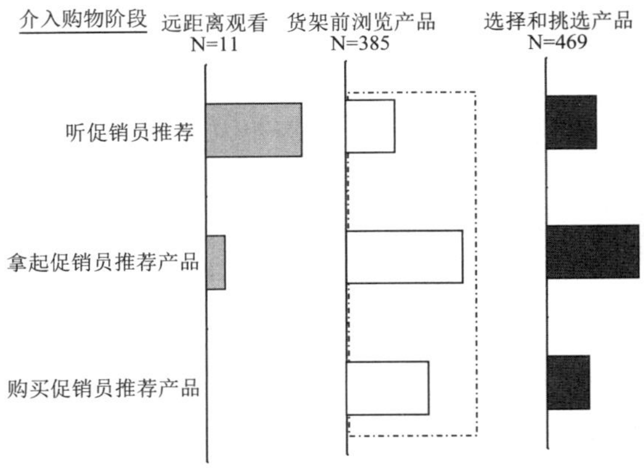

图 5-2 不同介入阶段对购买影响

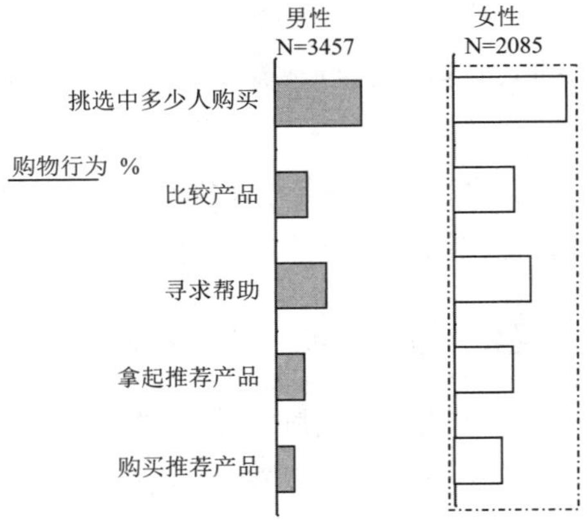

图 5-3 不同性别间比较

第四，促销员的角色可以分为三种：信息提供者（74%）、专业推荐者（20%）和说服者（6%）。观察发现，促销员并没有充分发挥其作为专业推荐者和说服者的作用；观察同时发现，促销员作为说服者和专业推荐者时，话语中所涉及的“使用寿命”“价格”和“更有效”这三个方面是购买者最为关注的。

第三节 内容分析法（非接触性研究）

内容分析法是以研究人类传播的信息内容为主的一种社会科学研究方法。前面介绍的几种研究方法都不同程度地需要接触研究对象（这里的研究对象主要指人），实地研究或抽样调查研究都会在研究过程中对研究对象产生不同程度的影响，而下一章介绍的实验法是对研究对象影响最大的方法。本节所要介绍的内容分析法可以避免这个问题，其研究者与研究对象之间不会发生接触行为。因此，这种方法又被称为非接触性研究。

一、内容分析法的历史发展及其在大众传播研究领域的应用

内容分析法有一个发生、发展、成熟的过程。概括地讲，这种发展、成熟表现在以下两个方面：第一，研究范围从仅注重印刷媒介内容（或以文字形式记录形式的内容）发展到注重所有媒介形式的内容；第二，研究方法由纯粹的内容分析逐渐成为一种系统、科学和客观的行为研究与社会科学研究。

早期的内容分析法注重对文字记录资料的研究。20 世纪初期，一些主修新闻学的学生对国际新闻和体育新闻在当时各种报纸上所占的篇幅进行了测量统计，以判明这些报纸各自的风格特点。在方法上，主要是对传播内容做计数（count）分析，如广播新闻的则数、报纸新闻内容中国际新闻或国内新闻的件数、杂志广告的类别和篇数等。第一次世界大战结束后，沃尔特・李普曼（Walter Lippmann）以自己的亲身经历体会到新闻界普遍存在歪曲事实、误导社会舆论的现象。为证实这些看法，他与其他人合作，对当时美国报纸

上关于俄国布尔什维克革命的报道进行了分析。该分析选择了以报道精确而著称的《纽约时报》作为研究对象，统计了其在三年内的相关报道，结果发现：

《纽约时报》对俄国革命的态度不是从事实出发，而是由“组成新闻机构的那些人的愿望所主宰，其报道既不准确又怀有偏见”。①

随着传媒技术的发展，可用于内容分析的媒介形式得到拓展，其研究对象不再局限于印刷媒介的内容，而是进一步扩展到了任何记录形态，既包括报纸、杂志、书籍、信件、政府文件等文字记录形式的内容，也包括广播、唱片、演讲录音、录像（电视、电影）等非文字记录形式的内容。例如，在对电视动画片对儿童的影响研究中，内容分析法所关注的焦点是电视动画片在主题、音乐、画面甚至价值取向等内容的研究。随着内容分析的深入应用和传播学研究的发展，内容分析法逐步发展成为注重客观性、系统性和量化的一种科学研究方法。

也有学者将内容分析法的发展过程划分为实践探索期、理论研究期、基本成型期和发展完善期几个阶段。②

实践探索期：第二次世界大战期间，盟军为了获取有关德国社会经济、政治等方面的动态情报，曾建立了庞大的间谍网。但严密的消息封锁和德国的反间谍活动使得这一工作很难开展。在著名传播学家保罗·拉扎斯菲尔德（Paul F. Lazarsfeld）和哈罗德·拉斯韦尔（Harold Lasswell）的倡导下，美国情报部门决定从公开的文献资料中发掘所要的信息。他们以德国公开发行的报纸为对象，通过对其内容的分析和研究，出乎意料地摸清了德国社会的基本情况。很快，这一新的方法又运用于太平洋战区，在对日情报战中发挥了重要作用。

理论研究期：战争结束后，美国政府组织传播学、政治学、图书馆学、社会学等领域的专家学者与军事情报机构一起，对内容分析方法进行了多学科的研究。到 1955 年，有关这一方法的内容与步骤，如分析单元、定性与定量的比较、频度的测定与用法、相关性和强度的衡量及信息量的测度等，都得到了不同程度的研究，并由此形成了初步的模式和理论。

基本成形期：20 世纪 60 年代初，内容分析法开始在美国情报部门中推广使用，特别是用于对社会主义国家的情报进行分析。如在我国香港地区，美国情报部门就派驻了近 300 名研究中国的观察员，他们的工作包括收集我国的各种报刊，进行内容分析。此后不久，内容分析方法进入美国大学的传播学、政治学和社会学课堂。20 世纪 60 年代末，西方图书馆学和情报学将内容分析法引入了自己的方法论体系。70 年代，这一方法在北美、西欧的社会科学各分支学科中开始应用，尤其在社会学和比较政治学中成效显著。1971 年，哈佛大学的卡尔·多伊奇（Karl W. Deutsch）等人将“内容分析”列为 1900—1965 年间的 62 项“社会科学的重大进展”之一。

---

① 王锡苓 . 传播研究方法[M]. 兰州：兰州大学出版社，2002：162.

② 赵蓉英，邹菲 . 内容分析法学科基本理论问题探讨[J]. 图书情报工作，2005（06）：14-18，23.

发展完善期：20世纪80年代以来，内容分析法不断吸收当代科学发展的养料，用系统论、信息论、符号学、语义学、统计学等新兴学科的成果充实自己，在社会发展和国际政治研究等领域中发挥了重要作用。如美国未来学家约翰·奈斯比特（John Naisbitt）依据这一方法创办了著名的《趋势报告》季刊，出版了被誉为“能够准确地把握时代发展脉搏”的论著《大趋势》，成功预见了网络普及和全球经济一体化等现象，从而使这一方法受到世人瞩目。

内容分析法已经成为当今应用十分普遍的传播研究方法之一。1968年，唐念邦（Tannenbaum）和格林保（Greenberg）指出，内容分析是大众传播研究中运用最多的方法。1975年出版的*Comstock*列举了超过225种关于电视节目的内容分析。在《广播与电子媒介》杂志1977—1985年间发表的研究报告中，有21%运用了内容分析法（Moffett & Dominick，1987）。

杨孝濚在其《传播研究方法总论》中总结了诸多研究者的看法，认为内容分析不仅可以分析传播内容的信息，而且可以分析整个传播过程；不止可以针对传播内容做叙述性的解说，而且还可以推论传播内容对整个传播过程产生的影响。[①]

辛格尔特里（Singletary）曾说：“内容分析作为正式研究方法已有大约五十年或者更长的时间。它可以提供许多东西。事实上，它恰恰受使用者自身灵活性的局限。它发挥自己的潜能了吗？可能有许多研究者不这么认为。但这是研究者之错，而非方法之误。良好的内容分析的关键，在于清晰而深入地思考变量之间的关系。深度与清晰不是可以讲授的东西，它们来自内心。”[②]由此可见，学习和掌握内容分析法可以为传播学领域的深入研究提供助力。

二、内容分析法的定义

内容分析法可以用在对任何信息形式的研究中，如书籍、报刊、广播、电视、网络、歌曲、绘画、诗歌、演说、信件、法律文书，等等。内容分析法主要研究书面文献或音像资料，不需要接触从而影响研究对象。研究者对信息的内容进行分析，具体的做法是将文本简化为数字，即计算文本中某些元素出现的次数。

在传播学研究中，不少学者对内容分析法给予过多种定义：

贝雷尔森（Berelson，1952）给出了如下定义：内容分析是“一种对显明的传播内容进行客观、系统和定量的描述的研究方法”[③]。

华里泽和韦尼（Walizer and Wienir，1978）将其定义为“检视资料内容的系统性程序”，克里本道夫（Krippendorf，1980）的定义为“具有可重复性及效度的探寻资料的技术”，柯林杰（Kerlinger，1986）将内容分析法界定为“一种系统、客观、定量的研究分

---

① 杨孝濚.传播研究方法总论[M].台北：三民书局，1977：198.

② 辛格尔特里.大众传播研究——现代方法与应用[M].刘燕南，等译，北京：华夏出版社，2000：294.

③ 常昌富，李依倩.大众传播学：影响研究范式[M].北京：中国社会科学出版社，2000：464.

析方法，目的在于测量传播中某些可测得的变量”。[①]

从以上对内容分析法的定义中，我们可以看到内容分析法具有以下五个特点。其中，客观性、系统性和定量性也是贝雷尔森在其定义中强调的。

1. 客观性（objective）

“客观”是科学研究的基本要求，也是内容分析法的基本要求。它要求研究者的个人性格、偏好或利益不能影响研究结论。在具体在操作上，它要求研究者公正、准确地按照一套事先确定的评价（或分类）标准（或规范）分析类别和单位，因而不同的研究者能够按照这套标准或规范得出同样的结论。同时，抽样、变量分类和规则等也都有明确的界定和标准化的程序。“客观”在某种意义上意味着分析结果是由分析程序决定而非由研究者的主观意愿决定的。

2. 系统性（systematic）

“系统”乃是“客观”要求的逻辑延伸。“系统”要求研究的范围应包括所有种类（范畴），即样本选择必须按照特定的程序，每个项目接受分析的机会必须相同。同时，所有的内容应该使用同一标准进行测量，编码和分析过程必须一致。“系统”的设计，应该使样本分析得出的结论能够反映研究目的与研究假设。没有“系统性”就意味着存在偏差。

3. 定量性（quantitative）

“定量”是内容分析最明显的特征，是达到精确和客观的必要手段，其目的是对讯息实体进行准确的描述，将文本转换成数字。大部分内容分析的统计依赖频次、百分数、卡方，也有些使用参数检验，如 t 检验、回归分析和因子分析等。

4. 描述性（descriptive）

内容分析主要是描述传播的内容，这种描述是量化的。只有定义精确，描述才能精确。

5. 显明性（obvious）

贝雷尔森在其定义中将内容分析的研究对象明确界定为“传播的显明内容”，意为所研究的文本必须是明白的、显而易见的，不能是隐晦的、含糊不清的。内容“必须以它出现的样子编码，而不是以感觉的它的意义来编码”。

---

① ROGER D W，JOSEPH R D. 大众媒体研究［M］. 黄振家，译. 台北：新加坡商亚洲汤姆生国际出版有限公司，2002：181.

三、内容分析法在大众传播研究中的应用

内容分析法主要应用在以下几个方面。①

1. 描述传播内容的倾向性或特征

第一，描述传播内容在一个或多个时间点上的特性。例如1967—1985年中电视节目对精神病的描写；肥皂剧对性活动、避孕法和性病传染的表现方式等。

第二，描述传播内容的变化趋势，这往往需要五年、十年甚至更长时间的样本，以探明媒介内容对某一主题的报道量或其观点发生了什么变化。例如，对1948—1988年间美国广播电视黄金时段环保节目变化趋势的分析；中国传媒大学2005级硕士王一芳对1981—2007年间《中国足球报》在中国足球形象建构方面的变化趋势分析。②

第三，研究社会变迁，例如，通过对读者来信或报纸社论的纵向研究，分析舆论对于争议性问题的焦点变化；通过研究不同时间内的畅销书，判断社会中主要价值观的变化。

第四，比较不同媒体的报道特征。例如，针对台湾1999年9月21日的大地震，中国传媒大学的柯惠新等人对海峡两岸及香港、澳门报纸中相关的地震新闻报道进行了分析和比较。③

结合投影技法，心理学家对被测者的主观反应进行内容分析，从而了解人的性格特征。

2. 从信息内容推测信息传播者的态度

研究者的假定是：在大多数情况下，媒介信息在相当程度上自然而然地体现了媒介或传播者的态度。例如：研究某个杂志中的妇女形象，可以推断这个杂志对女性的态度；比较两家报纸对某个暴力事件的不同报道，可以看出它们对这一暴力事件的不同看法；统计分析受众来信（在这里，受众也是信息制作者），可以推断出受众对某种媒介或某种媒介内容的兴趣倾向等。例如，1978年美国的研究发现，妇女生活版的女性编辑比男性编辑更喜欢选择妇女运动的新闻进行报道；1985年美国研究者对23名男性候选人和23名女性候选人的113则电视竞选广告进行分析，发现女性候选人的竞选演说很少强调权力，而更强调同情心；1989年加拿大研究者比较了加拿大私营和国营电台的男、女播音员和记者，发现女性比较喜欢在国营电台中担任播音员。当然，也有例外，如为了某种利益，媒介发表与其态度相反的内容。

2001年中国传媒大学曹培鑫通过对《读者》“人物”栏目进行内容分析，研究了《读者》杂志所传达的价值观，发现“《读者》中所记述的人物在一个较长的时期内（20年）

---

① ROGER D W，JOSEPH R D. 大众媒体研究[M]. 黄振家，译. 台北：新加坡商亚洲汤姆生国际出版有限公司，2002：183-185.

② 王一芳. 国内报纸媒体对中国足球形象的建构研究[D]. 北京：中国传媒大学，2001.

③ 柯惠新，刘来，朱川燕，等. 两岸三地报纸灾难事件报导研究——以9.21台湾地震新闻报道为例[J]. 新闻学研究，2005.

确实承载了特定的价值观内涵，这种价值观内涵通过杂志对不同的人物的选择、描写、态度、判断等等体现出来。”①

另外，从传播内容推测信息传播者态度的方法也经常被用于探讨少数民族、弱势群体或其他引人注意的团体在媒体中的形象。例如对纽约一家电视台描绘的妇女形象进行分析，以吸引更多的订户；研究美国媒体对西裔美国人的呈现等，这些研究都属此类。吉莉（Gilly,M. C.，1988）对墨西哥、澳大利亚和美国三国广告中的性别角色进行了比较分析，发现墨西哥的广告显得最呆板，澳大利亚的广告最为活跃；又例如，王楠通过对《人民日报》《北京青年报》和《南方周末》三份报纸 1986—2005 年的内容进行分析，发现“整体来看，艾滋病感染者的媒介形象并不是十分具体。相比较而言，具体的信息更容易引起人们的注意，更容易使人产生接近感。而抽象的形象则不容易引起人们的关注和情感上的共鸣”②。

3. 研究传播内容的真实性

内容分析法可以比较媒体报道内容与真实世界之间是否一致。例如美国研究者戴维斯（Davis，F，1951）发现科罗拉多州报纸的犯罪新闻报道与全美国犯罪率的变化之间毫无关系；罗利（Lowry，1981）比较了电视黄金时段节目中烈酒消费方式的表现与现实生活中的情况，发现电视画面对喝酒的描述比现实生活中更为夸大，而且对其消极影响表现得要比现实生活中小；杜吉罗和艾克东（Trujilo and Ekdom，1987）将电视节目中表现的美国产业状况与政府统计资料进行了对比，发现对服务业和公共机关的描述被夸大了，而对制造业的描述却被削弱了。

4. 从媒介内容推论传播效果

研究者的假定是：人们长期接触某种媒介内容，就会受到某种媒介内容的影响。这一假定已得到传播学理论的支持，其理论主要有：李普曼的报刊意义构成功能、格伯纳的培养论、肖和麦考姆的议程设置功能以及德弗勒、普莱克斯的媒介影响语言的功能。

但传播学的其他理论指出：媒介内容对受众的影响不是直接的，而是有条件的。受众接触某内容的动机、态度、原有认知结构以及其他因素也将决定媒介内容对他们的影响。只有让受众大量接触与其原有态度一致、原有认知结构相同的内容，才有可能增加受众认同媒介内容的机会，进而影响受众。③

5. 建立媒介效果研究的起点

研究者将内容分析作为后续研究的起点（最近的趋势），即对媒体的主要讯息和主题进行系统的内容分析，并结合受众调查，检验这些讯息是否会使经常暴露于该媒体面前的

① 曹培鑫 .《读者》价值观评述——以对“人物”栏目的分析为例[D]. 北京：中国传媒大学，2001.

② 王楠 . 艾滋病感染者媒介形象的建构[D]. 北京：中国传媒大学，2007.

③ 赵蓉英，邹菲 . 内容分析法学科基本理论问题探讨[J]. 图书情报工作，2005（06）：14-18，23.

受众产生类似的态度。研究者在从事这类研究时，一般暗含着一种假设，即传播内容的倾向与社会现实（或现代社会价值观）不相符。研究者在接受一个内容分析项目时，常常基于对某种传播内容的不满，认为它歪曲了社会现实或不符合现代社会的价值观或科学观，研究者试图通过系统的定量分析，揭示其内容所蕴含的社会性质。但仅仅分析某种内容倾向的百分比是没有意义的，只有将这种百分比与社会现实、社会观念联系起来，研究者才能对数据作出价值判断。也只有在这个基础上，内容分析才有意义。也就是说，内容分析的价值不仅仅是描述内容趋势，更重要的是它能帮助我们理解和解释社会现实。[①]例如格伯纳（Gerbner）将内容分析和受众调查结合在一起的这一类综合研究被称为涵化分析（cultivation analysis）。假如我们可以将电视暴力内容与个人行为相关联，那么我们将会对理论有所贡献。这一理论称为“涵化理论”，因为电视似乎在“培养”人们对真实世界的看法。研究者认为，个人的行为至少可以部分地由此人的电视收看量和收看种类来解释。于是，研究者将选择的主题分为两个研究部分：一个涉及内容分析；另一个为横断性调查研究。为了进行这项研究，研究者必须首先研究电视暴力的程度与出现频次，然后调查样本中的人，以便得知：（1）人们看什么节目；（2）他们收看了多少暴力内容；（3）他们对社会中暴力程度的看法。格伯纳等人（Gerbner etc.，1979）发现，看电视时间过长的观众对世界特别惧怕，因为电视节目中大量的犯罪和暴力内容可能使他们透过电视而非现实形成自己的态度；吉尔曼等人（Zillmann and Bryant，1983）检验了电视教学节目最常用的幽默形式，发现对儿童来说，与教育讯息无关的幽默最容易被吸收。

柯惠新主持的《媒介与奥运——一个传播效果的实证研究（北京奥申篇）》[②]的媒介议程设置研究（柯惠新等，2004）给出了一个将内容分析和受众研究相结合的案例。受众研究部分摘取的是1999年1月、2000年12月和2001年7月的三次调查；内容分析部分选定的是《北京晚报》《北京青年报》和《北京日报》三份报纸，分析的时段为2000年11月6日到2001年7月20日。遵循夏洛特研究的范式（该研究在议程设置研究中考察了时间因素的影响），该研究表明：媒介（至少是报纸）在影响公众议程方面确有效果，即媒介议程影响着公众议程。事实上，在《媒介与奥运》第一系列的研究中（第二、三系列分别为“雅典奥运篇”和“北京奥运篇”），研究者共采用了三批内容分析的方法（表5-2），用于：（1）横向比较北京与其他申办城市的传播策略；（2）纵向比较北京两次申办奥运的传播策略；（3）研究媒介的议程设置功能。[③]

---

① 赵蓉英，邹菲．内容分析法学科基本理论问题探讨［J］. 图书情报工作，2005（06）：14-18，23.

② 柯惠新等．媒介与奥运——一个传播效果的实证研究（北京奥申篇）［M］. 北京：中国传媒大学出版社，2004：219-230. 该研究得到了原国家广电总局的部分资助，主要成员是中国传媒大学柯惠新的研究生：尚大雷、崔蕴芳、刘来、陈晓华、曾兴、魏思华、马文娟。此外2000级传播学、新闻学等专业的约百名研究生也参加了调查实施的工作。

③ 柯惠新，陈锐．媒介与奥运——北京申奥传播策略与效果回顾［R］. 中国传媒大学老教授协会学术研讨会（2009年1月12日）论文集．

表 5–2　北京申奥媒介传播效果研究内容分析基本情况

	城市	报纸名称	抽取日期	有效篇数
第 1 批	北京 大阪 多伦多 伊斯坦布尔 巴黎	《人民日报》《北京青年报》 《朝日新闻》《读卖新闻》 《环球邮报》 《共和国报》 《费加罗报》	2001 年 2 月 18—26 日 2001 年 2 月 22—3 月 2 日 2001 年 3 月 5—14 日 2001 年 3 月 18—22 日 2001 年 3 月 23—31 日	83 17 16 5 9
第 2 批	北京	《人民日报》 《北京日报》 《北京日报》	1993 年 3 月 4—12 日 1992 年 9 月—1993 年 9 月 2000 年 8 月—2001 年 7 月	43 495 296
第 3 批	北京	《北京日报》《北京青年报》 《北京晚报》	2000 年 11 月 6 日—2001 年 7 月 20 日	7034/ 文 2225/ 图

注：1. 第 1 批分析内容为国际奥委会组团在各候选城市进行实地考察期间的媒介报道；
2. 第 2 批内容分析的主要目的是对比前后两次申奥中媒介宣传的差异；
3. 第 3 批内容分析采用系统抽样方式抽取了 8 个合成周共计 56 天的“新闻首页”“北京新闻”“体育新闻”“时事新闻”等相关版面进行分析，分析内容包括文字和图片报道，分析重点是奥运议题在各类议题中的比重。

四、内容分析的研究步骤

以下是内容分析通常遵循的步骤：

- 选择主题（提出研究问题或假设）；
- 确定研究范围；
- 抽样（从研究范围中决定样本或普查）；
- 定义要计算的概念，确定分析单位；
- 建立分析内容的类别；
- 制作编码表；
- 训练编码员和试验性编码；
- 收集资料（按照已确立的定义和编码表将分析内容编码）；
- 测量编码者之间的可信度；
- 分析数据；
- 报告结果（得出结论并进行解释）。

下面对每一步骤的具体内容作简要的说明。

1. 选择主题（提出研究问题或假设）

与其他传播研究方法类似，内容分析同样需要明确研究问题或假设，避免为计算而计算。在提出研究问题或假设之前，文献综述是必要的。假设形成的过程与其他研究方法相同，即从现存的理论或传播的实践中产生研究问题，例如：“不断发展的妇女运动是否为广告中的妇女形象带来了变化”“地方电视台对外地社会新闻的选择是否存在差异”“电视广告如何表现女性、儿童、老年人”等。

例如，假设“人们认为或相信广告是重要的，而广告对人们在社会中的角色或地位有重要影响”，那么在这一研究问题的内容分析中，研究者就要计算某群体成员在广告中出现的次数，并考察广告中这一群体所涉及的活动及其性质。

例 1：罗素与邓伍迪（Rossow and Dunwoody，1991）研究社区多元化（复杂性）与争议性事件新闻报道之间的关系①，他们认为发行量小和发行量大的报纸在表达新闻的方式上有一点不同，发行量小一点的报纸位于人们彼此互相熟悉的城镇，在这样的城镇，人们较可能支持一致的舆论，基于社区压力，报纸倾向于报道好消息和维持秩序。而在多元化社区，大报所受的舆论一致的压力比较小，因此，这些社区的报纸更有能力在新闻中反映冲突。因为相互不认识的人数比例非常高，因而舆论一致与否并不会成为问题。因此，小社区不想听坏消息，那么，当他们不能避免坏消息（如政府要在附近盖一座核废料场）时，他们的反应与多元化大社区的反应会相似吗?

在该研究中，报纸新闻给出了如下消息：“一项研究在威斯康星州的两个社区及其附近进行，美国能源部准备在那里建两个核废料贮存场。”

针对以上研究问题和相关理论，罗素与邓伍迪设计了如下研究假设：

假设 1：在这种情况下，小城镇的报纸会呈现更多“使能够信息”（enable information，允许但不要求读者对此新闻做出反应的那种信息，即小社区在遇到威胁时会提供特定的信息处理方式）。

假设 2：当报纸编辑个人关注核废料贮存场问题时，“使能够信息”出现的次数更高。

具体方法如下：

（1）选择 33 个会受到核废料贮存场影响的社区，每个社区有一份日报或周报，按多元化程度将 33 个社区排序（选择多元化程度最高的 4 个、中间的 4 个、最低的 4 个社区来研究）。

（2）报纸发行量 1500—58000 份；时间从宣布核废料贮存场建立当日起至能源部放弃建立废料场为止（即 1 月 16 日—5 月 30 日）。

（3）编码员阅读每一条新闻，找出“使能够信息”的程度和种类。“使能够信息”可以是“完全的”“部分的”或“不存在的”。结果样本中有 374 条新闻报道，共有 2398 个“使能够信息”。

（4）同时访问报纸的编辑，了解他们对此问题的关注度，以及他们对读者关注此问题的看法。

（5）结果：数据资料部分支持假设 1 和假设 2，即低度多元化的社区报纸比高度多元化的社区报纸提供了更多、更详细的“使能够信息”；编辑个人对核废料贮存场的关注度与“使能够信息”的出现与否相关，信度范围 1.0—0.33（但文章中并未清楚指出哪些项目的信度低）。

该研究的意义有助于解释一个人阅读的新闻种类与其居住的社区种类之间的关系，其

① 辛格尔特里. 大众传播研究——现代方法与应用［M］. 刘燕南，等译. 北京：华夏出版社，2000：278-279.

意义远远超过一项简单的传播描述，是对有关社区结构或社区新闻理论的一项贡献。

例 2：1992 年年初，中国社会科学院新闻研究所进行了一项题为“少儿电视节目的内容分析”的研究。研究者将 1991 年 9 月至 12 月 4 个频道 39 天播出的 2979.6 分钟少儿电视节目录下，按播出的时间段、时间长度、频道、类型（包括信息、科技、文艺、动画、智力等）、内容（包括历史故事、童话、现实生活、暴力等）、角色（包括男性、女性、现实人物、动画人物、英雄、科学家、企业家、教师、好学生、顽童等）以及时代等几十个变量，将 400 多个节目进行分类编码，并将编码后的数据录入计算机进行统计分析，从而了解到少儿电视节目中不同人物、不同内容和类型出现的频度，由此得出了许多重要的结论并发现了一些问题，如知识性、教育性节目远远超过观赏性、娱乐性节目；进口动画片已独领风骚；国产少儿电视节目反映的思维方式多具有中国传统的思维特征；进口少儿节目则体现出西方人的科学探险精神，表现出西方文化偏重人与自然关系的文化精神。①

内容分析法还可用于处理调查中开放式问答题及消费者来信分析，如例 3。

例 3：中国社会科学院新闻研究所孙五三对电视剧《渴望》的观众来信进行了内容分析②，其研究设想是：

设想 1：来信是“《渴望》热”中温度最高的部分，是观众对该剧高度赞赏的集中表现。

设想 2：观众的极度喜爱、欣赏和赞佩可以称为崇拜，而写信人的年龄、性别、文化程度和阅历上的差异，会影响他们表现出来的崇拜的特点和程度。

设想 3：有过与剧中人相似的经历，在观看中产生认同感，通过写信完成认同过程，是写信的主要动机之一。

研究者从北京电视艺术中心所保存的该剧观众来信中随机抽取了 400 封，按来信人的基本情况（5 个指标）、内容及崇拜程度（6 个指标）进行了编码和定性、定量的分析，得出了关于媒介崇拜的三个推论及四个结论性意见。

2. 确定研究范围

确定研究范围就是要详细说明想要研究的内容，对所研究的总体（分析内容的全体）作明确的操作性定义。这里需要做两个工作：一是界定主题领域（topic area）；二是规定时间间隔（time period）。例如，研究化妆品广告的内容，必须首先确定“化妆品”的含义（例如，护肤品、洗发水等是否也包括在内？是只限于电视广告还是包括其他？）；其次，必须确定时间范围（例如，是过去一年，还是过去一个月？）

在确定研究范围时，应考虑两个方面的问题：主题范围及涵盖时间。主题范围应该与研究问题保持逻辑一致并与研究目的有关；涵盖的时间应该足够长，以确保能充分产生所要研究的现象。研究者要清楚地说明研究主题范围和涵盖时间。例如，“这是关于 2000 年 3 月 1 日至 2008 年 9 月 1 日期间《北京晚报》和《北京青年报》中有关 2008 年北京奥运

---

① 柯惠新，刘红鹰. 民意调查实务[M]. 北京：中国经济出版社，1996：159.

② 孙五三. 观众来信与媒介崇拜——《渴望》剧观众来信的内容分析[J]. 新闻研究资料，1992（4）：32-52.

会申办和举办的报道内容的研究”，或“这是关于 2007 年 5 月 1 日至 2008 年 5 月 1 日期间北京市黄金时段中电视化妆品广告播出内容的研究”。

3. 抽样（从研究范围中决定样本或普查）

明确研究范围之后，一般要进行抽样。大多数内容分析都采用多级分层抽样的方法。通常情况下多采取三级抽样，第一级：对内容所在的原始资料抽样；第二级：对研究的时间抽样；第三级：对研究的内容抽样。

例如，研究报纸的头版新闻在传播政府方针政策的过程中所扮演的角色，其研究总体可以是“2008 年 5 月 1 日至 10 月 31 日除星期日以外的全国报纸头版的新闻内容”。由于全国报纸数量众多，应先将全国的所有报纸按发行量和报纸类型进行分层：

第一级：从各个层中所包括的大、中、小城市的报纸中抽取若干份报纸；

第二级：对出版日期抽样。典型的做法是抽取一个或几个“合成周”，即随机地将 6 个月排成顺序，从第一个月的 4—5 个星期一中抽取 1 个星期一，从第二个月的 4—5 个星期二中抽取 1 个星期二……以此类推，直至抽取到一个星期六为止。

也可以从研究时段的全部星期一中随机地抽取一个星期一，从全部星期二中随机地抽取一个星期二……以此类推（相当于先按星期分层），得到的 6 天就是一个不包括星期日的“合成周”。

第三级：按等距抽样或随机抽样的方法，从被抽中报纸在合成周内的头版新闻报道中抽取若干篇作为最终分析的文章。

表 5-3 为《大众媒体研究》中给出的一个“检验某个假设的内容分析的抽样方案”。

需要注意的是，下述资料中有无可能存在周期性或特殊性。例如，如果采用等距抽样的方法，每隔 7 天抽取 1 天的话，抽到的就可能都是周末的报纸，或具有某些特定题材的某个工作日的报纸，这样就会产生严重的系统偏差。

4. 定义要计算的概念，确定分析单位

“确定分析单位”指确定实际计算的对象，这也是内容分析中最小的元素。如在研究印刷媒介时，本文中的字、符号、行、段、句子、整篇文章、作者等都可作为分析单位。如果要分析电子媒介，那么其中的动作、事件、节目等可以作为分析单位。

表 5-3　对某男性杂志中广告产品类型的研究

研究问题：1980—1990 年间，男性杂志的广告类型有无变化？	
抽样阶段一	选择研究范围
男性杂志指 80% 以上的读者为男性的杂志，它可分为两组：大发行量组和中等发行量组 大发行量组：读者人数超过 1, 000, 000 人 中等发行量组：读者人数 500, 000—999, 999 人 从所有包括在这两组的杂志中，随机地抽取各组中的 3 种杂志，共 6 种杂志作为研究的范围	

续表

抽样阶段二	选择刊期
以 4 个月为一组，随机选择一年中的 3 期杂志。某期杂志可能是从 1 月、2 月、3 月、4 月组成的一组中选取，每种杂志都重复这个程序，最后得到的样本量可能是每种杂志 30 期，共计 180 期。	
抽样阶段三	选择内容
每隔一个广告统计一次，不考虑广告的大小。	

资料来源：ROGER D W，等．大众媒体研究导论[M]．黄振家，译．台北：新加坡商亚洲汤姆生国际出版有限公司，2002：192.

确定分析单位时要对分析单位或相关概念给出明确清晰的操作性定义或识别规则，但有时候这并不容易做到。例如，在比较电视节目中的暴力内容与现实生活中的暴力活动时，要考虑如何定义“暴力”这个概念，它是指“暴力动作”还是指“暴力内容”？是整个连续的打斗动作算一个暴力动作，还是每一次打击都算一个动作？威胁算是暴力吗？恶作剧算暴力吗？枪击老虎是暴力吗？看来“暴力”并不是一个容易界定的概念。格伯纳在其“涵化研究”中对“暴力”的定义是：“暴力的定义是身体力量的公然表示，拥有或不拥有武器、反对自我或他人、对个人受伤害或被杀害的痛苦意愿的强迫性行为，或真的伤害或杀害。”（格伯纳等，Gerbner etc.，1979）而辛格尔特里对“暴力”的定义则是：“不论其来源，暴力是加诸任何个人肉体上的痛苦或伤害或对财产的损害。”[①] 表 5–4 比较了格伯纳和辛格尔特里对“暴力”的各自定义。

表 5–4　两种暴力定义的差异比较

格伯纳的定义	辛格尔特里的定义
绑架可能是一种暴力行为	除非涉及伤害，否则绑架便不是暴力
涉及强迫	不涉及强迫
包括“暴力威胁”	不包括“暴力威胁”
不包括对个人财产的暴力	包括对个人财产的暴力

另外，幽默式的暴力问题也悬而未决。“喜剧演员将浮夸先生（Mr. Pompous）从码头上轻推入河是暴力吗？三名杂耍小丑之一打另一名丑角的鼻子是暴力吗？”[②]

由于确定分析单位和明确研究概念的复杂性，内容分析有时很是艰巨：内容分析需要个人判断，可能有一定的误差。因此，必须尽可能地降低误差，如果误差太大（参考信度检验结果），则必须放弃编码，并尽可能地尝试一些新的定义。

5. 建立分析内容的类别

建立分析内容的类别是内容分析的最主要部分或中心问题。类别是内容分析的基本单位，每一个最小的分析单位都可以归入某一个类别之中。类别可以根据研究理论或参考过去的研究结果发展而成，或由研究者自行发展而成（可能需要结合应用高级统计方法）。

一般而言，建立分类系统要遵循穷尽性（exhaustiveness）和互斥性（exclusiveness）

---

① 辛格尔特里．大众传播研究——现代方法与应用[M]．刘燕南，等译．北京：华夏出版社，2000：283–284.
② 辛格尔特里．大众传播研究——现代方法与应用[M]．刘燕南，等译．北京：华夏出版社，2000：278–279.

原则。例如，电视节目可分成四大类[①]：（1）新闻性节目；（2）教育文化性节目；（3）娱乐性节目；（4）公共服务与其他节目。我们常常将“其他”另立一类，以满足穷尽性的要求。但需要注意的是，如果把太多的项目归入“其他”项（≥ 10%），分类系统便会出现问题；如果一个项目可以归入两个或多个类别，分类系统也会出现问题。

在上述分类中，电视讲座是属于“教育文化性节目”还是“公共服务和其他节目”？为解决这些问题，还应当配合更精确的定义或规则才能解决互斥性问题。

另外需要注意的是，如果类别太多，可能会使某些类别内的项目数过少，导致其缺乏统计意义而难以进行推断；如果类别太少，把不同性质的项目归入同一类，又可能会掩盖某些显著性差异。当难于确定类别数时，普遍的做法是宁多勿少，编码后根据具体情况再将几个小类别合并，要比将大类别再分开容易得多。

还需要注意的是，在内容分析中，分析单位与观察单位（记录单位）有时是不一致的。例如，作者是分析单位，文章是观察单位，要通过对文章内容的观察对作者进行分析。

6. 制作编码表

制作编码表可能是内容分析中最困难的部分之一，要细致、清晰、全面地考虑所要分析的内容的各个方面，包括所有变量、变量的测量量表、变量的分类，等等。编码表的作用相当于调查中使用的问卷，每一份编码表代表一个记录（一个被检查的单位或样品）。

例 1：电视暴力研究的编码表（辛格尔特里，1994）用于计算暴力的次数，如表 5-5。借用拉斯韦尔有名的传播模式来说，这个编码表告诉我们“谁对谁、用什么力量、做了什么、取得了什么效果”。

表 5-5 对电视暴力假设分析的编码表示例

对黄金时间电视节目中暴力的编码指示。每一个暴力记录一张表，按节目分开。换言之，当你看完一个节目后，你应该能够计算该节目中的犯罪和暴力事件。

列号

编码员姓名：__________ __________

电视节目名称：__________ __________

播出日期：__________ __________

节目长度：30 60 90 120（分）

节目类型：情景喜剧

神秘片（如“她与谋杀”） __________

电影（非录像带电视） __________

肥皂剧（系列） __________

动作片（系列） __________

其他（注明） __________

暴力片段的施暴者：英雄 __________ __________

歹徒 __________

其他 __________

① 杨孝濚．传播研究方法总论［M］．台北：三民书局，1996：205.

续表

暴力大约长度:(以分秒计)	________		________
痛苦或伤害的种类:死亡		________	
身体痛苦		________	
心理 / 情绪		________	
只是财产		________	
其他		________	
简述暴力:________________________________			
________________________________			
暴力牵涉的人数:	________		________
施暴者性别:	男 女 不详		________
受暴者性别:	男 女 不详		________
施暴者种族:	白人 黑人 其他		________
使用的武器(复选):火器		________	
刀剑		________	
炸弹		________	
机枪		________	
武术		________	
其他(解释)		________	
事件数目(节目内):	________		________
事件数目(不分节目):	________		________

资料来源:辛格尔特里 . 大众传播研究——现代方法与应用[M]. 刘燕南,等译 . 北京:华夏出版社,2000:285.

7. 训练编码员和试验性编码

将分析单位安置于编码表内对应类别之中的过程称为编码(coding),这是最花时间也是最吸引人的部分。

(1)编码员的招募及其应具备的条件

实施编码的人员即为编码员,是招募而来且受过严格培训的。他们人数一般较少,大都只有 2—3 人,一般不超过 6 人。编码员必须具备的条件一般包括有负责心、成熟、有能力、有耐心,能够按所给的分类定义进行合理的判断,一般是大学生或研究生、教师或其他文化程度较高的成年人。

(2)编码员的培训

编码员培训应该安排几次较长时间的讲解和练习,使之掌握严格的操作性定义和分类系统。研究者要给编码员提供详细的培训手册,培训要持续至编码员能够熟练掌握所有资料和编码程序为止。

(3)检查编码员的编码

研究者要让编码员对相同的内容进行试验性编码,考察几位编码员的归类和判断是否一致。如果反复培训后有些类别的编码始终无法达到一致,则应进一步考虑误差的来源:是随机误差还是系统误差?如是系统误差,那么是定义不够准确,还是编码员自身的问题?然后决定是修改定义还是终止使用有问题的编码员。

需要注意的是，不要鼓励编码员就困难的判断进行“协商”，如果几位编码员不得不商量对一个单位进行适当归类，那么就可以判断出相应的定义可能是有问题的。这时，最好的对策是重新研究，作出准确的可操作的定义并要求编码员依据新的定义来归类。

注意，检查的目的不是评估编码员的一致性，而是将分析单位正确地归类。

8. 收集资料（按照已确立的定义和编码表将分析内容编码）

实际编码时，需要有标准化的编码表和编码说明。表 5–6 和表 5–7 是研究电视动画片的编码表和编码说明。

在分析电视节目或广播节目的内容时，要对电视节目或广播节目编码，通常必须将节目先录下来，以便在编码过程中反复使用，以检查每个单位是否正确地归类了。在条件不允许、编码员只能观看（收听）一次节目的情况下，编码表一定要设计得简单明了，以便编码员能一次性正确地完成编码。

表 5–6 电视动画片的编码表

节目名称				
A 人物数目				
B 人物名称或描述				
C 角色	1. 主要的	2. 次要的	3. 其他（个人）	4. 其他（团体）
D 种类	1. 人类	2. 动物	3. 妖魔 / 鬼怪	4. 机器人
	5. 拟人化的物体	6. 不确定	7. 其他（指定的）	
E 性别	1. 男性	2. 女性	3. 不确定	4. 混合的（团体）
F 种族	1. 白人	2. 美籍非洲人	3. 动物	4. 机器人
	5. 土著美国人	6. 不确定	7. 其他（指定的）	
G 年龄	1. 儿童	2. 青少年	3. 成年人	4. 老年人
	5. 不确定的	6. 混合法（团体）		

资料来源：ROGER D W，JOSEPH R D. 大众媒体研究[M]. 黄振家，译 . 台北：新加坡商亚洲汤姆生国际出版有限公司出版，2002：199.

表 5–7 电视动画片的编码说明（编码执行表）

将在屏幕上出现至少 90 秒钟的人物和（或）超过 15 个字的讲话进行编码（包括动画旁白），完成一份对角色的编码表。
A 人物数目：首先编出两位数的节目数目，然后编出两位数的人物数目（从 01 开始）
B 人物名称：列出所有正式名称、绰号或双重身份名称（按人物的行动对双重身份的行为编码）
C 角色 1. 主要的：主要人物在节目中说的话占大多数，完成大多数的表演动作，而且在屏幕上出现的时间最长 2. 次要的：所有不像主要人物那么明显的人物 3. 其他（个人）：不需要编码但又在编码行为之中的个人 4. 其他（团体）：不需要编码但又同时出现在编码行为中的两个或多个人物

续表

D　种类 1. 人类：所有外表像人类的人或物，甚至以人的模样出现的妖魔鬼怪（如大怪物） 2. 动物：所有类似鸟、鱼、兽或虫子的东西，能或不能说人类语言 3. 妖魔鬼怪：所有的超自然物（例如鬼等） 4. 机器人：机械产物（如变形机器） 5. 拟人化物体：所有拟人化的物体（如汽车、电话），能像人那样行动和说话（说话、思考等），但不包括透过节目旁白而说话的东西 6. 不确定的 7. 其他：如果是一个包括了几个种类的团体，将它们编在这里
E　性别 1. 男性 2. 女性 3. 不确定的：不能滥用这个类目（如果动物发出男性的声音，那么算是男性） 4. 混合的（团体）

资料来源：ROGER D W, JOSEPH R D. 大众媒体研究[M]. 黄振家，译. 台北：新加坡商亚洲汤姆生国际出版有限公司，2002：200.

9. 测量编码员之间的可信度

信度是内容分析的重要概念，如果内容分析是客观的，则测量方法及程序就必须是可信赖的。如果多次测量相同资料并能获得类似结论，就表示该项分析是可信赖的。编码员间的信度指每一个独立编码员使用相同的编码工具对相同的内容进行编码时，产生互相统一（或一致）结果的程度。

在信度高的研究中，任何一个编码员，只要他按照同样的方法对同样的内容进行编码，其结果都应该是基本一致的，即研究是可重复的。如果信度没有达到要求，说明可能存在某些系统误差：可能是编码员的原因，也可能是分类系统、分析单位或编码表的原因，还可能是多方面的综合原因。研究者需要针对这些原因一一解决出现的问题。

关于编码员间信度的测量方法，请参见本书第二章的内容。

10. 分析数据

内容分析最常用的数据分析方法是描述性的统计方法，包括计算频数、百分比、平均数、众数、中位数等。如果样本是随机抽取的，那么也常要用到推断性的统计方法。

根据数据的不同性质，研究者所采用的方法也有所不同，如采用交互分析和卡方检验、t 检验、方差分析；可能还会用到高级统计方法，如因子分析、判别分析、聚类分析和结构方程式模型等。

如何对收集到的数据进行分析？采用哪些统计分析方法？这在某些程度上依赖于分析者的灵活性。例如，一位研究者可能测量文本中一些动词出现的频次，另一位研究者则可能尝试测量这些动词的强度或者力度；而如果要测量强度和力度，则要利用更复杂的统计方法。

11. 报告结果（得出结论并进行解释）

对数据进行分析之后，需要报告分析的结果，并作出适当的解释。在报告内容分析的结果时，要对数字的含义及其重要性作出适当的解释，或对变量间关系的假设检验做出解释。

如果是描述性的研究，“研究者经常面临着足足 / 仅仅（fully/only）的两难问题”。例如在中国社会科学院新闻研究所 1992 年年初关于“少儿电视节目的内容分析”的研究中，研究者发现 50% 的少儿电视节目是国产的，这个比例是高还是低呢？是应该报告“足足有 50% 的少儿电视节目是国产的”还是“只有 50% 的少儿电视节目是国产的”？这时就需要进行比较，如果没有比较，50% 是没有什么意义的。为此，可以考虑比较其他国家国产少儿电视节目的比例，或比较国产的成人电视节目、女性电视节目或老年电视节目的比例等，可以从中看出 50% 这个数字适当的含义。

有时要对数字做进一步的处理以表达其隐含的意义。例如，多米尼克（Dominick）曾统计过美国各州的广播新闻时间，其中，加利福尼亚的新闻时间占非华盛顿特区的全国新闻时间的 19%；纽约的新闻时间占非华盛顿特区的全国新闻时间的 18%。[①] 这两个数字本身的含义并不清楚，为此研究者进一步将各州的人口进行了比较。

为了与全美各州的人口进行比较，研究者定义了一个“注意指数”（attention index）：

州注意指数 = 州新闻覆盖率 – 州人口覆盖率

由此，研究者便可以看出各州的新闻报道是“覆盖过度”还是“覆盖不足”。

五、内容分析法的优缺点

1. 内容分析法的优点

第一，由于不需要大量的研究人员和设备，比较节省研究经费；第二，保险系数高，这是因为如果发现问题，想要弥补过失是比较容易做到的；第三，可靠性较大，因为可以一再重复进行编录；第四，可以研究长时期内发生的过程；第五，不必打扰研究对象（这里主要指以人为主的研究对象），研究过程不会对研究对象造成影响从而引起偏差。

2. 内容分析法的缺点

第一，这种方法只限于研究记录下来的信息，可能缺乏与研究主题相关的资料；第二，得到的资料不能作为推断传播效果的唯一基本资料，还需要结合对受众的研究才能作出结论；第三，研究的结果依赖于分类系统和定义（如“暴力”的定义）；第四，内容分析需要花费大量的时间去检视大量的资料，比较费时；第五，内容分析中编码员的编码工作费力而乏味。

---

① JOSEPH R D. Geographic bias in national TV news[J]. Journal of communication, 2010，27（4）：94–99.

六、内容分析的研究实例

案例一：该案例中列举了四位学者在20世纪80年代末各自进行的对新闻报道、暴力电影、健康连续剧以及广告中种族比例的内容分析（见表5-8）。

表5-8　四位学者的内容分析案例简介

研究者	Kahn & Goldberg（1991）	Molitor & Sapolsky（1993）	Olson（1994）	Reid, King, & Kredhel（1995）
研究目的	检测关于美国州议员中男性及女性候选人的新闻报道的差异	检测出现在"砍砍杀杀"电影中的暴力及牺牲情节	白天以健康议题为主的系列节目	香烟及酒类广告中对黑人及白人形象的描述
样本	有关17个州26位议员的新闻报道	1980年、1985年及1989年最成功的10部"砍砍杀杀"电影	1989—1990年105小时白天播出的连续剧	在一年中，出现在11种消费者杂志上的香烟及酒类广告
分析单位	与候选人有关的任何项目	暴力、色情的行为	剧情中有明显或暗示性的性行为	所有半版或更大面积的烟及酒类广告
代表性的分类	报道段落及形态	暴力的结果、害怕的期间、主要的镜头	暗示性、性爱接触、激烈性接触	广告主题、模特活动
统计方法	t检验	F检验	百分比	百分比，卡方检验

资料来源：ROGER D W, JOSEPH R D. 大众媒体研究[M]. 黄振家，译. 台北：新加坡商亚洲汤姆生国际出版有限公司，2002：207.

案例二：对《中国新闻周刊》封面故事的内容分析①

（一）研究目的

《中国新闻周刊》以忠实地反映社会变革为己任，以深度挖掘社会现象表层背后深刻的根源与背景为宗旨。在对一些新闻事件进行消化再反刍，策划出一个选题后，周刊派出记者或寻找专家，给这个新闻一个更加深入、更加全面的贴近报道和全面表述，并形成最后的包装——封面报道，封面报道因此成为整个杂志的灵魂。为此，我们选择《中国新闻周刊》杂志电子版封面文章（故事）作为内容分析的研究对象。

（二）研究内容和抽样方法

本研究主要分析《中国新闻周刊》封面文章的特性、类别、报道风格与侧重点等，以检视其观照中国社会深刻变革进程中社会、政治、经济、文化等一系列领域中重大事件的程度与能力，探明《中国新闻周刊》作为"中国权威时政周刊"的内涵与意义。

从1999年（全年共3期为试刊期）第1期到2003年第10期共124期，其中电子版共107期，除去不能显示的3期外，共计104期。针对《中国新闻周刊》创办时间较短、刊期

① 该案例为中国传媒大学2002级硕士、博士研究生课程"传播研究方法"的结课作业，由"快乐小组"10位博士生共同讨论、分析并完成，其中，分析类目和计算条目的分工为，政治类：杨凤娇、周欣枫；经济类：卜彦芳、沈书；文化艺术类：孟伟；社会问题类：董璐、王锡苓；法律类、医疗健康类、体育类：刘艳春；科技类、教育类、环保类：彭宁；军事类：李煜；文章由王锡苓统计并撰写。

较少等原因，此次研究将总共104期电子版的全部《中国新闻周刊》封面报道作为研究对象。

（三）研究结论

《中国新闻周刊》较多报道中国国内社会政治、经济、文化艺术、社会问题及法律等领域相关事件，这是与其权威时政刊物的定位紧密联系的。《中国新闻周刊》的报道主要以该刊记者的采写为主，其封面报道多以最具时效性的新闻事件构成，如在政治领域，其关注点为两岸统一、中美关系等；在经济领域，重点报道新经济现象、金融经济与证券经济；在法律领域，对刑法和行政法进行大量报道。

另外，《中国新闻周刊》关注的内容随社会的发展而发展，其眼界是宽阔的，不驻足于一点不变，报道内容也顺应社会的变迁而改变。《中国新闻周刊》以深度报道为主，采用平实、深刻或辛辣的语言，用大量事实深度解读新闻事件，对新闻事件进行客观报道，具有监督社会的理性特征。

由于其关注的视角为政府和普通百姓，其报道可能成为影响社会状况的一个声音。应该说，从1999年试刊起，三年多来，《中国新闻周刊》坚持创刊理念，并不失时机地进行微调，使政府的关注点和百姓的关注点有机地契合，比较好地完成了自己的角色定位，并适时发挥了应有的社会作用。

当然，在研究过程中我们发现，有些文章在表达其意见的时候，对现象的表述有失偏颇，因而会影响其意见的表达和读者的接受，这是《中国新闻周刊》今后应该修正的。

本章小结

描述性研究方法是传播学研究最常使用的方法之一，它主要用于对传播现象、传播过程和传播特征进行客观、准确的描述。本章介绍了描述性研究方法中的三种主要方法，即抽样调查法、观察法和内容分析法。抽样调查法是传播学实证研究中最重要、最普遍采用的方法之一，它对一个来自所研究总体的样本进行调查，一般使用事先设计好的结构式问卷，从样本中获取人们传播行为、需求、态度、知识、动机等方面的信息。抽样调查法一般采用面对面访问、电话访问（其中包括计算机辅助电话访问，即CATI）、邮寄访问和互联网调查等方式。

抽样调查法要依赖访员与受访者的互动，调查结果的质量在很大程度上取决于两者之间互动的优劣。因此，访员的挑选、培训及其在访问过程中对访问质量的控制和管理便显得十分重要。

观察法是以一种系统的方式记录人们的行为模式，以获取感兴趣的有关现象的信息的方法。实施观察法时，一般不与所观察的对象直接接触，对于所需要的信息，研究者可以在事件发生时记录下来或在事后迅速补充记录。

内容分析法是对人类信息传播内容进行分析的一种方法，在借鉴其他学科养料的基础上，内容分析法从最初对信息内容的计数发展成为一种科学、系统的研究方法。内容分析法具有三个十分重要的外部特征，即客观性、系统性和定量性。客观性要求研究者的个人观点不能影响研究结论，在具体操作上，它要求研究者公正、准确地按照一套既定的评价标准分析类别。系统性要求样本的选择和分析必须按照特定的程序，每个项目接受分析的机会必须相同。定量性的目的是对讯息实体进行准确的描述。因此，内容分析法要有适合的编码系统（用于分类），对于编码员间的一致性要进行检验和考量。

内容分析的主要目的是发现所分析的内容对社会现实的意义。因此，内容分析的客观性、系统性及定量性是在一定理论指导下实现的。只有定量数据而没有理论解释，就不能很好地揭示传播内容与社会现实的联系。因此，研究准确、系统地描述传播内容、被描述的传播内容对社会现实有意义，这些是构成内容分析的最基本的要素。内容分析法同样适合与其他多种研究方法结合使用，如问卷调查法、实验法、观察法等。

复习思考题

1. 定义以下内容分析的研究范围和样本抽取程序。

（1）日报或周报上强调的新闻；

（2）从流行歌曲中表达出来的价值观变化；

（3）出现在动画片中的女性形象。

2. 根据题 1 的不同主题，定义出适合每个主题的主要概念，并确定分析单位。

3. 描述性研究与探索性研究有什么不同？

实践练习题

1. 你认为电视节目的哪种分类更好一些？是杨孝溁的分类（4 类），还是以下 CCTV 的分类（20 类，见备注）（罗明等:《中国电视观众现状报告》）？你会如何给电视节目分类？请简述理由（注：缺天气预报等服务类）。

备注：①新闻评论节目、②新闻节目、③专题节目、④经济节目、⑤教育讲座、⑥体育节目、⑦知识竞赛、⑧综合文艺、⑨戏曲节目、⑩动画片、⑪影视剧、⑫科技节目、⑬法制节目、⑭军事节目、⑮妇女节目、⑯老年人节目、⑰少儿节目、⑱农村类节目、⑲环境保护节目、⑳广告节目

2. 请选择两家电视台，采用适当的方法（说明采用所选择方法的原因）对其新闻报道的相似、相异之处进行较为深入的研究。

3. 请与若干同学组成一个小组，自行选题完成一个完整的小调查，注意访问技巧和必要的质量控制。

4. 请与若干同学组成一个小组，自行选题完成一个完整的内容分析，需要包括本章第三节第四点所要求的全部 11 个研究步骤或环节。

5. 访员在调查中追问时，用的“还有……吗？”和“还有……呢？”有什么不同？哪种追问更有效？为什么？

第六章　因果关系研究的常用方法——实验研究法

实验研究法（简称“实验法”）作为科学认识事物本质规律的一种方法，始于自然科学领域。随着自然科学和社会科学的交叉渗透，实验研究法被逐渐移植到社会科学领域中。传播学研究对实验研究法的运用主要受实验心理学的影响，传播学研究对实验研究法的运用兴起于20世纪初，1929—1932年美国佩恩基金会资助的“电影对青少年的研究”可谓传播实验的雏形。卡尔·霍夫兰（Carl Hovland）及其助手在第二次世界大战期间及战争结束后进行的一系列关于态度的研究，使传播实验研究取得了丰硕的成果，实验研究法也成为传播学研究中主要的方法之一。

第一节　实验研究法的基本概念

一、两个变量之间的关系

科学研究的目的主要是寻求变量之间的关系，两个变量之间的关系有相关关系和因果关系。

1. 相关关系（correlation relationship）

相关关系指两个变量X和Y的值具有同时变化的趋势，如同时增加、同时减少，或一个变量增加而另一个变量减少。这种共变关系可能是线性的，也可能是非线性的。

两个变量之间同时变化的关系也可能是因为同时受到另一个变量的影响，这时两个变量之间的共变关系可能会有一定的逻辑性，但也可能缺乏逻辑上有意义的联系。对于后者，我们称之为假的相关或伪相关[①]（spurious correlation 或者 nonsense correlation）。

两个相关的变量之间还可能隐含着一种因果关系。以下是变量间关系类型的一些例子：

---

① 伪相关的定义（两个变量在统计上共变，但是在逻辑上缺乏有意义的联系）详见 FREY L R, BOTAN C H, KREPS G L. Investigating communication: An introduction to research methods[M]. Needham Heights, MA: Allyn & Bacon，1999.

X：人们对交响乐节目的爱好得分；Y：人们对芭蕾舞节目的爱好得分

那么，X 与 Y 可能是正相关关系。

X：文化程度；Y：现代化程度

那么，X 与 Y 也可能是正相关关系。

X：教师的收入；Y：市场上啤酒的销售量

那么，X 与 Y 之间虽然可能具有同时增加的趋势，因为两者可能受到了第三变量时间 Z 的影响，但这种共变关系在逻辑上没有什么有意义的联系，因此是一种伪相关关系。

相关关系、因果关系及伪相关关系的直观表示见图 6–1。

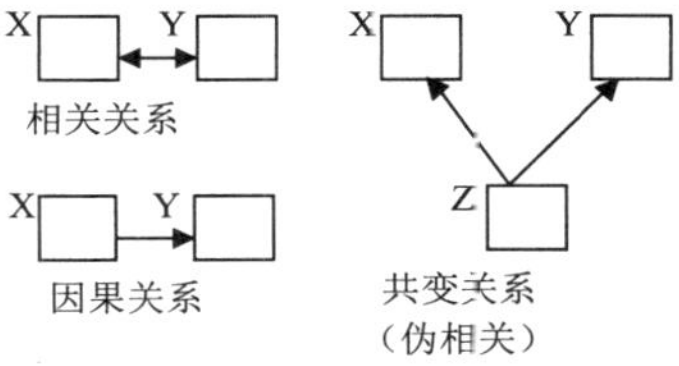

图 6–1　因果关系、相关关系及伪相关关系的直观图示

2. 因果关系（causal relationship）

实验研究法通常用于推断因果关系，或者说它常被用来判断有关因果关系的研究假设。因果关系指某个“起因”（或某些起因）X“影响”或“引起”某个“效应”（或某些效应）Y。

因果关系，即“X 引起 Y”的说法，对于一般人和研究者而言可能意味很不相同，其区别见表 6–1。

表 6–1　对因果关系的一般理解和科学理解

一般意义	科学意义
X 是 Y 的唯一起因	X 只是 Y 的可能起因中的一个
X 必须永远导致 Y，即只要 X 发生，Y 必然发生（X 是 Y 的绝对性起因）	X 的出现使 Y 的出现更有可能，即如果 X 发生，Y 有一定的概率会随之发生，研究者在一系列限制条件的基础上对这一概率进行预测（X 是 Y 的概率性起因）
证明 X 是 Y 的起因是可能的	永远无法证明 X 是 Y 的起因，最多只能推断 X 是 Y 的一个起因

3. 构成因果关系的必要条件

虽然有些学者怀疑是否能真正证明两个变量之间的因果关系，但实验研究法无疑是社会科学研究因果关系的最佳方法。具体来讲，两个变量 X 和 Y 构成因果关系要满足三个必要条件：

- X 与 Y 之间有一种具有逻辑意义的共变关系；
- X 在 Y 之前发生变化（或出现），或至少 X 与 Y 同时发生（或出现）；
- X 的变化或出现是导致 Y 发生变化或出现的唯一原因，即其他可能对 Y 产生影响的起因已被排除。

不难看出，相对于其他研究方法，实验研究法更能帮助研究者满足以上第二和第三个条件。在实验中，研究者能够控制两个变量出现的时间顺序，例如，可以先让自变量发生变化，进而观察因变量是否相应产生变化。此外，在研究过程中，严格的实验控制使得研究者能够排除其他可能引起因变量变化的因素。比如研究者想要研究某条广告对消费者购买意愿的影响，他们需要先让实验组的受试者观看广告，随后观察他们购买意愿的变化（条件二）；另外，他们还可以通过严格的实验控制，要求受试者在回答问题的过程中不互相交谈也不和外界联系，以此来排除在现实生活环境中对消费者购买意愿有重要影响的变量——“熟人推荐”（peer reference）的影响，从而观察到更为纯粹的广告的影响（条件三）。当然，在这个例子中，可能对购买意愿产生影响并“污染”实验结果的干扰因素远远不止“熟人推荐”一个，比如“性别”“年龄”等人口变量也需要加以控制。通过实验设计来控制多个干扰变量的具体操作方法下文会予以更详细的讲解。

4. 实验研究法的主要特点

实验研究法要求在一个受控制的环境里，对其他因素加以控制（如利用随机分组或配额分组的方法进行控制，还可以通过测量统计上作为协变量的方法来控制），研究自变量对某一变量或某些变量（因变量）的影响。例如，操纵一个或多个自变量（如产品的广告形式、内容、价格、包装），研究在其他因素（如产品质量、服务、销售环境等）都受控的情况下，这些自变量对因变量（销售量）的影响或效果。

在传播学研究的实验中，如果其他未控制的因素能够确保在各个实验组别[①]之间保持对等，那么，实验的结果应该和自然科学实验一样，是相当准确的。但由于在传播学研究的实验环境中未能控制而又可能变化的外来因素或干扰因素很多，它们都可能对实验结果的准确性产生一定的影响。因此，在进行实验设计时，应着重考虑如何尽可能控制外来因素或干扰因素，以降低实验误差。在处理实验数据时，应该通过统计分析方法进行检验，以确定在一定的显著水平下，自变量对因变量的影响是否具有显著性。

一般而言，实验研究法采用的是归纳法的逻辑，通过设计科学的实验收集数据，并对该数据进行统计分析和假设检验，从而达到由实验样本推及总体的目的。

相比于前几章中介绍的定性方法和调查方法等，实验研究法在了解和研究因果关系方面有较大的优势。

二、实验研究法的常用技术术语

1. 自变量（independent variable）

自变量又叫独立变量、因素（factor）或实验处置变量（treatment），指研究者假设为原

① 通常分组实验中至少有控制组和实验组，实验组中的受试者会得到实验处置（自变量），控制组中的受试者没有进行实验处置并因此作为与实验组进行比较的基准。而在有的实验中，一个自变量呈多级变化（如强说服论据和弱说服论据）或者有不止一个自变量（如说服强度和卷入度），那么实验组别就会多于两组。在下文中，为了行文清晰的目的，很多例子和介绍都采用实验组和控制组两组的形式。

因的变量。在实验中，研究者常常操纵自变量（即规定或改变这些变量的水平或取值）并观察因变量的变化。但是，有些研究假设中的自变量（如个性、性别、年龄等）只能够观察而不能够操纵，在这种情况下，研究者可以测量这些自变量并观察因变量的相应变化。

2. 实验单位（test unit）或受试者（subject 或 participant）

实验单位指实验主体，它可以是个人、组织或其他实体，它们对自变量的反应（因变量）是可以测量或考察的。例如受众、消费者、电视台、报纸、销售区域、分销商等均可作为实验单位。

3. 因变量（dependent variable）

因变量又叫反应或响应（response），是测量自变量对实验单位效果的变量，例如受众的满意度、消费者的购买量、受众对广告的记忆度，等等。因变量的取值也叫观察值或实验结果。

4. 外来变量（extraneous variable）

外来变量又叫无关变量或干扰因素，是除了自变量以外能影响因变量（即实验单位的反应）的其他所有变量。外来变量可以把因变量的测量值搅乱，使实验结果的内在效度遭到威胁，使研究者难以辨别自变量对因变量的真正影响。

影响实验内在效度的干扰因素主要有三类，具体内容如下：

第一类干扰因素，是初始差异（initial difference），即实验组别之间在实验开始之前业已存在的差别。当这些有差别的变量可能对因变量或者自变量与因变量之间的关系[①]产生影响的时候，研究者就需要通过实验设计对其加以控制。比如研究者试图研究某广告（自变量）对购买意愿（因变量）的影响，而受试者的收入、年龄、性别、文化程度、易被说服度（susceptibility to persuasive appeal）等也可能对研究结果产生影响，如果不能对这些变量进行控制，研究者就无法准确判断实验组和控制组之间的关系，即购买意愿的差别是否真的是由观看广告造成的。

控制初始差异最常用的方法是通过对受试者进行随机化分组，以保证实验组和控制组保持对等（equivalent），即基本没有初始差异。这样，研究者就可以更有把握地作出结论，说实验组和控制组在因变量上的差别是由于实验处置（自变量）造成的。但正如一次随机抽样不能保证得到具有代表性的样本一样，一次随机化分组也不能保证产生完全对等的几组受试者。所以有些研究者在随机化分组之后会再对受试者进行前测，以了解随机化分组的效果。

承前所述，控制初始差异的另一个常用方法就是前测（pretest），即研究者在实验处置之前测量受试者在重要变量上的取值，以在分组或数据分析时做参考。比如在一个实验

① 请参见第二章关于缓冲变量（moderator）的解释。

里，研究者认为收入和性别可能对研究结果产生较大的影响，那么他可以在实验处置之前测量受试者的收入和性别，然后在分组的时候保证实验组和控制组有数量相当的高、中、低收入人士和对等的性别分布。[①] 研究者也经常在前测中测量受试者在因变量上的取值，以保证实验组和控制组处于大致相同的起跑线上。

第二类干扰因素，是实验操作过程所带来的对实验内在效度的威胁，它可能来自实验者、实验设计或者受试者。

来自实验者的影响主要是研究者本身对研究结果的期待，比如在上面研究广告对购买意愿的例子中，研究者可能期待实验组比控制组有更高的购买意愿，而这样的期待本身可能会影响研究者与受试者之间的互动方式，进而对因变量“购买意愿”产生影响。[②] 对此，通常的解决方法是使用双盲实验，由不了解实验目的或不了解分组情况的操作员来进行实验运作，同时保证受试者也不了解实验目的或分组情况。另外，如果实验过程中一直由某位研究者进行某项操作，比如一直由研究者 A 来操作控制组，而实验组一直由研究者 B 来操作，那么两组之间的差别也可能是研究者本身的特点（比如 A 和 B 不同的亲切程度）所造成的。研究者可以通过聘用较多的操作员来运作实验的办法解决这个问题。

谈到来自受试者的影响，霍森效应（Hawthorne effect，即受试者因为知道自己被观察而改变自己的行为）是一个典型的例子。其解决办法需要研究者开动脑筋，结合实验处置的特点来安排。比如研究者可以尽量不让受试者意识到自己正在被观察（如使用迷你摄像机）；或者研究者可以采取措施让受试者猜不到实验的真正目的；另外，研究者还可以让受试者搞不清楚真正的实验处置是在哪个阶段给出的，而他们又是在哪个阶段被观察的等。

其他来自受试者的影响还包括受试者相互之间的影响（inter-participant bias）和受试者流失（experimental mortality）的影响。这些可能的威胁都要求研究者保持警觉，并且在实验设计中开动脑筋加以避免。

实验设计所造成的影响包括敏化、睡眠者效应等，下文涉及实验设计的部分将予以详细讨论。

第三类干扰因素，来自其他对因变量的值有影响的变量。如果对前两类干扰变量的排除运用的是具有普遍性的实验设计技巧，那么这类干扰变量的控制就需要研究者对所研究问题中具体的研究假设及其涉及的变量进行深刻的理解和反复推敲。这些干扰变量可能是中介变量、缓冲变量或对因变量有重要影响的其他自变量。如果不加以控制，它们便可能会对实验内在效度造成威胁。比如研究者试图研究某篇新闻评论对受试者态度的影响，在这个假设中，一个非常重要的缓冲变量就是媒介素养（即受试者在多大程度上能真正读懂这篇新闻评论）：对于媒介素养高的人，影响可能就较大；反之就较小。如果研究者没能意识到这一缓冲变量的存在，那么他可能得出影响较小甚至不显著的结论；但是如果他能

---

① 这样的实验设计方法称为区组设计（block design）。

② 心理学上称这样的现象为自我实现预言（self-fulfilling prophecy）。

对其加以测量并且在统计分析中加以控制，那么他将得到更为准确的结论。

干扰变量的控制是实验设计中的核心问题，下文还会对这个问题进行更为详尽的讨论。

5. 实验（experiment）

实验指研究者在控制外来变量影响的同时，处理、操纵或观察一个或多个自变量，并测量它们对一个或多个因变量的效应。一般而言，同一个实验应该尽可能在相同的条件和环境下重复多次，以增加实验误差估计的可靠性。

6. 实验设计（experimental design）

实验设计指具体规定进行实验的一系列方法，包括：规定实验单位；如何将这些单位划分为同类的或同质的子样本（分组）；确定需要操纵或处置的自变量；明确需要测量哪些因变量及如何测量；明确如何控制外来变量等。

7. 实验控制（experimental control）

相对于其他的研究方法，实验研究法为了更好地建立因果关系，因而需要施加更多的控制。所谓实验控制，就是一个研究者采取措施“以期可以全面系统地排除了他研究假设中的自变量以外，其他所有可能导致因变量产生研究假设中相应变化的变量”[①]。

8. 实验误差（experimental error）

在实验研究中，因变量除了受到自变量的影响外，还会受到外来变量或测量误差的影响。实验设计可以控制或消除部分外来变量的影响，但是，还有部分未能识别的外来变量的影响是不能根除的。此外，测量的随机误差也无法用统计方法予以消除。这些外来因素和随机误差所造成的影响统称为实验误差。

9. 方差分析（analysis of variance，简称 ANOVA）

方差分析是在实验研究法中对实验数据进行统计分析和检验的常用方法。

三、实验研究法的有效性

如何对实验研究法的有效性进行评价呢？通常从两个方面进行，即内部有效性和外部有效性。

内部有效性（internal validity）也叫内在效度，它表示实验结果（在实验中发现的自变量对因变量的影响或效应）对于受试者的准确性。也就是说，如果实验是具有内部有效性的，那就说明在研究者的控制下，对受试者而言，自变量确实是引起因变量产生相应变

① KERLINGER F N. Foundations of behavioral research[M]. New York: Holt, Rinehart and Winston, 1999: 4.

化的唯一原因。而如果外来变量对因变量的影响不能被排除的话，那么实验研究的内在效度就低，研究者就很难推断自变量与因变量之间的因果关系。在对实验结果做出评估之前，给出内部有效性的评价是最基本的要求。一般来说，控制外来变量是建立内部有效性的一个必要条件。

外部有效性（external validity）也叫外在效度，它决定了将实验结果推广到实验环境之外的可能性，即推及目标总体的程度（结果的普遍性）或推及更大总体的程度（结论的普遍性）。我们对样本的代表性越有信心，那么我们对实验结果的解释就越具有外部有效性；如果实验环境没有考虑现实世界中其他变量的交互作用，那么，其外部有效性就会受到较大的影响。

一个实验设计当然希望其内部有效性和外部有效性都能得到很好的保证。但是在实际研究中，研究者往往为了保证其中一种有效性而削弱另一种有效性。例如，为了控制外来变量，研究者往往采用在人为实验环境中进行实验的做法，如此可加强内部有效性。然而，与此同时，人为实验环境也限制了实验结果的推广，降低了外部有效性。

四、实验研究法的主要类型

按照各种划分标准，实验研究法可分为不同的类型。按照实验场所划分，实验研究法可分为实验室实验和现场实验两种类型；如果按照实验单位的分组方式划分，实验研究法可分为非随机化实验和随机化实验；如果按照实验中自变量的数量划分，实验研究法可分为单因素实验设计和多因素实验设计（factorial design）①。

1. 实验室实验（lab experiment）

实验室实验指在人为控制的环境中进行的实验。这一类型的实验可以进行较为严格的高水平的实验控制，比较容易操作，所需时间较短，费用相对较低。此外，实验室实验由于能够控制大部分外来变量的影响，因此，其内部有效性较高，可以让研究者比较准确地判断变量间的因果关系。但是，实验室实验的外部有效性通常较低。需要进一步解释的是，实验室实验和下面要介绍的现场实验之间的根本不同，在于实验控制强度的不同：前者控制强度高，后者控制强度低。实验室实验并非一定要在实验室里，由身着白大褂的研究者来进行，实际上有些实验室实验是在对受试者而言自然的情境下完成的（比如受试学生在上课的教室里完成实验）。也就是说，针对某些研究问题，研究者可以通过努力而在尽量自然的情境下实现高强度的实验控制。

2. 现场实验（field experiment）

现场实验指在现实生活环境中进行的实验。这种类型的实验由于涉及现实环境，因此不太容易对实验进行严格的高水平控制。现场实验一般比较难操作，所需要的时间比较

---

① 多因素实验设计 factorial design 也可译为多因子设计或者析因设计。

长，所需的费用比较高。由于外来变量较难控制，因此，其内部有效性较低。但由于它涉及现实生活环境中的一些因素，因此，其外部有效性较高，即实验结果具有较高的实用意义。例如，选择两个现实生活中的销售市场甲与乙，在市场甲放映表现某品牌形象的A影片，在市场乙放映表现该品牌形象的B影片，然后监测该品牌在两个市场的销售量，以确定是A影片还是B影片的促销效果比较好。但是，如果没有进行足够的实验控制，研究者就很难确定影片与销售量之间的因果关系，很难判断究竟是什么导致了两个市场之间销售量的差别。比如，两个市场的销售量差别也可能是由于光顾两个市场的消费者之间消费能力、消费偏好等方面的区别造成的。

表6-2是以上两种类型的实验研究法的异同比较。

表6-2 实验室实验和现场实验比较

因素	实验室实验	现场实验
环境	人为制造	现实生活环境
控制程度	高	低
反应误差	高	低
所需人工制品	多	少
内部有效性	高	低
外部有效性	低	高
时间	短	长
实验单位数	少	多
操作难易度	易	难
费用	低	高

3. 非随机化实验（non-randomized experiment）

非随机化实验又叫非正式实验、准实验或伪实验，具体而言，就是说实验中实验单位或者没有被分为实验组和控制组，或者分组方式不是随机的，它所包括的几种实验模式详见本章第三节。

4. 随机化实验（randomized experiment）

随机化实验是真正的实验（full experiment），实验中实验单位的分组方式是随机的，即所有受试者进入某个实验组别的机会是完全相等的。根据自变量的数量、外来因素的多少以及是否考虑因子之间的交互作用，随机化实验主要包括以下五种模式：完全随机化单因子设计、随机区组单因子设计、拉丁方格单因子设计、多因子设计、正交实验设计等。本章第三节将对此做详细介绍。

5. 单因素实验和多因素实验（single factor experiment and multifactor experiment）

根据自变量数量的不同，实验研究又可以分为单因素实验（只有一个自变量的实验）和多因素实验（有两个或更多自变量的实验）。关于这两种实验的设计和数据分析方法，下文中会进行详细讨论。

五、实验研究法的优缺点

与其他研究方法一样，实验研究法有其自身的优点和缺点。

1. 优点

（1）实验研究法有助于建构因果关系

虽然科学哲学家怀疑两个变量之间的因果关系是否能真正被证明，但是，实验研究法无疑是社会科学研究建立因果关系的最佳方法。研究者通过控制两个变量出现的时间顺序，进而确认原因发生在结果之前；同时，研究者通过实验设计和随机分组等方法，可以控制其他可能引起因变量变化的干扰因素。

（2）可控制

控制是实验研究法的另一项优点，也是实验研究法能够建构因果关系的根本原因。通过实验设计，研究者控制实验环境、变量和受试者，从而尽可能排除外来因素的影响，尽量保证研究者所假设的自变量是因变量产生相应变化的唯一原因。与此同时，实验室研究可以将测试情境和所关注的变量从纷繁的社会生活环境中独立出来，从而观察它们之间的关系。

（3）分析因子的交互作用

实验研究法可以有效地研究各个因子的效应，还可以研究因子和因子之间交互作用（interaction effect）的效应，并有可能通过适当的统计分析方法，找到效应的最佳组合。这些都是面访调查、深度访谈、小组座谈会等方法无法提供的。

（4）实验的结论有较强的说服力

由于实验是可重复的，即在实验单位、变量、设计、条件和环境都基本相同的情况下，不管由谁来进行实验，其结果都会是大致相同的。在这种可重复实验的条件下，实验结论具有较强的说服力。

（5）费用较低

和其他研究方法相比较，实验研究法的费用相对较低。例如，广告研究者如果要用实验研究法研究比较两个不同广告设计的效果，所需受试者只要 40—50 人即可。相对而言实地调查研究的费用可能就要高出许多。

2. 缺点

实验研究法也并非完美无缺，它最明显的缺点有以下几点。

（1）人为性

人为的实验环境也许是实验研究法最大的问题，也是最受诟病的缺点之一。受试者的行为被安排在适当控制的环境里，与将这些行为放置到现实生活环境中进行实验可能会有很大的不同。有批评者认为，在脱离自然生活环境和过分控制受访者不受干扰的实验室情境里所产生的实验结果不能直接应用在真实世界中。

（2）实验者的偏见

实验者的偏见可能会影响实验本身。有学者发现，与未被告知相比，当受试者被告知预期的实验结果时，研究者得出和实验假说一致结果的可能性更高。为了克服这一缺点，有些研究者主张要坚持采取双盲技巧的设计方法，即除了实验设计者之外，实验的执行者和参与实验的受试者都不知道谁在实验组、谁在控制组。

（3）范围限制

有些研究问题不适合以实验来测试。比如一些大众传播研究的主题（如“涵化研究”）涉及漫长的时间跨度和积累过程，这种类型的研究一般比较难在实验室中进行。但这也并非绝对，比如随着认知心理学的发展和引入，一些学者开始通过实验的方法来深入探索涵化效果（cultivation effect）背后的心理机制①。

（4）费时

实验研究法持续时间一般比较长，正式的随机化实验常常会有事前和事后测量，在变量个数较多时尤其如此。

（5）技术分析上有难度

当要求同时考虑实验组、控制组和多重测量时，在测量技术和统计分析等技术上就会有较高的要求。

（6）管理、控制困难

实验研究法一般比较难以管理，尤其在现场的环境中，管理更难。

（7）保密性差

现场实验的研究计划是很难不被暴露的，这可能会影响到实验的结果。

第二节　实验研究法的实施

实验研究主要工作是控制和观察，研究者在实验室或者现场实验中操纵自变量，同时通过实验控制排除外来因素的影响，以观察受试者对自变量的反应（因变量的值）。

一、实验研究的具体步骤

实验研究的具体步骤如下。

1. 选择实验环境

有些实验适合在实验室或其他研究者可以直接控制的环境下进行，有些则适合在较自然的场景中或研究者较少控制的环境中进行。选择哪种实验环境，要视研究问题、研究目的以及变量之间的关系而定。

2. 选择实验设计

适当的实验设计依赖所要研究的问题、研究假设、各种变量、受试者的可得性以及可

---

① SHRUM L J, WYER R S, O’GUINN T C. The effects of television consumption on social perceptions: The use of priming procedures to investigate psychological processes[J]. Journal of consumer research, 1998, 24(4): 447–458.

获得的资源而定。在选择实验设计时，通常需要考虑以下各项问题：如何确定实验变量？如何确定测量因变量的量表？如何对观察到的行为进行分类或赋值？如何处置或操纵自变量？如何设计出一套特定的规则、事件或刺激呈现给受试者？

考虑以上问题的一个基本原则是，无论使用何种技巧，实验研究的基本操纵原则都是尽可能地保证实验组别之间在因变量上的差异是且仅仅是由自变量的变化造成的。

3. 选择受试者、将受试者分组

为保证外在效度，最理想的状况是从目标总体中随机地抽取受试者，但这在大多数情况下是难以实现的；为保证内在效度，应将选中的受试者随机地分入不同的实验组别。关于随机化分组的内容，本节后一部分将加以介绍。

对于无法进行随机分组的实验，为保证实验的有效性，应按某些指标选择受试者。选择的基本原则是使各组尽可能相似。

4. 进行小规模的试研究

在开始正式的实验之前，用少数受试者进行试验性的研究是必要的，它可帮助研究者找出潜藏的问题，帮助研究者改进实验设计和控制技术。例如，研究者想要预估观众收看某一时段电视节目时的卷入程度（involvement）对于这一时段广告记忆的影响，研究者可将不同的电视节目标示为“高卷入片”（如高潮迭起的悬念片）、“中卷入片”（如家庭剧）、“低卷入片”（如某会议的现场录像转播）。要检验这些节目是否真的让观众卷入程度不同，研究者应测验受试者在每个条件下对节目的卷入程度。这种对实验处置的确认被称为操纵确认（manipulation check），它可以来自受试者的自我报告和旁观者的观察报告（如通过计算受试者眼睛离开电视屏幕的次数获得，或者对受试者进行生理测量获得）[①]。如果通过操纵确认发现某种操纵技术并不能产生预期的效果，实验者应在进行正式的实验之前改进该操纵技术。

5. 执行实验

在排除障碍、完成操纵技术的检验及改进后，便可以进行资料收集工作了。实验操纵有时是单独进行的，有时则需要对受试者进行分组访问，以检验因变量。需要注意的是，在实验开始时，要向受试者阐述研究的目的与含义，如果在操纵技术中对受试者有所隐瞒或欺骗，还需要解释为何要隐瞒或欺骗及如何隐瞒或欺骗。这实际上涉及科学研究的伦理问题。一般而言，在社会科学研究中，在以下五个充分必要条件下，欺骗的做法不算是不道德的：[②]

---

① ROGER D W，JOSEPH R D. 大众媒体研究[M]. 黄振家，译. 台北：新加坡商亚洲汤姆生国际出版有限公司，2002：291.

② ROGER D W，JOSEPH R D. 大众媒体研究[M]. 黄振家，译. 台北：新加坡商亚洲汤姆生国际出版有限公司，2002：96.

- 当没有其他可行的办法能使研究者获得想要的信息时；
- 当可能的益处确实超过可能的害处时；
- 当受试者可以选择随时退出并不受惩罚时；
- 当任何对受试者身体或心理的危害都是短暂的时；
- 所有实质性欺骗都告知受试者，并且研究过程将公之于众时。

6. 分析及解释实验结果

实验操纵结束后，要将受试者针对因变量的得分记录在制定好的表格中，然后利用统计方法分析收集到的数据，并研究分析结果、解释结果。

二、如何有效控制外来变量

外来变量是实验研究中可能对研究结果造成干扰的因素，如果不加以控制，就会影响因变量，致使研究结果出现偏差。主要有四种方法可以控制这些影响因素。

1. 随机化

如前所述，随机化分组有助于平衡各个实验组别之间的初始差异，即保证各个组别在实验处置之前的条件是相同的。这样，研究者就可以有较大的把握认定实验组别之间的差异是由不同的实验处置（即自变量的不同取值水平）所造成的。

随机化分组通常利用随机数字表或其他随机方法，将实验单位随机地分配到实验组（处置组）和控制组（对照组）或其他形式的实验小组中。

例如，为了研究诉诸恐惧的传播方式（fear-arousing communications）的传播效果，贾尼斯和费什巴赫（Janis & Feshbach）选择了牙齿保健方式作为题目，围绕这个题目设计了诉诸三种不同恐惧程度的信息（实验处置）。受试者是康涅狄格州一所规模很大的高中一个班的全体新生。这个班被随机地分为四个组，其中三个组接受不同程度的恐惧信息，另一组作为控制组。①

然而，当样本量很小，或者当受试者中有极端个案时（试想在20个跨栏运动员受试者中有一个是刘翔），采用随机化分组就不一定很有效。在这样的情况下，研究者可以通过前测来测量一些可能的外来变量，并比较各组在这些外来变量上的取值，从而检查随机化的有效性，也可以通过配对的办法（见下一部分的介绍）尽量使各组之间达到对等。

2. 配对或匹配

配对或匹配指按照一组重要的变量来比较受试单位，然后将同等情况的每对单位分别分配到实验组和控制组中。例如，要检验新药或某种新疗法时，首先将自愿接受实验的患者按照年龄、性别和病情等重要变量配对，然后将他们分别分配到实验组和控制组中。分

① 赛佛林，坦卡德．传播理论：起源、方法与应用[M]．郭镇之，等译．4版．北京：华夏出版社，2000：185.

组可用前述的双盲法，即分组结果不让患者知晓，甚至连主持评价的医生也不知晓。如果需要比较几种药品的疗效，则可将患者按基本情况匹配后再分别分配到这些组。

配对或匹配也有其缺点，即研究者只能保证实验单位在研究者选择作为配对标准的一些特征上是匹配的，而在另外一些变量上则可能不相同。如果有些可能对因变量产生影响的变量没能被选中作为配对标准，那么实验组别在这些变量上的不对等仍会对内在效度构成威胁。

3. 统计控制

统计控制涉及如何测量外来变量并通过统计分析调整它们的效果。另外，一些高级统计方法，如多元回归分析和方差分析，也可以帮助研究者区分、比较各个自变量和外来变量对因变量的影响。

4. 设计控制

设计控制通过实验设计控制具体的外来变量。第三节将对这一部分的内容进行详细介绍。

第三节　实验设计

实验设计是根据研究问题对实验进行整体规划的过程。一般而言，在实验设计开始之前，研究者首先要弄明白实验设计中需要考虑的具体问题。

一、实验设计中需要考虑的问题

在进行实验设计之前，研究者需要考虑以下具体问题：

- 研究的目的是什么？
- 需要测定或实验哪些项目（因变量）？
- 包含多少因素（自变量）？
- 包含多少层次的因素（自变量的水平）？
- 希望得到何种资料（分组）？
- 何种收集资料的方法最为简便且有效？
- 何种统计分析最为适当？
- 研究的经费有多少？如何节省经费？
- 哪些设备可供研究使用？
- 在此领域中曾进行过哪些类型的研究？
- 从这项研究中能得到什么益处？

以上每个问题都与研究步骤有关。例如，如果研究经费不足，研究者就很难进行比较复杂的四组研究设计。或者，过去的研究显示“仅使用后测”的设计最为有用，那么，其他设计也许就不很适合了。

二、常用的实验设计类型

为了便于讨论，我们首先来明确实验设计中各种常用的符号：

R：随机抽样或随机分组；

X：对自变量的处置或操纵，也叫做实验处置；

O：对因变量的观察或测量过程，下标表示观察的次数（O_1、O_2 分别表示第一次、第二次观察）；

M：配对分组；

每一行实验符号表示一组实验。

例如，以下为用上述符号表示的检验广告效果的两组实验：

$$R \quad O_1 \rightarrow X \rightarrow O_2$$

$$R \quad O_3 \rightarrow \quad \rightarrow O_4$$

其中 X = 播出电视广告

O = 观察到的销售量

在该实验中，受试者（若干市场/城市）被随机地（R）分配到某一组中，两行表示有两组实验（实验组和控制组）。在这两个组中，研究者首先分别观察其所在市场/城市的某种商品的销售量，即进行“事前测量”（O_1 和 O_3），然后在第一组（实验组）中播出有关该商品的电视广告（X）。注意，在第二组（控制组）中不播出广告。最后，分别观察实验组和控制组市场/城市中该商品的销售量，即进行“事后测量”（O_2 和 O_4）。

常用的实验类型包括非随机化实验和随机化实验两大类，前者还可以细分为纯粹的非随机化实验和介于两者之间的准实验设计，以下我们按照这三种类型进行介绍。

1. 非随机化实验

非随机化实验也叫非正式的实验，指实验中的实验单位，它们或者没有分为实验组和控制组，或者虽然分了组，但却没有通过随机/前测过程来排除组别之间可能存在的初始差异。这种方式的实验多用于试研究阶段，所以也叫作预实验（pre-experiment），主要有以下三种模式。

（1）事后设计（无控制组、无事前测量，one-group posttest-only design）

$$X \rightarrow O$$

这种模式最为简单，它既没有控制组，也不对实验单位进行事前测量，仅观察引入自变量后因变量的表现。比如研究者可以让受试者接受一个英语培训，在培训之后测量他们的英语水平。不过，通过这样的实验，研究者是无法确定自变量和因变量之间的因果关系的。在上面的例子里，由于没有对受试者进行前测（pretest）来了解他们接受培训之前的英语水平，因而即便在后测中他们表现出很高的英语水平，研究者也不能说这个英语培训是有效的。

（2）有控制组的事后设计（无事前测量，two-group posttest-only design）

$X \rightarrow O_1$

O_2

与前一种模式相比较，这一模式引入了一个控制组，但对实验单位没有进行随机分组，而且无前测。在实验中，研究者仅对实验组进行实验处置，或者将自变量的不同水平分别引入实验组和控制组，随后通过后测观察两组在因变量上的表现。如果研究者将受试者随机地分配到实验组和控制组，那么这将是一个内在效度较高的实验（见下文讨论）；但如果分配不是随机的，那么由于不能排除两组受试者之间在接受实验处置之前就可能已经存在的初始差异及其对因变量的可能影响，研究者是没有把握推断自变量（实验处置）和因变量之间的因果关系的。

（3）事前事后设计（无控制组，one-group pretest-posttest design，也称为 before-after design）

$O_1 \rightarrow X \rightarrow O_2$

这一模式假定自变量对因变量的影响可以通过比较后测与前测的差异来考察。例如，在一项实验中，让受试者先填写一份有关种族偏见的量表，然后让他们观看一部反对种族偏见的电影，过一段时间再次填写上述量表，比较前后两次测量的差异。通过这个实验，研究者试图研究影片内容的传播对人们种族观念的影响。但是，即使后测得到的种族偏见程度大大低于前测，研究者也不能肯定地做出影片内容的确有效的结论。首先，前测（在这个例子中是填写有关种族偏见的量表）可能会产生敏化（sensitization）的影响，也就是接受测量这个动作本身可能会对下一次测量结果产生影响。敏化的影响在这个例子里也许还不太明显，不过大家应该都很熟悉模拟考试对最后正式考试的作用，这就是敏化的一个典型例子。其次，时间的影响，如果前测和后测之间相隔了较长的一段时间，那么这段时间里可能对因变量产生影响的其他因素（比如发生了与种族冲突有关的社会事件）都无法得到控制；相反，如果前测和后测之间相隔的时间太短，又可能会因为睡眠者效应（sleeper effect，也就是说自变量对因变量的影响要经过一段时间的吸收才能够真正显现出来）而得不到准确的结果。[①]

2. 准实验设计（quasi-experiment）

在传播研究中，由于研究对象的性质与自然科学有很大差别，因而研究者常常采取准实验设计的方法。准实验设计是介于纯粹的非随机化实验（非正式的实验）与真正意义上的随机化实验（正式的实验或真实验）之间的一种设计。也就是说，准实验指研究者虽然没有严格地进行随机分组和严格的实验控制，但采用了前测的过程或组内对照的方式，以

① 之所以在每个实验方法后面都详细叙述其缺点，是为了帮助读者进一步了解干扰变量对内在效度的威胁和实验控制的重要性，明白后面所要介绍的实验设计背后的良苦用心和精妙之处。为了达到这个目的，在介绍下面的真正的实验（full experiment）时，我们会详细阐释这些设计所能够控制的对内在效度的威胁。

排除组别之间可能存在的初始差异或前测可能造成的影响。准实验设计主要有以下三种模式。

（1）有“事前”—“事后”测量、有控制组的设计（pretest-posttest quasi-equivalent groups design）

在这一实验设计中，实验组和控制组未经过随机分组，但是有前测。

$O_1 \rightarrow X \rightarrow O_2$

$O_3 \rightarrow \quad \rightarrow O_4$

这一模式在实验中设置了控制组，通过比较实验组和控制组、前测和后测的结果来推断自变量的影响。这种实验设计的内在效度比较高。但与此同时，它也有着致命的缺点。最主要的缺点源于实验组和控制组的非随机分组。诚然，研究者可以在前测中测量因变量以及一些已知的、可能对因变量的值产生影响的变量，并且在分组中保证两组在这些变量的值上尽量保持一致，或者通过事后的统计分析来控制其影响。即便如此，研究者也很难保证自己穷尽了所有可能对实验结果产生干扰的变量，尤其是该研究领域内那些还没能被研究者发现的变量。只有随机分组才有可能产生完全对等的两组受试者，让他们在研究者已知和未知的干扰变量方面都处在相同的起跑线上。简单地说，这个实验设计只可以排除被测量了的或被控制了的那部分干扰因素的影响，但是对于其他可能的干扰因素却无能为力。与此同时，由于进行了前测，实验结果也可能会受到敏化的污染。

例如，研究者若想研究电台出售所有权对其员工士气的影响，[①]他可以对这一电台员工在所有权出售前后的士气进行测量。同时，研究者又收集到同一社区另一家竞争电台员工士气的资料，这类似于前面所介绍的前测—后测控制组设计，只是实验组和控制组的分配不是随机的。

在这一实验中，一组接受实验处置（即出售电台所有权），另一组不接受这一处置，比较两组的差异可以分析实验处置是否有影响力。假如前测结果显示两组电台员工的士气大致相同；而在后测中，出售所有权的电台的员工士气明显降低，而控制组的员工依然维持常态，那么，这就表示出售事件的确会影响员工的士气。然而，这个结论也可能是有误差的，在前测的时间点上，两组员工也许在其他变量上有差异，例如，两组员工的年龄不同，电台出售对年龄较大的员工的影响使得研究结果不同。准实验设计无法排除这些外来因素及其交互作用的影响。

（2）时间序列中断设计（interrupted time series design）

在时间序列中断设计中，同一组受试者在系列时间内被观测，这一连串的观测经实验处置中断后再继续进行。设计可以是有控制组的，也可以是没有控制组的。从这些因变量的变化趋势中，研究者可以探讨发现自变量对因变量的影响程度和影响过程。

$O_1 \rightarrow O_2 \rightarrow O_3 \rightarrow O_4 \rightarrow O_5 \rightarrow X \rightarrow O_6 \rightarrow O_7 \rightarrow O_8 \rightarrow O_9 \rightarrow O_{10}$

---

① SHRUM L J, WYER R S, O'GUINN T C. The effects of television consumption on social perceptions: The use of priming procedures to investigate psychological processes［J］. Journal of consumer research, 1998, 24(4): 303.

这种设计可以排除内在效度较低的威胁（通过排除前测的影响达到）。如上式所示，前测在五个时点进行，之后进行实验处置。如果 O_5 和 O_6 之间有显著的差异，那么，在前四个时点上测量的得分就可以排除由于受试者因熟悉研究设计而造成的影响。也就是说，如果受试者熟悉了研究设计，就可能会使 O_1 与 O_2、O_2 与 O_3 以及 O_3 与 O_4 之间产生差异。以此类推，如果仅仅在 O_5 和 O_6 之间产生了差异，那么受试者熟悉研究设计的事实（即敏化反应）便不足以解释这个现象，即差异可能是由于处置 X 造成的。1998 年，多罗威（Donohew）、洛奇（Lorch）和帕尔姆格林（Palmgreen）在两个城市中针对为期 32 个月、每个月接受 1 次访问的 100 位青少年样本，询问他们接触反大麻烟公益广告的情况及对服用大麻的态度（一个为期 4 个月的反大麻烟的公益广告在两个城市的不同时间播出），研究者通过比较每个月的资料去发现青少年态度和行为的改变。①

不过，这个实验设计也有一些问题。比如，研究者不能排除多个前测的影响直至第一个后测才显现出来的可能性（即前测影响的睡眠者效应，试想需要经过多少次模拟考试，考生的成绩才会得到显著提高），研究者也不能排除在较长的实验时间过程中（从第一次前测到最后一次后测），其他因素（比如其间发生的重大社会事件）对受试者的影响。如果拥有一个控制组，研究者便可以在一定程度上减轻这些问题对内在效度的影响，这就是我们要介绍的下一个实验设计。

时间序列设计一般用于研究较长时期内人们在态度和价值观念上的变化。例如盖洛普民意测验机构通常用这种方法研究社会舆论的变化。但是，这种方法需要投入较多的人力和物力。此外，它无法判断所假设的自变量是否对因变量有主要影响，因为在很长的时间内，会有许多其他因素导致因变量的变化（加一个控制组则可以起到重要的作用，如下一个设计）；还有，测量态度和价值观的变化是很困难的，由于趋势研究是要不断地观测社会发展变化和新的社会现象，很难利用现有的量表和问卷，因此它难以确定测量工具的效度。

（3）有控制组的时间序列设计（interrupted time series quasi-equivalent groups design）

$$O_1 \rightarrow O_2 \rightarrow O_3 \rightarrow X \rightarrow O_4 \rightarrow O_5 \rightarrow O_6$$

$$O_7 \rightarrow O_8 \rightarrow O_9 \rightarrow \quad \rightarrow O_{10} \rightarrow O_{11} \rightarrow O_{12}$$

如上所述，相比于无控制组的时间序列设计，如果最后一次前测和第一次后测的成绩在实验组中有显著差别，而在控制组中没有，研究者就有更大的把握说这一变化是实验处置而非前测造成的。与此同时，实验时间段内社会历史事件 / 因素的影响也可以通过比较实验组和控制组而得到相当的控制。

有控制组的时间序列设计不仅有多个观察点，而且在每一时点都对实验组和控制组加以测量。因此，研究者通过它们之间的差异可以发现因变量的变化趋势，由此预测未来的发展变化，并可在实际发展过程中检验这种预测。

① ROGER D W，JOSEPH R D. 大众媒体研究［M］. 黄振家，译 . 台北：新加坡商亚洲汤姆生国际出版有限公司，2002：304.

然而，这个实验设计最大的问题就是实验组和控制组的非随机分组。诚然，前测的存在可以保证两个实验组在前测中涉及的变量上保持对等，但两组之间在其他变量上的初始差异是无法控制的。研究者不能确定实验组和控制组在因变量上的差异会不会是由没能控制的初始差异或者这些初始差异与实验处置的交互作用所造成的。

3. 随机化实验（full experiment）

随机化实验是真正意义上的科学实验，也叫正式的实验或真实验，主要有以下四种模式。

（1）单因素的实验设计

单因素的实验设计有以下三种常用的类型：

①含“事前”—“事后”测量的、随机化的、有控制组的设计（pretest-posttest equivalent groups design），用实验设计符号表示为：

$R\quad O_1 \rightarrow X \rightarrow O_2$

$R\quad O_3 \rightarrow \quad \rightarrow O_4$

其中：$O_2 - O_1 = X$ 的影响 + 外来因素的影响 + 前测的影响 + 交互作用 I_1

$O_4 - O_3 =$ 外来因素的影响 + 前测的影响 + 交互作用 I_2

$(O_2 - O_1) - (O_4 - O_3) = X$ 的影响 + 交互作用 I_3

注：I_1 =（X 与前测、X 与外来因素、前测与外来因素、X 与前测与外来因素的）交互作用

I_2 =（前测与外来因素的）交互作用

I_3 =（X 与前测、X 与外来因素、X 与前测与外来因素的）交互作用

交互作用指的是两个或两个以上因素对因变量的共同作用。

这一设计类型是最常用的，这一设计能够控制外来因素或多重人为因素。它将受试者随机分配到实验组和控制组，而且每组都进行前测，只有实验组进行实验处置。将实验组的 O_1 和 O_2 间的差异与控制组的 O_3 和 O_4 间的差异进行对比，如果两者之间相差很大（统计上是显著的），就可以假定实验处置 X（自变量）是造成差异的原因。

由于进行了随机化分组，再加上通过前测来确认分组的对等性，因此这种设计很大程度上可以排除初始差异的影响，实验的内在效度会比较好。但是，由于实行了前测，可能会产生敏化效应，研究者还是无法排除 O_2 和 O_4 之间的差异是由前测或者前测与实验处置的交互作用所造成的可能性，因此可能会影响到实验的内在效度，同时也可能减损外在效度。例如，某个电视栏目想要了解一种改版设计（X）的效果，研究者让受试者先后观看该栏目改版前后的节目并给出评价（O）。由于受试者可能会知道有改版的问题，可能会因此影响其前、后测的评价得分。因此，当测量具有一定敏感性，研究者应该考虑无前测的设计。

②无“事前”测量的、随机化的、有控制组的设计（posttest-only equivalent groups design），用实验设计符号可表示为：

$R \quad X \rightarrow O_1$

$R \quad\quad\quad O_2$

其中：$O_1 = X$ 的影响 + 外来因素的影响 + 交互作用 I

$O_2 =$ 外来因素的影响

$O_1 - O_2 = X$ 的影响 + 交互作用 I

注：$I =$（X 与外来因素的）交互作用

当研究者考虑到前测可能带来的敏化效应时，可将第①种设计类型修改为无“事前”测量的、随机化的、有控制组的设计，其中，实验组和控制组均没有前测，但实验组暴露于实验处置之中；之后，比较两个组后测结果是否在统计上具有显著性差异。但就像我们之前讨论过的，一次随机化分组并不能保证产生完全对等的两个组。如果两个组在重要的变量上存在初始差异，研究结果的内在效度还是会受到威胁。因此，为了能够既更好地控制初始差异又更好地控制敏化效应，研究者可以选择使用所罗门四组设计。

③所罗门四组设计（Solomom Four-Group design）

所罗门四组设计可用实验设计符号表示为：

$R \quad O_1 \rightarrow X \rightarrow O_2$

$R \quad O_3 \rightarrow \quad \rightarrow O_4$

$R \quad\quad\quad X \rightarrow O_5$

$R \quad\quad\quad\quad\quad O_6$

其中，关于对各个观察值或测量值之间的差异的说明，可以参考前两个设计。

由于其对初始差异和敏化效应两者具有优异的控制能力，这一设计得到了很多研究者的青睐。例如，如下式所示，数字表示某小学学生测验 O（考试成绩）的具体分数，X 表示“高智商的暗示”（对学生作所谓的“智商测试”，让实验组的学生都得到他们具有高智商的结果）；前测（O_1、O_3）和后测（O_2、O_4、O_5、O_6）相隔一年。

1. $R \quad 85\ (O_1) \rightarrow X \rightarrow 96\ (O_2)$

2. $R \quad 85\ (O_3) \rightarrow \quad \rightarrow 90\ (O_4)$

3. $R \quad\quad\quad X \rightarrow 93\ (O_5)$

4. $R \quad\quad\quad\quad\quad 88\ (O_6)$

首先，研究者可以通过收集到的数据来仔细考察研究结果的内在效度是否可能受到威胁：①

第一步，比较 O_1 和 O_3 之间是否有显著差异，如果两者没有显著差异，那么至少可以说明随机化分组在前测中所测量的变量上是有效的。

第二步，比较 O_4 和 O_6 之间是否有显著差异，如果两者没有显著差异，说明前测并没有对因变量产生主要作用（main effect，即前测本身作为一个变量对因变量的影响。main

① FREY L R, BOTAN C H, KREPS G L. Investigating communication: An introduction to research methods[M]. Needham Heights, MA: Allyn & Bacon, 1999.

effect 这个概念是相对于交互作用而言的，交互作用指的是几个变量的组合共同对因变量的影响）。

第三步，比较 O_2 和 O_5 之间是否有显著差异，如果两者没有显著差异，说明前测和实验处置并没有对因变量产生交互作用。

当排除了可能的威胁或者对其有了充分的了解之后，研究者就可以对研究假设进行检验了。如果前测中不存在对内在效度有威胁的因素，那么当（O_2-O_1）和（O_4-O_3）之间有显著差异时，研究者就可以有相当的把握指出这是实验处置造成的。如果随机化是有效的，那么当 O_5 和 O_6 有显著差异时，研究者也可以相当有把握地指出这是实验处置造成的。

如果“高智商的暗示”会影响学生的学习成绩，那么，O_2 应该与 O_1 之间应有显著差别，而且与 O_4 之间也应有显著差别。此外，O_2 与 O_6 之间应有显著不同，同时与 O_3 之间也应有显著差异。具体来说，我们可以通过以下的分析，大概了解 X、前测和外部因素的影响：

第一步：第三、四组虽然没有做前测，但是我们不妨假设，如果同时也做前测的话，那么前测的分数应该也是 85 分左右；

第二步：由 O_6-O_3，可以估计出外来因素的影响大概是 88 – 85 = 3 分；

第三步：由 $O_5-O_6=X$ 的影响 +（X 与外来因素的）交互作用，可以估计出 X 的大致作用（包括交互作用）是 93–88 = 5 分；

第四步：由 $O_4-O_6=$ 前测的影响 +（前测与外来因素的）交互作用，可以估计出前测的大致作用（包括交互作用）是 90 – 88 = 2 分；

第五步：由 $O_2-O_1=X$ 的影响 + 外来因素的影响 + 前测的影响 + 交互作用 I_1，其中 $I_1=$（X 与前测、X 与外来因素、前测与外来因素、X 与前测与外来因素的）交互作用，可以得到：96 – 85 = 11 = 外来因素的影响 +（X 的影响 + X 与外来因素的交互作用）+（前测的影响 + 前测与外来因素的交互作用）+（X 与前测、X 与前测与外来因素的）交互作用 = 3 + 5 + 2 +（X 与前测、X 与前测与外来因素的）交互作用；从而得到：（X 与前测、X 与前测与外来因素的）交互作用 = 1。

也就是说，从上述实验设计和数据中，我们可以大致看到：

X 的影响 ≈5（包括 X 与外来因素的交互作用）

外来因素的影响 ≈3

前测的影响 ≈2（包括前测与外来因素的交互作用）

其他 ≈1（X 与前测的交互作用 + X 与前测与外来因素的交互作用）

当然，这些影响（差异）是否在统计上具有显著的差异，还需要经过进一步的假设检验。

从上述例子可以看到，所罗门四组设计可以区分出外来因素和前测的影响，因此与前两种设计相比较，这种设计的效度是比较高的。

引用艾尔・巴比（Earl Babble）在《社会研究方法》中的图示，我们可以比较好地了

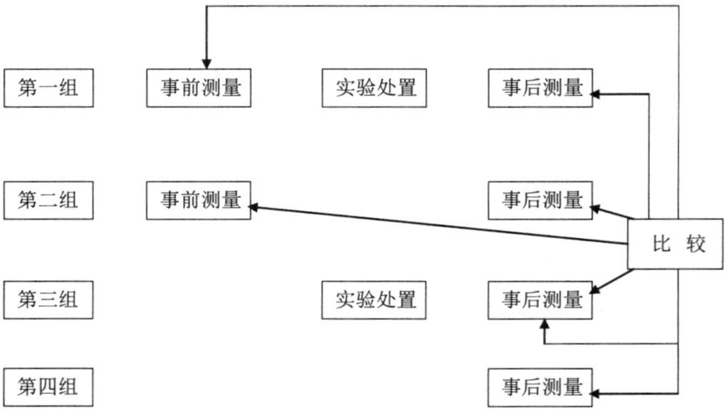

图 6–2 所罗门四组实验设计

资料来源：巴比. 社会研究方法［M］. 李银河，编译. 成都：四川人民出版社，1987：167.

解所罗门设计的原理。

所罗门设计的缺陷是它缺乏实用性，这种设计需要四个组别，这就意味着需要更多的费用、受试者和时间。它的另一个缺点是所得结果必须经过比较烦琐的统计检验。最后，它只能判断其他外部变量对因变量是否有影响，但无法确定哪些变量与因变量之间还存在着因果关系。[①]例如，在前面的例子中，如果外来因素的影响很大（远远超过了自变量“高智商暗示”的影响），在这种情况下，研究者就需要进一步考虑是否还存在对因变量（“考试成绩”）有更重要影响的其他自变量，即要考虑多个自变量的实验设计。

（2）多因素 / 多因子的实验设计（factorial design）

包含两个或两个以上自变量的分析研究为多因素设计，这种设计可以节省时间和资源，研究者不但可以考察多个自变量对因变量的影响，还可以考察自变量之间的交互作用对因变量的影响。由于在许多实验研究中，多个自变量对因变量的影响可能相互依赖，这就需要多因素的实验设计，如果只用前述简单实验设计便无法探究其中的关系。

例如，下面是双因素 / 双因子的实验设计，因变量是“销售量”；两个因素（自变量）分别是“广告”和“销售”。每一因素中又分为两个水平，即“广告”（多播广告、少播广告）和“销售”（低价销售、高价销售）。这样，两个因素共计 4 个水平（用 2×2 表示）就可以有以下 4 种组合：X_{11}（多播广告、低价销售）、X_{12}（多播广告、高价销售）、X_{21}（少播广告、低价销售）、X_{22}（少播广告、高价销售），见表 6–3。

无“事前”测量的、随机化的设计，可表示为：

$R \quad X_{11} \rightarrow O_1$

$R \quad X_{12} \rightarrow O_2$

$R \quad X_{21} \rightarrow O_3$

$R \quad X_{22} \rightarrow O_4$

下面举例对几种情况的双因素（2×2、2×3、$2\times2\times2$）实验设计做一介绍。

假如某研究者要研究广告节目的促销效果，[②]将随机选择的受试者放置在一个 2×2 的多因素实验设计中，如表 6–4 所示。自变量有两个：在广播中做广告和在报纸上做广告。在表 6–4 中，研究的 4 组分别是：第一组暴露在广播广告和报纸广告之中；第二组只暴

① 袁方，王汉生. 社会研究方法教程［M］. 北京：北京大学出版社，1997：374.

② ROGER D W，JOSEPH R D. 大众媒体研究［M］. 黄振家，译. 台北：新加坡商亚洲汤姆生国际出版有限公司，2002：300–301.

露在报纸广告中；第三组仅暴露在广播广告中；第四组不暴露于任何广告中。在实验处置后，研究者便可根据简短的问卷调查判断哪一种媒体或媒体组合的广告最有效。

表 6-3　2×2 的（双）因子设计示例（因变量：销售量）

	低价销售	高价销售
多播广告	I	II
少播广告	III	IV

表 6-4　2×2 的（双）因子设计示例（因变量：广告效率或记忆程度）

	有收音机	无收音机
有报纸	I	II
无报纸	III	IV

在表 6-5 的实验设计中，第二个变量增加了一个水平，即将报纸广告再分成彩色报纸广告和黑白报纸广告，成为 2×3 的因素设计形式。这个实验设计可以考察彩色报纸广告和黑白报纸广告的相关效果，并同时对广播广告的效果进行分析。

如果此时研究者还想研究电视广告的促销效果，假定每种因素各有两个水平，那么，3 种因素就形成了 2×2×2 的多因子设计。如表 6-6 所示，它包含了 8 种可能的组合，其中第一组接触电视、报纸、广播广告，而第八组则不接触任何广告讯息。

表 6-5　2×3 的（双）因子设计示例（因变量：广告效率或记忆程度）

	有收音机	无收音机
彩色报纸广告	I	II
黑白报纸广告	III	IV
无报纸	V	VI

表 6-6　2×2×2 的（三）因子设计示例（因变量：广告效率或记忆程度）

	有收音机		无收音机	
	有电视	无电视	有电视	无电视
有报纸	I	II	III	IV
无报纸	V	VI	VII	VIII

三因素的实验过程与双因素的基本相同，8 组受试者都接受测量工具的检验；3 个因素对因变量的影响以及因素之间交互作用对于因变量的影响，则可以通过方差分析法进行检验。①

显然，如果实验中要考虑的因素或因素的水平增加，那么实验的组数 / 次数也会大大增加。例如，如果有 4 个实验处置变量（因子），每个因子有 3 个水平，那么实验的组数 / 次数就是 3×3×3×3 = 81 组 / 次。在实际应用中，这几乎是无法操作的。而后面将要介绍的正交实验设计则可以解决这个问题。

关于多因素实验，一个很重要的分类就是组间设计（between-subject design）和组内设计（within-subject design）。以上的例子属于前者，后者指的是让同一组受试者接受若干不同的实验处置并测量其效果。比如，研究者想研究性别（男、女）和广告诉求的恐惧度（强恐惧、中恐惧、低恐惧）对广告效果的影响，他可以用 3×2 = 6 个实验组，也可以用男女两个实验组，然后让这两个实验组观看 3 种恐惧度的广告并分别测量效果。组内设计在社会科学研究中还是比较常用的，也可以用来减少组数和样本量。在实际研究中，根

① 关于“方差分析法”的介绍，可以参考柯惠新，沈浩．调查研究中的统计分析法[M]．北京：中国传媒大学出版社，2005．或参考其他同类的统计教材。

据自变量的特点不同，组间和组内设计常常混用，比如本章最后介绍的案例一中，就有两个组间自变量、一个组内自变量。

（3）正交设计（Orthogonal Experimental design）

正交设计是研究多因子、多水平的又一种设计方法，它根据正交性从全面实验中挑选出部分有代表性的点进行实验。这些有代表性的点具备了“均匀分散，齐整可比”的特点。日本统计学家田口玄一将正交实验选择的水平组合列成表格，称为正交表。[①] 在应用中，正交设计就是利用这些排列整齐的正交表来对实验进行整体设计、综合比较、统计分析，通过少数的实验次数，找到较好地影响因变量变化的一组或若干组自变量水平的组合。正交表能够使研究者在因子变化范围内均衡抽样，使每次实验都具有较强的代表性。由于正交表具备了均衡分散的特点，保证了全面实验的基本要求，因此这些数量不多的实验往往就能够较好地达到实验的目的。

例如，做一个四因子（每个因子 3 个水平）的实验（如表 6–7 所示），遍历实验需要 81 次（且没有考虑每一组合的重复次数），这在实际的研究中是不大可能的。若按上述正交表 $L_9(3^4)$［其中，4 表示该设计最多涉及 4 个实验处置变量（因子）；3 表示每个因子最多有 3 个水平］来设计，那么只需做 9 次实验就够了。这就大大减少了工作量，而且，从正交设计表中的行和列可以看到，虽然实验的次数从 81 次减至 9 次，但是各个因素的不同水平是非常有序、有效、均匀地组合在一起的。

表 6–7　四因子（每个因子 3 个水平）正交设计表

	实验处置变量：包装 A、促销方法 B、价格 C、陈列 D			
实验编号	包装 A	促销方法 B	价格 C	陈列 D
1	A1（罐装）	B1（减价 30%）	C1（低价位）	D1（低位置）
2	A1（罐装）	B2（送奖券）	C2（中等价位）	D2（中等位置）
3	A1（罐装）	B3（无促销活动）	C3（高价位）	D3（高位置）
4	A2（瓶装）	B1（减价 30%）	C2（中等价位）	D3（高位置）
5	A2（瓶装）	B2（送奖券）	C3（高价位）	D1（低位置）
6	A2（瓶装）	B3（无促销活动）	C1（低价位）	D2（中等位置）
7	A3（袋装）	B1（减价 30%）	C3（高价位）	D2（中等位置）
8	A3（袋装）	B2（送奖券）	C1（低价位）	D3（高位置）
9	A3（袋装）	B3（无促销活动）	C2（中等价位）	D1（低位置）

（4）拉丁方阵设计（Latin Square design）

拉丁方阵设计也是一种因素设计，不同的是，一般来说，它不考察多个自变量与因变量之间的关系，而是考察多个自变量的引入顺序对因变量的影响。这种设计可以引入多个不同的自变量，这些自变量只有一个取值。实验组的数目取决于引入的自变量，即有多少个自变量就分派多少实验组。每个实验组依次引入各个自变量，但引入的次序各不相同，

① 参阅 http: //zhidao. baidu. com/question/6441922.html?si = 2；http: //zhidao. baidu. com/question/7895033.html.

表 6–8　拉丁方阵设计示例

受试者	实验条件			
A	1	2	3	4
B	2	3	4	1
C	3	4	1	2
D	4	1	2	3

如表 6–8 所示。有时候，也可以将多个自变量的引入顺序看成一个自变量的不同水平。例如表 6–8 中实验条件假定是新药，那么表中的 1、2、3、4 就既可以看成 4 种新药，也可以看成自变量“新药类型”的 4 个不同水平。

实验组可以只有一名受试者（如表 6–8，4 个实验组分别对应 A、B、C、D 4 名受试者），也可以有多名。实验组所引入的自变量在每一行或每一列仅出现一次，每个实验组都依次接受一系列的实验处置，但各组的顺序是不同的，这就形成了多种互不相同的自变量组合形式（或同一自变量的不同水平）。观察不同组合产生的效果，研究者就可以检验引入自变量的顺序（或同一自变量的不同水平）是否会对因变量造成不同的影响。如果各组的因变量值都相同，就说明引入自变量的顺序（或同一自变量的不同水平）对因变量没有影响，每个自变量（或同一自变量的不同水平）是独立的，它们的作用可以叠加。

通过比较因变量的值，还可以发现哪种顺序使因变量发生更大的变化。一般而言，拉丁方阵设计无法测量出交互作用效应，它只能检验实验顺序对因变量的影响，并判断自变量之间是否存在交互作用。

拉丁方阵的缺点是，它必须保证各组受试者的特征相同，不会影响实验结果。但在小样本的情况下，很难找到各种特征都相同的受试者。另外，各种自变量是共同发挥作用的，因此无法区分每一个自变量对因变量的单独影响。这种设计一般在特殊场合中采用，即在检验自变量的组合方式对因变量的影响或要找出最佳的组合方式时才会采用。

拉丁方阵实验设计可以表示为 LS-p，其中 LS 代表 Latin Square，p 代表自变量的水平数。拉丁方阵设计允许研究者将两个干扰变量对因变量的影响独立出来，从而更好地判别自变量对因变量的贡献。它的具体操作方法就是将一个干扰变量的水平数安排为方阵的行，将另一个干扰变量的水平数安排为方阵的列，然后对方阵中各个方格内的受试实施实验处置。拉丁方阵的一个鲜明特点，就是要求研究者保证每一种实验处置在方阵的每一行和每一列中都只出现一次。[①] 由此可见，拉丁方阵设计对两个干扰变量的水平数有严格要求，即要求它必须和自变量的水平数一致。只有这样，研究者才能保证在由两个干扰变量的水平数所组成的方阵中，自变量的各个水平数在每一行和每一列中只出现一次。

举一个简单的例子，比如，研究者想要研究新药类型（3 个水平，即 3 种新药 A、B、C）的疗效，同时，研究者认为对疗效可能产生重要影响的两个干扰变量分别是病人的年龄（老、中、青）和病人的病情（轻度、中度、重度）。由于两个干扰变量和自变量的水平数都是 3，研究者决定采用拉丁方阵设计。根据参与实验的所有病人在两个干扰变量即年龄和病情上的取值，将他们分入“行”为年龄、“列”为病情的 3 × 3 方阵中，而后对这些

① KIRK R E. Experimental design: Procedures for the behavioral sciences[J]. Journal of the American Statistical Association, 1995, 64(327): 52384–52392.

病人实施实验处置，即提供新药。根据拉丁方阵设计的要求，研究者要保证每种新药在每一行每一列中只出现一次，[①] 比如表 6–9 就是一种可能的安排。

在下面的例子中，两个干扰变量的水平数都等于自变量草莓品种的水平数 5。根据共同的水平数画出 5 × 5 方阵，横为干扰变量一的 5 个水平，竖为干扰变量二的 5 个水平，所有的受试本体根据其在两个干扰变量上的取值被分入各个实验组。自变量的每个水平，也就是不同水平的实验处置在每一行和每一列中只能出现一次，即每个草莓品种在每一行和每一列中只能出现一次。

表 6–9　拉丁方阵设计示例（两个干扰变量）

年龄 / 病情		年龄		
		青年	中年	老年
病情	轻度	B	C	A
	中度	A	B	C
	重度	C	A	B

例如，有一草莓品种比较实验对 5 个品种 A、B、C、D、E 进行了拉丁方阵设计，其田间布置与小区产量如表 6–10 所示，试就实验数据进行方差分析。[②]

表 6–10　草莓品种对比试验田间布置与小区产量（kg）[③]

纵列区组 / 横行区组	Ⅰ		Ⅱ		Ⅲ		Ⅳ		Ⅴ		行总计 T_r
Ⅰ	B	9	E	8	C	13	A	11	D	7	48
Ⅱ	E	8	D	8	B	7	C	14	A	8	45
Ⅲ	C	11	A	9	D	8	B	8	E	6	42
Ⅳ	A	8	C	12	E	8	D	7	B	9	44
Ⅴ	D	8	B	6	A	9	E	8	C	13	44
列总计 T_r	44		43		45		48		43		$T = 223$

表 6–10 是纵横区组两向表，据此再整理出表 6–11，即各处理的单向分组表。

表 6–11　草莓品种对比试验各品种的产量（kg）

品种 / 产量	A	B	C	D	E
品种总和 T_t	45	39	63	38	38
品种平均 $\overline{X}_t$	9.0	7.8	12.6	7.6	7.6

拉丁方实验设计方差分析所用公式，见表 6–12。

---

① 这个操作涉及比将受试者随机分组更为复杂的随机化过程，感兴趣的读者请参考 KIRK R E. Experimental design: Procedures for the behavioral sciences[J]. Journal of the American Statistical Association，1995，64（327）：52384–52392.

② 这个例子的方差分析超出了本教材的内容要求，仅作选修的参考。没有学习过方差分析的读者只通过表 6–10 了解一下这个例子给出的拉丁方阵设计即可。

③ 该实例引自黑龙江农业职业技术学院网站教案：http: //www. hljnzy. net/jpk/tianshi/HTM/dzjc/d13z/d13z. doc，以下表格及计算过程均引自同一网页。

表 6-12　拉丁方实验方差分析所用公式

变因	SS	DF	s^2	F	SE
纵列区组间	$SS_c=\frac{\sum T_c^2}{k}-C$	$DF_c=k-1$	$s_c^2=\frac{SS_c}{DF_c}$	$F_c=\frac{s_c^2}{s_e^2}$	
横行处理间	$SS_r=\frac{\sum T_r^2}{k}-C$	$DF_r=k-1$	$s_r^2=\frac{SS_r}{DF_r}$	$F_r=\frac{s_r^2}{s_e^2}$	$SE_t=\sqrt{\frac{s_e^2}{k}}$
处理间	$SS_t=\frac{\sum T_t^2}{k}-C$	$DF_t=k-1$	$s_t^2=\frac{SS_t}{DF_t}$	$F_t=\frac{s_t^2}{s_e^2}$	
误差	$SS_e=SS_T-SS_c-SS_r-SS_t$	$DF_e=(k-1)(k-2)=DF_T-DF_c-DF_r-DF_t$	$s_e^2=\frac{SS_e}{DF_e}$		
总变异	$SS_T=\sum x^2-C$ $C=\frac{T^2}{k^2}$	$DF_T=k^2-1$			

三、方差分析的计算和检验①

1. 平方和与自由度的分解

$$C=\frac{T^2}{k^2}=\frac{223^2}{5^2}=\frac{49\ 729}{25}=1989.16$$

$$SS_T=\sum x^2-C=113.84$$

$$SS_c=\frac{\sum T_c^2}{k}-C=\frac{44^2+43^2+\cdots+43^2}{5}-1989.16=3.44$$

$$SS_r=\frac{\sum T_r^2}{k}-C=\frac{48^2+45^2+\cdots+44^2}{5}-1989.16=3.84$$

$$SS_t=\frac{\sum T_t^2}{k}-C=\frac{45^2+39^2+\cdots+38^2}{5}-1989.16=91.44$$

$$SS_e=SS_T-SS_c-SS_r-SS_t=113.84-3.44-3.84-91.44=15.12$$

$$DF_T=k^2-1=5^2-1=24$$

$$DF_c=k-1=5-1=4$$

$$DF_r=k-1=5-1=4$$

$$DF_t=k-1=5-1=4$$

$$DF_e=(k-1)(k-2)=(5-1)(5-2)=12$$

① 以下内容的深度已超出本课程要求，仅供选修参考。

表 6–13 对表 6–12 资料的方差分析表

变因	*SS*	*DF*	*MSS**	*F*	$F_{0.05}$	$F_{0.01}$
纵列区组间	3.44	4	0.86	＜1		
横行区组间	3.84	4	0.96	＜1		
品种间	91.44	4	22.86	18.14**	3.26	5.41
误差	15.12	12	1.26			
总变异	113.84	24				

* 原标第四列用的是“*SE*”，现将其换成了“*MSS*”，理由是习惯上表示标准误差用“*SE*”，此处表示方差，即平均变差，用“*MSS*”更符合一般习惯。

表 6–14 草莓品种产量比较的 LSR 值

k	2	3	4	5
$SSR_{0.05}$	3.08	3.23	3.33	3.35
$SSR_{0.01}$	4.32	4.55	4.68	4.69
$LSRq_{0.05}$	1.54	1.62	1.67	1.68
$LSRq_{0.01}$	2.16	2.28	2.34	2.35

表 6–15 草莓品种产量的比较

品 种	小区平均产量 $\bar{x}_1$（*kg*）	差异显著性	
		a = 0.05	*a* = 0.01
C	12.6	a	A
A	9.0	b	B
B	7.8	b	B
D	7.6	b	B
E	7.6	b	B

2. F 检验

列表计算表 6–13 各项 s^2 和 *F* 值，并做 *F* 检验：

F 检验表明：不同品种间产量差异极显著，须做多重比较。因未设 CK，可用 *LSR* 检验。

3. 多重比较

$$SE_t = \sqrt{\frac{s_e^2}{k}} = \sqrt{\frac{1.26}{5}} = 0.50\ (kg)$$

按 $v = DF_e = 12$ 查 *SSR* 值表，得 $k = 2$、3、4、5 下的 *SSR* 值，进而算得 *LSR* 值列于表 6–14，并做多重比较于表 6–15。

检验表明：品种 C 的小区平均产量最高，与其余 4 个品种的差异均极显著，而其余 4 个品种彼此间差异均不显著。

第四节 实验研究案例

案例一：实验室实验实例——媒体报道倾向对大众舆论环境认知的影响（Gunther，1998）[①]

研究类型： 实验室实验

样本分配方式： 随机化分配

① GUNTHER A C. The persuasive press inference: Effects of mass media on perceived public opinion[J]. Communication research, 1998, 25(5): 485–504.

研究目的：研究媒体报道对大众舆论认知[①]（perceived public opinion，或称舆论环境认知，perceived opinion climate）产生影响的心理机制。

研究假设：作者假设媒体报道的倾向性可以影响受众对大众舆论的评估。这一影响的心理过程分为两个阶段，首先，作者假定受众在阅读媒体报道的时候其他人也读到了这篇报道，并且假定其他读者会受到该文章倾向性的影响。作者同时假设，即便受众本人的观点并没有受到有倾向性报道的影响（更准确地说是不管受众本人在多大程度上受到影响），这个假设也依然成立。作者同时指出现实生活中一个可能的外来因素，即媒体报道中通过街头采访等方式对大众观点的引述。受众可能通过这些引述来推断大众舆论。作者想确认在这个外来因素得到控制之后，他的假设是否依然成立。作者将以上的理论假设分为以下4个待检验的研究假设。

H1. 媒体对某一事件有倾向性（支持 vs. 反对）的报道会影响受众对当前大众舆论的认知（支持 vs. 反对）。

H2. 媒体对某一事件有倾向性（支持 vs. 反对）的报道会导致受众认为大众舆论最近向相应的方向（支持 vs. 反对）发生了变化。

H3. 当受众的个人观点（personal opinion）得到控制之后，H1 和 H2 依然成立。

H4. 当媒体报道中的观点引述得到控制之后，H1 和 H2 依然成立。

研究的基本步骤：

（1）选择实验类型：实验室实验

（2）选择实验设计：2×2×2 的设计（三因子、两水平），其中“社会事件”是组内变量，另外两个因子——“报道倾向”和“观点引述”是组间变量。受试者被随机地分入不同的实验组别。

（3）确定变量及其测量或操纵方式：

因变量 Y：大众舆论认知，分为两个维度，维度 1 是对当前大众舆论的认识；维度 2 是对大众舆论近来变化趋势的认识。

媒体报道与对大众舆论影响的认知的变量、因子

	报道倾向—支持		报道倾向—反对	
	有观点引述	无观点引述	有观点引述	无观点引述
社会事件 1	I	II	III	IV
社会事件 2	V	VI	VII	VIII

① 需要特别解释的是，这里的因变量是大众舆论认知而非大众舆论本身。从事这一领域研究的学者相信，大众媒体不仅能影响受众的观念（即真正的大众舆论），还能影响受众对大众舆论的认知或者估计。甚至有学者发现，大众媒体对后者的影响强度远远大于前者（如 Mutz 和 Soss, 1997）。对这一因变量感兴趣的传播学者相信受众对社会现实（social reality）的认知（perception）和构建（construction），包括对大众舆论的认知，无论准确与否，对他们自己的态度和行为都有相当大的影响，因此研究传播在这一因变量的形成和变化中扮演的角色是具有重要社会意义的课题。大家都很熟悉的沉默螺旋理论（Theory of the Spiral of Silence）就是一个例子。这个理论指出，大众媒体可以通过制造某些观点是主流观点的假象来影响大众对大众舆论的认识，而令那些以为自己的观点处于劣势的人保持沉默，从而使媒体报道中的少数派观点日渐沉寂，最后成为真正的少数派观点。

自变量 X1：报道倾向，分支持和反对两类；自变量 X2：社会事件，事件 1 涉及名为 BGH 的生物科技；事件 2 涉及政府对大学的资助和贷款。两个事件都是在实验开展的那段时间在媒体中得到讨论的有争议的社会事件。

干扰因素 E1：观点引述，即在报道中是否引用普通人的与实验处置的倾向相同的观点。

操纵确认：报道倾向，由受试者回答他对文章倾向性（支持 vs. 反对）的判断。

（4）选择受试者，分组和实验执行：

招募了选修四门课的 128 名大学生，四种不同的报道组合（实验处置）被随机地分配给他们，每个报道组合中有两篇文章，每篇涉及一个社会事件，这两篇文章的前后顺序也是随机确定的。在发放报道的同时，受试者被告知他们参加的是一项有关电视和报纸的比较研究。[①] 受试者会先回答一些关于媒体使用偏好的问题，然后阅读两篇报道，每篇报道后面有一系列的问题。

（5）分析与解释实验结果：利用方差分析法和路径分析法（path analysis）进行分析，结论如下：

H1 得到支持；

H2 被部分支持（对于社会事件 1 支持，而社会事件 2 否）；

H3 得到支持；

H4 得到支持。

研究结果：当一篇新闻报道不给出任何关于大众舆论的信息（如：广大市民一致认为……如：最近的一项民意调查显示……）时，这篇报道本身的倾向性还是会影响读者对大众舆论的认识或评估的。

案例二：现场实验实例——没有电视看的情况下人们会做什么？（Tan，1977）[②]

研究类型：现场实验

样本分配方式：非随机化分配

Tan 于 1977 年研究了人们在一周无电视可看的情况下会做些什么事。为此，他招募了 51 人作为研究样本，并付给样本一定的费用作为一周内不看电视的报酬。

在正式调查前一周，Tan 要求这些受试者正常看电视，并详细记录一周来的各种活动。正式调查开始后，研究者到每位受试者家中用胶带封住电视插头以减少诱惑力，要求每位受试者记录一周内的各种活动。为了确保研究的准确性，研究者在此一周内定期走访受试者家庭以确保他们没有看电视。

一周后，研究者收集了受试者不看电视的一周记录，并与其看电视的一周的记录进行

① 这是研究者用来避免我们之前讨论过的霍森效应的一种措施，通过给出假的研究目的而避免受试者根据研究目的相应地调整自己的行为。

② TAN A S. Why TV is missed: A functional analysis[J]. Journal of broadcasting & electronic media, 1977，21（3）：371–380. 或者参考 ROGER D W，JOSEPH R D. 大众媒体研究[M]. 黄振家，译 . 台北：新加坡商亚洲汤姆生国际出版有限公司，2002：308.

比较。研究发现，当受试者不能看电视时，他们转而看报纸或听广播以获得娱乐和信息，同时也倾向于参与更多的社交活动，例如和朋友与家人相聚。

讨论：现场实验可能是研究这一特殊问题的唯一可行的技术，同时也显示出现场实验的优点和缺点。首先，控制自变量的能力无法确定，因为研究者无法保证样本确实整整一周没有收看电视：一方面，在美国可能很难找到没有电视的家庭作为样本户，同时，也不可能将受试者带进实验室进行一星期不看电视的实验；另一方面，我们说这个实验中控制自变量的能力无法确定还有另一层含义，即研究者无法确定受试者真的一个星期没有看电视（比如，他们可能在朋友家或酒吧、店铺等地方看，甚至拆掉家里的胶带看电视）。此外，非随机样本不能准确地反映所研究社区的人口组成。

案例三：现场实验实例——汽车安全广告是否有效？①

研究问题：汽车安全广告活动的效果

研究过程：

（1）将六项公共服务的声明播送给镇内一半有线电视用户，另一半用户作为控制组（收不到播送的声明）。在 14 个观察点，观察者在早晨和午后观察这些住户的汽车。观察者安排在能看到驾驶座位置的地点。

（2）记录：驾驶员的性别、道德表现，估计年龄，是否使用安全带，汽车的牌照号码（驶离时），然后核对驾驶员是否属于该有线电视的用户。

（3）分成四组进行分析：

A：镇内有线电视用户，曾放映过广告讯息

B：镇内有线电视用户，没有放过广告讯息（控制组）

C：镇内无有线电视的住户

D：镇外住户

（4）观察时间：广告播出之前、播出数月以后，每个电视观众会看到 2—3 次广告

实验发现：广告对安全带的使用与否并未产生显著的作用（使用安全带的比例在广告播出期间反而下降了）。

讨论：花费了大量的时间、精力与金钱（制作节目、与有线电视系统和车辆管理部门合作、至少 14 个观察员、需时 9 个月）；不能判断控制组的人是否在拜访亲友时看过这条广告；不能估计控制组的人是否从其他媒体中得到过有关安全带的讯息；无法设计在高速公路上观察他们。

---

① ROBERTSON L S, KELLEY B, WIXOM C W, EISWIRTH R S, et al. A controlled study of the effect of television messages on safety belt use[J]. American journal of public health, 1974, 64(11): 1071-1080.

案例四：现场实验实例——电视节目中的反社会行为对受众性格的影响（Milgram & Shotland，1973）[①]

研究内容：Milgram和Shotland1973年与美国CBS电视网合作进行了两项现场实验。研究者制作了三种不同版本的流行电视剧《医学中心》（Medical Center）：第一种版本描绘反社会行为被判入狱；第二种版本描绘反社会行为未受到惩罚；第三种版本支持反社会行为：剧中描写发狂的年轻人砸破塑胶慈善捐款箱之后拿走了里面的钱。

第一项实验的研究过程：

在第一个实验中，研究者用两种方法招募受试者：其一是在纽约市的日报上刊登广告，声明将赠送一台免费的半导体收音机给任何愿意观看一小时电视节目的人；其二是在几个地铁站附近发放印有同样讯息的回函卡给行人，受试者被要求到特定的放映电视或电影的房间报到。受试者被随机地分配到4个组，每一组分别观看不同的节目（上述三种不同版本的节目和一个不含暴力内容的节目，最后一个是控制组收看的内容，且中间不插播广告），之后受试者要填写一份简短问卷，然后被通知到镇内某办公室领取免费收音机。

装有隐藏式监控机的镇内办公室也是实验的一部分，办公室里有一个塑胶的慈善捐款箱，里头装有5美元。另外，在该地还张贴着一份告示，告知受试者收音机已被领取完。受试者看完告示后的行为则是该实验的因变量，即有多少人会仿效节目中的反社会行为从捐款箱中拿走现金？

第一项实验结果：每组观众的反社会行为并无区别，没有人砸破捐款箱。

第二项实验的研究目的：测量电视反社会行为对观众的即时影响。

第二项实验的研究过程：

研究者到纽约时代广场招募受试者，同样声明将赠送一台免费的半导体收音机。先让受试者像第一项实验那样分组观看电视节目，然后将他们带进一间有彩色电视机及内有4.45美元捐款箱的房间中去领取半导体收音机。虽然受试者被告知他们的行为不会受到观察，但房间内一部隐藏式摄像机还是记录了受试者的行为，这一次，有些人砸破了捐款箱，但各组之间的行为并没有显著性差异。

讨论：这两项研究讨论了现场实验的正反两面。首先，研究者必须与CBS电视网合作才能进行这项昂贵的研究；其次，受试者是自愿的，因此这一样本不具有代表性；再次，在第一个实验中，研究者并没有控制受试者从看完电视节目至到达测试中心（镇内办公室）的时间，有些受试者是在看完《医学中心》节目24小时后才到达测试中心的，而有些人则在数天后才去。他们在这个时间间隔中的经验也可能影响他们的反应。

从正面来看，第一个实验表明了现场实验模拟自然环境并提供非反应环境的潜力，在看完节目离开放映电视/电影的房间时，受试者没有理由相信他们正在参与实验的另一个阶段，因此在礼品中心（办公室）的表现可能反映其真实的性格，而且对实验状况没有对

① MILGRAM S, SHOTLAND R L. Television and anti-social behavior: Field experiments[M]. New York: Academic Press, 1973. 或者参阅ROGER D W，JOSEPH R D. 大众媒体研究[M]. 黄振家，译. 台北：新加坡商亚洲汤姆生国际出版有限公司，2002：308.

抗性。

但这一实验引发了复杂的研究道德问题：这一实验是否侵犯了受试者的隐私权？是否是一种圈套？如果受试者偷窃了金钱，那他犯罪了吗？应如何处理？

案例五：网络问卷的设计要素对调查质量和被调查者情感体验的影响①

研究目的：研究网络问卷的设计要素对互联网调查质量和被调查者情感体验的影响。这些设计要素包括问卷的篇幅、页面显示方式、单选题的填答方式、表格的使用、图片的使用5个方面。作者不仅要关注这些变量分别对因变量的影响，还要关注它们之间的交互作用。

主要研究变量：2个因变量、5个自变量、11个控制变量。

因变量Y1：调查质量，分为无回答误差、计量误差和填答时间3个维度。

因变量Y2：被调查者的情感体验，分为被调查者感受到的“代价”和被调查者感受到的“报酬”两个维度。

自变量X1：问卷篇幅，包括短、长两个水平。

自变量X2：页面显示方式，包括单页显示、单页显示为主、每页2—3题的多页显示、每页1题的多页显示四个水平。

自变量X3：单选题填答方式，包括单选按钮、下拉框两个水平。

自变量X4：表格的使用，包括使用、不使用两个水平。

自变量X5：图片的使用，包括使用、不使用两个水平。

控制变量：包括调查特征和被调查者特征两个方面，共11个变量。

研究方法：采用网上自然实验研究法（现场实验）进行。通过正交实验设计（表6-17），使各因素不同水平的组合数减至最少。运用SPSS软件的正交设计功能，构造出5个因素的8种组合方式。

根据各形式要素的不同水平设计出8套内容相同但形式不同的问卷，将这些问卷随机分配给在网上自愿者样本中不同的被调查者，并利用方差分析等方法分析回收的数据，检验不同形式要素对调查质量和被调查者情感体验的影响。

正交设计表

组	问卷篇幅	显示方式	单选方式	表格使用	图片使用
1	短	多页1	下拉框	使用	不使用
2	长	单页2	单选按钮	使用	不使用
3	长	单页1	下拉框	不使用	不使用
4	短	单页2	下拉框	不使用	使用
5	长	多页2	下拉框	使用	使用
6	短	多页2	单选按钮	不使用	不使用

① 选自中国传媒大学2001级硕士研究生黄刚的硕士论文：《互联网调查中的问卷设计——5个形式因素对调查质量的影响探析》（2004），该论文获得第四届“中国市场研究‘宝洁’论文奖”学生组一等奖。

续表

组	问卷篇幅	显示方式	单选方式	表格使用	图片使用
7	长	多页 1	单选按钮	不使用	使用
8	短	单页 1	单选按钮	使用	使用

数据收集：作者分别在新浪网的“新浪邮箱”频道和搜狐网的“校园频道”频道中发布了文字链接广告，邀请网民参与调查。调查于2004年6月4日至2004年7月29日执行，共回收有效样本1406个。

主要研究结论：网页问卷中的上述5个形式因素对调查质量均有不同层面的影响，而被调查者的情感体验主要受问卷篇幅和页面显示方式的影响。

本章小结

传播学研究自发端起，实验研究方法就一直是其主要的研究方法之一。虽然有学者对其人为性有较多质疑，但实验研究法的许多优点决定了它在控制情境以及操纵自变量方面适合于传播学的许多研究主题。

本章主要介绍了实验研究法的基本概念、术语，对实验研究法的研究步骤进行了描述。此外，本章重点介绍了实验设计的类型以及一些有参考价值的研究案例。对于处理实验数据所需的方差分析方法及其他统计方法，本章没有介绍，读者可以参考本章给出的参考书或一般的统计学教材。

复习思考题

1. 请举出三种大众传播研究中的研究问题或假设，本章所描述的实验设计中，有没有哪些或哪一种能适合研究这些问题或其中某个问题？请具体说明理由。
2. 你认为现场实验能解决哪些研究问题？试举例说明在设计过程中应该注意的问题。
3. 请用自己的话描述多因素设计的意义和目的。

实践练习题

1. 下列四种实验设计各有什么优点和缺点？请分别给出一个可能适用的研究设想（包括研究目的、研究变量等）。

（1）$\begin{array}{l} X \rightarrow O_1 \\ \quad\;\; O_2 \end{array}$　（2）$\begin{array}{lll} R & X \rightarrow & O_1 \\ R & & O_2 \end{array}$　（3）$\begin{array}{llll} R & O_1 \rightarrow & X \rightarrow & O_2 \\ R & O_3 & X \rightarrow & O_4 \end{array}$　（4）$O_1 \rightarrow X \rightarrow O_2$

2. 假定我们想要研究噪音对小学低年级学生完成学习任务是否有影响，请考虑怎样设计这个实验。

第七章　互联网调查研究方法*

21 世纪以来，互联网技术在全球范围的迅猛发展，给人类传播方式变革带来了极大的机遇和挑战。人们不仅将互联网作为对象研究其特点、作用及其带给人类社会的极大影响，同时也将互联网作为传播交流的手段，用之采集数据和资料。本章在介绍互联网调查研究基本概念的基础上，重点对以互联网作为调查手段的互联网调查的概念、特点和方法逐一进行介绍。[①] 对于互联网调查部分，本章将关注的重点放在互联网定量调查研究方法上。

第一节　互联网调查的基本类型

随着互联网日益广泛地被应用于人类社会，学界、业界对这一新兴技术所蕴含的巨大能力的认识日益提高，互联网既作为研究对象，又作为调查研究的手段，逐渐影响学界和业界的研究范围与调查技术。因此，有必要厘清互联网调查的基本概念。

从研究目的、内容、技术手段和方法来看，互联网调查这个概念实际上具有两类不同的含义和特点。第一类指的是以互联网为技术手段所进行的调查，第二类指的是测量互联网使用情况的调查。

一、以互联网为技术手段所进行的调查

第一类，以互联网为技术手段所进行的调查，其研究目的与传播学实证研究中传统的调查研究方法（为区别起见，在此将前几章介绍的调查研究方法称为传统调查研究方法）在原则上并无大的差别，不同的只是利用互联网超强的传播能力，将调查的范围从现实社会中可以接触的样本移植到互联网络之上，以互联网为工具，将它作为传统的面访（face-to-face）、电话访问、邮寄调查等手段之外的又一种手段，以研究人类的传播行

* 艾斯艾国际市场调查咨询（北京）有限公司（SSI）的任岷先生参与了本章的编写，特此表示感谢。

① 有关互联网调查的内容，从逻辑结构上应该可以合并在第五章中。但由于这一部分的内容相对不那么成熟，业内和学界还未形成完全的共识，所以将其与传统的方法分开，单独介绍。

为或特定群体的传播行为。有些研究者将这一类研究手段称为 CMC[①]（computer-mediated communication）。

互联网可用多种形式的 CMC 进行定量的和定性的调查研究，例如同步的 CMC，如网上实时聊天（real-time "chat"）进行访问；也可以利用不同步的 CMC，如采用 e-mail 传送或网上挂设问卷等手段来实施调查。

这种类型的互联网调查不仅仅涉及对人们网上行为的研究，即研究人们在虚拟环境和中间环境中做些什么；还涉及利用计算机为工具和利用能接触计算机的人群来研究人类的一般行为的问题，正如用传统的调查方法来研究人们的一般行为那样。

二、测量互联网使用情况的调查

第二类，指测量互联网使用情况的调查（measuring internet usage），即测量网民的互联网使用情况或测量互联网的受众（measuring internet audience），是互联网研究的一个重要部分。这一类调查的目的主要是测量网站（website）的流量以及网站使用者（也叫用户 user 或受众 audience，国内俗称网民）的数量、结构和行为。其中测量网站的流量主要包括测量网站数量、网页数量、网站的访问量、唯一用户数（unique users）、页面浏览数（page views）、浏览时数（hours）、到达率（reach）、忠诚度（重复访问的频率）、购买率等。第二类调查也常称为以网站为研究对象的调查，或网络监测、在线监测等。

一般情况下如无特殊说明，本章所提及的互联网调查，多为以互联网为技术手段进行的调查，即第一类的调查，也叫互联网调查，或在线调查、线上调查、网上调查等。

第二节　互联网调查的基本方法

本节介绍的互联网调查方法主要指第一类调查的基本方法，即将互联网作为技术手段的调查方法，包括定量研究方法和定性研究方法。

一、互联网定量研究方法（online quantitative methods）

互联网调查的定量方法包括网站（页）问卷调查、电子邮件调查、弹出式调查、固定样本测量等。

1. 网站（页）问卷调查（w-survey）

使用网站（页）进行问卷调查时，调查人员将设计好的问卷放在网站的某个网页上

---

① 传播学和心理学界都有学者专门研究 CMC 和传统的面对面（FtF）交流方式之间的区别，有兴趣的读者可以去查阅相关文献，传播学学者的研究如 WALTHER J B. Computer mediated communication: Impersonal, interpersonal, and hyperpersonal interaction[J]. Communication research, 1996, 23（1）: 3–43. 心理学学者的研究如 KATELYN Y A, MCKENNA. Plan 9 from cyberspace: The implications of the Internet for personality and social psychology[J]. Personality and social psychology review, 2000, 4（1）: 57–75.

（问卷设计要求比较吸引人且易于回答），由网民根据自己的实际情况决定是否填答。这种调查方式类似于传统调查中将问卷刊登在报纸杂志上的调查，图 7–1 和图 7–2 是两份网络问卷的例子。

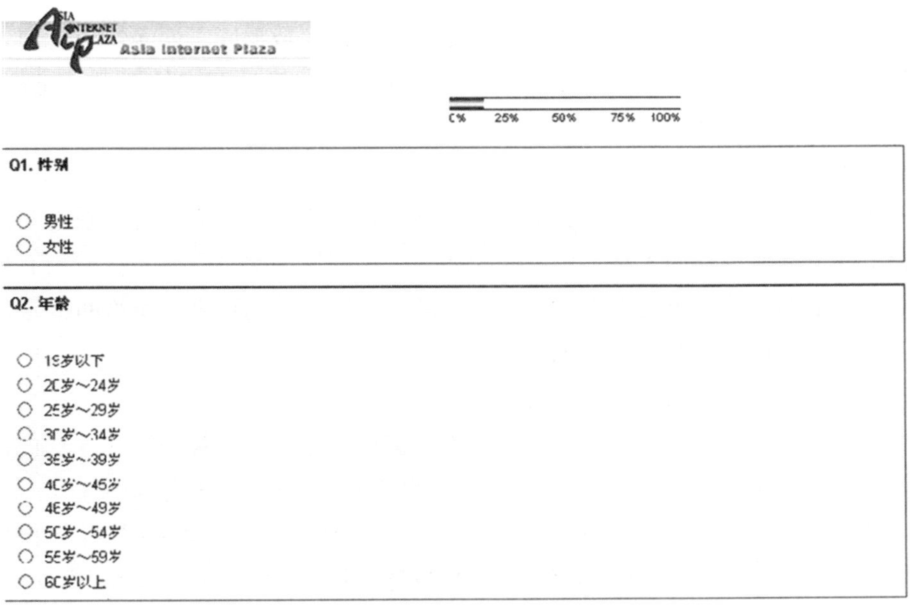

图 7–1　网站（页）问卷调查中的问卷（部分）

资料来源：中国传媒大学传播研究方法 2004 级博士生黄刚，Internet-based Research Methodology-An Ongoing Study。

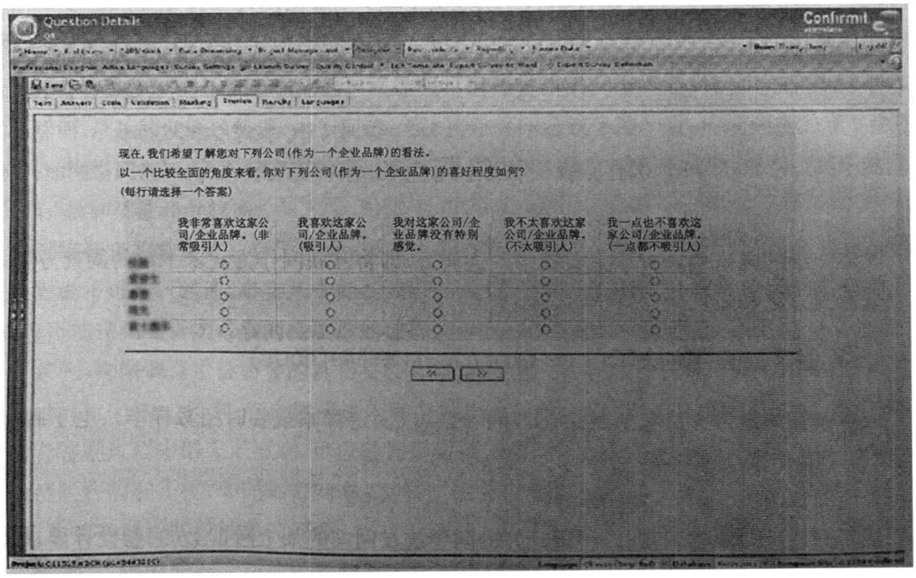

图 7–2　互联网调查问卷示例

资料来源：艾斯艾国际市场调查咨询（北京）有限公司，简称 SSI（Survey Sampling International）。

在这一调查方法中，样本的形成有两种方式（不包括网上固定样本）：一种完全由网民自愿参与，可能没有任何控制，或控制到一个网民只可以填答一次；一种则按照一定的程序，临时招募样本。临时招募样本的方法一般是给调查对象发出一份电子邮件，解释该调查的性质并邀请他们参加。邮件中有调查问卷的超级链接，调查对象只要点击该链接，浏览器就会打开显示问卷的第一页。调查的结果自动进入数据库，便于快速处理。如果研究者能得到目标群体的名单（以及他们的 e-mail 地址），网站调查的效果可能是不错的。例如，进行员工满意度调查时的员工名单、进行顾客满意度调查时的顾客或用户名单、进行杂志或报纸调查时的订户名单等。

这种调查的缺点主要是主动回答的样本可能不具有代表性，为此需要采用有效的邀请方式。为了保证是所邀请的人在答卷，同时防止一人回答多次，研究者在技术上常采取的方法主要有以下两种：要求答卷者在调查问卷的首页输入其用户名和所给的密码，或者给每一个答卷者一个唯一的 URL（网页地址）。

以下一些做法可能有助于提高邀请的成功率：

给出说明调查主题的醒目标题行，如“网上新闻阅读调查的邀请”；指出 e-mail 地址是如何得到的，例如“最近，您曾经登录进入我们的网站……”；说明调查是谁在执行，如“中国传媒大学调查统计研究所受 ×× 单位的委托，进行这次网上调查研究……”；说明该研究的目的及所研究的主题等，例如“我们想要了解阅读我们网上新闻的读者的结构，还想了解我们的读者喜欢哪些内容……”；说明完成问卷所需要的时间长度，例如“此次调查大约需要 10 分钟”；还可以对参加调查能得到什么奖励做些说明，如“将参加抽奖，其中一等奖 3 名，奖励笔记本电脑 1 台”等；最后，还应给出调查机构的地址及联系方法（包括联系人姓名、电话、e-mail 地址等）。

2. 电子邮件调查（e-survey）

电子邮件调查是将问卷直接发送到被调查对象的私人电子邮件信箱中，以引起被调查对象的注意和兴趣，从而主动填答并发回问卷。这种方式的调查需要收集目标群体的电子邮件信箱地址作为抽样框，类似于传统调查中的邮寄问卷调查。例如在“中国传媒大学硕士研究生（普通文科）就业状况研究”课题①中对该校 2005—2007 年毕业的文科硕士研究生进行的调研，就是在建立三届文科硕士毕业生通信信息数据库的基础上，采用电子邮件调查方法完成的。

电子邮件调查的到达面大，是几种互联网调查方法中相对最快、最简单的。

不过由于电子邮件调查只限于平面文本格式，因此无法实现跳答、随机化、错答检查等较为复杂的问卷设计；而且调查的质量在很大程度上取决于抽样框的完备性和回收率的高低。

---

① 该课题受中国传媒大学统战部委托，2006 年 11 月立项，由柯惠新主持组成了由 2006 级博士生和 2006 级、2007 级硕士生为主要成员的课题组，对四校（其他三校为北大、清华、人大）的应届文科硕士毕业生和中国传媒大学近三届的文科硕士毕业生进行了调查，2008 年 3 月完成总调研报告，研究共历时 16 个月。

3. 弹出式调查（pop up）

网民在访问网站的过程中，可能会碰到一个弹出来的窗口，邀请他们参与一项调查。如果他们有兴趣参与，点击该窗口中的“是”，则会看到一份问卷的新窗口，网民完成网上问卷后即可以在线上提交。网站安装抽取被访者的软件，可按照一定的方法（例如等距、随机或一定比例）自动地抽取被调查对象。这种调查类似于传统调查中的街头或商场拦截式调查，得到的一般也不是真正意义上的随机样本。由于“拦截”根据的是“访问”而不是“访问者”，因此经常上网的访问者被拦截抽中的可能性要大于偶尔上网的访问者。这种调查可能更适用于了解网站使用情况的调查，因为网站可能更重视其常用户的意见。为了保证一个访问者最多只能填答一次问卷，这种调查常采用跟踪文件的方式（cookie）。

4. 网上固定样本调查（e-panel survey）

这是一种将互联网技术（网上）与传统调查方法（网下）相结合的方法。通过随机的抽样调查（例如电话或入户访问），征募一个能代表目标总体的固定样本（panel），样本户可能是网民，也可能不是网民。对不是网民的样本户赠送电脑和提供上网的条件。对这个样本进行定期的网上调查（利用 e-survey 或 w-survey）。这种调查类似于传统调查 CAPI（计算机辅助人员面访调查）中的 panel，不过这种 panel 一般不用于日常跟踪测量网上行为。如果 panel 的抽样和征募能保证质量，则这种方式的调查具有较好的代表性。但是，初期建立样本库的费用非常高昂，而且后续的维护和管理也需要不少投入。国外有不少这样的调查机构，如 Inter Survey（SSI）公司，国内近年也出现了一些这样的调查机构。

二、互联网定量研究方法中的抽样问题

对网民的抽样是互联网定量研究方法中的基本部分，与传统调查方法类似，互联网定量方法的样本抽取原则依然是使样本对总体具有好的代表性。

上述几种调查方法的介绍均涉及了抽样方法，我们在此进行较为系统的介绍。对网民抽样的方法有以下三种[①]：

1. 任意抽样

即不限制参与问卷调查的人，谁愿意都可以参加。获得的样本代表性较差。造成样本不具代表性的原因是应答者的自荐偏差。然而，在销售现场调查、网站用户基本特征调查和专题小组新成员的招募时，这种抽样方法是最合适的。

2. 筛选抽样

筛选抽样是按照想要研究的目标总体的特征进行搜寻。例如在市场调查中，筛选应答者的标准通常是地理特征，有时也采用产品使用模式和以前购买行为这些与产品相关的标准。

---

① 弗瑞斯特 . 网上市场调查[M]. 李进，等译 . 北京：机械工业出版社，2002：253.

研究者一般通过分类模式或跳跃模式来筛选样本，可以通过一些问题筛选出合格的应答者，再向他们展示调查问卷的全部内容；有些问卷调查系统甚至可以把应答者划分成不同的子群，然后专门为每个子群设计调查问卷。现在许多网上问卷调查公司都采用被称为“固定小组”的方法来筛选样本：把一群自愿、合格的应答者放进数据库，根据他们在进入“固定小组”之前填写的筛选问卷，把他们分为不同的人口统计特征子群，通常这些应答者都能得到物质奖励。

值得一提的是，新闻小组和讨论组名录也可以帮助研究者筛选样本——参加这两种小组的互联网用户确实具有相似的兴趣，按照这种心理特征进行筛选就会得到不同的子群。

3. 现有成员抽样

在已经知晓数据库里应答者的特征后，研究者可根据拟定的标准将他们再次筛选和分类。利用 Web 网站和电子邮件，通过各种传统的抽样筛选方法（如打电话、发邮件或人员访问等），可以从现存数据库中找到潜在的合格应答者。大多数情况下，可以用电子邮件通知被选中的应答者，邀请他们直接访问当前进行问卷调查的网站。

三、互联网定量研究方法中的问卷设计

互联网定量研究中的问卷设计与传统问卷设计没有太大的差别，但需要注意一些实用技术的应用。

第一，问卷的长度。互联网调查问卷的答卷时间一般控制在 20 分钟之内为宜。因此，在保证表达清晰准确的情况下，要做到言简意赅。

第二，互联网调查问卷实施过程中，没有访员作为中介对答卷进行指导和说明。因此，问卷上的每个问题都必须能够准确地传达信息，要消除任何可能引起歧义或混淆的语言问题。尤其对于问卷中需要跳答、排序等情况，更要注意清晰地理顺这些关系。

第三，与传统问卷设计不同，互联网调查问卷的设计基于网络技术的支持，如大部分使用 html 语言编写的网络问卷都支持多媒体功能并可增强用户界面的美观和互动。除此之外，互联网调查问卷还可使用诸多编辑工具，如 Confirm It、SPSS 的 Dimensions、Question Pro 和 Nebu（Dub InterViewer）等。这些编辑工具有助于研究者将问卷以网页的形式储存在编辑工具的服务器端，并设置配额及各类跳转页面。还有一些程序，如 Scripting 用于提示信息与错误信息弹出窗口以及逻辑跳转；Report link 用来创建实时报告链接和查看项目执行进程。国内外近年涌现了诸多自助生成和推送问卷的调查平台，如益派云调查、问卷星、问卷网、腾讯问卷、百度问卷，Surveymonkey、Qualitrics，等等，它们可直接生成链接或二维码进行问卷推送，通过此类平台，研究者可自行对问卷回答者进行设备（电脑 /pad/ 手机）唯一和 IP 地址唯一的设置，可实时检查问卷回答进度和数据质量，并随时导出数据进行处理和分析。

第四，问卷测试是非常重要的工作，当问卷成功地被存入 Web 服务器后，服务器端将生成一组测试链接，这时就需要研究者使用测试链接打开问卷对其进行全面的检查，

如：逻辑跳转是否正确，页面显示是否正常，选项是否能够正常勾选，提示窗口是否能正常弹出，返回链接是否正常工作，等等。

第五，测试完成并确认没有任何错误后，研究者便可以在服务器端生成一组或几组正式问卷链接，正式链接数量一般略多于样本量，以便研究者从中筛选合格的样本。

四、互联网定性研究方法

互联网定性研究方法（online qualitative methods）包括一对一的网上深度访谈、小组座谈、MROC（在线调研社区）、观察、文献资料分析等。

1. 一对一的网上深度访谈（one-to-one online in-depth interviews）

这种形式的研究类似传统的深度访谈（简称“深访”），一般采用非结构式或半结构式的访谈，只不过不是面访的方式，而是采用电子邮件或利用实时软件（real-time software）通过网上“聊天”（chatting）和视频对话的方式进行访问。随着技术的进步和家庭宽带的普及，此类远程深访不再受空间和时间的限制。益派等国内公司已在全球开展此方面的调查工作，比如，深访主持人在英国伦敦，受访者身在美国各地，而中方研究人员在北京、上海等城市远程实时收看并参与访谈过程。如果采用电子邮件的方式，还可以同时访问几个人。

在抽样方法上，与传统的深度访谈相似，网上深度访谈抽样更多地注重研究目的的需要而不是样本的代表性，研究者常常要找到具有研究主题所要求的经历，特别是高层的、难于征募的、有某种经验或特性且愿意接受采访的对象。这类采访对象可以采用传统的方法或通过电子邮件征募。

2. 网上焦点小组座谈（online focus groups）和 MROC（在线调研社区）

传统焦点小组座谈会的主要特点是强调通过小组内成员的互动来了解参与者的观念、态度和意见等。网络技术为实施网上焦点小组座谈会提供了广阔的空间，即在互联网领域中，小组座谈的方法是可能适用的，甚至是可能被改造的。由于网上小组座谈会是一种比较新的方法，可供参考的实例和研究相对较少。在此，我们引用 Mann and Stewart 的研究做一些介绍：

网上小组座谈方法相关的理论问题和实践问题主要包括：（1）小组座谈的类型：同步（实时）的或非同步（非实时）的；（2）对参加者的进入要求；（3）网上集合地点和环境；（4）小组座谈成员的征募和参与；（5）座谈话题的选择；（6）自我和其他揭示问题；（7）严格性和有效性问题。[①]

实时的小组座谈是同步进行的，参加者同时进入并参加讨论，而且相互间的讯息交流也是立即展示的，它具有快速、热烈、互动性强的特点。但由此也带来了一个问题：到底

① 参阅 MANN C, STEWART F. Internet communication and qualitative research: A handbook for research online[M]. Thousand Oaks: Sage Publications, 2000.

是谁回答了谁的问题、回答得是否有关联性等，这个可能并不十分清楚。非实时的小组座谈不需要参加者同时进入讨论，他们可以在自己合适的时候回答其他参与者的问题，或提出问题让其他参与者进行评论。因此，非实时的座谈会能够克服各地时差不同、参与者敲键盘速度不同尤其是那些需要思考才能回答的问题所带来的困难。

网上座谈会一般多采用 e-mail 的形式进行，主要有两种方式：一种是小组中每个人的邮件都同时传给其他参与者；另一种是由一位主持人每天将讨论的邮件同时发送给所有参与者，参与者将反馈意见返回给主持人。随着网络即时聊天技术的不断改进，如 MSN、QQ、微信等，采用这些技术进行座谈会的研究已经成为可能。

一般来说，网上小组座谈会的参与者只需要知道相应的网页地址就可以进入。一般步骤是：参与者收到网页地址以及如何参与的指导，然后进入座谈会首页（信息页），首页中的内容一般包括座谈会将要讨论的内容和参与方法，并要求参与者输入姓名、地址以便邮寄奖品。之后，参与者点击链接进入调查页，每人选一个代号进入小组讨论。讨论窗口会显示该参与者的代号。

对于传统的焦点小组座谈会而言，地点和环境十分重要，一般的要求是没有干扰、非正式、宽松和安静，基本要求是“中立”（neutral）和“自然”（natural）。对网上座谈会来说，参与者所使用的计算机一般放在他们家中或他们熟悉的环境里，因而可以保证做到“自然”；同时，参与者不是很清楚其他参与者所在地的性质和环境，容易做到“中立”。

网上座谈会的氛围只能靠文字交流来营造，主持人可以利用文字建立一个轻松和友好的气氛，例如开始时的欢迎词、自我介绍、项目介绍等，关键是让参与者放松。如，在欢迎词中可以事先说明：“有时候屏幕上会出现我的名字，我会进入你们的聊天室。不过，请不要管我，我不是来检查你们的，我只是要核对一下情况是否正常，我不会干扰你们的讨论。”或者提醒参与者：“请大家友好相处，如果你不同意别人，就说出你的意见，但一定要客气地说。希望大家能分享到讨论的乐趣，请记住，这不是考试！”

对网上小组座谈会参与者的要求与传统面对面座谈会没有什么不同，一般希望他们是来自各个阶层的非专家型人员，同一组参与者最好具有相对的同质性，例如经历或生活状况比较相似等。但是征募参与者的方法有所不同，这里主要利用互联网资源来接触和征募，有以下几种方法可供参考：

- 如果小组座谈是某个大项目中的子项目，可以从先前完成问卷的那些被访者中选取参与者；
- 采用滚雪球的方法征募；
- 从各种名册或名单（会员名单、消费者邮寄名单、校友名录、会议出席者名单等等）中随机抽取；

此外还有一些利用互联网资源来接触和征募的方法，如：

- 根据研究性质，邀请碰巧在相关网站“冲浪”（surf）或“潜伏”（lurk）的网民参加；
- 在话题范围比较窄的情况下，可以从事先已有的相关内容的网上聊天室、会议小组、管理邮件清单的程序中选取恰当的参与者。

在网络环境中，研究者不一定能够得到有关参与者的详细背景资料，为此研究者可能需要采用一些不同的方法。

小组座谈会方法的核心是互动性（interactivity），而互动性是随着小组成员情感上的暴露或被揭露（disclosure）而产生的。无论是面对面的还是虚拟的网上小组座谈会，参与者个人的情感暴露都能够产生很有价值的数据。网上座谈会中，参与者自我暴露的程度受多方面因素的影响，例如：小组内的气氛（是否和谐与亲善）、研究者给出的讨论话题的性质、研究者想要营造的随意气氛、参与者所使用的上网电脑的所在位置（家、单位、图书馆，等等）、用户名的安排方式（真实的名、虚拟的名）、时间的安排方式（实时讨论、非实时讨论），等等。

与传统的小组座谈会相比，网上小组座谈会还给客户提供了让其影响座谈会的可能性。传统小组座谈会中，客户一般只能在观察室里观察，不太可能干预座谈会的进行；但是网上小组座谈会，客户则可以在办公室或家中观看，也可以与研究者在同一个房间通过大屏幕观看，并且可以随时指示（或通过电话）要求增加或改变讨论问答题。为此主持人可能同时要涉及两个方面的讨论，解决方法之一就是同时设置两名主持人，一名重点照顾参加者的讨论，另一名重点照顾客户方的意见、建议和指示。

3. MROC（Market Research Online Communities，在线调研社区）

该方法是企业、消费者、调研公司三方参与的互动平台。平台将符合研究条件的消费者招募到独立的线上社区，通过有计划的定性或定量调查研究活动，为企业提供营销决策信息。

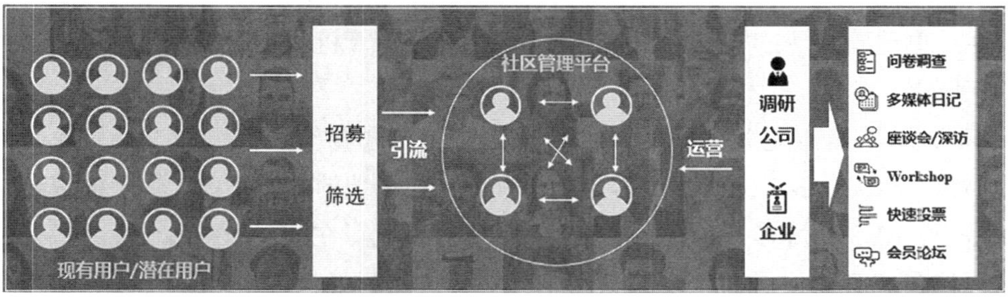

MROC 是可贯穿整个市场调查过程，通过在线调研社区执行、整合在线调研社区服务的一种新型研究方法。在产品上市前，MROC 可用于信息收集、产品设计假设与验证、产品开发；在产品上市后，MROC 可用于 PR/ 促销、上市后的研究及建立忠实的消费群。因此，MROC 可用于行业研究、概念测试、消费者 U&A、品牌研究、广告测试、产品测试、产品创新支持、包装测试、行为研究、电商购物路径追踪、社群研究、价格测试等。具体应用详见本章案例四“益派公司为某品牌搭建 MROC 在线调研社区的实践”。

4. 观察（observations）

网上观察将重点放在语言行为上。虽然研究者与被观察者彼此看不见、听不到，但是研究者也有可能观察到“电子派生语言”（electronic paralanguage）中表现出来的一些非语言行为或其他语言行为等。例如一些表示情绪的特殊字串、符号（如笑脸 ^_^、问号串 ?????、惊叹号串 !!!!），表示语调或强调口气的字词、字母（如 Ha-*Haa!、Waaaaa!）等。

传统的观察法强调在“田野”（field）、实地，即在“自然的”环境中进行观察。对于网上观察，研究者探讨了实验设置（experimental settings）和自然设置（naturalistic settings）情况下的语言分析和谈话分析。在实验设置的环境中观察，时间限制似乎是主要的缺陷；[①]在自然设置中，研究者可以“观察”各种类型的新闻小组或利用实时聊天方式进行的同步会议的自然谈话，研究者可以进行隐蔽式的观察，仔细观看谈话者之间的互动关系，当然也可以进行公开身份的观察甚至参与式的观察。

5. 文献资料分析（documentary analysis）

一般来说，定性研究者往往希望从研究对象的一些个人资料中补充和加深对所研究问题或现象的理解，这些个人资料主要包括记录研究对象每天活动或时间的日记或日志、个人传记或自传等。收集这些资料的方法有两种：请求式的和非请求式的（solicited and unsolicited）文献资料征集。

请求式的征集是直接向研究对象提出征集请求，希望他们能提供相关内容的自传资料或日记式记录的资料。这类资料由于内容丰富、具体、生动，具有很好的参考价值。但是由于坚持记录并不是一件容易的事，因此愿意接受邀请者和不愿意者可能会有显著的差异。与传统的文献资料分析法相比，网上征集的方法也要面对寻求参加者的合作和使之愿意维持合作的问题。但是网上征集具有一些传统方法所没有的优势：可以更快地征集到更大范围、更多地点的文献资料；由于资料是计算机输入的，因此手写字体难于辨认的问题不复存在；更重要的是，与直接和人交谈相比，使用计算机的人们往往更愿意与计算机屏幕“相互倾诉”[②]。

非请求式的征集是通过各种可能的手段去收集有关的资料，传统的文献资料研究主要通过图书馆、档案馆、个人收藏品等来收集资料。与传统的方法相比，网上的资料如个人信件、帖子、BBS 和博客日志等，这些资料的劣势是比写在纸上的资料“短命”得多，但是互联网给研究者提供了在众多公共网站寻找有关资料的极好条件。利用现有的网络技术，研究者有可能搜索到许多相关的甚至保密的资料。不过网上资料的著作权问题可能是一个更难解决的世界性问题。此外，网上资料同样也存在可靠性和真实性问题。

五、混合研究方法

在实际的应用研究中，研究者常常希望采用线上和线下、定量与定性研究相结合的方法。网络技术和软件技术的发展使混合研究方法（mixed methods）的应用成为可能。现在，研究者进行文件自动检索、扫描和分析已不再是难事，定性分析软件和定量分析软件

① PACCAGNELLA L. Getting the seat of your pants dirty: Strategies for ethnographic research on virtual communities[J]. Journal of computer-mediated communication, 2010, 3（1）.

② NGUYEN D, ALEXANDER J. The coming of cyberspace-time and the end of the polity, in R. Shields（ed.）, Culture of the internet: virtual space, real histories, living bodies[M]. London: Sage Publications, 1996.

的对接也很容易，研究者在互联网上获取的定性数据和定量数据可以很方便地转换到常规的分析软件中。

第三节　互联网调查的优缺点

这里的互联网调查为第一种类型，因而这里所探讨的优缺点也仅限于作为调查手段的互联网调查所具有的优缺点。与传统的调查方法相比，互联网调查具有一些明显的优点（为方便起见，现将互联网调查中的问卷调查与传统问卷调查中的面访、电话访问、邮寄等方法的各自特点比较列在表 7–1 中）。

表 7–1　互联网问卷调查与传统调查方法的比较

对比的特性	互联网问卷调查	面访	电话访问	邮件问卷调查
成本	低*	非常高	中等	较低*
应答速度	快	立即	立即	慢
应答率（理论上）*	较高*	高*	中等	低
能接触到人群类型（理论上）*	少	可以接触所有的人	比邮件少，但比网络多	较多*
能到达的地域广度	非常高	非常低	中等	高
分发调查问卷的时间	短	长	中等	长

资料来源：弗瑞斯特 . 网上市场调查［M］. 李进，等译 . 北京：机械工业出版社，2002：230–240.

* 中国传媒大学传播学专业 2004 级博士生黄刚根据目前我国的社会实际情况，对原表做了一些修改或注解（修改或注解之处用星号“*”标出）。

一、互联网调查的优点

1. 方便

互联网调查的范围极为广泛，可以方便地在几乎任何城市、国家乃至世界范围进行，这是由互联网无远弗届的传播特性所决定的；调查时间上也可以由被访问者自己掌握，他们可以根据自己的方便选择合适的时间和参与的地点；同时，这种调查方式能够让研究者更方便地接触到高端人群，比如领导者、社会精英、高收入人群、专业技术人员、高级管理人员等。

而在传统的调查中，调查范围的扩大将直接导致调查经费和难度的大幅度提高；对于调查的时间和地点的选择，一般情况下被访问者也只能被动地接受；近年来传统调查的拒答率呈现增长的趋势，尤其是高端人群，用传统的方式往往很难接触到他们。

2. 快速

由于互联网技术和调查软件的发展，互联网调查可以省掉传统调查中很多费时、费力的环节，如问卷的印刷与运输、访员的招募与培训、问卷的回收和录入等，因此可以大大缩短调查周期。一个需要几周甚至几个月的才能完成传统调查，利用互联网调查可能只需要几天甚至十几个小时就能够高效率地完成。

而在传统的调查中，上述这些环节都是质量控制中必不可少的。

3. 成本相对较低

互联网调查可以省掉传统调查中很多费钱的环节，如面访调查中问卷的印刷与运输成本、访员和督导员的人工成本、数据录入人员的人工成本、传统 CATI/CAPI 调查中大量昂贵的硬件设备成本以及众多电话访员的人工成本等，所以互联网调查一般情况下成本是相对较低的。

需要说明的是，尽管一般来说互联网调查的成本相对较低，但也并不像人们想象中那么低，特别是高质量的调查，尤其是要求有代表性的线上固定样本调查，其费用与传统调查所需的费用可能就没有太大的差别。因为除了互联网调查系统软硬件的投入外，线上固定样本的建设和维护也是一个长期的高投入过程。价格过低的互联网调查难以保证质量。

然而，从总的发展趋势看，由于拒访、无法接触等问题越来越严重，传统调查的成本会越来越高；而互联网调查却会随着互联网的进一步普及以及调查技术的逐步成熟，成本越来越低。

4. 数据质量相对较高

互联网调查的数据质量有无保证，很多人都存在着疑问。最大的疑问直接来自互联网虚拟世界的不可信。然而，事实并非如此，经过科学设计和严格质量控制管理的互联网调查有可能得到更加真实可靠的高质量的数据。

首先，互联网调查中被访者的真实身份是可以通过一些技术手段来控制的。例如通过 IP 地址、插件（cookie）技术、安全密码进入和身份识别符等手段，加上在被访者注册和答题过程中的人工甄别，其回答问卷的真实性和可靠性可以得到较好的保证。其次，由于没有访员的影响和干扰，如同邮寄问卷调查，被访者全凭自己的感受或直觉，更容易做出真实的回答，尤其是对一些较敏感的问题。

事实上，传统调查中访员的作弊问题也一直很难解决，这是影响传统调查质量的最大隐患；此外，问卷回收、录入和整理等过程中的人为差错也是很难避免的。而互联网调查则没有类似的问题。因此，如果调查机构和研究者高度重视和努力，就完全有可能得到比传统方法质量更高的数据。

二、互联网调查的缺点

毋庸置疑，互联网调查也有一些明显的缺点。

1. 样本代表性问题

互联网调查的被访者局限于网民，从目前我国互联网的普及程度来看，网民群体具有和一般社会群体不同的特点，如年龄相对较小、教育程度相对较高等，这些因素使得网民成为总人口中一个独特的子总体。因此，在一般的目标总体为全体居民的社会调查中，若将网民作为调查总体，其样本的代表性就相对较差。

但是，如果将互联网调查只限制在对某些特定人群研究的项目中，那么网民样本的代表性问题就可能基本得到解决。例如针对大学生群体的调查，可能由于大学生群体中上网的人比例非常高，网民样本便具有了代表性。此外，线上固定样本方法也可以通过帮助人们上网来解决样本的代表性问题，当然，这需要注意样本的轮换和更新，以避免样本老化等问题。

随着互联网络的普及以及各种网民数据库的建立和完善，样本的代表性问题会逐步得到解决，特别是在互联网高度发达的地区。

2. 网络安全性和个人资料保密问题

被访者对网络安全的顾虑是互联网调查发展的另一个障碍。被访者可能担心填答互联网调查问卷之后，自己的隐私将会被暴露，个人资料将会被利用，因此不愿合作。国外的研究表明，隐私权的保护问题是互联网现在面临的最主要问题。① 因此，调查机构必须承诺被访者参与互联网调查的安全性，保证被访者的个人资料不会被窃取，不会发生其被用于社会 / 市场研究以外的其他任何目的的任何行为。

同时，先进的技术手段可以在一定程度上减少被访者对网络安全性的担心和顾虑。现在比较常用的手段有 IP 地址、插件（cookie）技术、安全密码进入和身份识别符等。另外，研究者的道德规范与自律也是保证网络安全性的重要一环。

第四节　以网站为研究对象的调查方法

随着互联网技术的迅猛发展、App 的日益普及以及竞争的不断加剧，网站对自身的研究需求也越来越迫切，主要包括对网站流量以及网站使用者规模的测量。本节按照以网站为中心和以用户为中心两个维度，分别介绍相关的测量方法。

一、以网站为中心的测量方法

以网站为研究对象（中心）的测量方法（site-based measurement），也称基于网站的测量或服务器方测量（server side measurement），主要通过网站服务器的 log 进入量的统计，以此进行网站的使用情况或受众的测量，即测量有关网站的“供应量”数据。这一类测量需要有专门的软件，主要的测量方法有三种：服务器日志分析（server log files analysis）、网站详情分析（site specific analysis）以及网络广告服务（ad network service）。

① 弗瑞斯特．网上市场调查［M］．李进，等译．北京：机械工业出版社，2002：52.

1. 服务器日志分析（server log files analysis）

日志文件指 Web 服务器或代理服务器所创建的文件，Web 服务器日志记录了 Web server 接收请求以及运行状态的各种原始信息，包括客户端的 IP 地址、访问发生的时间、访问请求的页面、状态信息等。通过对访问时间进行统计，研究者可以得到服务器在某些时段的访问情况（请求数、页数）；通过对访问者的 IP 进行统计，研究者可以判断主要是哪些用户在访问 Web server；通过对访问者请求的 URL（Uniform Resource Location 统一资源定位符）进行统计，研究者可以了解各页面的访问情况。①

2. 网站详情分析（site specific analysis）

网站详情分析指在每个网站的每个网页上插入代码，每次网页在浏览器上出现，都会被自动地被记录为访问（visit）。

3. 互联网广告服务（ad network service）

互联网广告服务指当网上广告被利用时，广告服务器软件会编辑数据进行记录。

以网站为中心的测量方法的主要优点，是能得到服务器所有“命中”（hits）的详细情况。此外，各种规模的网站都能使用这种方法进行测量。

但是这种测量也存在不少问题。首先，这种测量无法得到使用者的基本资料；其次，如果是网站进行的自我统计，那么其结果就不可能与其他网站做比较；最后，最大的问题可能是 log 文件中存在大量的噪声，这主要是由于软件所测量的是“命中”，而一个“命中”只表明用户点击了一个文本文件或图形文件，因此得到的统计量可能无法反映真正访问量的大小。例如一个网页可能包含了 5 个文本和图形文件，那么每次只要有人进入该网页，网站就将记录 5 次“命中”；不少网站含有帧（frames），一个页面上可能有多个帧，每个帧都会被记录成一个“命中”，因此含有帧的页面也可能会被多次记录；还有，当机器人或搜索引擎发出请求（request）时，也有可能被记录成“命中”，上述噪声反映的是系统做出了过高估计的测量。此外，噪声也有可能造成测量数量（以下简称“测量量”）被低估的现象，这主要是缓存（cache）的问题，包括代理服务器（proxy）缓存、PC-RAM 缓存和浏览器（browser）缓存的问题。因为人们从缓存记忆中浏览的网页（一般是浏览率很高的网页）并不会在服务器中生成“命中”，这种由于缓存而造成的测量错误，可能是以网站为中心的测量方法所面临的最严重的问题。

二、以用户为中心的测量方法

以用户为中心的测量方法（user-centric measurement）也称用户方测量（user side measurement）或基于用户的测量（user-based measurement），主要通过即时跟踪使用互联网媒体的个人来提供受众的测量量，测量的对象主要是互联网用户或网民，提供的是有关

① 张波 .Web 服务器日志分析的原理和技术［C］// 科学数据库与信息技术学术研讨会 . 2000.

用户“消费量”的数据。目前国际上常用的具体测量方法有三类：固定样本的用户测量、在线可访问样本库的用户测量，以及用户结构、分布和行为的调查。

1. 线上固定样本的用户测量

这种方法是在线上固定样本（e-panel）成员的电脑中装上一个测量软件或被动的“测量仪器”，以跟踪网民的浏览轨迹。这种方法非常类似于传统电视收视率调查中所采用的方法：在线下固定样本家庭的电视机中安装“测量仪器”（TV-meter），常用的叫“人员测量仪”（people meter），以监测电视观众观看过的所有频道、节目及其时间等。当然，监测网民用的线上固定样本应该是尽可能对目标用户总体具有代表性的样本。中国互联网络信息中心（CNNIC）于2012年筹建了中国内地网民的ePanel测量平台。该平台采用固定样本组（panel）的研究方法，通过调查客户端实时、连续地采集网民样本的互联网使用行为数据，对大数据进行动态的统计分析，以反映中国互联网细分领域的发展状况。

国内一些市场调查公司近年来也筹建了线上固定样本库（也叫在线固定样本库），例如北京数字100信息技术有限公司建立的“在线固定样本库——数字100E社区”。在线固定样本库适用于针对特定人群的长期跟踪调研互动。数字100 E社区在“拼任务”大样本库的基础上建设了多个中小型E社区（固定样本库），对社区成员进行长期的运营维护，以此来满足企业对于固定样本组的需求。在固定样本库中，企业既可以进行品牌跟踪、用户口碑跟踪、消费行为跟踪、媒介行为跟踪等长期跟踪性研究，也可以通过授权监测，对特定人群进行移动端行为长期跟踪。①

2. 在线可访问样本库的用户测量

可访问样本库指由承诺将配合调查的潜在受访者组成的集合。②

在线可访问样本库指进入调查网站会员系统、接受会员管理且承诺将配合线上、手机、二维码调查等新型调查方式的潜在受访者组成的集合。在此举例介绍两个国内较早筹建并使用在线可访问样本库进行调查的公司。

（1）北京益派数据有限公司（简称益派公司）

益派公司是提出在线可访问样本库概念并首次在中国践行该概念的公司之一。他们通过电子邮箱、手机、QQ等PI信息，进行唯一ID匹配。截至2019年年底，益派公司的专属在线可访问样本库成员已达到200万人，其中通过电子邮箱进行信息更新或响应过调查邀请的成员占比为89.3%，通过移动电话的成员占比为36.0%，通过微信的成员占比为3.5%，通过通信地址的成员占比为30.6%。

除了国内的在线可访问样本库，益派公司已在全球对接了6000多万个合作样本，具体分布见表7–2。

---

① 资料来源：https://www.data100.com/community.php。

② 不包括连续性报告的固定样组，例如收视率固定样组、消费者固定样组和供再次联系使用的数据库（后续数据收集须征得同意）。

采用GB/T 26315–2010的定义5.2.11。

表 7-2 益派全球合作可访问样本库分布表（总计 105301430 样本）

区域	国家	可访问样本库数量
AMER		
	美国	28,889,207
	加拿大	2,577,356
	墨西哥	2,411,224
合计		33,877,787
LATA		
	巴西	3,973,460
	哥伦比亚	938,998
	阿根廷	891,640
	智利	848,015
	委内瑞拉 *	320,000
	秘鲁 *	300,000
	厄瓜多尔 *	100,000
	乌拉圭 *	35,000
	玻利维亚 *	14,000
	巴拉圭 *	13,000
合计		7,434,113
APAC		
	中国	11,719,477
	日本	8,988,019
	印度	3,967,575
	韩国	2,875,958
	泰国	2,836,665
	印度尼西亚	2,777,003
	越南	2,043,616
	俄罗斯	2,000,000
	澳大利亚	1,653,317
	菲律宾	1,513,593
	马来西亚	1,325,229
	中国台湾	886,168
	新加坡	448,672
	新西兰	324,336
	中国香港	156,163
合计		43,515,791
EMEA		
	英国	3,665,620
	法国	2,793,689
	德国	2,334,599
	西班牙	1,813,035
	意大利	1,446,772
EMEA		
	波兰	895,826
	土耳其	813,481
	荷兰	586,682
	瑞典	569,799
	丹麦	547,957
	罗马尼亚	463,084
	比利时	459,423
	南非	436,335
	乌克兰 *	370,000
	匈牙利	268,555
	葡萄牙	253,916
	沙特阿拉伯 *	240,000
	芬兰	230,002
	尼日利亚 *	220,000
	捷克	209,176
	挪威	199,728
	瑞士	197,232
	奥地利	187,460
	希腊	160,000
	阿拉伯联合酋长国	150,000
	伊朗 *	130,000
	肯尼亚 *	130,000
	斯洛伐克	106,169
	埃及 *	100,000
	摩洛哥 *	90,000
	保加利亚	75,262
	以色列 *	64,000
	立陶宛 *	51,000
	塞尔维亚 *	40,000
	拉脱维亚 *	35,000
	克罗地亚 *	30,000
	爱沙尼亚 *	25,000
	斯洛文尼亚 *	25,000
	卢森堡 *	17,000
	加纳 *	13,000
	卡塔尔	10,000
	爱尔兰	9,575
	科威特 *	8,000
	巴林	2,362
合计		20,473,739

注：* 表示新增样本库

（2）在线可访问样本库——数字 100“拼任务”App

数字 100 信息技术有限公司（简称数字 100 公司）是最早在中国建设在线可访问样本库的公司之一，已经有 15 年的在线调研经验，其在线可访问样本库平台“拼任务”App 拥有 500 万样本组会员，覆盖全国 1—6 线城市，样本结构严格依照 CNNIC 发布的中国网民结构构建，对中国消费者具有较强的代表性。①

经过 15 年的发展，“拼任务”样本库不仅可以进行线上问卷投放②，也可以在 App 内开展在线社区讨论、在线座谈会、在线产品 E 留置等调研任务。随着数字化时代的到来，“拼任务”在线样本库在传统态度调研的基础上，形成了态度调研数据 + 行为监测数据 + 消费订单数据的更加三维立体的全域数据能力，并开发了语音答题、多媒体答题等结合人工智能的新数据采集技术。

① 资料来源：https://www.data100.com/task.php。

② 资料来源：https://www.wenjuan100.com.cn/。

目前，数字 100 公司的在线调研已经服务消费品、互联网、3C 家电、政府、咨询等多个行业的客户。

3. 用户结构、分布和行为的调查

这种用户调查通常采用传统的入户或电话、邮寄，并结合电子邮件进行，以了解目标群体或网民的规模，以及网民的线上和线下行为。中国互联网络信息中心（CNNIC）于 2000 年 1 月发布了第 7 次《中国互联网络发展状况统计报告》，给出了采用电话调查（60,000 余个）和面访调查（6000 个）方法得到的我国网民在数量、结构、分布和行为方面的估计结果。① 从那以后，CNNIC 每年两次定期发布类似的统计报告。到 2022 年 9 月为止，已经发布 49 次《中国互联网络发展状况统计报告》，这些报告的摘要和目录可以在百度上搜索下载，更详细的信息可查看中国互联网数据平台。

以用户为中心的测量方法的主要优点是：能够得到用户的人口背景资料；在线上固定样本用户的监测中，不再存在由于缓存出现的高估或低估的问题，因为用户浏览的所有页面都会被测量，而且不会被重复测量；由于采用的是一致的方法，因此可用于比较各个地区和国内外不同网站的使用情况。

这种测量方法的主要问题是：首先，线上固定样本必须对网民总体具有代表性。由于互联网是一个快速发展的领域，网民的总体也在不断变化，如何使线上固定样本适应这个动态总体的情况，在实践中不是一件容易的事。目前解决这一问题的主要方法是进行定期的大样本调查，或称为基础性调查（enumeration survey），从而及时掌握互联网用户的覆盖率，同时保证线上固定样本的结构能比较准确地反映其所在地区或国家的网民的社会经济结构。②

其次，这种测量可能对小网站覆盖不足，因此测量结果对大网站比较有参考价值。对于小网站而言，由于线上固定样本中对应网站的网民数量可能很小，所以导致估计误差过大而没有使用价值。

这种测量的另一问题是，它一般只能测量家庭用户的使用量，主要是晚间和深夜的流量。

到目前为止，世界上似乎还没有哪个研究机构能够成功地建立学校或工作单位的线上固定样本来监测日间的互联网流量，主要是业务上使用的流量。而且，建立和维持线上用户固定样本监测系统的费用也是相当高昂的。总之，对于一些互联网测量机构所发布的数据，我们要注意这些数据一般可能只是根据某个（某些）地区（国家）的家庭用户的线上固定样本得到的，一般既不包括专业用户的使用情况，也不包括其他地区或国家的使用情况。

4. 以广告为中心的测量（ad-centric measurement）方法

以广告为中心的测量主要通过广告服务器的 log 进入量来提供网站的使用情况或受众

---

① 第 7 次中国互联网络发展状况统计报告[EB/OL]（2014-05-26）[2022-01-05]. http//www.cac.gov.cn/2014-05/26/c_126547988.htm.

② 根据 NetValue 网站所提供的信息可知，一般欧美国家每年进行的基础调查所访问的人数都达到数万人，法国：45,000 人、德国：61,000 人、英国：34,000 人、美国：32,000 人。CNNIC 于 2001 年 1 月完成的基础调查的样本量也高达 68,620 人。

的测量量。实际上，这一类测量也属于以用户为中心测量中基于线上固定样本的测量方法，只是这一类测量更强调对广告横幅（ad banner）的跟踪，其数据报告一般会详细地给出按照横幅广告、广告主和域名分类的结果。这一类测量类似于传统媒体中的广告监测，例如将各个电视频道的所有广告录像，然后按照广告的类型、产品或服务的类别、广告主、频道、价格、地区等指标，分类整理成广告监测报告，提供给相关的客户。可以说，网站拥有者、广告主和广告客户都需要有关网站流量及其受众的详细可靠的数据，其性质和重要性相当于电视的收视率、广播的收听率、报纸和杂志的阅读率等。因此，这一类测量对软件的技术要求可能更高，它不仅要求软件能够记录页面的浏览状态，辨别唯一访问者，而且还要准确、自动地测量用户对广告的浏览和点击（click）状态。

为读者阅读方便，现将以上互联网调查方法综合成表 7-3。

表 7-3　互联网调查概念、形式、研究状况一览表

<table>
<tr><th>概念</th><th colspan="4">主要形式</th><th>现有研究及其成果</th></tr>
<tr><td rowspan="13">以互联网为手段进行的调查（CMC）</td><td>二手资料研究</td><td colspan="3">市场调查中包括个人信息、环境信息、消费者信息、竞争者信息等；可以采用不同的搜索工具。</td><td>评价网上信息可信性和有效性的 REAP 标准</td></tr>
<tr><td rowspan="12">一手资料调查</td><td rowspan="7">定性调查</td><td rowspan="2">一对一的网上深度访谈（one-to-one in-depth interviews online）</td><td>电子邮件</td><td rowspan="7">1.Mann and Stewart（2000）详细地探讨了网上小组座谈方法相关的理论问题和实践问题（比较全面）；
2. 另外有不少论文研究网上小组座谈的有关问题；
3. 关于其他三种形式也有不少研究论文。</td></tr>
<tr><td>实时聊天</td></tr>
<tr><td rowspan="2">小组座谈（online focus groups）</td><td>同步的（实时）</td></tr>
<tr><td>非同步的（非实时）</td></tr>
<tr><td colspan="2">观察（observations，内容包括非言语的行为、空间行为、语言行为以及其他语言行为等。目前主要是语言行为观察）</td></tr>
<tr><td rowspan="2">文献资料分析（documentary analysis，个人日记或日志、传记或自传）</td><td>请求式的</td></tr>
<tr><td>非请求式的</td></tr>
<tr><td rowspan="4">定量调查</td><td colspan="2">网站（页）问卷调查（w-survey）</td><td rowspan="4">1. 美国 Pew 研究中心网上定量调查与电话调查效果的比较研究；
2. 网上问卷设计的风格对应答率的影响研究（D. A. Dillman 等，1999）；
3. 网上调查的问卷设计方法和原则的研究（D. A. Dillman 等）。</td></tr>
<tr><td colspan="2">电子邮件调查（e-survey）</td></tr>
<tr><td colspan="2">弹出式调查（pop up）</td></tr>
<tr><td colspan="2">网上固定样本（e-panel-survey）</td></tr>
<tr><td>混合研究</td><td colspan="2">网上、网下，定性、定量相结合</td><td>Stewart 等（1998）、Hodkinson（2000）、Corell（1995）等的研究案例。</td></tr>
<tr><td rowspan="6">测量互联网络使用情况的调查</td><td colspan="3" rowspan="3">以网站为中心的测量方法（site-centric measurement）</td><td>服务器日志文件分析（server log files analysis）</td><td rowspan="6">1. 国内外许多互联网调查公司或研究机构都有这方面的研究；
2. 祝建华教授探讨了互联网调查的一些测量指标，如 DDI、PNI、Oks 等。</td></tr>
<tr><td>网站详情分析（Site Specific Analysis）</td></tr>
<tr><td>网络广告服务（Ad Network Service）</td></tr>
<tr><td colspan="3" rowspan="2">以用户为中心的测量方法（user-centric measurement）</td><td>固定样本的用户测量</td></tr>
<tr><td>用户结构、分布和行为的调查</td></tr>
<tr><td colspan="3">以广告为中心的测量方法（ad-centric measurement）</td><td>主要通过广告服务器的 log 进入量来提供网站的使用情况或受众的测量量</td></tr>
</table>

资料来源：柯惠新 . 互联网调查研究方法综述（上）[J]. 现代传播，2001（4）：80-84；柯惠新 . 互联网调查研究方法（下）[J]. 现代传播，2001（5）：107-116；弗瑞斯特 . 网上市场调查[M]. 李进，等译 . 北京：机械工业出版社，2002。由中国传媒大学传播研究方法方向 2004 级博士生黄刚制作。

第五节　互联网调查研究应用案例

本节给出了四个案例，第一个是应用互联网调查方法所进行的传播效果的实证研究；第二个是针对互联网调查自身的特点所进行的方法比较研究；第三个是应用互联网调查方法研究，也是对接全球在线可访问样本库资源所进行的国家社科基金重大项目；第四个是MROC的具体应用和操作实施步骤。

应用案例一：北京奥运背景下国际公众眼中的中国形象研究[①]

（一）研究目的

本研究旨在了解国际公众眼中的"中国形象"，以及影响国际公众眼中"中国形象"的各种因素，从而为进一步改进"中国形象"提供依据。

（二）研究内容

本研究重点考察了北京奥运会举办前后（互联网调查）和其间（面访调查）国际公众眼中的"中国形象"，以及可能影响国际公众眼中"中国形象"的各种因素，包括：与中国的直接接触程度、对中国的认知状况、对各种传播渠道的接触情况、奥运因素、媒介信任度、国际公众自身背景等。

在本研究中，"中国形象"概念是从三个维度来表述的，分别为"中国国家形象""北京城市形象"和"中国人形象"，其中"中国国家形象"又具体从"中国经济形象""中国政治形象"和"中国文化形象"三方面进行考察。

（三）研究样本

本研究共进行了两次互联网调查和一次面访调查：

1. 北京奥运会举办前夕（2008年7月23日—8月4日）：对美国、英国和新加坡三国所在地的国际公众进行互联网调查，共有1050人填答问卷并提交，从新加坡被调查者中除去了89名中国国籍的回答者，样本量为961。

2. 北京奥运会结束后（2008年8月26日—9月9日）：对美国、英国和新加坡三国所在地的国际公众进行互联网调查，样本量为1050。

3. 北京奥运会即将举办和举办期间（2008年7月31日—8月15日）：对在京访问或工作/学习的国际公众进行面访调查，样本量为390。

其中互联网调查由Survey Sampling Internation（SSI）下属艾斯艾国际市场调查咨询（北

① 详见柯惠新等在"第六届亚洲传媒论坛·国家形象传播分论坛"上的演讲，2008年11月15日。此案例由课题组主要成员兼实施负责人赵静整理（中国传媒大学2007级传播学专业研究生）。

京）有限公司协助执行，样本是从该公司的固定样本库中按照一定的配额抽取的。[①] 面访调查由广视－索福瑞媒介研究公司（CSM）资助。

（四）研究方法

本研究采用问卷调查法，包括互联网调查和面访（拦截）调查两种方式。这里重点介绍互联网调查的方法。

互联网调查采用了“网页调查”的方式（数据收集流程见图 7–3），即把设计好的问卷放在网页（邀请信和部分问答题详见图 7–5 至图 7–7）上，然后向调查对象发出一份 e-mail，邀请他们参加调查（邀请邮件页面如图 7–4）。[②]

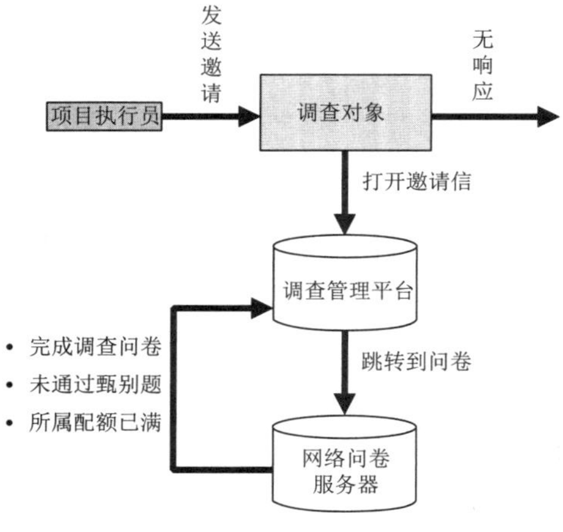

图 7–3　网页调查数据收集流程

图 7–4　邀请邮件页面图示

① 按照国家、性别和年龄三个指标做的配额。

② 由于本研究的调查对象均为外国人，所以相应的邀请邮件、网页、问答题均为英文。此处的目的主要是提供互联网调查的一些原始格式，因此没有翻译，请读者谅解。

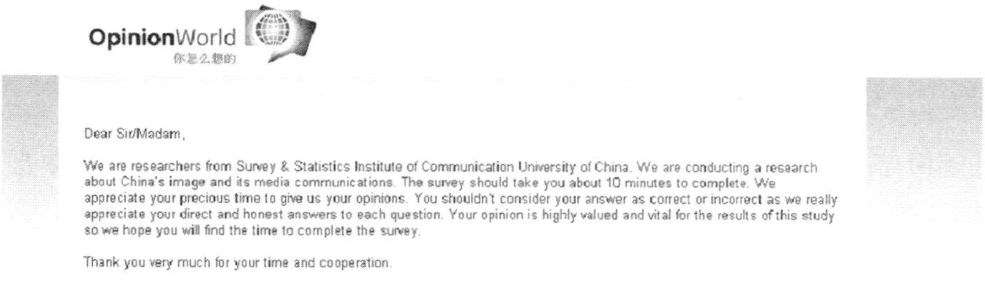

OpinionWorld
你怎么想的

Dear Sir/Madam,

We are researchers from Survey & Statistics Institute of Communication University of China. We are conducting a research about China's image and its media communications. The survey should take you about 10 minutes to complete. We appreciate your precious time to give us your opinions. You shouldn't consider your answer as correct or incorrect as we really appreciate your direct and honest answers to each question. Your opinion is highly valued and vital for the results of this study so we hope you will find the time to complete the survey.

Thank you very much for your time and cooperation.

图 7-5　邀请信示例

OpinionWorld
What do you think?

Please review your responses on this page. One or more questions require further input.
Please select an answer.

S1

In which of the following countries do you currently reside?

- ○ Australia
- ○ China
- ○ Hong Kong
- ○ Japan
- ○ U.A.E
- ○ Korea
- ○ India
- ○ Singapore
- ○ Thailand
- ○ South Africa
- ○ Malaysia
- ○ New Zealand
- ○ Taiwan
- ○ Philippines
- ○ United States of America
- ○ U.K
- ○ France
- ○ Italy
- ○ None of the above

Powered by Confirmit

图 7-6　调查问卷的部分问题（1）

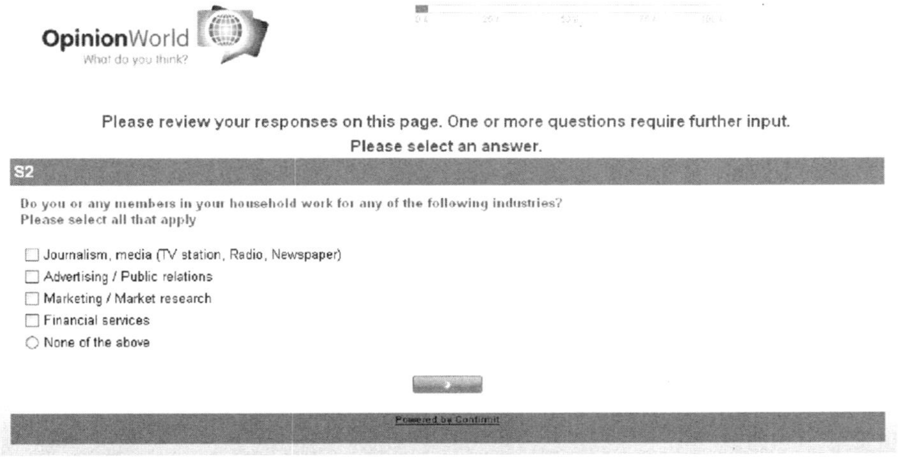

OpinionWorld
What do you think?

Please review your responses on this page. One or more questions require further input.
Please select an answer.

S2

Do you or any members in your household work for any of the following industries?
Please select all that apply

- ☐ Journalism, media (TV station, Radio, Newspaper)
- ☐ Advertising / Public relations
- ☐ Marketing / Market research
- ☐ Financial services
- ○ None of the above

Powered by Confirmit

图 7-7　调查问卷的部分问题（2）

互联网调查有其特殊性，本研究在将一般问卷转换成互联网调查问卷时考虑了以下几个问题：

1. 问卷长度不宜超过40分钟，否则即使完成也会影响数据质量；

2. 对于问卷中的筛选甄别、逻辑分支、逻辑跳答、自动查错等功能，要进行重点设置，并要通过试填答多次反复测试；

3. 问卷中的图片和视频的设置要考虑当地的网速，图片和视频不宜过大。

在互联网调查的实施过程中，为了保证数据的质量，还需要对调查实施人员进行实时的监督和把关，包括对于回答者的IP和回答时间进行检查。如果同一个IP重复多次作答，或者不符合调查所需区域，就应该删除；回答时间如果低于平均时间的一半，也应删除。对于回答的逻辑，也需要进行检查，对于明显乱答的问卷，要做作废处理。[①]

（四）研究结果

通过对这三次调查数据的比较和分析，我们发现（以下仅为部分研究结果）：

1. 北京奥运会对于提升中国形象发挥了较大作用

（1）北京奥运会显著提升了外国被访者心目中的中国形象，尤其促使北京城市形象有了较大改善；

（2）北京奥运会促进了国际公众对中国的接触度；

（3）在北京奥运会前、后，国际公众对传播渠道的接触习惯没有发生改变；

（4）北京奥运会提升了国际公众对中国内地媒介关于中国报道的信任度；

（5）北京奥运会提升了国际公众对中国的认知度。

2. 多种因素共同影响了国际公众眼中的“中国形象”

（1）随着对中国接触度的提高，国际公众对于“中国经济形象”的评价有所提高，但对于“中国人形象”的评价却有所下降；

（2）随着接触的传播渠道中的中国元素的增加，国际公众对“中国形象”各维度的评价有所提高；

（3）随着国际公众对中国内地媒体信任度的提升，他们对“中国形象”的评价有所提高；

（4）对中国的认知度越高，总的来说，对“中国形象”的评价也越高，但是对“中国人形象”的评价没有显著变化；

（5）国际公众的个人背景不同，对“中国形象”的评价也有所不同。

---

① 更多有关SSI的在线调查信息，可以登录www.surveysampling.cn查询。

应用案例二：线上调查与 CATI 调查对比研究（Elsa Fong，2007）①

（一）研究目的

对研究方法进行研究，目的是为了比较线上调查与 CATI 调查两种方法之间潜在的区别。

（二）研究方法

使用完全相同的问卷同时进行线上调查与 CATI 调查。为了匹配样本，本研究选择了 18—45 岁的男女网民作为调研的目标总体。样本情况如表 7–4 所示。

表 7–4　分布在各调查城市的样本数量

	北京	上海	深圳	武汉	样本总数
在线	120	120	120	120	480
CATI	120	120	122	122	484

主体问卷的基本内容是关于家居 / 日常用品、媒体、运动 / 休闲等内容的相关问题。问卷开始是甄别的部分，以检视受访者是否符合此次调查的要求，最后部分是人口统计资料，其内容包括多选题、排序题和态度量表（5 级李克特 Likert 量表和语义差别 Semantic 量表）。

（三）研究发现

（1）可行性

问卷对两种调查方式都比较合适。线上调查执行的成本是 CATI 的 75% 左右（与 ESOMAR 价格研究结果类似）。

表 7–5　CATI 调查和线上调查中的中退率与访问时长差异

	CATI	在线
中退率（Drop out rate）	45%	6%
访问时长（Interview time）	12~14 分钟	11 分钟

（2）中退率和访问时长

在同等条件下，线上调查的中退率更低，完成的时长更短，回应更迅速（可能的原因：艾斯艾拥有会员数据库，因此有能力准确地瞄准目标样本），如表 7–5。

（3）认知度

线上受访者能够更好地记住一些知名度较低的品牌，而电话受访者则不能（可能的原因：线上受访者有足够的时间对问题进行思考；而线下调研由于访员的存在，受访者会有时间紧迫感。此外，由于缺乏视觉上传递问题的信息，因而线下调研对受访者的记忆能力要求较高，受访者必须记住问答题的内容，无法反复参考问卷上的问题），如图 7–8。

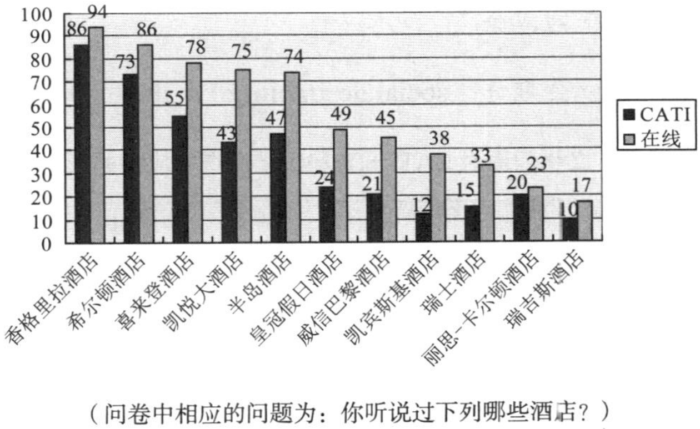

（问卷中相应的问题为：你听说过下列哪些酒店？）

图 7–8　CATI 和线上调查中认知度

---

① “2007 年首届网络市场调查发展趋势论坛”上的演讲，该论坛由艾斯艾国际市场调查咨询（北京）有限公司（SSI）于 2007 年 11 月 30 日举办。本案例是根据论坛上的报告整理的。

（4）应答风格

为了测试不同的应答风格如“极端回答”和“中间项选择”的情况，问卷中包含了不同类型的问题。研究者在分析极端回答和中间项选择时采用了同样的问题和量表。例如被访者被问到“到亚洲国家旅行的意愿”，并要求对5级李克特Likert量表打分（1分为“一点都不想”，5分为“很想”），1分和5分被定义为极端回答，3分被定义为中间项。

与线上调查相比，CATI调查出现了更多极端回答（可能的原因：由于访员的存在，CATI受访者有时间紧迫感，一般感到更多的时间压力，于是倾向于尽快完成问卷，因此会采用极端回答模式），如表7–6。

表7–6　CATI调查和线上调查应答风格的不同

	CATI	在线
极端回答数量	1487	1250
中间选项数量	1205	1450

与线上调查相比，CATI调查选择中间项的比率较低（可能的原因：由于访员的存在，分级选项中选择中间项的比率相对更低，与2006年Bronner与Kuijlen开展的研究结果相符）。

（5）关于文化的影响

研究者观察了受访者回应的偏好方式，发现由文化影响产生的社会期望行为与应答风格之间存在一定的关系。

1. 社会期许（social desirability）①：*谦虚是极大的美德——表现之一*

对于语义差别量表上的每个陈述（在语义程度上分为1—10个等级），我们都统计了平均得分，结果发现，线上调查出现了更高的平均分数（可能的原因：在中国文化中，人们倾向于表现得谦逊。CATI受访者会感受到访员的评判，因此在被要求描述自己时，会调整自己的应答），如表7–7。

2. 社会期许（social desirability）：*谦虚是极大的美德——表现之二*

表7–7　文化因素对CATI调查和线上调查中应答的影响（1）

	CATI	在线
我观看广告且喜欢广告	5.71	6.59
我喜欢与人交往	6.79	7.69
即使之前没有见过对方，我也能与之交谈并感觉舒适	6.48	7.42
我愿意通过各种途径了解最新的发展	6.66	8.44

之前我们讨论了CATI调查的结果：在5级李克特量表中出现了更多的极端回答和更少的中间项选择。然而，在语义差别量表的陈述中，情况则恰好相反。这表明非线上调查有以下特点：更少极端回答、更多中间项。该结果再次表明了追求“谦虚”的影响力，如表7–8。

表7–8　文化因素对CATI调查和线上调查中应答的影响（2）

	CATI	在线
极端回答数量	111	378
评估表中间项数量	772	386

① 通常将由社会期许这一因素导致的回答偏差称为社会期许回答偏差（social desirable responding bias）。

因此，与线下（CATI）调研相比，线上调研更容易得到受社会期许度影响较轻的回答。

3. 社会期许：礼貌——表现之三

线下（CATI）调查中，选择“不知道”选项的数量更低（可能的原因：在中国，不回答别人的问题被认为是不礼貌的），如表 7–9。

4. 社会期许：作出决定——表现之四

评价顾忌：受访者如果意识到自己正在受到他人的评价，会倾向于表现得更好。

研究者统计了称“自己负责购买家庭日用品”的受访者的人数，结果表明，在中国日用品的购买者大多是女性。在这一点上线上调查和线下 CATI 调查的结果一致，如表 7–10。

表 7–9　文化因素对 CATI 调查和线上调查中应答的影响（3）

	CATI	在线
“不知道”选项	77	110

表 7–10　文化因素对 CATI 调查和在线调查中应答的影响（4）

	CATI		在线	
	男性	女性	男性	女性
自己	114	177	189	217
配偶	91	32	78	20

（四）主要研究结论

1. 数据收集方式

与 CATI 调查相比较，线上调查的中退率较低，访问时间较短，认知度较高，极端回答现象较少。然而，线上调查可能会导致中间项选择率较高，“不知道”选项选择率较高。

2. 国家和文化影响

文化对调研结果有着不可忽视的影响。与 CATI 调查相比较，通过线上调查得到的回应是受社会期许度的影响较小。

应用案例三：中华文化国际影响力调查研究[①]

（一）研究目的

本研究旨在了解美国、德国、俄罗斯、印度、日本、韩国、越南和印度尼西亚各国民众如何看待中华文化，了解他们对中国文化的印象和认知差异，评估中华文化的国际影响力，以建构中华文化国际影响力理论和评估体系。

---

① 详见关世杰．中华文化国际影响力调查研究［M］．北京：北京大学出版社，2016.

（二）研究内容

本研究从国际关系的视角探讨冷战结束后的世界文化格局，借鉴跨文化交流学和国际传播学理论，根据中国国情，针对中华文化的国际影响力提出了理论框架，创建了评估体系，设计出包括50多个问题，针对美国、德国、俄罗斯、印度、日本、韩国、越南、印尼八国的“中华文化印象调查”问卷。

在本研究中，我们依照中华文化影响力评估体系，对中国特色的文化物化形式（文化符号、文化产品）、文化的精神内核（价值观、思维方式、信仰）、文化的传播渠道（民众与杰出人物、文化团体 / 组织、大众传媒）以及国家发展状况4个一级指标下的13个二级指标进行了考察，并对调查结果进行了定量的对比分析。

（三）研究样本

本研究共进行了3次互联网调查。

1. 2011年11月，“我国对外传播文化软实力研究”（08&ZD057）课题组通过北京益派数据有限公司，利用“在线可访问样本库”的调查方法，用自己设计的同一问卷，对美国、德国、俄罗斯、印度和日本进行了互联网调查，各国有效样本量均超过1000份，其中美国1175份、德国1075份、俄罗斯1061份、日本1038份、印度1039份。

2. 2011年12月，“新时期中国文化海外影响力评估（一期）”课题组通过北京益派数据有限公司并使用同样的调查方法，对美国、德国、俄罗斯、印度进行了第二次大样本问卷调查，本次调查所使用的问卷也是课题组自己设计的（含对第一次调查问卷的补充和深入），各国有效样本量均超过1000份，其中美国1047份、德国939份、俄罗斯1035份、印度1023份。

3. 2013年12月，“新时期中国文化海外影响力评估（二期）”课题组在前两次调查的基础上通过同一调查公司和调查方法，对日本、韩国、越南、印尼就“中华文化影响力”进行了第三次大样本问卷调查，其中日本1225份、韩国1038份、越南1096份、印尼1024份。

互联网调查由北京益派数据有限公司沟通并对接全球在线可访问样本库执行，样本是从各国在线可访问样本库中按照一定配额抽取的。①

（四）研究方法

本调查综合运用了问卷调查法、内容分析法、访谈法等多种调查方法。此处重点介绍问卷调查法，该调查同样采用互联网调查的方式进行，且联合了海外在线样本资源进行了3次总计8个国家的调查。

---

① 配额涉及的人口统计学变量包含国家、性别、民族 / 种族、地区、收入、受教育程度、职业、政治倾向、宗教信仰等。

项目实施划分为3个大环节18个工作流程模块进行，3个大环节分别为启动期、执行期和输出期，详细流程如图7–9。

本调查还存在以下问题有待改进：

1. 样本条件设计应与在线会员的群体情况相贴合。如某国家的高龄样本会员量较少，若将样本条件配额调整为接近在线样本的群体，便可增加有效样本的比例。

2. 调研时间应与调研内容实现最优化结合。益派数据有限公司通过15年的在线可访问样本库调查实践发现，线上调研问卷的最优访问时间为5—15分钟，若问卷时间超过15分钟，被访者的答题质量和认真程度便会随着时间的增加而递减；若问卷时间超过30分钟，这一问题将进一步加剧。

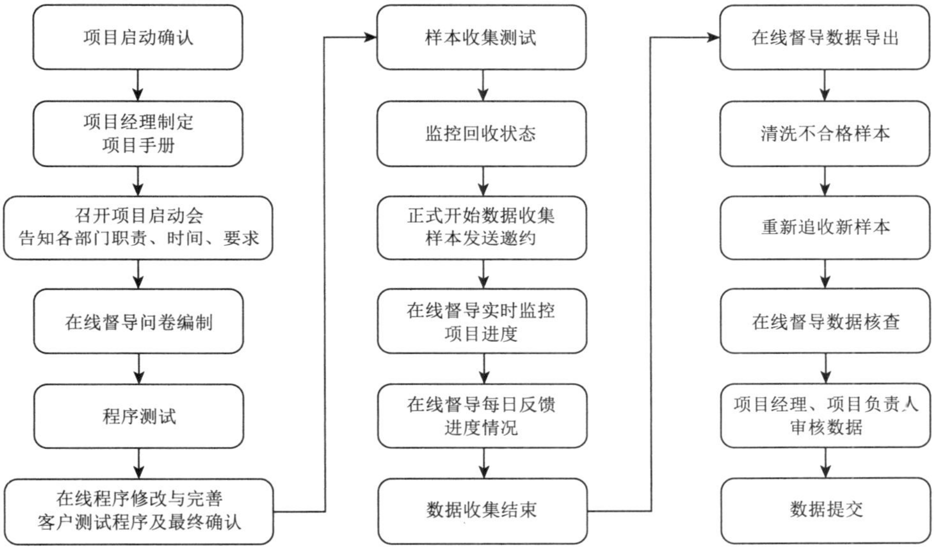

图7–9 调查的详细流程图

3. 问卷语言应简洁易懂。线上调查中的绝大多数调研对象都是普通人，因而问卷不宜采用过于专业或学术化的语言。如何将调研问题释译、分解为简洁易懂的“调研语言”，是设计者面临的重要课题。

4. 翻译措辞应表达准确。本调查涉及8个国家的受访人群，能否准确地翻译原始问卷所述内容成为直接影响调研结果的主要因素之一。

应用案例四：益派公司为某品牌搭建运营MROC在线调研社区的实践

（一）研究目的

研究某品牌手机某型号机型使用者的人群特征并进行产品概念测试。

（二）研究内容

重点研究目标人群对该品牌手机的使用情况，了解及分析目标人群的社会属性、心理属性、兴趣特征、消费特征、位置特征、设备特征、行为数据、社交数据等；在此基础上，对该品牌某些型号的手机进行概念筛选测试[①]、概念吸引力测试[②]、产品样板测试[③]等研究。

（三）样本规模和配额

本次研究的样本规模在30—40人之间，样本的基础条件（配额）为：居住在一线、二线和三线城市的人员，分布均匀。职业为事业单位/政府机关人员，其中，机关人员（公务员编制）占比不低于60%，管理职务（有下属）比例不低于60%。工作年限不少于3年，职级在科员及以上的正式编制、办公室人员；排除柜台接待性质的工作人员；排除编外人员、工勤人员、实习生及其他非正式职员。年龄在28—45岁之间，其中28—35岁、36—45岁各占50%。性别方面，以男性为主，女性也要覆盖到（不高于30%的样本量）。

在用手机条件为：主力手机价格不低于4000元；主力手机使用时长2年以内；手机获得途径为本人购买或单位派发，两类尽量均匀分布，其中一类至少不低于30%。此外，样本还需要对手机产品及品牌有一定关注和了解（例如，清楚自己所使用的手机品牌和具体型号，了解周边同事、朋友大多数人使用的是什么品牌，大概知道今年最新发布的手机旗舰新品），关注产品的使用体验；除使用手机外，日常佩戴智能手表（传统机械表也可以）或手环，或使用其他科技数码产品；日常使用笔记本电脑、平板电脑处理办公相关事务。

（四）研究方法

MROC（Market Research Online Community，在线调研社区）是企业、消费者、调研公司三方参与的互动平台，平台将符合研究条件的消费者招募到独立的线上社区，通过有计划地开展定性或定量调查研究活动，为企业提供营销决策信息。

---

① 详见百度词条，在新产品开发的产品概念阶段，企业对该产品可能会提出很多个概念，筛选测试就是根据消费者对各个产品概念的态度，从众多的概念中筛选出几个有潜力的、值得进一步详细研究的产品概念。

② 详见百度词条，根据消费者对产品概念的理解和态度，以及对产品特性（如包装、颜色、规格、价格）的反映，测试拟达到如下目的：测量产品概念的沟通效果和吸引力；估计消费者对新产品的购买意向，并对其销售潜能提供一个定量的估计；确定产品概念的内容是否需要改进和进一步充实。

③ 详见百度词条，许多国际企业往往需要将其生产的产品从西方发达国家移植到发展中国家中去，因此产品样板已经存在。将这些产品样板及其产品概念放在一起测试，目的是了解产品样板与产品概念是否吻合；测量产品概念和产品样板的沟通效果和吸引力；估计消费者对新产品的购买意向；确定产品概念和产品样板是否需要改进和进一步充实。

（五）研究流程

1. 平台搭建

益派 MROC 的平台搭建有多种形式，如封闭式知识社区、专用软件、钉钉 / 微信社群等形式。考虑到本次项目具有主要面向高端人群、周期长、任务频率低的特点，本次调查使用的是封闭知识社区，即借助知识社区应用，组织社员进行讨论、完成作业和参与调查。该种方式与微信结合度较好，可以支持作业、话题讨论、问卷调查、提问等调查形式。

本次调查设置了微信和 App 两种使用入口，管理员通过微信邀请样本加入社区，样本授权微信账号登录后，可以在微信收到任务提醒，在微信直接完成任务和回复，适合国人使用习惯。此外，平台还搭建了内容保护权限，如：可以禁止在 PC 复制网页，禁止下载文件，截屏会显示水印等，以保证项目和数据的安全性和私密性。平台包含多种任务发布方式，任务和回复的形式也并不单一，样本可以使用文字、链接（问卷、视频）、表情、图片、音频和文件等多种形式回复。

2. 样本管理和质量控制

益派 MROC 的样本招募渠道多样，本次是通过微信朋友圈、微信群、QQ 群等发布有奖招募信息的。为保证样本的有效性，本研究还制定了如下质量控制方式：本次招募以社交招募为主，即通过微信朋友圈、微信群等发布有奖招募信息，介绍人均为现实中认识的朋友、同学，介绍人推荐成功后有介绍费和最后完成奖励，介绍人有义务确保样本身份的真实性和配合度；样本需要配合提供一些身份证明；调研人员在样本进入社区之前会通过电话访问方式再对样本进行核实。同时，淘汰中途流失、配合度低、无有效观点的样本，补充新样本。为保证样本观点的有效性，本项目做了如下设置：礼金额度高，且礼金与回答量挂钩；督导定期检查回答质量，进行督促；此项目任务不频繁，以保证样本对问题的新鲜感。

3. 运营管理

MROC[①] 平台搭建和样本招募完成后，项目组在运营阶段设置了定性话题讨论、定性快速问题讨论、定量封闭题 3 种任务类型，以增加任务的多样性，保持样本对调查的兴趣和参与度。平台支持的 4 种任务形式及特点见表 7–11。

---

① MROC 具有以下特点：

- 可提供私有化部署服务，根据使用方需求部署益派私有化平台，企业运用保密性高；
- 成员质量高，云样组构成多源和广泛，云样组每月迭代更新；
- 定性调研结果自动化分析，益派 MROC 在进行定性调查时，可实时进行语意分析（对接第三方软件：汉语分词系统、Datamate Text Parser Lite 文本分析工具、腾讯文智等）；
- 定量调研问卷设计高效，问卷设计融合了联合分析方法辅助 Maxdiff/cojiont/ 驱动力分析等，让问卷设计友好度更高。

表 7–11 MROC 平台支持的 4 种任务形式及特点

	留作业	发主题	发调查	私信
支持的任务类型	定性话题讨论 / 定性快速问题讨论	定性快速问题讨论	定量封闭题	定性话题讨论 / 定性快速问题讨论
作用	任务布置给所有社员	所有社员主界面可见，不强制回复，适合提升社区活性、不要求强制回答的头脑风暴。	任务布置给所有社员	任务一对一布置给社员，只有发信人（主持人）和社员可见。
任务形式	文字、链接（问卷、视频）、表情、图片、音频和文件	文字、链接（问卷、视频）、表情、图片、音频和文件	问卷	文字、链接（问卷、视频）、表情、图片
任务微信提醒	√	√	√	√
回复输入方式	文字、表情、附带图片、音频和文件	文字、表情、附带图片、音频和文件	文字、附带图片	文字、表情、图片
其他社员是否可见可回复	√	√		
其他功能	作业提醒、完成统计		问卷设计、查看进度、查看回答选项、数据分析	

本章小结

本章讨论了互联网调查的定量研究方法和定性研究方法，其中，在互联网定量研究方法中，我们介绍了网站（页）问卷调查（w-survey）、电子邮件调查（e-survey）、弹出式调查（pop up）以及线上固定样本调查（e-panel survey）。在互联网定性研究方法中，我们主要介绍了一对一的线上深度访谈（one-to-one online in-depth interviews）、焦点小组座谈（online focus groups）、在线调研社区（MROC）、观察（observations），以及文献资料分析（documentary analysis）等方法，还对结合定量方法和定性方法的混合研究方法做了简要的介绍。以上两类方法主要将互联网作为调查工具进行一般的社会科学研究。

除此之外，将网站作为研究对象的调查也日益广泛地应用于当今社会领域。本章介绍了以网站为中心的测量方法（site-based measurement）和以用户为中心的测量（user-centric measurement）方法。其中，在以网站为中心的测量方法中，服务器日志分析（server log files analysis）、网站详情分析（site specific analysis）以及网络广告服务（ad network service）均是目前较为普遍的研究方法。在以用户为中心的测量中，固定样本的用户测量、用户结构、分布和行为的调查以及以广告为中心的测量（ad-centric measurement）方法也是目前较为常见的。

本章还对互联网调查时样本的选取及其代表性进行了讨论。在本章最后，我们给出了4 个案例：一个利用互联网调查方法进行科学研究的案例，一个对互联网调查自身特点进行研究的案例，一个研究 8 国民众对中华文化认知案例，一个利用在线调研社区进行研究的案例。

复习思考题

1. 什么是线上固定样本？您认为线上 Panel 在中国市场调查中的应用前景如何？
2. 互联网调查具有哪些优缺点？
3. 试举出一些适用于互联网定量研究方法的项目。
4. 试举出一些适用于互联网定性研究方法的项目。

实践练习题

1. 请根据自己的兴趣选题，亲自设计并实施一个网页调查或电子邮件调查。
2. 请将您在第四章中实施过的面对面深访，采用网上深访的方式再实施一次（同样的主题、类似的或同质的被访者），并比较一下两者的异同（包括方法和结论两个方面）。

第八章　资料的处理、分析和报告的撰写

本章主要针对量化研究的资料，而且一般指简单随机抽样的情况。此外，本章仅涉及基础的描述性数据的处理方法，即常用的统计量、统计表和统计图。

第一节　资料处理中常用的统计量

一、资料处理中常用的统计量及其用法

1. 百分数及其使用

百分数（percentage），也叫作比例，是资料处理中最常用的统计量之一，其计算公式为：

$$P = f \div n \times 100\% \quad (8\text{–}1)$$

其中 P 表示调查样本中回答某项目的百分数或比例，f 表示调查样本中对某项目有相同答案的个案数，n 表示调查的样本量。

百分数主要用于以下几个方面：估计和比较各个相同或相似的子群在总体中所占的比例；估计总体中具有某种特征的个体的数目；估计变化情况或变化速度。

表 8–1 是按观众文化程度分类，对他们最喜爱的电视连续剧的统计数据，也就是分类的频数分布表或列联表。如果需要了解或比较最喜爱电视连续剧的观众群的文化程度有何不同，则需要以最喜爱电视连续剧的观众的总数为基数，分别计算各种文化程度观众所占的百分数。即将每一行中的频数分别除以该行的总计，得到表 8–2 所示的“最喜爱电视

表 8–1　按文化程度分类的观众最喜爱的电视连续剧（人数）

	观众文化程度			
电视剧名称	低	中	高	合计
电视剧 A	150	200	50	400
电视剧 B	80	130	40	250
电视剧 C	30	90	30	150
其他电视剧	40	80	80	200
合计	300	500	200	1000

表 8–2　最喜爱电视连续剧的观众的文化程度分布（%）

	观众文化程度			
电视剧名称	低	中	高	合计
电视剧 A	37.5	50.0	12.5	100.0
电视剧 B	32.0	52.0	16.0	100.0
电视剧 C	20.0	60.0	20.0	100.0
其他电视剧	20.0	40.0	40.0	100.0

连续剧的观众的文化程度分布”，也就是行百分数。如果需要了解或比较不同文化程度的观众群所喜爱的电视连续剧有何不同，则需要以不同文化程度的观众的总数为基数，分别计算最喜爱连续电视剧的观众所占的百分数。即将每一列中的频数分别除以该列的总计，得到如表 8–3 所示的“不同文化程度观众最喜爱的电视连续剧的分布”，也就是列百分数。

表 8–3　不同文化程度观众最喜爱的电视连续剧的分布（%）

电视剧名称	低	中	高
电视剧 A	50.0	40.0	25.0
电视剧 B	27.0	26.0	20.0
电视剧 C	10.0	18.0	15.0
其他电视剧	13.0	16.0	40.0
合计	100.0	100.0	100.0

百分数虽然简单，但是极易出现各种使用不当的问题。如下几种常见的问题应当引起注意：（1）计算百分数时使用的基数太小；（2）对基数不同的百分数简单地求平均；（3）只用百分数的大小进行比较而忽略了绝对数的大小。

例如在“媒介与奥运”研究[①]中，年龄变量 S4 设计为：

S4 请问您的年龄（段）是？（单选，每个选项既包括上限也包括下限）

1. 9—14 岁　　2. 15—24 岁　　3. 25—34 岁
4. 35—44 岁　　5. 45—54 岁　　6. 55 岁及以上

该研究在 10 个城市的互联网调查中，“9—14 岁”和“55 岁及以上”两个年龄段的样本分别只有 3 人和 30 人。刚开始个别学生在分析中依然按照 6 个年龄段去计算各种分类的百分数（例如不同年龄段的网民关注各种体育赛事的百分数），由于出现了以 3 人和 30 人为基数的情况，结果造成很大的误差（出现了无法解释的数据）。为此，我们将年龄变量中的类别适当地合并处理，即“9—14 岁”和“15—24 岁”合并为“9—24 岁”，“45—54 岁”和“55 岁及以上”合并为“45 岁及以上”。合并为 4 个年龄段之后，就避免了“计算百分数时使用的基数太小”的问题。

对于基数不同的百分数，是不能简单地合并求平均的。例如要计算表 8–3 数据中电视剧 A 的观众平均喜爱率，如果简单地将表 8–3 中不同文化程度人群对电视剧 A 的喜爱率做平均：$(50.0 + 40.0 + 25.0)/3 = 38.3$（%），那么结果就错了。由表 8–1 右边最后一列的列合计数据可以看到，对电视剧 A 的观众平均喜爱率应该是 40%。一般情况下，对于基数不同的百分数，要计算其加权平均，而不是简单平均。由表 8–1 可知，权数分别就是三种不同文化程度样本所占总样本的比例 30%、50% 和 20%。因此，正确的计算方法应该是：

$$(50.0 \times 30\% + 40.0 \times 50\% + 25.0 \times 20\%) = 40.0\ (\%)$$

百分数大小的比较虽然很直观、简便，但是在很多情况下，只比较相对数是不够的，特别是在基数相差较大的情况下，往往容易造成误解，因此还应适当考虑绝对数的大小。例如，电视台甲的广告营业额从去年的 1000 万元增加到今年的 1250 万元，增长率是

① 这是中国传媒大学调查统计研究所柯惠新主持的“媒介与奥运——传播效果实证研究”（以下简称“媒介与奥运”研究）的第三系列（北京奥运篇），是在广视–索福瑞媒介研究公司 CSM 的资助下进行的，同时得到了 SSI（Survey Research International）和 CTR（央视市场研究）公司的帮助。该课题针对 10 个城市的居民和网民，在北京奥运会前、后，分别进行了电话调查和互联网调查（奥运会前的样本量分别为 1008 和 1219）。

25%。电视台乙的广告营业额从 10 万元增加到 20 万元，增长率为 100%。如果只比较两个百分数，那么电视台乙的增长率是甲的 4 倍。但这只是事物的一个方面，如果再比较一下绝对数，可以看到，电视台甲的广告营业额增加的绝对数为 250 万元，是电视台乙（10 万元）的 25 倍。

2. 众数、中位数和平均数

众数、中位数和平均数都是用来描述数据的分布中心的常用统计量。

众数（mode）是一组数据或资料中出现次数最多或最常见的数值，代表典型个案或分布的高峰所对应的值。例如，在 A、B、C、D 四个节目中，D 最受偏爱，节目 D 对应的编码（变量值）就是众数。众数简单直观，主要用于描述定类变量分布的中心。值得注意的是，众数是很不稳定的，它可能会因为数据中个别值的变化而发生较大的变化。

中位数（median）是一组数据按照大小的顺序排列时，中间位置的数值，实际上就是一个 50 百分位数。例如，某媒介市场调查中，13 家报社的上一年的广告收入 X（万元）为：

230，350，470，590，880，1020，1450，1980，2300，2560，2780，3450，3880

那么，广告收入 X 的中位数就是 1450（万元）。

中位数主要适用于描述定序变量分布的中心，对极端值不敏感。例如在前面这组数据中，如果将最大的那个数 3880 错写为 38,800，中位数还是 1450。也就是说，数据中个别的极端值（最大值或者最小值）不管有多大的变化，中位数的值也会保持不变或变化不大。

平均数（mean）也叫均值，等于变量值之和除以个案数，即：

$$\overline{X}=\sum x/n \qquad (8\text{–}2)$$

对于分组数据，均值的计算公式如下：

$$\overline{X}=\sum xf/n \qquad (8\text{–}3)$$

其中 x 表示某变量的取值，f 表示变量值落在某一组的频数，n 表示调查的样本量或全部个案数，$\sum$ 表示对所有的值或所有的组求和。

上例中，13 家报社上一年广告收入的平均数为：

$$\overline{X}=(230+350+470+\cdots\cdots+3450+3880)/13=1610.2\approx1610\text{（万元）}$$

平均数是最典型也最常用的统计量，适用于定距和定比率的变量。我们可以将平均数看成数据的“平衡点”或分布的“中心”位置，和其他描述中心的统计量相比，它所包含的信息量最大。但是，平均数对个别极端值的变化是很敏感的，例如，若将前面广告收入中最大的那个数 3880 错写为 38,800，那么平均数将增至 4296.4，是原平均数的 2.67 倍。这说明平均数极易受极端值的影响，与中位数相比，它不够稳定。因此，当调查数据的分布比较有规则时，用平均数代表分布的中心比较好。但是，如果数据中存在极端值或分布很偏时，则使用中位数可能更为合适。

3. 极差、方差（或标准差），斜度和峰度

极差、方差（或标准差）是描述数据的分布形状的统计量。

极差（range）指一组数据的最大值与最小值之差，可表示为：

$$R = 最大值 - 最小值 \quad （8–4）$$

它指示了分布的整个伸展范围，例如上述报社广告收入数据的极差为：

R = 3880 – 230 = 3650（万元）

尽管极差很容易计算，但是它只告诉了我们数据分布的范围，对于分布的中间部分是如何变化的则不能提供任何信息，因此，使用范围并不广。

方差（variance，S^2）、标准差（standard deviation，S）是描述数据分布的分散（伸展）程度很好的度量，表示数据分布对于平均数的偏离或伸展情况。对不分组和分组数据的计算公式分别为：

$$S^2 = \sum (X - \overline{X})^2 / (n - 1) \quad （8–5）$$

$$S^2 = \sum (X - \overline{X})^2 f / (n - 1) \quad （8–6）$$

$$S = \sqrt{S^2} \quad （8–7）$$

例如，对上述报社广告收入的数据的方差为：

$$S^2 = [(230-1610)^2 + (350-1610)^2 + \ldots\ldots + (3880-1610)^2] / (13-1)$$

$$= 18,161,500/12 = 1,513,458$$

标准差为：$S = \sqrt{1,513,458} = 1230$

如上所述，标准差的大小体现的是分布分散（伸展）的扁平程度，标准差越大，分布就越扁平；反之，分布就越集中在中心（均值）附近。

如果数据的分布与正态分布（对称的铃状分布，如图 8–1 所示）相差不大，那么利用该分布的标准差和平均数，就可以近似地估计出落在某个范围内的个案所占的比例。例如，在 2008 年春某市 n = 1000 位 18 岁及以上居民的报纸阅读调查中，得到该样本的日读报时长的平均数为 25 分钟，标准差为 15 分钟。假定从数据的直方图（见第 264 页“三、资料处理常用的统计图”）看到居民日读报时间的分布是接近正态分布的，那么，就可以近似地估计出，该市日读报时间在 10—40 分钟居民的比例大概为 68.4%。①

斜度（skewness）和峰度（kurtosis）用于描述调查数据的分布与正态分布之间的差异程度。斜度又叫偏度，表示分布的不对称程度和方向。如果数据分布是对称的，则斜度为零。如果数据分布偏向左，则斜度为正值；反之，如果数据分布偏向右，则斜度为负值。数据分布不对称程度越大，则斜度的绝对值就越大。图 8–2 所示的是正偏离与负偏离的两种分布情况。

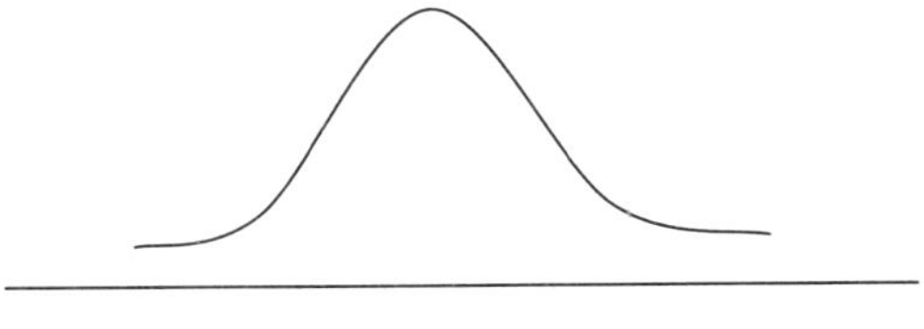

图 8–1　正态分布

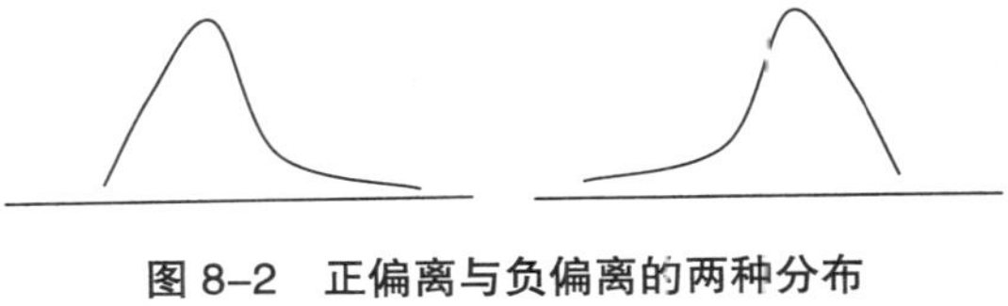

图 8–2　正偏离与负偏离的两种分布

① 计算的具体方法和符号的意义，可以参看有关的统计学教材。例如，可参看柯惠新，沈浩 . 调查研究中的统计分析法［M］. 北京：中国传媒大学出版社，2005.

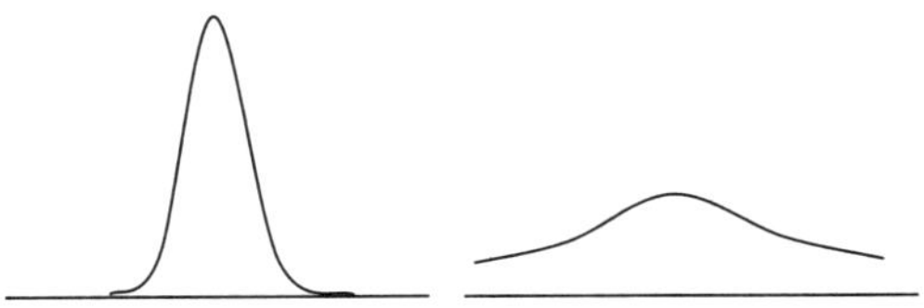

图 8-3 正峰度与负峰度的两种分布

峰度表示分布与正态曲线相比，其峰值瘦高或扁平的程度。如果数据分布与正态曲线的形状相同，则峰度值为零。如果数据分布比正态曲线瘦高，则峰度为正值；反之，如果数据分布比正态曲线扁平，则峰度为负值。数据分布形状的瘦高（或扁平）程度越大，则峰度的绝对值越大。图 8-3 所示为数据分布的峰度为正值和负值的两种情况。

二、资料处理中常用的统计表

在资料处理中使用图表展示数据的内在关系是一种可行的办法，常用的统计表有简单频数表和分组频数表、二维列联表和高维列联表以及相关系数表。

1. 简单频数表和分类频数表

反映原始数据分布的统计表被称为频数分布表。在频数分布表中，常用的有简单频数表和分类频数表。简单频数表（也称为“频数表”或“频数分布表”）常用于统计一个调研问题（可用一个或多个变量表示）的各种可能结果（取值）的频数，根据具体情况可以直接统计（离散变量的情况）或分组后统计各组的频数（连续变量的情况）。如果需要针对不同类别的研究对象对该问题做统计或比较，例如针对不同性别、不同年龄段的调查对象，则可以做分类频数表。也就是说，分类频数表一般还要涉及另外一个或多个分类的变量，即，一个变量的频数分布是根据另一个变量的取值来进一步细分的。

表 8-4 为简单频数表的一个例子，所示的是中国传媒大学电视新闻学院 2005 级媒体市场调查与分析专业的学生于 2007 年 11 月至 12 月实施的“党的十七大传播效果研究”中一项问题的调查数据。

表 8-4 北京市民关注中国共产党十七大媒体报道的原因（简单频数）

问题 Q2：您关注十七大的原因是什么？	频数	百分比（%）	有效百分比（%）	累积百分比（%）
单位要求学习十七大精神	10	2.39	3.47	3.47
周围人都在谈论，多了解可以获得谈资	17	4.07	5.90	9.38
五年一届比较难得	4	0.96	1.39	10.76
我对时政比较关心	58	13.88	20.14	30.90
我对新一届中央领导集体的作为比较关注	14	3.35	4.86	35.76
十七大内容关系到切身利益	81	19.38	28.13	63.89
国家经济的快速发展引人注目	10	2.39	3.47	67.36
十七大的决议关系到国家五年内的发展趋势	53	12.68	18.40	85.76
我对执政党比较有信心	5	1.20	1.74	87.50
其他	36	8.61	12.50	100.00
不知道 / 未回答	130	31.10	——	——
合计	418	100.00	——	——

资料来源：王锡苓指导，2005 级媒调班执行，“党的十七大传播效果研究”（报告）。

表 8-4 涉及的变量（X = 关注十七大的原因）是一个离散型（定类）变量，所以可以直接统计各个原因类别的频数。但是对于一些可以连续取值的变量，如“收入（元）”“年龄（岁）”“合格选民参加选举的百分比”等，则需要分组后再统计各组的频数。如表 8-5 是某市 93 个普查区“合格选民参加选举的百分比”按照 5% 的间距分组后的简单频数。

一般地，可以选择百分数 5、10、20 等整数作为组间距的距离，每一组的两个端点分别被称为组的上、下限，尽量用整数。在分组时，如果对所用的间距“是大一点好还是小一点好”没有把握，建议最好用小一点的间距。理由很明显，应用小间距以后，还可以根据研究目的用更大的间距来概括。但如果一开始就使用较粗糙的分组，等需要的时候就无法再细分了。

例如，表 8–5 中的普查区有 93 个，我们可以看到在百分数 50.0—54.9、55.0—59.9、……75.0—79.9 的各组中，频数均为 0。为了得到更加直观、有规律的分布，我们还可以采用较大的间距（如间距为 10%）重新分组，从而得到一个较清晰的分布，如表 8–6 的分组频数。

如果使用更大的间距，如 20%，就得到表 8–7 的分组频数，这样的分组使大部分原始数据变得含糊不清。从表 8–7 中我们只知道在 20.0%—39.9% 的间距里包括了三分之二的个案，却无法了解这些个案在这一间距中的确切位置（或分布）。

因此，在分组时，如果间距太多，频数分布便会显得零乱或不规则；如果间距太少，数据分类粗糙，又会损失大量信息。我们需要在二者之间权衡。一些学者就分组数目的确定给出了一些公式，但最好是根据常识和频数表的使用目的进行分组。

上例还有一个问题，即在 93 个普查区中，有唯一一个普查区的选举百分数是 83.6%。如果选择间距为 10% 的分组，那么，这个个案就独自成一组，同时有几个空组。如果资料需要精确的概括，那么这个分组是适当的，这个普查区的确是独特的。但是，通常情况下，应该缩小频数表，缩小的办法之一是使用不同大小的间距，让某些特殊的间距比其他间距大。如采用一个 50.0%—89.9% 的间距，那么它就可以把两个最大的数值包括在内。第二种办法是采用开放间距，以便将极端的个案都包含在内。例如，将表 8–6 的最后一组改为“50% 以上”。

表 8–5　数据按 5% 的间距分组时的频数分布

间距（5%）	频数 f	间距（5%）	频数 f
0.0—4.9	1	45.0—49.9	4
5.0—9.9	4	50.0—54.9	0
10.0—14.9	9	55.0—59.9	1
15.0—19.9	8	60.0—64.9	0
20.0—24.9	16	65.0—69.9	0
25.0—29.9	23	70.0—74.9	0
30.0—34.9	8	75.0—79.9	0
35.0—39.9	14	80.0—84.9	1
40.0—44.9	4	合计	93

资料来源：布莱洛克 . 社会统计学[M]. 傅正元，等译 . 北京：中国社会科学出版社，1988：43.

表 8–6　数据按 10% 的间距分组时的频数分布

间距（10%）	频数 f
0.0—9.9	5
10.0—19.9	17
20.0—29.9	39
30.0—39.9	22
40.0—49.9	8
50.0—59.9	1
60.0—69.9	0
70.0—79.9	0
80.0—89.9	1
合计	93

资料来源：同表 8–5。

表 8–7　数据按 20% 的间距分组时的频数分布

间距（20%）	频数 f
0.0—19.9	22
20.0—39.9	61
40.0—59.9	9
60.0—79.9	0
80.0—99.9	1
合计	93

资料来源：同表 8–5。

关于间距的上限和下限还有一点说明：上述三个频数表中，各组间距的组限没有交叠的情况。实际上，它们之间还存在很小的间隙。如，19.97% 应该属于哪一组呢？当然，可以根据四舍五入以及人们的一些共识，将高于 19.95% 的数值经过四舍五入（为 20.0%），归入百分数为 20.0—20.9 的那一组；而数值稍低于 19.95% 的，经过四舍五入成为 19.9%，相应的普查区放入较低的一组。

严格地说，上例中真正使用的组限（10.0%）和表述的组限（9.9%）是不一致的。通常还有一种做法，就是将间距写成百分数 10—20、20—30 等，同时要事先约定各组中的上限（或下限）是不属于该组的。例如我们可以约定各组下限不属于该组，那么对于 20% 的普查区，就将其归入 10—20 那一组而不是 20—30 那组。注意，每个具体的数据应该归入也只能归入一个组。

对于表 8–4 的例子，如果要比较不同性别北京市民“关注中国共产党十七大媒体报道的原因”，就应该做出针对“性别”变量（按照男性和女性两个类别细分）的分类频数表，如表 8–8 所示。

表 8–8　北京男、女市民关注中国共产党十七大媒体报道的原因（分类频数）

问题 Q2：您关注十七大的原因是什么？	男性		女性		合计	
	频数	比例（%）	频数	比例（%）	频数	比例（%）
单位要求学习十七大精神	4	1.90	6	2.88	10	2.39
周围人都在谈论，多了解可以获得谈资	9	4.29	8	3.85	17	4.07
五年一届比较难得	3	1.43	1	0.48	4	0.96
我对时政比较关心	32	15.24	26	12.50	58	13.88
我对新一届中央领导集体的作为比较关注	7	3.33	7	3.37	14	3.35
十七大内容关系到切身利益	37	17.62	44	21.15	81	19.38
国家经济的快速发展引人注目	3	1.43	7	3.37	10	2.39
十七大的决议关系到国家五年内的发展趋势	32	15.24	21	10.10	53	12.68
我对执政党比较有信心	3	1.43	2	0.96	5	1.20
其他	22	10.48	14	6.73	36	8.61
不知道 / 未回答	58	27.62	72	34.62	130	31.1
合计	210	100.00	208	100.00	418	100.00

资料来源：王锡苓指导，2005 级媒调班执行，“党的十七大传播效果研究”（报告）。

可以看出，使用频数分布表，可以使获得的大量数据以有规律的形式呈现出来，便于之后的统计分析。

2. 二维列联表和高维列联表

列联表，也叫交互分析表或交叉表（cross-table），是将观测数据按照两个或更多个属性分类所列出的频数表，也可以看成是分类的频数表，用于分析定类变量之间的相互关系。

两个变量的列联表叫二维列联表（contingency table）。制作列联表时，将两个变量分别放置在最上一行和最左一列。列联表中各单元格（对应两个变量不同水平的组合）的数据以频数或百分数的形式出现，并在最右端和最下一行设有行合计与列合计。

表 8–9 是针对 2008 年北京奥运会某奥运赞助商的“认知程度”和其产品“使用量”的二维列联表[①]，如表 8–9 中第一行第一列的数据表示：针对该产品，“不了解”其奥运赞助商身份且使用量“少”的人数为 40。

为了更进一步考察“认知程度”和“使用量”这两个变量之间的关系，可以计算表中各数据的百分数，百分数可以按列合计为基数来计算（如表 8–10 所示），也可以按行合计为基数来计算（如表 8–11）。

现在问题就来了：到底哪一张表更有用呢？一般来说，要根据研究者的研究目的来确定，即研究者将哪个变量当作自变量、哪个变量当作因变量。一般的准则是按照自变量各类的合计来计算因变量各类的百分数。在这个例子中，“认知程度”是自变量，“使用量”是因变量。因此更常用的应该是按照“认知程度”分类的列合计（表 8–10）。可以看出，在“了解”产品的生产商为奥运赞助商身份的受众中，较“多”地使用该产品的受众的比例是 86.5%；而在“不了解”其奥运赞助商身份的受众中，较“多”地使用该产品的受众的受众的比例只有 69.2%。

由于数据处理者可能并不完全了解哪一个变量用作自变量更为合适，所以在数据处理的时候，就常常会提供如 8–12 所示的包含四部分数字的完整的列联表，也称为交互分析表。表中每一个格内的四个数分别表示频数、行百分数、列百分数和总百分数。必要的时候，还可以在表的最后加一行检验用的统计量（卡方值、列联系数）以及对应

表 8–9　对某奥运赞助商的“认知程度”和对其产品的“使用量”的二维列联表（人数）

	认知程度		
使用量	不了解	了解	行合计
少	40	50	90
多	90	320	410
列合计	130	370	500

表 8–10　按“认知程度”分类的“使用量”的二维列联表（%）

	认知程度	
使用量	不了解	了解
少	30.8	13.5
多	69.2	86.5
列合计	100.0	100.0

表 8–11　按“使用量”分类的“认知程度”的二维列联表（%）

	认知程度		
使用量	不了解	了解	行合计
少	44.4	55.6	100.0
多	22.0	78.0	100.0

表 8–12　“认知程度”和“使用量”的交互分析表

使用量	认知程度		
	不了解	了解	行合计
少	40	50	90
	44.4%	55.6%	18.0%
	30.8%	13.5%	
	8.0%	10.0%	
多	90	320	410
	22.0%	78.0%	82.0%
	69.2%	86.5%	
	18.0%	64.0%	
列合计	130	370	500
	26.0%	74.0%	100.0%
卡方值 $X^2 = 19.407$；双侧概值 Sig. = 0.000；列联系数 C = 0.193			

① 这是假想的数据，目的在于更直观地说明列联表的使用方法。

的概率值。

从二维列联表中得出的结论（参考卡方的概率值和列联系数 C），可知“认知程度”与“使用量”之间是显著相关的，即，“了解”该产品的生产商是奥运赞助商的消费者，其使用量“多”的比例显著高于“不了解”的消费者。

调查变量之间的关系操作起来很复杂，某些时候只研究两两变量间的关系是不够的，多数情况下都要考虑多个变量之间的关系。

表 8–13　按“区域”和“认知程度”分类的“使用量”的三维列联表

	区域			
	郊区		城区	
使用量	认知程度		认知程度	
	不了解	了解	不了解	了解
少	40%	40%	10%	10%
多	60%	60%	90%	90%
列合计	100%	100%	100%	100%
个案数	90	43	40	327

在考虑多个定类变量之间关系的时候，可能就要使用多维列联表。多维列联表是在二维列联表的基础上引进一个或多个控制变量后的列联表，如表 8–13 就是引进“区域”变量，按“区域”和“认知程度”分类的“使用量”三维列联表。

引进第三个变量“区域”做出三维列联表后发现：无论是城区还是郊区，对“了解”和“不了解”该产品的生产商是北京奥运会奥运赞助商的消费者来说，其使用量“多”或“少”的比例都是相同的。即，当对城区群体和郊区群体分别进行研究时，“认知程度”与“使用量”之间的联系就消失了。这说明从前面二维列联表中观察到的这两个变量之间的相关是一种假相关，真正的相关可能存在于“区域”和“使用量”之间，即“使用量”的多少可能与“区域”有关（城区中使用量“多”的比例显著高于郊区），但是与“认知程度”无关。

3. 相关表

相关表是相关系数表的简称，是将两组有关变量之间两两对应的相关关系呈现在统计表中的一种形式，它可以直观地展示两个变量之间的相关关系。在相关表中，行、列变量的关系可能是对称的，也可能是不对称的。如果是不对称的，那么我们常常习惯将自变量放置在表最顶端的一行中，将因变量放置在最左端的列中。如果两个变量之间呈现负相关的关系（即随着自变量的值增大，因变量的值减小；或随着自变量的值减小，因变量的值增大），则相关系数前以负号表示；但正相关关系（即随着自变量的值增大，因变量的值也增大；或随着自变量的值减少，因变量的值也减小）前面的正号则一般不必特别标出。

表 8–14 和表 8–15 是即时通讯使用者的一些“基本特征”（用部分人口统计指标标志：平均每天上网时长、教育程度、性别、年龄等）与其“使用即时通讯进行人际沟通的行为”的得分（5 级计分）之间的相关关系数据，其中表 8–14 给出了相关系数的具体数据，而表 8–15 只给出了一些星号。表 8–15 中的“*”或“**”表示的是两个变量之间为显著相关关系（“*”为 90% 置信度下的显著性相关关系，“**”为 95% 置信度下的显著性相关关系）。例如，“我会修改个人信息或个性签名，让联络人知道我当时的心情”这一行

为与使用者的年龄和性别之间均呈显著负相关关系（在 95% 置信度下），这表示年龄越小的即时通讯使用者越倾向于会有这种行为；相对于男性使用者，女性使用者更倾向于会有这种行为（对于“性别”这个定类变量，通过规定男性 = 1，女性 = 0，事先转化成了可以进行数值计算的 0—1 变量）。如果研究者关心的主要问题是哪些变量间可能存在相关关系，对具体的相关系数的大小并不很关心，那么利用表 8–15 那样只有星号没有具体数值的相关表就可以更清晰地抓住主要矛盾，一目了然地看出到底哪些变量之间是有显著（线性）相关关系的。

表 8–14　有具体数值的相关表示例

	平均每天上网时长	教育程度	性别（男 = 1，女 = 0）	年龄
在即时通讯上与朋友交谈时，我更可以畅所欲言	0.051	−0.086	0.048	−0.116（*）
遇到高兴的事情，我总愿意与即时通讯中那些现实生活中的好友分享	0.094（*）	−0.065	−0.098（*）	−0.100（*）
遇到不愉快的事情，我总希望向即时通讯中未曾见面的联络人倾诉	−0.009	−0.130（**）	0.076	−0.082
无论在实际生活中或即时通讯上，我的好朋友都是固定的一群人	0.032	0.124（**）	−0.122（**）	−0.055
我喜欢自定归类标准，分组管理名单中的联络人	0.172（**）	0.055	0.032	−0.181（**）
我会显示“脱机”或者“隐身”，暗中观察线上好友的动态	−0.056	0.101（*）	−0.010	−0.249（**）
我会显示“离开”或“忙碌”等状态，以选择沟通对象	−0.050	0.109（*）	−0.089	−0.141（**）
我会去下载或者向别人要，甚至自制其他的表情图案	0.114（*）	0.046	−0.105（*）	−0.113（*）
我会使用语音功能与联络人直接对话	−0.045	0.063	0.064	−0.164（**）
我会利用视频辅助沟通或增加对话临场感	−0.042	−0.013	0.069	−0.105（*）
若有重要的事情，我会在即时通讯上通知，而不一定打电话	0.118（*）	0.035	0.111（*）	−0.043
每隔一个小时左右，我就会查看当时有哪些人在线上	0.083	0.061	0.029	−0.170（**）
登入之后，我会查看联络人的昵称与图片变化	0.024	0.070	−0.087	−0.213（**）
我会修改个人信息或个性签名，让联络人知道我当时的心情	0.048	0.099（*）	−0.148（**）	−0.316（**）
我经常使用表情图案或动漫，以增强或表明自己的语气	0.098（*）	−0.024	−0.175（**）	−0.121（**）

数据来源：中国传媒大学传播学专业 2004 级硕士生范欣珩的硕士论文《生活形态与即时通讯使用的关联性研究》。

表 8–15　无具体数值的相关表示例

	平均每天上网时长	文化程度	性别	年龄
在即时通讯上与朋友交谈时，我更可以畅所欲言				–*
遇到高兴的事情，我总愿意与即时通讯中那些现实生活中的好友分享	*		–*	–*
遇到不愉快的事情，我总希望向即时通讯中未曾见面的联络人倾诉		–**		
无论在实际生活中或即时通讯上，我的好朋友都是固定的一群人		**	–**	
我喜欢自定归类标准，分组管理名单中的联络人	**			–**
我会显示“脱机”或者“隐身”，暗中观察线上好友的动态		*		–**
我会显示“离开”或“忙碌”等状态，以选择沟通对象		*		–**
我会去下载或者向别人要，甚至自制其他的表情图案	*		–*	–*
我会使用语音功能与联络人直接对话				–**
我会利用视频辅助沟通或增加对话临场感				–*
若有重要的事情，我会在即时通讯上通知，而不一定打电话	*		*	
每隔一个小时左右，我就会查看当时有哪些人在线上				–**
登入之后，我会查看联络人的昵称与图片变化				–**
我会修改个人信息或个性签名，让联络人知道我当时的心情		*	–**	–**
我经常使用表情图案或动漫，以增强或表明自己的语气	*		–**	–**

数据来源：同表 8–14。

4. 制作统计表格时应注意的问题

为了制作美观、清晰，并能直观展示变量之间关系的统计表，一般要注意以下问题：

- 每张表上面都要有号码和标题，标题要简明扼要；
- 项目的顺序可适当排列：可以按照问卷中的顺序排列；为了醒目起见，也可以将最显著的放在前面；
- 尽量少用线条，以空白来分隔各项数据；
- 注明各种数据的单位，只有一种单位的表，可在标题中统一注明；
- 表格的层次不宜过多；
- 分组要适当，不可过细，以免烦琐；也不可过粗，以免有掩盖差别的可能；而且表格内的频数太少也难于说明问题；
- 小数点、个位数、十位数等应上下对齐，一般应有合计；
- 给出必要的说明和标注；
- 一般应说明数据的来源。

三、资料处理常用的统计图

在资料处理过程中，还常常用到统计图。统计图有很多类型，在此介绍几种常用的统计图形，包括直方图和饼形图、态度对比图和轮廓形象图、趋势图和散点图以及其他统计图形。

1. 直方图（histogram）和饼形图（pie）

直方图是最常用的统计图，简单而直观。直方图可以是水平的或铅直的；其长度可以是绝对数，也可以是相对数。可以只表达一个变量的频数或百分比，也可以表达两个变量关系的交叉表的数据结果。图中项目的排列可按问题的顺序，也可按大小的顺序。直方图既适用于单选问题，也可用于多选问题。图 8–4 便是一个变量的、铅直的、长度为相对数的直方图。

图 8–5 表现的是 2008 年 3 月中国十个主要城市居民将某些公司或品牌与奥运联想在一起的第一提及频次的比较，这是一个变量的、水平的、长度为绝对数的直方图。

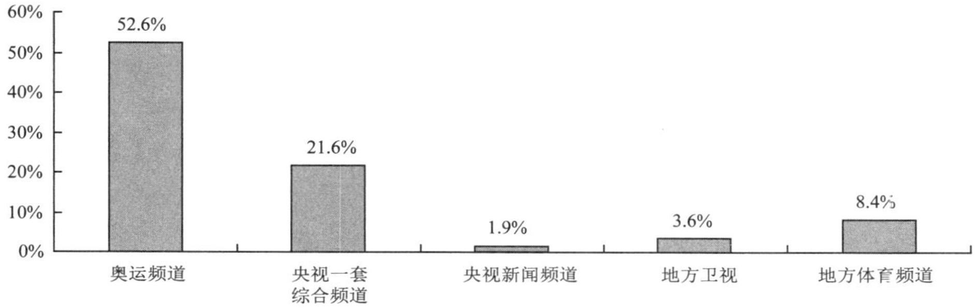

图 8–4　“您最喜欢收看哪个电视频道来获取北京奥运信息”的第一提及率

数据来源：《媒介与奥运（北京奥运篇）——一个传播效果实证研究》第三系列，中国传媒大学出版社，2010 年，10 城市的第一次 CATI 调查（2008 年 3 月下旬），样本量 1008。

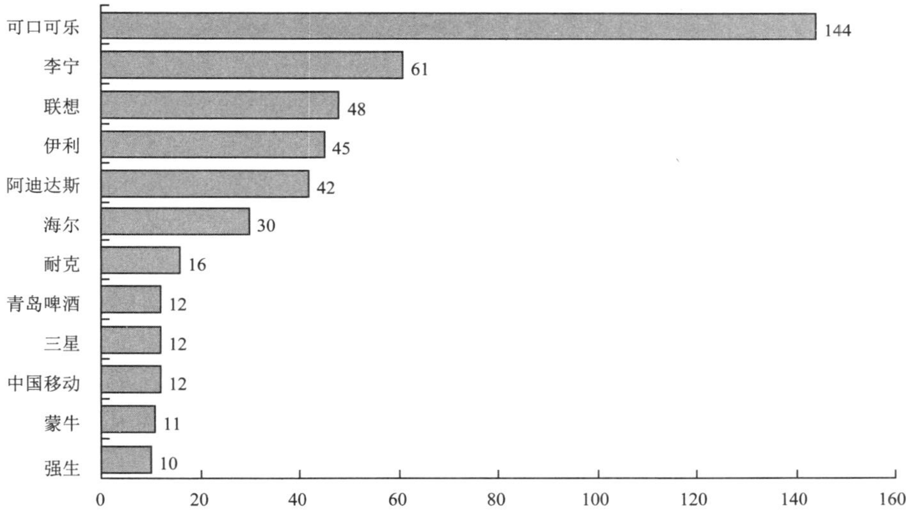

图 8–5　“提到奥运，会联想到哪些公司或品牌”的第一提及频次（前 12 名）

数据来源：同图 8–4。

图 8–6 和图 8–7 用于直观地比较不同城市居民使用互联网的时长程度，是涉及两个变量（“使用互联网的时长程度”“所居住的城市”）的直方图，其中图 8–6 为铅直的图形，图 8–7 是将变量的相对值叠加在一根柱子上的水平的图形。

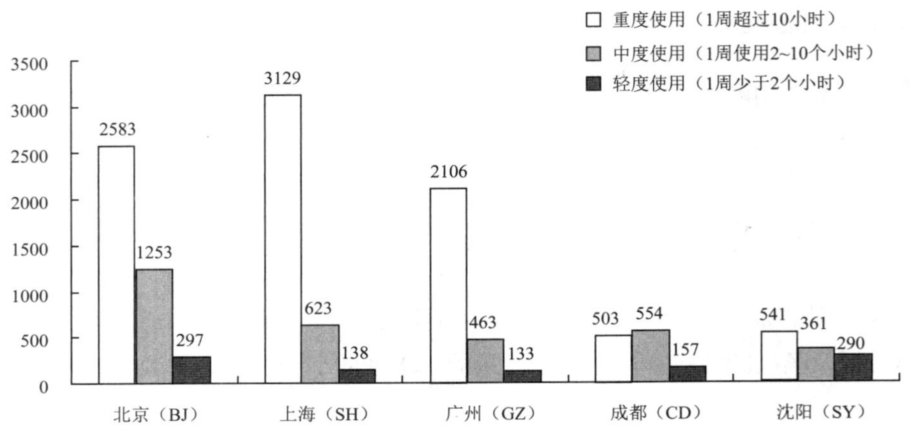

图 8–6　各城市城区网民使用互联网的时长程度（单位：千人）

数据来源：中国市场与媒体研究 CMMS2008 春季数据，北京新生代市场监测机构。

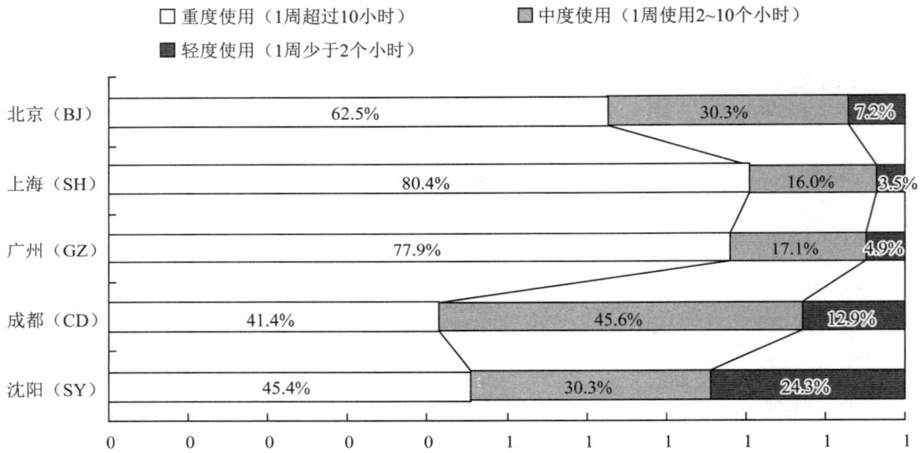

图 8–7　各城市城区网民使用互联网时长程度的相对比例

数据来源：同图 8–6。

饼形图是单选问题的常用统计图，每一部分（扇形）面积表示某个变量对应取值的百分数，整张圆饼面积总计为 100%。

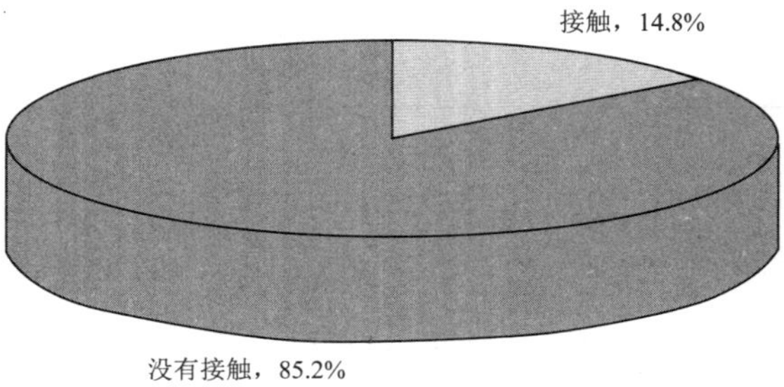

图 8–8　是否接触手机上网

数据来源：同图 8–4。

饼形图可以是平面的，也可以是立体的。如果是立体饼形图，应尽可能将三维效果减至最小，使饼形尽可能呈圆形。另外需要注意的是，一般情况下不要将圆饼切成太多的份，最常用的是只有两片或三片的情况。最好有两片的分界线是一根垂直的子午线。注意将每一部分的文字说明和数据尽可能直接地显示在饼形图内（图 8–8）。

图 8-9 所示的是平面饼形图，其对应的原始问题也一并列出。

2. 态度对比图

态度对比图一般涉及满意程度、同意程度、喜爱程度等方面的资料，所用的量表一般是 5 级量表，例如：分别用 1、2、3、4、5 分表示很不满意、不满意、说不准、比较满意、很满意。

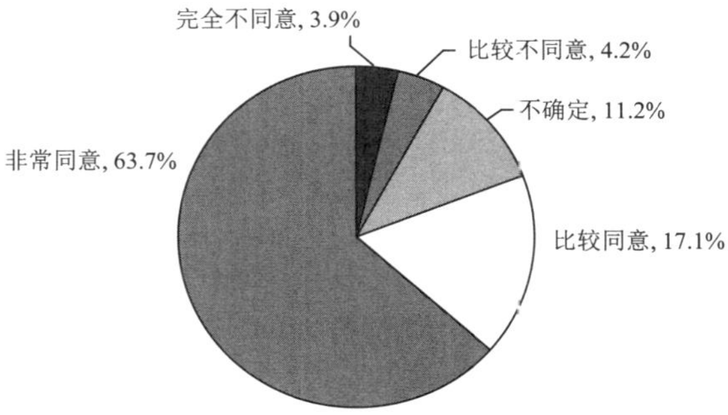

图 8-9　对“2008 年奥运会在北京举办增强了我对体育活动的关注和参与热情”的同意程度

数据来源：同图 8-4。

为了更直观地比较对各个项目或各种类别的满意程度和不满意程度，研究者常常会将“比较满意”和“很满意”的百分数相加，所得的结果为“满意度”；将“很不满意”和“不满意”的百分数相加，所得结果为“不满意度”。用公式表示如下：

满意度 =“比较满意”+“很满意”（%）

不满意度 =“很不满意”+“不满意”（%）

将“满意度”和“不满意度”分别制作成直观的态度对比图，中立的态度“说不准”或“不确定”在态度对比图中不出现。对于同意程度或喜爱程度的 5 级量表数据，也可以类似地处理。例如，根据 10 城市类似图 8-9 的数据，可制作出图 8-10 所示的态度对比图。

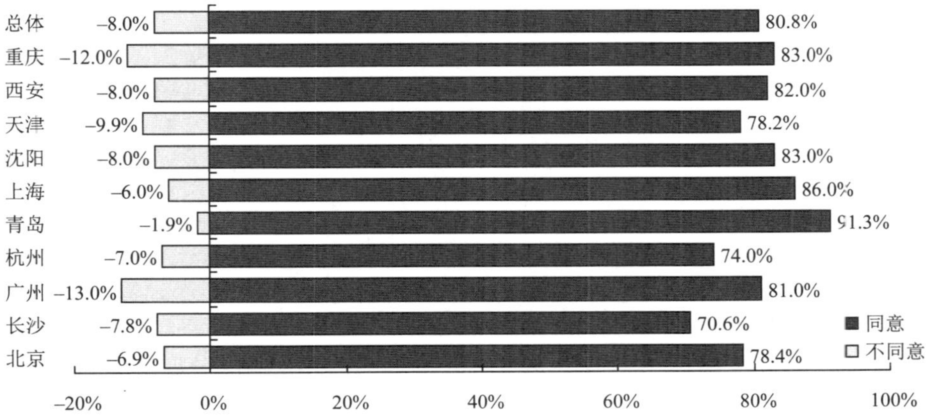

图 8-10　对“2008 年奥运会在北京举办增强了我对体育活动的关注和参与热情”的同意程度对比

数据来源：同图 8-4。

3. 轮廓图或形象图

轮廓图或形象图用于比较几个子样本在一些项目中的平均得分，或一些实体在各个方面的形象平均得分。具体方法是，只用一个平均分数来代替 5 级量表中的 5 个百分数，以呈现最大限度的简洁性和可比性。

例如，图 8-11 是北京市居民对三大银行信用卡的满意度比较的模拟数据，在图中可以看到，“A 信用卡”在“知名度”上有绝对优势，而在“宣传力度”和“还款便利性”上不如竞争对手。三大银行信用卡在“年费”方面都没有让用户满意。

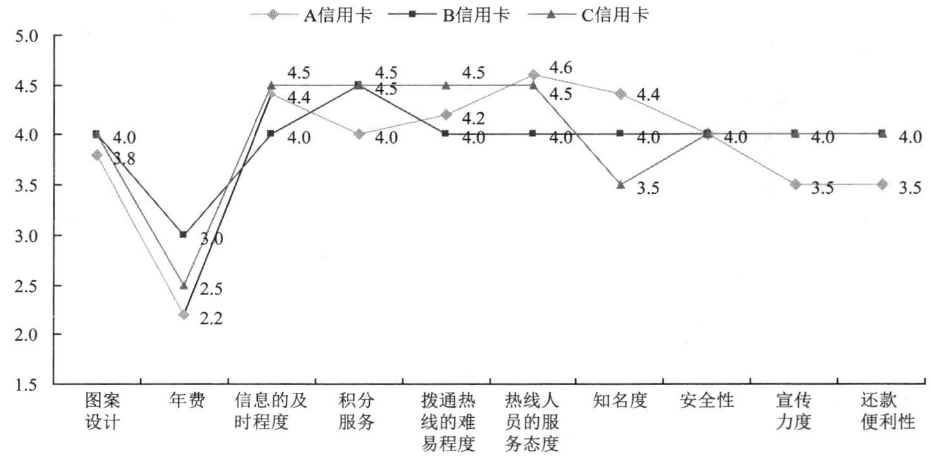

图 8-11　用户对北京市三大银行信用卡的满意程度比较（模拟数据）

态度对比图可以提供直观的对比。在图 8-12（收入高低和是否已婚的用户对信用卡年费的认可程度的比较）中，我们可以清晰地看到，80 元 / 年是一个年费转折点，不管年费如何变动，月收入 6000 元以上的用户表示接受信用卡收费的可能性都高于月收入 6000 元以下的用户；而已婚的用户接受信用卡收费的可能性均低于未婚的用户。

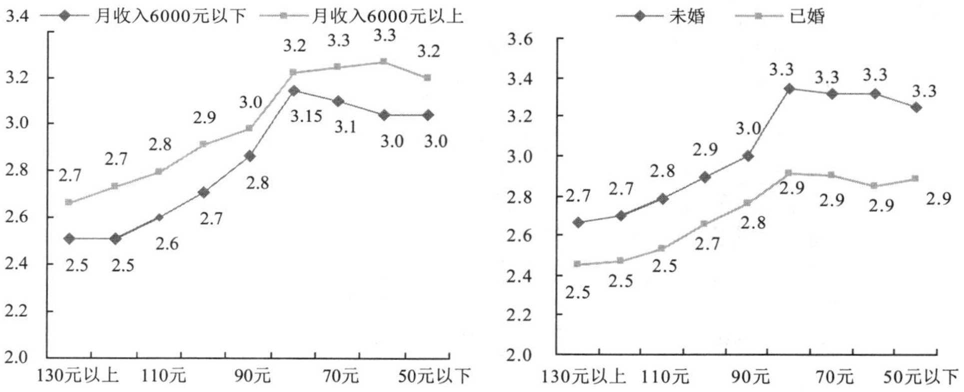

图 8-12　收入高低和是否已婚的用户对信用卡年费的认可程度比较（模拟数据）

4. 趋势图和散点图

趋势图和散点图主要用于探索两个数值型变量或定距变量之间的关系。趋势图（图 8-13）常用于自变量为时间变量时；散点图（也叫定位地图）常结合回归直线（或曲线）给出（图 8-14）。

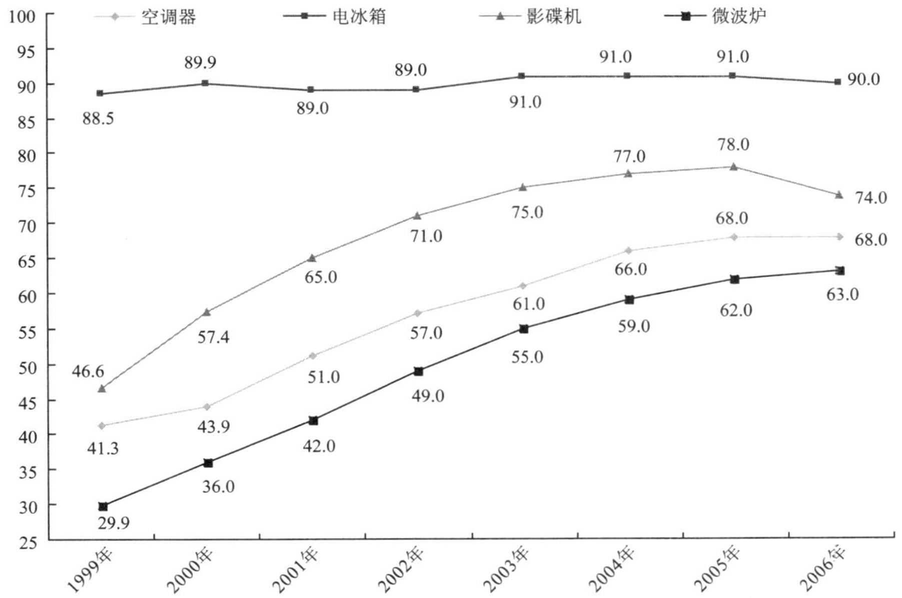

图 8–13　全国 30 个城市城区消费者耐用消费品拥有率趋势分析的趋势图（%）

数据来源：同图 8–6。

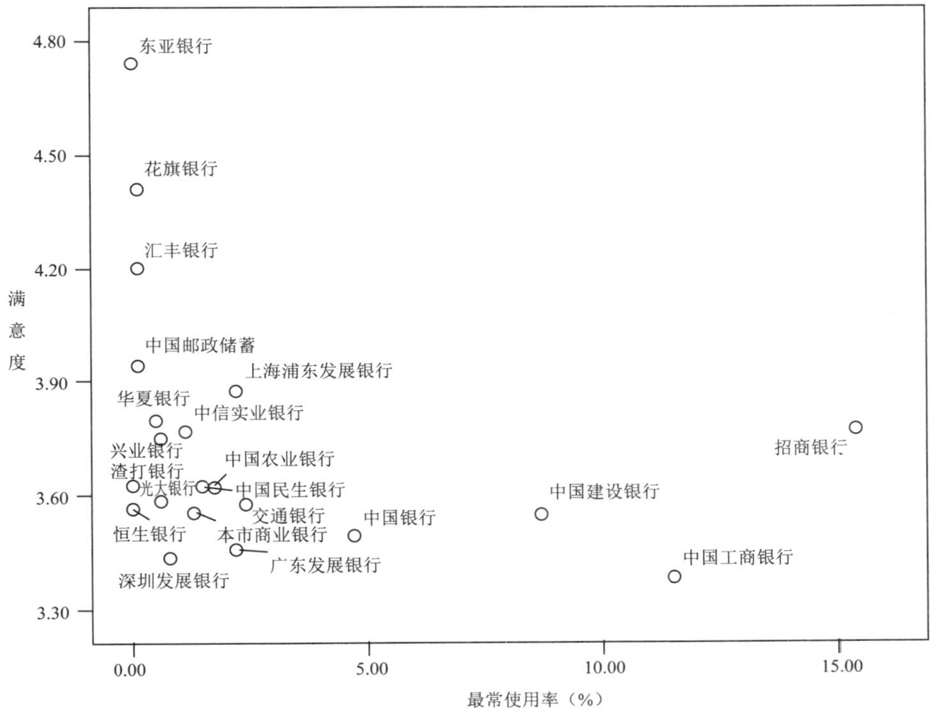

图 8–14　新富最常使用信用卡与满意程度的散点图

数据来源：中国新富市场与媒体研究 H3–2007，北京新生代市场监测机构。

如果结合点的大小和形状，一张平面散点图实际上可以反映四个甚至五个变量之间的关系：用 X 轴表示 X_1、Y 轴表示 X_2，点的大小表示 X_3、点的形状或文字说明表示 X_4。

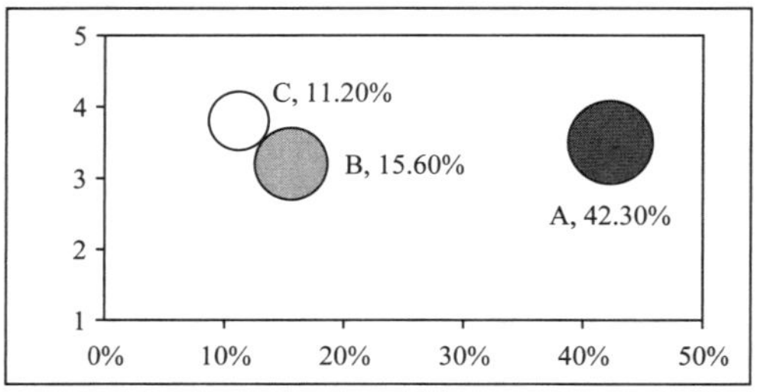

图 8–15 北京市三大银行信用卡的知名度、满意度和市场渗透率（模拟数据）

例如，在北京市三大银行信用卡市场状况调查（模拟）数据的分析中，用 X 轴表示“首想知名度”（百分数）①；Y轴表示“满意度”（对 10 项指标满意程度得分之和的平均值）；圆形的半径大小表示“市场渗透率”；“品牌”名称则直接用文字说明，作出散点图 8–15。

由图 8–15 看出，“信用卡 A”的“首想知名度”和“市场渗透率”都明显超过另外两个信用卡，但是在用户对它的“满意度”方面却没有表现出什么明显的优势。

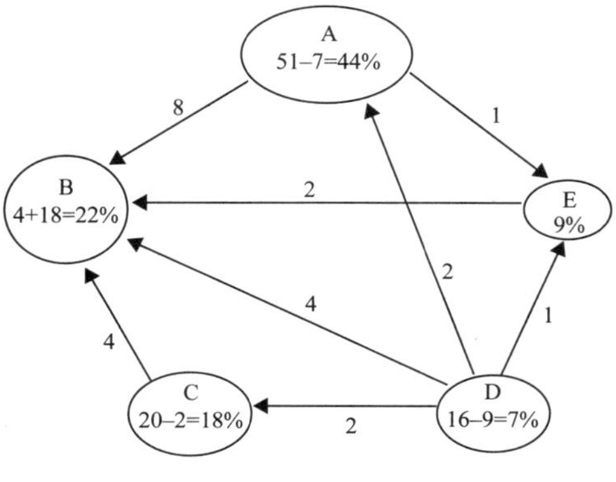

图 8–16 两次连续调查期间隐形眼镜购买品牌的转换（模拟数据）

5. 其他统计图

统计图还有其他一些类型，如雷达图、星座图、网络图、三维直方图等。雷达图和星座图的例子请参看《调查研究中的统计分析法》（第 456—459 页）②。

网络图常常用于描述和解释比较复杂的数据结构，例如，两次固定样本的连续调查中消费者购买五个品牌的隐形眼镜的品牌转换情况，如表 8–15，据此制作的网络图如图 8–16。

表 8–16 两次连续调查期间隐形眼镜购买品牌的转换情况（模拟数据）（%）

	第一次调查	调查期间转换过来的品牌（%）					第二次调查
品牌名称	购买者（%）	A	B	C	D	E	购买者（%）
A	51	*	8	–	–	1	44
B	4	–	*	–	–	–	22
C	20	–	4	*	–	–	18
D	16	2	4	2	*	1	7
E	9	–	2	–	–	*	9

6. 三维直方图

直方图可以在三维空间中给出，表示三个变量之间的关系。但是三维图有时并不一定是必要的，一些三维图可以转换成二维的平面图来表示。例如，可将图 8–17 中的三维直方图转化为图 8–18 所示的二维平面图。

① 表示在“无提示”的提问中，被访者首先想到的某家银行；“首想知名度”= 首先想到这家银行的被访者人数 ÷ 样本总数。

② 柯惠新，沈浩．调查研究中的统计分析法［M］. 北京：中国传媒大学出版社，2005：456–459.

7. 制作统计图注意事项

只要有可能，应尽量采用图形来帮助理解调研的资料，因为一张精心设计的图形有可能抵得上或胜过上千字的说明。要使统计图能够有效地、直观地表现尽可能多的信息，在设计和制作上一般应注意如下几点：

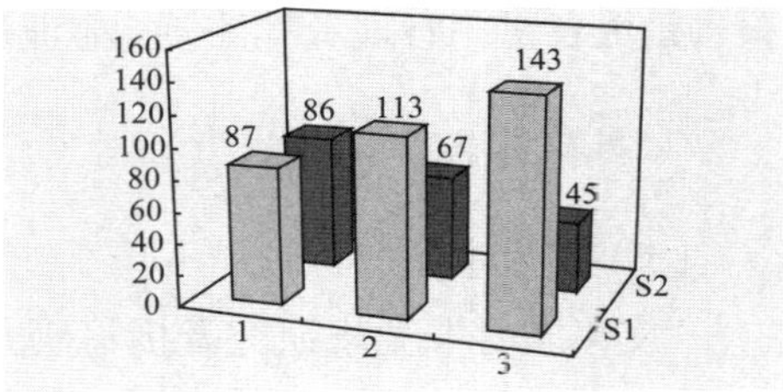

图 8–17　三维图（模拟数据）

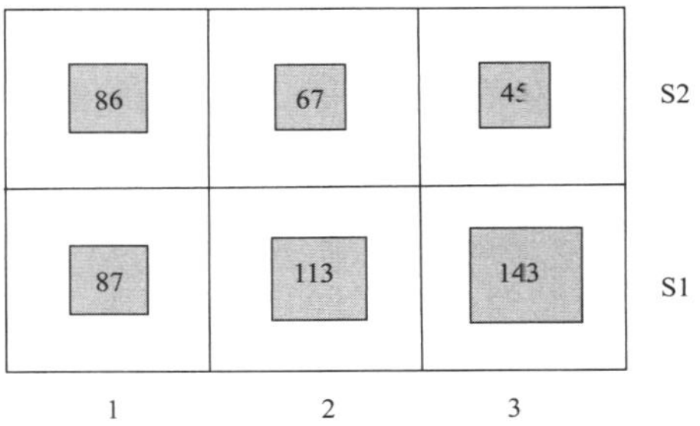

图 8–18　由三维直方图转化的二维平面图（模拟数据）

- 每张图下面都要有号码和标题，标题要简明扼要；
- 项目较多时最好按大小顺序排列，以使结果一目了然；
- 尽量避免使用附加的图标说明，尽可能将说明和数据都表示在图中；
- 数据和制图用的笔墨之间的比例要恰当，避免太少或太多的标注、斜线、竖线、横线等，既要清楚又要简明；
- 度量单位的选择要适当，以使图形表现均衡，避免过于放大或缩小实际的差异，以使所有的差异都是可视的和可解释的；
- 最好既使用颜色，又使用文字说明，以便在黑白复印时仍能清晰如初；
- 颜色和纹理的选择不要随机，要有一定的逻辑性，重点项目可以选浓重些的颜色或密集些的纹理；
- 图形的安排要符合人们的阅读习惯；
- 一般应说明数据的来源。

第二节　研究报告的撰写

研究报告（research report）是呈现实证研究最终结果的重要形式之一，是对某一研究工作的目的、方法、过程、结果等进行概括和总结的文献，是研究者与他人进行交流的主要形式。研究报告的永久性纪录和历史性资料可供后人在此基础上进一步深入地研究相关问题。因此，我们要重视研究报告的撰写，并根据不同的研究目标和要求，将研究结果以适当的形式呈现出来。本节简要介绍如何撰写研究报告。

一、撰写书面研究报告的重要性和基本要求

1. 重要性

研究报告是研究工作的最终成果，是对从感性认识到理性认识飞跃过程的反映。研究

报告是为各部门管理者、社会、企业服务的一种重要形式。

2. 基本要求

（1）实事求是

“实事求是”要求研究者撰写研究报告时应本着实事求是的精神，对研究方法的运用和数据收集过程要如实清楚地报告，对数据结果的说明应以研究事实为依据，不能随意擅自更改结果使之符合某种期望。

（2）符合传播活动规律及有关政策的规定

对数据的解读要根据本领域的专业理论知识，并依据有关政策规定展开，避免出现不适当的传播内容。

（3）观点与数据要结合运用

这是对研究报告的一般要求，即作为论据的数据要成为观点的有力佐证，不要让数据和观点形成两张皮。

二、撰写研究报告需要做的准备工作

1. 整理与本次调研有关的资料

有关的资料包括相关的参考文献、过去已有的调研资料、相关部门的调查结果、统计部门的有关资料（包括统计年鉴）以及本次调查的辅助性材料和背景材料等。

2. 整理和分析统计数据或资料

将调查所得的数据整理成各种便于阅读、比较的表格和图形。在整理的过程中逐步形成思路，找到一些亮点或新的发现，初步确定需要重点论述或需要进行深入细致分析的内容。

3. 对理论假设作出接受或拒绝的结论

对理论检验的假设进行分析。如果数据分析结果支持理论假设，那么，还要进一步分析该假设成立的条件。如：在检验中是否控制了某些变量？如果这些控制变量不受控制，结论是否还继续成立？如果数据分析的结果不支持理论假设，就需要检查数据分析的全部过程或重新审视所提出的理论假设。

4. 对难以解释的数据做进一步的研究

对于一些难以解释的数据，可以结合其他方面的知识（如相关的理论、现实社会的问题、以往的相关研究等）进行分析和解读；或找专家咨询，必要时再做必要的深度访谈；也可以召开小范围的座谈会寻找原因，解决出现的问题。

5. 确定报告类型及阅读对象

针对不同的阅读对象，选择恰当类型的研究报告。有关这一问题，请参阅下面的内容。

三、书面研究报告的主要类型及基本部分

书面报告的主要类型可有四种：综合报告、专题报告、研究性报告和技术报告。

综合报告的目的是反映研究的全貌，详细地给出研究的背景、目的、主要研究问题、研究的基本过程、基本结论和主要发现；专题报告是针对某个研究问题而专门撰写的，例如，针对农民的媒介接触、老年人的消费问题等，都可以分别写出专题报告；研究性报告可以看成是某种类型的专题报告，但它的分析更加深入，并且要从分析结果中提炼出观点或理论性的结论；技术报告是对研究过程中的许多技术性问题进行说明的，例如，抽样方法、调查实施和质量控制的方法、抽样误差的计算、样本的加权处理以及数据的处理方法等，通过说明研究方法的科学性来肯定研究结果的客观性和可靠性。

书面报告一般包括以下几个主要部分：标题和目录、报告摘要、报告正文及报告附件。

1. 标题和目录

一般而言，标题要与研究项目的性质相适应。标题有单标题和双标题的区分，如《北京城镇居民媒介接触情况调查》即为单标题。而《网络利他行为影响因素之探索——以大学生上网者为例》及《第三者效果的检验与分析——以媒介与女性瘦身倾向之关联为个案》则为双标题。

标题的形式有直叙式、表明观点式、提出问题式三种。

直叙式标题的特点是：直接反映研究意向或直接给出调查地点、调研项目，这种标题简明、客观，一般市场调研报告常用此种标题。例如，《北京市网民现状和行为调查》《中老年人对网络健康信息的使用与满足研究》等。

表明观点式标题直接阐明作者的观点、看法或对事物的判断、评价。例如，《保暖内衣，悄然升温》《不求洋品，但求最好》《数据库增值，突破传统市场调研的局限》等。

提出问题式标题以设问、反问等形式，突出问题的焦点和尖锐性，以吸引读者阅读，促使读者思考。例如《信息市场的出路何在？》《消费者愿意接受网上购物的方式吗？》《高楼林立，何以为家？——高房价背景下北京无房户住房情况调查》等。

以上三种标题的形式各有所长，后两种形式的标题既表明了作者的态度，又揭示了主题，具有很强的吸引力。如果从标题上不易看出调研的范围和调研对象，可以采用双标题的形式补充说明正标题，如《不求洋品，但求最好——对大学生品牌消费观的调查》。

2. 报告摘要

报告摘要是用简洁的语言，介绍研究的背景、主要问题、研究方法以及主要发现和研究结论，一般的篇幅为一至两页，以便让读者快速了解研究的全貌。

3. 正文

研究报告的正文部分是研究报告的主体，一般包括引言、研究问题和研究方法、研究结果和发现，以及结论和建议等内容。

（1）引言

引言部分主要交代研究目的和研究背景，常常需要对以往的相关研究和相关的理论进行必要的梳理，在此基础上提出研究问题，引入正题。

（2）研究问题和研究方法

这一部分除了明确表述研究问题之外，还要详细介绍研究中运用的理论框架、理论假设和研究方法。

（3）研究结果和发现

这是报告的核心部分，除了详细报告调研的数据资料外，还要对资料进行质和量的分析，总结该项研究的主要发现。

（4）结论和建议（讨论）

在结合研究主题以及与研究主题相关的主要发现的基础上，给出研究的主要结论，必要的时候还需给出有针对性的解决问题的设想或建议。此外，有必要说明本次研究存在的不足或局限性，并对未来有待进一步研究的问题进行说明，给出改进建议或策略。

4. 附件

附件指研究报告的正文无法包括、但与正文有关且必须附加说明的部分，包括调查问卷、抽样方案、补充图表、技术细节说明、补充数据等内容。

四、撰写书面调查报告应注意的问题

1. 报告的针对性

报告的针对性需要从两个方面入手：一是研究目的明确、有的放矢、围绕主题展开论述；二是明确阅读对象，适应读者的水平和需要。

2. 报告的新颖性

这一点要求撰写者能够抓住传播研究活动的新动向、新问题，针对新发现提出新观点，形成新结论。

3. 报告的可读性

报告要有逻辑性，要合理安排各部分的内容，句子要简短、直接、清楚；用图表补充正文；行文要精练简要、通俗易懂。

4. 报告的公正性

要准确、完整地报告研究方法和研究结果，不应略去或故意隐藏所知事实，应客观地报告并捍卫研究结果。

5. 报告的科学性

撰写报告始终要坚持科学研究的基本原则。为了避免误导读者，特别要注意区分哪些结果或结论是从调研数据中直接得到的，哪些是研究者结合定性分析后推断得到的。

五、发表口头报告的重要性及注意事项

有时候，研究报告需要以口头形式进行交流。口头报告是帮助有关部门理解并接纳书面报告的一种形式，它可以用较短的时间清楚地说明有关的问题。因此，口头报告要生动、具有感染力，要给听者留下深刻印象。另外，口头报告还需要能与听者直接交流，以便于增进双方的沟通。它在形式上具有一定的灵活性，可按具体情况对报告内容、时间进行调整。许多决策层对研究价值的印象都是根据口头报告形成的。那么，要想成功地发表口头报告，应注意哪些问题？

成功的口头报告可以归纳为 3P：prepare（充分的准备）、practice（充分的练习）、perform（充分的演讲）。

1. 充分的准备

口头报告应按照书面研究报告的内容，准备好详细的演讲提纲和必要的电脑演示文件（口头报告方式并不意味着可以随心所欲、信口开河）。经过精心准备的提纲、演示文件要包括报告的基本框架和内容，报告的内容和风格要与听者的情况相吻合。因此，报告者首先要了解听者的状况，包括听者的专业技术水平、理解该研究项目的困难是什么、兴趣在哪里、能认识多少，等等。

2. 充分的练习

在练习阶段，报告者要注意如何减少讲演时的紧张感。这里有一些小建议可供参考，比如，通过深呼吸、穿着舒适的服装等方法去缓解。重要的是要充分地练习，从而真正掌握演讲的资料。最紧张的时刻常发生在报告开始时，所以，为减少心理障碍，尤其要注意练习报告的开头部分。

3. 尽量借助图表增强效果

一张图表胜似千言万语，因此要善于利用图表来辅助和支持演讲。需要注意的是，要让制作的图表显得十分重要和有权威性，绝对保证所有的图表都清晰易懂。另外，图表要有所选择，不要太多，一张图表上内容不要太多，可用不同的颜色，但也不要太过分；可借助黑板、幻灯、录像和计算机等可视物加以表现，要保证室内最后面的人也能看清。

4. 做报告时要充满自信

做报告时不必在演讲开始时和过程中对所讲的话表示歉意，这实际上是不明智和不自信的表现，暗示你没有做出足够的努力准备演讲。切记，无谓的道歉只能浪费宝贵的时间。

5. 要使报告“易听、易懂”

做口头报告时，语言要简洁明了、通俗易懂，要有趣味性和说服力（听比讲更难让人集中注意力）。如果需要说明一个十分复杂的问题，可先做一简要的介绍，并运用声音、眼神和手势等变化来加深听者的印象。

6. 要与听者保持目光接触

演讲时要尽量看着听者，不要低头看讲稿或看着别处，与听者保持目光接触有助于判断他们的反应。

7. 把握回答问题的时机

报告过程中最好不要回答问题（以免思路被打断，或让听者游离于报告主题之外，或导致时间不够等）。报告开始前可告之听者会在报告后回答问题并进行个别交流（注意不要忘记这一承诺）。

8. 在规定的时间内结束报告

在规定的时间内讲完报告是最基本的要求，滔滔不绝的演讲不仅浪费时间，也会影响报告的效果。

9. 圆满的收尾

口头报告结束后，还要请听者或有关人士仔细阅读书面报告。

本章小结

本章主要针对定量研究的数据处理以及研究报告的撰写和呈现进行简要的介绍。

在处理定量研究的数据时，要善于运用各种统计量、统计表和统计图，以便简洁、清晰地描述数据的含义，尽量给人以一目了然的直观感觉（对于各种统计分析法的介绍，读者需参考其他专门的统计学教材）。

研究报告有综合报告、专题报告、研究性报告和技术报告之别，它们基本上都包含题目、摘要、正文、附录等部分。撰写研究报告必须本着实事求是的科学态度，如实报告研究的问题、研究假设和研究结论，不为了使结论只符合研究者自己的预期而随意曲解数据，不顾客观现实。另外，研究报告要严谨和规范，以便与同学科领域及不同学科领域进行交流，促进本学科的发展。

复习思考题

1. 试比较众数、中位数和平均数的使用场合和使用限制。
2. 试比较极差、标准差、斜度和峰度的直观意义。
3. 列联表（交互分析表）和频数分析表的主要差别是什么？
4. 在列联表（交互分析表）中计算百分数的主要准则是什么？
5. 常用的统计图表都有哪些？分别适用于什么场合？
6. 请寻找传播学研究领域中您感兴趣的一篇研究报告，概括该报告的结构，评价该报告的撰写水平。

实践练习题

1. 利用 SSI 调查的数据，练习计算各种统计量，制作各种统计表和统计图。
2. 利用 SSI 调查的数据，练习撰写一篇研究报告。
3. 下表是一名学生在其研究报告中给出的不同职业人群与看电视、上网之间的相关数据。

（1）请评价这张统计表制作的优缺点。

（2）您认为这张表可以如何改进？

（3）从这张表中，您能得出什么结论？

（4）该学生对这张表的数据给出了以下的分析：

“网络媒体中，各职业者的比例差距最大，……最大的比例是在校学生，高达 25.50%，而在校学生在总体样本中的比例却不是最高的，只有 14.80%。外企自由职业者的上网比例紧随其后，比例为 17.70%，调查人数在总体中的比例是 10.00%。”

“……看电视、看报纸的比例各职业者相差都不大。”

您如何评价这段分析？您觉得可以如何改进？

不同职业人群与看电视、上网之间的相关数据

	工人其他	国企职工	教科文卫	在校学生	离退休人员	领导管理	商业个体劳动	外企自由职业
不看电视频数	6	7	14	23	6	9	19	13
不看电视比率	6.20%	7.20%	14.40%	23.70%	6.20%	9.30%	19.60%	13.40%
看电视频数	142	169	143	194	238	143	200	133
看电视比率	10.40%	12.40%	10.50%	14.20%	17.50%	10.50%	14.70%	9.80%
总数频数	148	176	157	217	245	152	223	146
总数比率	10.10%	12.00%	10.70%	14.80%	16.7%	10.40%	15.20%	10.00%
不上网频数	125	109	88	95	233	91	173	61
不上网比例	12.80%	11.20%	9.00%	9.70%	23.90%	9.30%	17.70%	6.30%
上网频数	23	66	68	121	8	58	47	84
上网比例	4.80%	13.90%	14.30%	25.50%	1.70%	12.20%	9.90%	17.70%
总数频数	148	176	157	217	245	152	223	146
总数比例	10.10%	12.00%	10.70%	14.80%	16.70%	10.40%	15.20%	10.00%

主要参考文献

关世杰 . 中华文化国际影响力调查研究[M]. 北京：北京大学出版社，2016.

柯惠新，祝建华，孙江华 . 传播统计学[M]. 北京：北京广播学院出版社，2003.

柯惠新，刘红鹰 . 民意调查实务[M]. 北京：中国经济出版社，1996.

柯惠新，肖明，沈浩，等 . 中国人民银行城市储户调查抽样方案设计[J]. 数理统计与管理，1999（6）.

柯惠新 . 受众调查数据统计预处理中的问题及对策[M] // 中国社科院新闻研究所，河北大学新闻学院 . 解读受众：观点、方法与市场——全国第三届受众研究学术研讨会论文 . 保定：河北大学出版社，2001.

柯惠新，等 . 中文网络论坛研究的抽样设计[J]. 数理统计与管理，2005（3）.

柯惠新，等 . 调查研究中的非抽样误差——抽样框误差和无回答误差研究综述[M]. 中国新闻年鉴・传媒调查卷 . 北京：中国新闻年鉴社，2004.

柯惠新，刘来，朱川燕，等 . 两岸三地报纸灾难事件报导研究——以 921 台湾地震新闻报道为例[J]. 新闻学研究，2005（85）.

柯惠新，郑春丽，吴彦 . 中国媒体中的俄罗斯国家形象——以对《中国青年报》的实证分析为例[J]. 现代传播（中国传媒大学学报），2007（5）.

柯惠新 . 互联网调查研究方法（上）[J]. 现代出版，2001（4）.

柯惠新 . 互联网调查研究方法（下）[J]. 现代出版，2001（5）.

柯惠新，丁立宏 . 市场调查[M]. 北京：高等教育出版社，2008.

柯惠新，刘晓红，黄刚 . 对中国互联网经验研究方法的研究综述[M]. 中国新闻年鉴・传媒调查卷 . 北京：中国新闻年鉴社，2004.

柯惠新，王锡苓 . 亚太五国 / 地区数字鸿沟及其影响因素分析[J]. 现代传播，2005（4）.

倪加勋 . 抽样调查[M]. 桂林：广西师范大学出版社，2002.

潘忠党 . 学为问，学而知不足[EB/OL].[2020-06-25]. http://max.book118.com/html/2020/0623/602324002212.shtm.

潘忠党 . 解读凯里・跨文化嫁接・新闻与传播之别[J]. 中国传媒报告，2005，16（4）.

王铭铭 . 人类学是什么[M]. 北京：北京大学出版社，2003.

王锡苓 . 传播学研究方法[M]. 兰州：兰州大学出版社，2002.

王锡苓，姚慧，段京肃 . 对实证研究方法课程在我国新闻传播学教育中现状的思考[J]. 国际新闻界，2007（7）.

王锡苓 . 互联网与欠发达地区社会发展研究——互联网在西部农村的两种应用模式的探讨[M]. 兰州：兰

州大学出版社，2006.

肖明，柯惠新 . 网民知多少——中国互联网信息中心全国抽样调查方案设计[J]. 数理统计与管理，2001，20（5）.

袁方，王汉生 . 社会研究方法教程[M]. 北京：北京大学出版社，1997.

杨孝濚 . 传播研究方法总论[M]. 台北：台湾三民书局，1996.

赵蓉英，邹菲 . 内容分析法学科基本理论问题探讨[J]. 图书情报工作，2005（6）.

巴比 . 社会研究方法[M]. 李银河，译 . 成都：四川人民出版社，1987.

巴比 . 社会研究方法（第 8 版）[M]. 邱泽奇，译 . 北京：华夏出版社，2000.

巴比 . 社会研究方法（第 10 版）[M]. 邱泽奇，译 . 北京：华夏出版社，2005.

汉森 . 大众传播研究方法[M]. 崔保国，译 . 北京：新华出版社，2004.

德威利斯 . 量表的编制：理论与应用 . 魏勇刚，等译 . 重庆：重庆大学出版社，2006.

约翰逊 . 电视与乡村社会变迁[M]. 展明辉，译 . 北京：中国人民大学出版社，2005.

扎加，等 . 抽样调查设计导论[M]. 沈崇麟，译 . 重庆：重庆大学出版社，2007.

辛格尔特里 . 大众传播研究——现代方法与应用[M]. 北京：华夏出版社，2000.

皮廷格 . 行为研究的设计与分析[M]. 马广斌，译 . 北京：中国统计出版社，2008.

赛佛林，坦卡德 . 传播理论：起源、方法与应用[M]. 郭镇之，译 . 北京：华夏出版社，2000.

FREY L R, BOTAN C H, KREPS G L. Investigating communication: An introduction to research methods[M]. Needham Heights, MA：Allyn & Bacon, 1999.

KERLINGER F N. Foundations of behavioral research[M]. New York：Holt, Rinehart and Winston, 1994.

KIRK R E. Experimental design: Procedures for the behavioral sciences[J]. Journal of the American Statistical Association, 1995, 64（327）.

ROGER D W, JOSEPH R D. 大众媒体研究[M]. 黄振家，译 . 台北：新加坡商亚洲汤姆生国际出版有限公司，2002.

第一版后记

本书在柯惠新十多年来为中国传媒大学研究生所开设的“传播研究方法”这门课的课程讲义的基础上，由本书的各位作者进一步补充、修改和完善而成。其间得到了学界和业界不少专家和学生的大力支持，例如，中国传媒大学传播学专业 2000 级博士生尚大雷和 2004 级博士生黄刚分别为第四章和第七章提供了研究实例；2004 级硕士生范欣珩为第二章和第八章的案例更新提供了切实的帮助；2008 级博士生陈旭辉和 2007 级硕士生赵静为第二章的案例更新提供了帮助，赵静还为第七章整理了一个研究案例；2007 级硕士生颜丽和何慧媛在第八章的撰写过程中提供了帮助；北京华通明略信息咨询有限公司的王磊先生和谭北平先生分别为第五章和第七章提供了研究实例。王宁在香港浸会大学读博期间，曾经向郭中实和马成龙老师学习传播研究方法，她在本书中的一些思想和理念（例如社会科学的哲学假设以及实验设计部分）也得益于他们的教导。在此一并表示衷心的感谢。

此外，艾斯艾国际市场调查咨询（北京）有限公司（SSI）参与了本书第七章“互联网研究方法”中有关互联网调查部分的撰写并提供了宝贵的资料和案例，其中特别要感谢 SSI 亚太区总裁董事长梁耀光先生的重视与支持，感谢 Mick Ren 先生的认真撰写，以及高月梅女士、左云鹏先生和隋作鑫先生的热情帮助和细致协调。

在本书撰写的过程中，还得到了中国传媒大学丁俊杰教授、中国传媒大学出版社原总编闵惠泉教授的鼓励和支持。刘大年老师在编辑校勘过程中耐心认真，提出了许多宝贵意见，特此表示衷心的感谢。

限于作者的水平，书中肯定存在不少缺点和疏漏，恳请广大读者多提宝贵意见。

柯惠新　王锡苓　王宁

2009 年 3 月 7 日

图书在版编目(CIP)数据

传播研究方法 / 柯惠新, 王锡苓, 王宁编著. -- 2版. -- 北京 : 中国传媒大学出版社, 2022.9（2025.12重印）
ISBN 978-7-5657-3194-5

Ⅰ. ①传… Ⅱ. ①柯… ②王… ③王… Ⅲ. ①传播学—研究方法 Ⅳ. ①G206-3

中国版本图书馆 CIP 数据核字 (2022) 第 061725 号

传播研究方法（第二版）
CHUANBOYANJIUFANGFA (DI-ER BAN)

著　　者 柯惠新　王锡苓　王　宁
策划编辑 李水仙
责任编辑 程　平　蒋　倩
责任印制 李志鹏
封面设计 拓美设计

出版发行 中国传媒大学出版社
社　　址 北京市朝阳区定福庄东街 1 号　　**邮　　编** 100024
电　　话 86-10-65450528　65450532　　**传　　真** 65779405
网　　址 http://cucp.cuc.edu.cn
经　　销 全国新华书店

印　　刷 北京中科印刷有限公司
开　　本 787mm × 1092mm　1 / 16
印　　张 18
字　　数 398.7 千字
版　　次 2022 年 9 月第 2 版
印　　次 2025 年 12 月第 3 次印刷

书　　号 ISBN 978-7-5657-3194-5　　**定　　价** 58.00 元

本社法律顾问：北京嘉润律师事务所　郭建平

知屿 ZHIYU

系列精品教材

知藏方寸，屿纳万千

知屿是中国传媒大学出版社创设的精品教材品牌。囊括戏剧与影视、播音与主持、新闻传播等品类国家级、省级规划教材，通过配套慕课、AI教学练助手、拓展阅读、课件、题库、教学大纲等一体化教学资源包，打造生动、立体的多模态精品教材。

在信息洋流里游倦了吗？欢迎登陆“知屿”——每一本书都是一座小型陆地，在字里行间漫步，把问号走成互通的坐标。

电子书目预览　　购书或申领样书　　出版业务咨询